KB065400

파생상품거래와 투자자보호의 법리
— 국내외 법제·판례 및 이슬람 파생상품 분석 —

이 도서의 국립중앙도서관 출판예정도서목록(CIP)은 서지정보유통지원시스템 홈페이지
(http://seoji.nl.go.kr)와 국가자료공동목록시스템(http://www.nl.go.kr/kolisnet)에서 이용
하실 수 있습니다.(CIP제어번호: CIP2017011199)

파생상품거래와 투자자보호의 법리

─ 국내외 법제·판례 및 이슬람 파생상품 분석 ─

박철우 저

세창출판사

파생상품은 응용수학, 통계학, 경제학을 기초로 한 금융공학, 경영학(재무관리) 등의 학문적 이론을 바탕으로 개발·운용되는 금융상품이다. 금융전문가들조차도 파생상품 분야에서 제대로 이론적인 체계를 쌓기에는 많은 시간을 필요로 하고, 수리에 대한 전문적인 지식과 이해가 필수적으로 요구되기 때문에 이른바 진입장벽이 높은 분야로 인식되고 있다. 이에 따라 일반 금융소비자 수준에서 파생상품의 개념, 복잡한 상품구조나 내재된 리스크, 적정한 가격 수준(프라이싱) 등에 대해 충분히 이해하고 거래를 하는 것은 애초에 기대하기 어려운 일이다. 이러한 이유로 세계 각국에서는 파생상품거래에 대해 특별한 규제와 투자자보호 제도를 마련하여 시행하고 있고 우리나라도 그 예외는 아니다.

국내에서는 자본시장법과 보험업법 등에서 파생상품 관련 투자자보호에 관한 특별한 규정들을 마련하고 있는데, 관계부처나 학계에서 이에 대해 본격적으로 관심을 갖고 제도를 정비·시행하게 된 배경에는 통화옵션 키코(KIKO: Knock-In Knock-Out) 소송이 있다. 키코사건은 2005년 하반기부터 국내 500여 개 중소기업에 키코상품이 판매된 이후 글로벌 금융위기 속에 환율이 급등하자 다수의 투자기업들이 예상치 못한 대규모 손실을 입거나 부도처리되어 사회적으로 큰 이슈가 된 사건이다. KIKO 소송은 2013년 9월 대법원이 이에 대한 심리·판단의 기준을 제시함으로써 처리방향의 큰 줄기가 정리된 것으로 보이나 여전히 세부적인 판결내용에 대해서는 논란이 있다. 그럴 수밖에 없는 것이 파생상품 관련 분쟁은 간단히 법률이론만으로 해결될 수 있는 것이 아니라 금융공학이나 계량경제학 등의 경제이론이 동원되어야 사실관계를 정확히 규명할 수 있고 실체적 진실에 입각하여 타당한 분쟁해결이 가능하기 때문이다. 반대로 금융공학을 전공한 파생상품 전문가들이나 영업현장에서 파생상품을 판매하는 실무자들도 수리적인 이론뿐만 아니라 관련 법률이론을 이해하여야 자신이 개발하거나 판매한 파생상품이 최종 투자자와의 거래에서 어떤 의미를 가지고 어떻게 계약으로 구현되며 어떠한 법적 효과를 가져오게 될 것인지에 대해 잘 알고 검토단계에서부터 미리 대비할 수가 있다. 이 점에 있어서 이 책은 파생상품 관련 국내외 법제도나 최신 판례 동향을 종합적으로 파악하고 이해하고자 하는 법률전문가, 금융공학전문가, 금융현업 실무자, 전공학생들은 물론, 파생상품 거래로 예기치 못한 손실을 입고 고심하고 있을 투자자들에게 효용이 클 것으로 생각된다.

특히 이 책에서는 아직까지 국내 문헌에서는 소개되지 아니한 이슬람 파생상품에 대해 비교적 상세히 소개하고 있다. 이는 국내 금융기관들이 이슬람 파생상품 거래의 잠재적 투자자로서 사전 검토하거나, 일본의 三菱東京UFJ은행처럼 이슬람권으로 금융영업을 확장하는 영업전략을 추진하는 경우에 참고가 될 수 있는 내용들이다. 1997년 SK증권이 설립한 다이아몬드펀드와 J.P. Morgan의 자회사인 Morgan Guaranty 간의 TRS 거래 사건과 같이, 국내 금융기관들이 사전 준비 없이 글로벌 투자은행들을 상대로 한 이슬람 파생상품 거래에서 불측의 손해를 입는 사례가 재발하지 않기를 바라는 마음이 있다.

이 책은 필자의 고려대 일반대학원 박사학위논문("파생상품거래와 투자자보호의 법리에 관한 연구", 2017.2)을 재편집하여 출간한 것이다. 따라서 이 책의 구성이나 내용에는 전체적인 논문 체계를 바로잡고 각 주까지 꼼꼼히 확인해 주신 지도교수님과 여러 심사위원님들의 열성과 노고가 담겨 있다. 일부 미처 발견하지 못한 오류 등으로 인해 교수님들의 학문적 엄격함과 명성에 누가 되지나 않을까 하는 우려로 일일이 존함을 밝히기는 주저되지만 영광스러운 학은에 충심으로 감사드린다. 그리고 금융공학에 대한 이해를 넓혀 주신 연세대 경제대학원 석사과정 (금융공학 전공) 논문 지도교수님을 비롯한 여러 전공교수님들께도 이번 기회를 빌려 감사의 말씀을 올린다. 아울러 이 책의 출간을 허락해 주신 세창출판사 이방원 사장님과, 편집과 교정에 힘써 주신 출판사 관계자 분들께도 감사드린다. 마지막으로 이 책을 쓰게 된 결정적 동인(動因)이 되고 석사논문 작성 과정에서 많은 조언을 주신 「키코 피해기업 공동대 책위원회」 관계자분들과 키코 피해 중소기업들, 불완전판매로 손해를 입고 권리구제에 사력을 다하고 있는 이름 모를 수많은 금융상품 투자 자들에게도 안타까운 위로와 연대의 성원을 보내 드린다.

2017년 5월
저자 박철우

차 례

제1장 서 론

|제1절| 이 책의 목적 ·· 1
|제2절| 이 책의 구성 ·· 2

제2장 파생상품의 의의와 범위

|제1절| 논의의 필요성 ·· 5
|제2절| 파생상품의 개념과 종류 ··· 6
  Ⅰ. 파생상품의 개념 ·· 6
    1. 개념 정의 ··· 6
    2. 개념의 재정립 필요성 ·· 9
  Ⅱ. 파생상품의 종류 ··· 12
  Ⅲ. 소 결 ·· 14
|제3절| 파생상품과 유사한 금융투자상품 ·· 17
  Ⅰ. 변액보험 ·· 17
    1. 개 념 ··· 17
    2. 파생상품적 특성 ··· 20
    3. 투자자보호의 필요성 ·· 21
    4. 판례연구 ·· 24

가. 한 국 / 24   나. 일 본 / 28

Ⅱ. FX마진거래 ·· 30

　1. 개　념 ·· 30

　2. 파생상품적 특성 ··································· 33

　3. 투자자보호의 필요성 ··························· 36

　4. 판례연구 ·· 37

　　가. 한 국 / 38   나. 일 본 / 39

　　다. 판결에 대한 검토 / 40

Ⅲ. 소　결 ··· 41

제3장	국내 파생상품거래와 투자자보호의 법리

|제1절| 개　관 ·· 43

|제2절| 민법상 투자자보호의 법리 ······················ 44

　Ⅰ. 사기(詐欺) ··· 44

　　1. 개　념 ··· 44

　　2. 내　용 ··· 45

　　　가. 요　건 / 45   나. 효　과 / 46

　　3. 침묵과 사기 ······································· 47

　　4. 판례연구 ·· 49

　　　가. 한 국 / 49   나. 미 국 / 55

　　　다. 판결에 대한 검토 / 56

　Ⅱ. 착　오 ·· 57

　　1. 개　념 ··· 57

　　2. 착오의 유형 ······································ 58

　　　　가. 표시상의 착오 / 59　　　　나. 내용상의 착오 / 59

　　　　다. 동기의 착오 / 60

　　3. 내　용 ……………………………………………………… 61

　　　　가. 착오취소의 요건 / 61　　　나. 효　과 / 63

　　4. 판례연구 ……………………………………………………… 64

　　　　가. 한　국 / 64　　　　　　　나. 일　본 / 70

　　　　다. 판결에 대한 검토 / 72

Ⅲ. 불공정한 법률행위 ……………………………………………… 74

　　1. 개　념 ………………………………………………………… 74

　　2. 내　용 ………………………………………………………… 74

　　　　가. 요　건 / 74　　　　　　　나. 효　과 / 77

　　3. 판례연구 ……………………………………………………… 78

　　　　가. 사실관계 / 78

　　　　나. 불공정한 행위 관련 쟁점 및 법원의 판단 / 79

　　　　다. 판결에 대한 검토 / 81

Ⅳ. 사정변경의 원칙 ………………………………………………… 83

　　1. 개　념 ………………………………………………………… 83

　　2. 인정 여부 …………………………………………………… 85

　　　　가. 현행법상 관련 규정 / 85　나. 학설 및 판례 / 85

　　3. 내　용 ………………………………………………………… 87

　　　　가. 요　건 / 87　　　　　　　나. 효　과 / 87

　　4. 판례연구 ……………………………………………………… 88

　　　　가. 사건 개요 / 88　　　　　나. 사정변경의 원칙 관련 쟁점 / 90

　　　　다. 법원의 판단 / 92　　　　라. 판결에 대한 검토 / 93

Ⅴ. 그 밖의 법리 …………………………………………………… 95

Ⅵ. 소　결 …………………………………………………………… 96

|제3절| 자본시장법상 투자자보호의 법리 ······················ 98

Ⅰ. 개 관 ··· 98

Ⅱ. 적합성 원칙 ··· 99

1. 개 념 ··· 99

2. 내 용 ··· 100

　가. 한국 자본시장법 / 101　　나. 미국 FINRA Rule / 103

　다. 독일 증권거래법(Wertpapierhandelsgesetz: WpHG) / 106

　라. 일본 금융상품거래법(金融商品取引法) / 107

3. 조사의무 대상과 적합성 원칙 판단 ····················· 108

4. 판례연구 ·· 110

　가. 한 국 / 110　　　　나. 일 본 / 115

　다. 미 국 / 118

5. 소 결 ··· 124

Ⅲ. 적정성의 원칙 ··· 127

1. 개 념 ··· 127

2. 적합성 원칙과의 비교 ·· 127

3. 내 용 ··· 128

　가. 고객파악의무 / 128

　나. 부적정 판단결과 고지 및 확인 의무 / 129

　다. 적정성의 판단 / 130　　라. 적정성 원칙 위반 책임 / 132

4. 적정성 원칙의 적용 확장 ······································ 133

5. 소 결 ··· 135

Ⅳ. 설명의무 ··· 136

1. 개 념 ··· 136

2. 설명의무 인정영역 ·· 138

　가. 계약체결상 설명의무 / 138

　나. 보험자 등의 설명의무 / 139

　　　　다. 약관 설명의무 / 141

　　3. 파생상품거래상의 설명의무 ·················· 143

　　　　가. 설명내용 / 143　　　나. 설명의 정도 / 144

　　　　다. 설명의무와 적합성 원칙의 관계 / 146

　　　　라. 위반의 효과 / 149

　　4. 판례연구 ··· 151

　　　　가. 한　국 / 151　　　나. 일　본 / 153

　　　　다. 독　일 / 158

　　5. 소　결 ·· 160

V. 부당권유 및 부당광고 금지 ······················· 163

　　1. 개　념 ·· 163

　　2. 내　용 ·· 165

　　　　가. 부당권유 금지 / 165　　나. 부당광고 금지 / 167

　　3. 판례연구 ··· 170

　　　　가. 사건 개요 / 170

　　　　나. 투자권유 관련 쟁점 및 법원의 판단 / 172

　　4. 소　결 ·· 175

VI. 내부자거래 금지 ···································· 176

　　1. 개　념 ·· 176

　　2. 내　용 ·· 177

　　　　가. 미공개중요정보 이용행위 금지 / 177

　　　　나. 장내파생상품 관련 시세영향정보 이용행위 금지 / 181

　　　　다. 손해배상책임 / 182

　　3. 판례연구 ··· 184

　　　　가. 사건 개요 / 184　　나. 주요 쟁점 및 법원의 판단 / 185

　　　　다. 본 판결의 의의 / 186

　　4. 소　결 ·· 187

Ⅶ. 시세조종 금지 ·· 188

  1. 개　념 ·· 188

  2. 내　용 ·· 189

    가. 위장매매 / 189

    나. 매매유인목적 시세변동, 허위표시 등 / 192

    다. 시세고정 및 시세안정 / 193　　라. 연계시세조종 / 195

    마. 손해배상의 특칙 / 196

  3. 판례연구 ·· 199

    가. 델타헤지거래에 대해 중도상환조건 성취 방해행위로 인정한 대
    우증권 ELS 사건 / 199

    나. 현ㆍ선연계 시세조종행위를 인정한 도이치은행 및 도이치증권
    의 옵션만기일 시세조종 사건 / 209

  4. 소　결 ·· 213

Ⅷ. 부정거래행위 금지 ·· 215

  1. 개　념 ·· 215

  2. 내　용 ·· 216

    가. 부정한 수단, 계획 또는 기교를 사용하는 행위 / 216

    나. 그 밖의 부정거래행위 / 217　　다. 손해배상의 특칙 / 219

  3. 판례연구 ·· 220

    가. 사실관계 / 221　　　　나. 법원의 판단 / 222

    다. 본 판결의 의의 / 224

  4. 소　결 ·· 228

|제4절| 증권관련 집단소송법상 투자자보호의 법리 ·· 229

Ⅰ. 개　관 ·· 229

Ⅱ. 내　용 ·· 230

  1. 소송대상 ·· 231

    가. '증권' 거래 관련 '손해배상청구소송' / 231

나. 손해배상청구소송의 적용범위 제한 / 231

다. 파생상품거래의 적용 가능성 / 231

2. 소제기 및 소송허가절차 ························· 233

가. 소제기 및 공고 / 233

나. 대표당사자 선임 및 소송허가 / 234

3. 소송의 진행 ································· 236

가. 총원 범위의 변경 및 제외신고 / 236

나. 증거조사 및 손해배상액 산정 / 236

4. 분배절차 ····································· 237

5. 소송절차 종결 ······························· 238

6. 판례연구 ····································· 238

가. 사실관계 / 238   나. 소송경과 및 의의 / 240

다. 주요 쟁점 및 법원의 판단 / 241

라. 참고판례 / 242

Ⅲ. 소 결 ·· 243

|제5절| 약관법상 투자자보호의 법리 ······················· 245

Ⅰ. 서 설 ·· 245

Ⅱ. 약관의 개념요소와 적용한계 ······················ 247

1. 약관의 개념요소 ································ 247

2. 개별교섭 형식의 약관조항과 선택형 약관조항의 약관성 ·· 248

3. 파생상품거래약관의 약관성과 약관통제 가능성 ·········· 250

가. 장내파생상품거래 약관 / 250

나. 장외파생상품거래 약관 / 251

Ⅲ. 약관법상의 약관통제 ···························· 252

1. 약관의 명시·설명의무 ·························· 253

2. 약관 해석의 원칙 ······························ 255

가. 객관적·통일적 해석의 원칙 / 255

　　　나. 고객에게 유리한 해석의 원칙 / 256

　　　다. 개별 약정 우선의 원칙 / 256

　　3. 불공정약관 조항에 대한 통제 ·· 257

　　　가. 일반원칙 / 257

　　　나. 개별적 불공정약관 조항 통제 / 259

　　4. 일부무효의 특칙 ··· 259

　　5. 판례연구 ··· 260

　　　가. 사실관계 / 260

　　　나. 약관법 위반 관련 쟁점 및 법원의 판단 / 261

　　　다. 참고판례 / 263　　　　　라. 판결에 대한 검토 / 264

　Ⅳ. 소　결 ··· 265

제4장　국제 파생상품거래와 투자자보호의 법리

|제1절| 개　관 ·· 267

|제2절| ISDA Master Agreement와 투자자보호의 법리 ···························· 268

　Ⅰ. 개　요 ··· 268

　Ⅱ. 2002 ISDA Master Agreement 주요 내용 ···························· 269

　　1. Master Agreement의 구성 ··· 269

　　2. 주요 조항 내용 ··· 271

　　　가. Master Agreement / 271　나. Schedule / 271

　　　다. Confirmations / 274

　　　라. Credit Support Annex (CSA) / 275

　Ⅲ. 2013 Standard Credit Support Annex(SCSA) ···················· 277

　　1. 제정 배경 ··· 277

    2. 주요 조항 내용 ·· 279

  Ⅳ. 판례연구 ··· 282

    가. 사실관계 / 282   나. 주요 쟁점 및 법원의 판단 / 284

    다. 본 판결의 의의 / 287

  Ⅴ. 소 결 ·· 288

|제3절| 이슬람 파생상품거래와 투자자보호의 법리 ················· 289

  Ⅰ. 연구 필요성 ··· 289

  Ⅱ. 이슬람금융 개요 ··· 291

    1. 의 의 ··· 291

    2. 이슬람금융의 법원(法源) ································· 292

    가. 1차적 법원 / 292   나. 부차적 법원 / 294

    다. 기타 법원 / 296   라. 이슬람 학파와 기본 태도 / 298

    3. 이슬람금융의 특성 ······································· 300

    가. 기본 원칙 / 300   나. 금지사항 / 304

    다. 금융기관 지배구조의 특수성 / 305

  Ⅲ. 이슬람금융과 파생상품거래 허용성 ······················ 310

    1. 파생상품의 특성과 샤리아 부합성 ···················· 310

    가. 파생상품의 특성 / 310

    나. 일반금융 파생상품의 샤리아 부합성 / 314

    2. 전통적 이슬람 파생상품 ······························· 319

    가. 개 관 / 319   나. Bay' Salam / 320

    다. Bay' Urbun / 327   라. Khiyar / 330

    마. Wa'd / 334

    3. 신종 이슬람 파생상품 ·································· 336

    가. 개 관 / 336

    나. 이슬람 통화스왑[Islamic Cross-Currency Swap(ICCS)] / 337

    다. 이슬람 수익률 스왑[Islamic Profit Rate Swap(IPRS)] / 340

라. 이슬람 TRS[Islamic Total Return Swap(ITRS)] / 344

마. 판례연구 / 347

Ⅳ. 이슬람 파생상품거래와 투자자보호의 법리 ······················· 354

　　1. 리바(riba) 금지 ··· 354

　　　　가. 의　의 / 354　　　　　나. 근　거 / 355

　　　　다. 개별 파생상품에 대한 적용 / 357

　　2. 가라르(gharar) 금지 ··· 358

　　　　가. 의　의 / 358　　　　　나. 근　거 / 359

　　　　다. 실물자산의 현존성 / 360　라. 개별 파생상품에 대한 적용 / 361

　　3. 마이시르(maisir, maysir) 금지 ···································· 362

　　　　가. 의　의 / 362　　　　　나. 근　거 / 363

　　　　다. 개별 파생상품에 대한 적용 / 364

　　4. 샤리아위원회의 승인을 받을 것 ···································· 365

　　　　가. 의　의 / 365　　　　　나. 근　거 / 366

　　　　다. 개별 파생상품에 대한 적용 / 367

　　　　라. 샤리아위원회 판단과 일반법원 판단의 상충 가능성 / 367

Ⅴ. 소　결 ·· 369

　　1. 이슬람 파생상품거래 관련 투자자보호 법리의 활용 ······· 369

　　2. 이슬람 율법에 기초한 파생상품거래 법리 이해 필요 ······ 370

　　3. 법적 리스크 검토의 중요성 ·· 371

제5장　결　론 / 373

▨ 참고문헌 / 379

▨ 색　인 / 396

서 론

|제1절| 이 책의 목적

　이 책에서는 파생상품거래에서의 권리의무의 내용을 규명함으로써 투자자보호에 기여할 수 있는 법리들을 중점적으로 검토한다. 따라서 금융투자업자의 입장에서는 검토되는 법리의 내용이나 결론이 긍정적이지 않을 수 있으나, 관련 법적 분쟁 발생 시 투자자의 거래상대방으로서 검토해야 할 법리로 이해한다면 역시 참고할 만한 실익은 있다고 생각된다. 굳이 이와 같은 시각으로 접근하려는 이유는 파생상품거래와 관련하여 제기되는 주요 법적 쟁점들에 대해서는 국내 유력한 로펌들의 논리나 법원의 판결들이 이미 충분히 금융투자업자의 입장을 반영하고 있다고 보아 이에 대한 비판적인 시각에서 검토할 필요가 있다는 생각에서이다.

　이 책에서는 국내 파생상품거래와 국제 파생상품거래로 크게 대별하여 논의를 진행한다.

국내 파생상품거래에서는 서구 일반금융(conventional finance) 법리에 기초한 국내 민법, 자본시장법, 증권관련 집단소송법, 약관법 등에서의 투자자보호의 법리를 검토한다.

그리고 국제 파생상품거래에서는 일반금융 파생상품거래의 표준적인 문서관행에 해당하는 ISDA Master Agreement와, 일반금융과 다른 한 축으로서 국내에는 거의 소개되지 않은 이슬람금융(Islamic finance) 파생상품 거래에 대해 살펴보기로 한다. 여기서는 이슬람 파생상품(Islamic derivatives)의 허용성 여부와 그 배경, 거래 구조 및 신종 이슬람 파생상품 등에 대해 검토하고자 한다. 이 책을 통하여 자본주의 경제 논리에 입각하여 지나치게 탐욕적이라고 비판받는 비이슬람권 일반금융과는 달리 비대칭적 정보의 공개, 과도한 이익추구 금지, 불확실한 거래 금지 등의 투자자보호에 관한 이상을 종교적 율법으로 실현하고 있는 이슬람금융 및 이슬람 파생상품 법리에서 파생상품거래에 대한 규제의 기초적인 원리나 모티브를 발견하는 한편, 이슬람 파생상품거래 당사자가 될 경우에 투자자로서 또는 판매자로서의 권리의무관계를 이해할 수 있게 되기를 기대한다.

아울러 이 책이 파생상품거래 전반에 대한 이해를 높이고 금융투자업자와 투자자가 서로 상생할 수 있는 선진적인 금융제도의 정착과 건전한 금융산업 발전의 토대를 마련하는 데 기여할 수 있게 되기를 희망한다.

|제2절| 이 책의 구성

이 책에서는 국내 파생상품거래와 관련하여 민법·자본시장법, 증권관련 집단소송법, 약관법의 기본법리에 대한 국내외 학술문헌과 법령을 검토하고, 각각의 법리와 관련된 국내외 법적 분쟁사례를 검토하는 판례연구를 수행한다. 검토대상 법리는, 법적 분쟁 발생 시 특히 투자자 입장에서 그 권리를 보호하고 금융투자업자에게 대응할 수 있는 법리를 중점적으로 검토하기 때문에 투자자 입장에서 중요하지 않다고 생각되는 일부 법리들은 논의대상에서 제외하였다. 그리고 영미법상의 법리는 국제 파생상품거래를 다루는 장에서 상세하게 검토되어야 할 것이나 이 책이 아니더라도 국내외 수준 높은 다른 문헌을 통해서 충분히 보충할 수 있을 것으로 생각되어, 국내 파생상품거래 관련 법령의 내용을 검토하거나 영미판례를 검토할 때 관련 법리를 그때그때 간략히 언급하는 수준에서만 논의하기로 한다. 국내 판례의 경우 가급적이면 파생상품거래와 관련된 판례이면서 최근의 판결 동향을 파악할 수 있도록 최신 판례 위주로 조사·분석하고자 한다. 아울러 파생상품과 파생결합증권을 동일하게 규율할 필요가 있다는 논지에서 ELS, ELW 등과 관련된 최근의 판례에 대해서도 사례연구로 검토한다. 그리고 각 법리검토의 마지막 부분에서는 본문의 주요 논의내용을 정리하는 한편, 법리검토 과정에서 발견되는 문제점을 분석하고 시사점을 도출한다.

　　이 책은 모두 5개의 장으로 구성되며 각 장의 주요 논의내용은 다음과 같다.
　　제1장 서론에서는 이 책의 목적과 구성, 이론적 접근방법 및 검토범위에 대해 설명한다.
　　제2장에서는 파생상품의 특성과 개념지표를 검토하여 파생상품 관련 투자자보호의 법리를 적용하거나 투자자보호를 강화할 필요성이 있는 금융상품의 범위를 획정하는 데 기준으로 삼고자 한다. 여기서는 파생상품과 일반 금융투자상품의 경계선에 있는 변액보험과 FX마진거래에 관한 국내외 판례를 검토하고, 우리나라 대법원이 파생상품의 개념요소로 삼고 있는 내용들을 살펴본다.

제3장에서는 국내 파생상품거래와 관련한 민법·자본시장법, 증권 관련 집단소송법, 약관법상의 투자자보호 법리를 검토하고, 필요시 외국 입법례와의 비교법적 고찰을 수행한다. 또한, 각 검토대상 법리와 관련한 국내외 법적 분쟁사례에 대한 사례연구를 통해 법원 판결의 동향과 논리를 분석하고 투자자 시각에서의 시사점 등을 소결론으로 검토한다.

제4장에서는 국제 파생상품거래에서의 투자자보호 법리를 검토한다. 일반금융 파생상품거래의 표준약관으로 통용되는 ISDA Master Agreement와 부속계약서들의 주요 내용 및 최근의 개정 동향 등을 살펴본다. 아울러 서구 일반금융 파생상품거래와 비교법적으로 살펴볼 수 있는 이슬람 파생상품거래에서의 투자자보호의 법리를 검토한다. 여기서는 이슬람 파생상품에 대해 논의하기 전에 이슬람금융 전반에 관한 이론적 고찰을 통해 일반금융 파생상품이 왜 이슬람 율법 하에서는 허용되지 않는지 그 배경을 살펴본다. 아울러 전통적인 이슬람 파생상품의 거래구조와 이를 활용한 신종 이슬람 파생상품의 거래구조, 허용 여부 등을 검토한 다음 이슬람 파생상품거래에서의 투자자보호의 법리를 종합적으로 정리한다. 마지막 소결론에서는 향후 이슬람 파생상품거래에 대한 연구와 실제 거래상의 유의점을 살펴본다.

결론인 제5장에서는 이 책에서 검토한 주요 내용 및 문제점과 소결론들을 요약하여 정리하고, 이 책에서 다루지 못한 미진한 부분들을 살펴본다.

제2장

파생상품의 의의와 범위

|제1절| 논의의 필요성

　파생상품은 복잡난해한 금융공학을 이론적인 배경으로 하고 있어 그 개념이나 실제 거래구조에 대해 일반 투자자가 이해하기가 쉽지 않다. 그럼에도 불구하고 일반투자자들은 레버리지 효과를 통한 높은 수익률에 현혹되어 무모하게 투자를 감행하다가 결국 큰 손실을 입게 되는 것이 현실이다. 이에 따라 파생상품에 대해서는 일반 금융투자상품에 비해 강도 높은 투자자보호 정책과 법제도를 마련할 필요가 있다.

　그런데 파생상품과 일반 금융투자상품을 분리하여 규율하기 위해서는 그 개념한계가 명확하여야 하나 이를 명확히 획정하는 것은 쉽지 않다. 실제 법적 분쟁사례에서도 특정의 금융상품이 파생상품인지 여부가 쟁점이 되고 있고, 실무상으로도 특정 금융상품을 어느 카테고리로 분류하여 규율하여야 하는지가 명확하지 않은 경우가 수시로 발견된다. 국내 자본시장법은 금융투자상품을 기본적으로 증권과 파생상품으로 대별하여 규율하는 체계를 가지고 있다. 그런데 자본시장법에서 선도·선물, 옵션, 스왑 등 전형적인 파생상품을 포함하여 파생상품의 개념요소를 규정하고는 있으나 이 규정만으로 증권과 파생상품을 구별하는 문제를 해결할 수는 없다.

본 장에서는 이러한 문제점에 대한 인식을 바탕으로 파생상품이 일반 금융투자상품과 구별되는 특징적 요소를 확인하고 그 개념적 지표를 규명한다. 그 결과에 따라 파생상품의 특성을 지닌 금융투자상품에 대해서는 동일한 규율을 촉구하고자 한다. 파생상품과 다른 금융투자상품의 한계선상에 있는 것으로는 최근 국내에서도 사회적으로 문제되고 있는 변액보험과 FX마진거래가 있다. 또한 자본시장법 체계상 증권으로 분류되어 있으나 실제 규율은 파생상품과 크게 차이가 없는 파생결합증권도 여기에 해당한다.

이하에서는 자본시장법 규정과는 별도로 국내외 문헌연구를 통해 파생상품의 개념요소를 파악하고, 관련 대법원 판결의 내용을 살펴본다. 아울러 파생상품의 한계선상에 있는 변액보험과 FX마진거래의 파생상품적 특성을 살펴본 후 정책적, 입법론적 시사점을 검토하기로 한다.

|제2절| 파생상품의 개념과 종류

Ⅰ. 파생상품의 개념

1. 개념 정의

파생상품(derivative)이란 "「선도(forward, 先渡), 옵션, 스왑의 어느 하나에 해당하는 계약상의 권리」로서 그 가치가 기초가 되는 기초자산에서 파생되는 상품",[1] 또는 "기초자산(underlying asset)이나 그 밖의 요소에 관하여 권리와 의무를 발생하게 하는 계약"[2]으로 정의된다.

법학적 의미에서의 파생상품의 개념은 이와 같이 권리의무에 중점을 두는 반면 경제학적인 의미에서는 "기초변수의 가치에 의해(또는 그로부터 파생되어) 가치가 결정되는 금융상품",[3] "그 가치가 다른 자산이나 변수에 기초하거나 그로부터 파생되는 금융상품",[4] "기초적 금융거래로부터 파생된 금융상품의 총칭",[5] "그 이행내용이 기초자산의 가격변동에 기초하거나 그로부터 파생되는 부외 상품(off-balance sheet instrument), 금융상품(financial products), 또는 리스크 관리상품(risk management instrument)"[6] 등과 같이 기초자산의 가격변동에 따라 연계되어 가치가 결정되는 점을 강조한다.

한편, 국내 「자본시장과 금융투자업에 관한 법률」[7](이하 '자본시장법'이라 한다)에서는 취득원본(지급금액)이 처분원본(회수금액)을 초과하게 될 원본손실위험인 투자성을 기준으로 금융상품을 구분하여 '금융투자상품'과 '비금융투자상품'으로 나누고, 금융투자상품은 다시 '증권'과 '파생상품'으로 구분하고 있다.[8] 자본시장법이 '증권'과 '파생상품'으로

1) 정찬형 · 최동준 · 도제문, 「은행법강의(제3판)」(박영사, 2015.9), 314면.
2) John-Peter Castagnino, *Derivatives: The Key Principles*, 3rd ed. (New York: Oxford University Press, 2009), p.1.
3) John C. Hull, *Options, Futures, and Other Derivatives*, 7th ed. (Pearson/ Prentice Hall, 2009), p.1.
4) Hal S. Scott/Anna Gelpern, *International Finance: Transactions, Policy and Regulation*, 20th ed. (Foundation Press, 2014), p.920.
5) 三菱東京UFJ銀行, 「デリバティブ取引のすべて―変貌する市場への對応―」(東京: きんざい, 2014), 2면.
6) *See* Francesca Taylor, *Mastering Derivatives Markets*, 3rd ed. (Glasgow: Prentice Hall, 2007), pp.2~3.
7) 법률 제14458호, 2016.12.20. 개정, 2017.1.1. 시행.
8) 전체적인 내용을 개관하기 위해서는 정찬형 · 최동준 · 김용재, 「로스쿨 금융법」(박영사, 2009), 14~21면 참조.

구분하는 차별적 요소는 추가지급의무이다.[9] 즉, 투자자가 취득과 동시에 지급한 금전 등 외에 어떠한 명목으로든지 추가로 지급의무(투자자가 기초자산에 대한 매매를 성립시킬 수 있는 권리를 행사하게 됨으로써 부담하게 되는 지급의무를 제외한다)가 없는 경우를 증권, 추가적인 지급의무가 있을 수 있는 경우를 파생상품으로 구분한다(자본시장법 제4조 제1항).

자본시장법에서는 증권에 대해 채무증권, 지분증권, 수익증권, 투자계약증권, 파생결합증권, 증권예탁증권 등의 여섯 종류로 구분하고 있다. 이 중에서 '증권'의 한 유형으로 분류된 파생결합증권에 대해서는 "기초자산의 가격·이자율·지표·단위 또는 이를 기초로 하는 지수 등의 변동과 연계하여 미리 정하여진 방법에 따라 지급하거나 회수하는 금전 등이 결정되는 권리가 표시된 것"(자본시장법 제4조 제7항)으로 정의하고 있다. 주가연계증권(equity linked security: ELS), 주식워런트증권 (equity linked warrant: ELW), 신용연계증권(credit linked note: CLN) 등이 비교적 많이 알려진 파생결합증권의 예이다.

그런데 파생결합증권의 개념을 파생상품 정의조항(자본시장법 제5조 제1항)과 비교해 보면 기본적으로 (금전 등을) "기초자산을 기초로 산출하거나 이와 연계하여 지급하거나 회수"한다는 점에서 파생상품과 동일한 특성을 가지고 있다. 단지 파생결합증권은 해당 금전 등을 장래 특정시점에 인도하기로 하는 계약인 선도·선물, 해당 금전 등을 수수하는 거래를 성립시킬 수 있는 선택적 권리를 부여하는 계약인 옵션, 해당 금전 등을 교환하기로 하는 계약인 스왑 등과는 기초자산과 연계되어 산출되는 금전 등이 투자금액 이하여서 추가로 금전지급의무가 발생할 가능성이 없다는 점에서만 파생상품과 차이가 있을 뿐이다. 이렇게 볼 때 자본시장법은 동일한 경제적 특성을 가진 금융상품을 기본적으로 그 권리의무의 내용(추가지급의무)에 따라 증권 또는 파생상품으로 구분하

---

9) 정찬형·최동준·김용재, 상게서(註 8), 16면.

고 있다고 볼 수 있다. 다만 2013년 5월 개정 자본시장법[10] 제4조 제7항 단서 및 제5조 제1항 단서의 신설로 예외적으로 각각 파생결합증권과 파생상품 카테고리에서 일부 금융투자상품 또는 증권을 제외하고 있다.[11] 그러나 동일한 경제적 특성을 가지고 있는 파생결합증권과 파생상품을 각각 별도의 조항에서 규율함에 따라 동일한 문언이 서로 다른 조항에 반복적으로 기술되는 등 입법기술상 체계적이지 못하고 조문이 복잡한 구조를 가지게 되는 문제점이 있다. 이로써 규범수범자 입장에서는 특정 금융투자상품의 최종 권리의무관계를 정확히 분석하여 파악한 후에야 해당 관련 조항을 확정할 수 있을 뿐만 아니라, 조문이 순환구조를 가지고 있어 규정을 이해하는 데 혼선을 초래하는 문제점이 있다.[12]

2. 개념의 재정립 필요성

앞에서 기술한 바와 같이 자본시장법에서는 '추가지급의무' 유무에

---

10) 법률 제11845호, 2013.5.28. 일부개정, 2013.8.29. 시행.

11) 이렇게 개정 자본시장법 제4조 제7항 단서에서 파생결합사채(제1호), 옵션(제2호), 조건부 자본증권(제3호), 교환사채·전환사채·신주인수권부사채(제4호), 신주인수권증서·신주인수권증권(5호) 등을 파생결합증권으로부터 배제하는 규정을 별도로 두게 된 것은 자본시장법상 인가단위에서 파생결합증권을 발행하기 위해서는 장외파생상품 인가를 받아야 하는데 장외파생상품 인가를 받지 못한 기업들이 해당 사채 등을 발행할 수 없는 문제를 해소하기 위해서라고 한다[한국증권법학회, 「자본시장법[주석서 I](개정판)」(박영사, 2015.8), 24~25면].

12) 파생상품과 파생결합증권에 대해서는 추가지급의무 유무를 확인하여 추가지급 의무가 발생할 가능성이 있으면 자본시장법 제5조를 적용하고 추가지급의무가 없으면 제4조 제7항 파생결합증권 조항을 적용하게 되는데, 제4조 제7항 제2호에서는 다시 파생상품에 해당하는 "제5조 제1항 제2호에 따른 계약상의 권리"는 제외하도록 하여 제5조 파생상품 조항에 해당하는지 여부를 다시 판단하도록 하고 있고, 제4조 제7항 제2호 괄호에서는 제5조 제1항 각 호 외 단서에 따라 '증권'으로 정한 증권에 대해서는 파생결합증권으로 보도록 함으로써 제4조와 제5조를 왕래하며 유기적으로 해석하지 아니하면 전체 조문을 이해하기 어렵게 되어 있다.

따라 증권과 파생상품으로 구분하고 있으나 그 구분 기준이 명확하지 않고 동법 제4조 제7항 단서 및 제5조 제1항 단서에서 보는 바와 같이 증권이나 파생상품 모두 예외적인 규정을 두어 규율할 수밖에 없는 실정이다.

그러면 이론적으로 증권과 구별되는 파생상품의 본질적인 특성은 무엇일까?

이에 대해 파생상품을 (i) 특정한 자산 유형, 개체, 벤치마크로부터 파생하거나 그에 기초하여 당사자의 권리의무가 확정되고, (ii) 그 이행을 약정일 이후 특정일에 이행하기로 합의된 쌍방계약으로 파악하는 견해[13]가 있다. 또한 파생상품의 특성을 "기초통화의 명목금액 또는 기초자산의 명목금액을 준거하여 산출되는, 기초자산에 대한 경제적 익스포저를 창출하는 것"으로 파악하는 견해[14]도 이와 동일한 입장으로 볼 수 있다.[15]

한편, 대법원이 아래 판례[16]를 통해 설시한 파생상품 해당 여부에 대한 판단 기준은 ① 투기적 또는 위험회피 거래 구조 유무, ② 투자자 보호, 금융투자업의 육성 · 발전 등 법적 규율의 필요성, ③ 기초자산의 가격이나 지수 등에 의하여 가치가 산출되는 구조일 것, ④ 선물 · 옵션 등 전통적인 개별 파생상품의 특성 보유 여부, ⑤ '장래'의 특정 시점에 거래(인도)가 종료될 것 등으로 요약된다.

"위와 같은 사실관계를 앞서 든 규정과 법리에 비추어 보건대, ① 이 사

---

13) Joanna Benjamin, *Financial Law* (New York: Oxford University Press, 2007), p.65.
14) John-Peter Castagnino, *supra* note 2, p.1.
15) 한편, 가치파생성, 장래결제성, 위험전가성, 상품생산성을 파생상품의 특성으로 파악하는 견해로는 류혁선, "파생상품의 법적 개념에 관한 소고," 「증권법연구」 (한국증권법학회), 제12권 제1호(2011), 24~27면 참조.
16) 대법원 2015.9.10. 선고 2012도9660 판결.

건 거래는 고객이 1회에 지불하는 돈이 10만 원 이하의 소액일 뿐만 아니라 거래 시간도 길어야 몇 시간에 불과한 것이어서, 그 속성상 투기 목적으로만 이용될 수 있을 뿐이고 환율 변동의 위험을 회피하는 경제적 수단으로는 사용될 수 없는 구조인 점, ② 이러한 거래 구조와 이 사건 참여자들의 의사 등에 비추어 볼 때 위 거래는 투자자 보호라든지 금융투자업의 육성·발전과는 하등의 관계가 없어 보이는 점, ③ 위 거래에서 피고인이 고객에게 지급하기로 한 돈, 즉 렌트 사용료에다가 다시 렌트 사용료의 90%를 더한 돈은 '사전에 미리 약정한 돈'에 불과하지, 구 자본시장법 제5조 제1항 제1호나 제2호의 '기초자산의 가격이나 지수 등에 의하여 산출된 금전'이라고 할 수 없는 점, ④ 일반적으로 옵션 매수인은 기초자산의 가격이 유리하게 움직이면 권리를 행사하여 가격 변동에 따른 이익을 실현하고, 반대로 기초자산의 가격이 불리하게 변동하면 권리행사를 포기하게 되므로, 구 자본시장법 제5조 제1항 제2호의 옵션거래에서 옵션 매수인의 이익은 무제한인 반면 손실은 프리미엄(옵션거래에서 옵션 매수인이 사거나 팔 수 있는 권리를 취득하는 대가로 옵션 매도인에게 지불하는 것)으로 한정되는 특징이 나타나는데, 이 사건 거래는 고객이 렌트 사용료의 90%의 이익을 얻거나 아니면 렌트 사용료 상당의 손실을 입는 구조로서 앞서 본 일반적인 옵션거래의 손익구조에 부합하지 않을 뿐만 아니라, 위 거래에서 고객이 입을 수 있는 손실은 고객이 얻을 수 있는 이익을 상회한다는 점에서 위 렌트 사용료를 프리미엄이라고 볼 수 없는 점, ⑤ 또한 위 거래는 단시간 내에 종료되는 것으로 구 자본시장법 제5조 제1항 제1호에서 말하는 '장래'의 특정 시점에 인도할 것을 약정한 것이라고도 볼 수 없는 점 등을 종합하면, 이 사건 거래는 10만 원 이하의 소액을 걸고 단시간 내에 환율이 오를 것인지 아니면 내릴 것인지를 맞추는 일종의 게임 내지 도박에 불과할 뿐, 구 자본시장법 제5조 제1항 제1호나 제2호의 파생상품에 해당한다고는 볼 수 없다."

생각건대, "기초자산의 가격이나 지수 등에 의하여 가치가 산출되는 구조", "선물·옵션 등 전통적인 개별 파생상품의 특성 보유 여부", "장래의 특정 시점에 거래(인도)가 종료될 것" 등이 파생상품의 핵심 개념 요소가 되어야 할 것이라는 점에서 동 대법원의 판시는 타당하다고 생각된다. 한편, 위와 같은 파생상품의 이론적 특성이나 대법원이 판단 기준으로 삼는 개념표지를 고려해 볼 때 파생상품과 파생결합증권은 동일한 특성을 가지고 있다고 볼 수 있고, 자본시장법에서 구분 기준으로 삼는 '추가지급의무' 유무는 양자를 구분하는 기준으로서의 명확성이나 동 기준에 의한 구별의 실익 측면에서 인정근거가 약하다고 보여진다. 즉, 추가지급의무의 존재 여부는 특정 금융투자상품의 권리의무관계를 명확히 파악한 후에야 판단할 수 있어 투자자 입장에서는 이를 파악하기가 쉽지 않고, 파생결합증권에 비해 파생상품에 대한 규제를 강화할 필요성이 있다는 의견이 있을 수 있으나 현재 자본시장법의 관련 규정들을 살펴보면 실질적으로 양자를 구별할 실익은 거의 없다고 할 수 있다.[17] 따라서 파생상품과 파생결합증권에 대한 규율을 동일하게 하는 것이 바람직하며, 이에 따라 현행 자본시장법의 관련 조항들도 하나로 통합하여 규정할 필요가 있다고 생각한다.

II. 파생상품의 종류

파생상품은 내용에 따라 선도(forwards), 선물(futures), 옵션(options), 스왑(swaps)으로 구분된다. 이 중에서 선물은 선도계약이 표준화된 거래소에서 거래되는 경우를 말하며, 선도와 선물의 기본구조는 동일하다. 파생상품의 기본적인 형태는 선도와 옵션이며 모든 파생상품은 이

---

17) 同旨: 류혁선, 전게논문(註 15), 32면; 옥선기, 「금융투자상품의 연계불공정거래에 대한 이해—사례 분석 및 규제 입법론—」(세창출판사, 2014.9), 91면.

들의 조합으로 구성된다.[18] 자본시장법에서는 제5조 제1항에서 파생상품의 종류별로 각각의 정의를 하고 있다.[19]

제5조 제1항의 제1호는 선도·선물을 "기초자산이나 기초자산의 가격·이자율·지표·단위 또는 이를 기초로 하는 지수 등에 의하여 산출된 금전 등을 장래의 특정 시점에 인도할 것을 약정하는 계약"으로 정의한다. 기초자산과의 연계성과 장래이행성을 요건으로 하고 있다. 제2호의 옵션은 "당사자 어느 한쪽의 의사표시에 의하여 기초자산이나 기초자산의 가격·이자율·지표·단위 또는 이를 기초로 하는 지수 등에 의하여 산출된 금전 등을 수수하는 거래를 성립시킬 수 있는 권리를 부여하는 것을 약정하는 계약"을 말한다. 옵션의 개념지표는 역시 기초자산과의 연계성, 당사자 일방에게 거래를 성립시킬 수 있는 권리(선택권)를 부여하는 것이다. 그 외에 옵션은 계약체결시점에는 옵션이 행사되지 않는다는 점에서 장래이행성을 내포하고 있다. 제3호에서 규정하는 스왑은 "장래의 일정기간 동안 미리 정한 가격으로 기초자산이나 기초자산의 가격·이자율·지표·단위 또는 이를 기초로 하는 지수 등에 의하여 산출된 금전 등을 교환할 것을 약정하는 계약"을 말한다. 스왑은 기초자산과의 연계성, 장래이행성, 가치교환성을 요건으로 한다고 볼 수 있다. 한편, 제4호(제1호부터 제3호까지의 규정에 따른 계약과 유사한 것으로서 대통령령으로 정하는 계약)는 당초 자본시장법 제정 당시에는 없던 조항인데 자본시장의 발전에 따라 전형적인 선도·선물, 옵션, 스왑에 해당되지는 않지만 이와 유사한 파생상품이 출현될 경우에 자본시장법의 규율대상으로 명확히 하기 위하여 신설된 것으로 이해된다. 아직까지 제4호의 위임에 따라 대통령령에서 별도로 규정하고 있는 파생상품은 없다.

또한 파생상품은 거래되는 장소에 따라 장내(exchange-traded) 파

---

18) Joanna Benjamin, *supra* note 13, p.65.
19) 정찬형·최동준·도제문, 전게서(註 1), 315면 참조.

생상품과 장외(over the counter: OTC) 파생상품으로 구분된다.[20]

자본시장법은 2013년 5월 법개정을 통하여 파생상품시장에서 거래되는 파생상품, 해외 파생상품시장(파생상품시장과 유사한 시장으로서 해외에 있는 시장과 대통령령으로 정하는 해외 파생상품거래가 이루어지는 시장을 말한다)에서 거래되는 파생상품 외에 "그 밖에 금융투자상품시장을 개설하여 운영하는 자가 정하는 기준과 방법에 따라 금융투자상품시장에서 거래되는 파생상품"을 추가하여 장내파생상품으로 규정하였으며 (자본시장법 제5조 제2항), 장내파생상품이 아닌 파생상품을 장외파생상품으로 구분하고 있다(자본시장법 제5조 제3항).

III. 소 결

현행 자본시장법은 개별 금융상품에 대해 상세한 분석과 검증을 거친 후에야 비로소 확인될 수 있는 '추가지급의무 유무' 또는 예견손실의 정도를 기준으로 파생결합증권과 파생상품으로 구분하고 있다. 즉, 추가지급의무 기준으로 보면 증권은 추가지급의무가 없는 반면 파생상품은 추가지급의무가 발생할 가능성이 있고, 예견손실의 정도로 보면 파생상품은 증권과는 달리 원본손실을 초과할 정도로 그 손실규모가 커질 가능성이 있어[21] 특별한 규율을 할 필요가 있다는 것이다. 그러나 현실적으로 추가지급의무가 없는 파생상품도 존재하는 등 추가지급의무의 기준만으로 양자를 구분하는 것은 완벽하지 않고, 이른바 회색지대가 존재할 수밖에 없다. 이러한 관점에서 보면 2013년 개정 자본시장법에서 제5조 제1항 제4호("제1호부터 제3호까지의 규정에 따른 계약과 유사한 것으로서 대통령령으로 정하는 계약")를 신설하여, 선도, 옵션, 스왑의 전

---

20) Francesca Taylor, *supra* note 6, pp.4~5.
21) 정찬형 · 최동준 · 도제문, 전게서(註 1), 312면.

형적인 파생상품 외에 신종 파생상품을 파생상품 개념 범위에 추가할 수 있도록 하는 한편, 제4조 제7항 제5호("그 밖에 제1호부터 제3호까지, 제3호의2 및 제4호에 따른 금융투자상품과 유사한 것으로서 대통령령으로 정하는 금융투자상품")를 신설하여 '증권' 개념에서 제외할 수 있게 하면서, 반대로 제5조 제1항 단서에 따라 증권으로 규제할 필요가 있는 파생상품은 파생상품 개념 범위에서 제외할 수 있도록 개정한 점은 일단 바람직하다고 할 수 있다.[22]

그럼에도 불구하고 현행 자본시장법에서 규정하고 있는 추가지급의무나 예견손실의 정도의 요건은 개별 금융상품의 구조나 내용을 심층적으로 분석한 이후에야 비로소 파악할 수 있기 때문에, 일반 금융투자자 입장에서는 관련 법규 적용에 대한 법적 안정성과 예측가능성이 떨어지게 되는 문제가 있다.

따라서 추가지급의무와 같은 사후적인 평가를 통해 확인될 수 있는 개념요소가 아니라, 개념이 즉시 파악될 수 있는 직관적인 파생상품의 특성을 규명하여 이를 기초로 파생상품의 개념정의를 할 필요가 있다. 이 경우 파생상품의 특성은 객관적으로 그 경제적 특성에 따라 '기초변수(underlying variables)[23]와 구별되지만 연계하여' 그 이행내용이 결정되는 점에서 파악하여야 하며, 그 외에 '약정일 이후에 계약만기일 또는 이행일이 도래하는 점'을 부차적으로 고려[24]하는 것이 타당하다고 생각된다.

이러한 관점에서 본다면 파생결합증권과 파생상품은 동일 유형의 금융상품에 해당하는 것으로 분류할 수 있으며, 그 이행내용이 기초변

---

22) 박철우, "파생상품거래의 규제에 관한 연구," 법학석사학위논문(고려대, 2010. 8), 185면에서는 2013년 자본시장법 개정 전에 이미 이와 같은 단서 조항의 신설 필요성을 주장한 바 있다.
23) 일반상품, 자산 또는 벤치마킹 대상을 말한다.
24) 통상 파생상품은 3일을 초과한 기간 후에 이연 결제가 이루어지며, 주식시장과 같이 그보다 단기에 결제가 이루어지는 경우는 현물결제로 보는 것이 일반적이다.

수와 연계됨에 따른 불확실성으로 인하여 특별히 금융투자자를 보호할 정책적 필요가 인정되므로 양자를 동일하게 규율하는 것이 바람직하다.[25] 본문에서 언급한 현행 자본시장법 제4조와 제5조의 문제점을 함께 고려하여 입법론을 제시하자면, 자본시장법 제4조 제7항의 파생결합증권 개념정의 내용을 자본시장법 제5조의 파생상품 정의 조항으로 옮겨 파생결합증권이 파생상품 개념에 포함되는 것으로 정의한 다음,[26] 예외적으로 규율할 필요성이 있는 증권들(현행 자본시장법 제4조 제7항 단서 각 호)에 대해서는 현행 제5조 제1항 단서에서 함께 규정하는 방식이 간명할 것으로 본다.

한편, 입법기술상의 한계 및 신종 파생상품 출현과 이에 대한 법령 개정 간에 시차가 존재할 수밖에 없는 현실 등을 고려하면, 새로운 금융투자상품이 증권 또는 파생상품 중 어디에 속하는지에 대한 규명은 판례를 통해 구체적으로 해결될 수밖에 없다.

---

25) 同旨: 박철우, 전게논문(註 22), 45면. 反對: 파생결합증권은 연혁적으로 증권에 해당하며 상법상 사채에 해당하는데, 그에 내재하는 파생상품적 요소의 위험성으로 인해 별도의 독자적인 증권 유형의 하나로 규정하였으므로 파생상품과는 법적 성질 및 규제상 취급을 달리하여야 한다는 견해로는 임정하, "자본시장법상 파생결합증권에 대한 연구—주식워런트증권을 중심으로 한 파생결합증권의 법적 성질과 관련 문제점 검토—,"「한양법학」(한양법학회), 제22권 제3집(통권 제35집)(2011.8), 116~118면, 130면 참조.

26) 〈개정안〉 자본시장법 제5조(파생상품) ① 이 법에서 "파생상품"이란 <u>기초자산의 가격·이자율·지표·단위 또는 이를 기초로 하는 지수 등의 변동과 연계하여 미리 정하여진 방법에 따라 산출되는 금전 등을 장래에 지급하거나 회수하기로 하는 계약상 권리로서 다음 각 호의 계약상 권리를 포함한다.</u> (이하 현행 자본시장법 제5조 제1항 단서 및 각 호는 동일하며, 단서에 따라 대통령령에 현행 제4조 제7항 단서에 의해 파생결합증권에서 제외하고 있는 증권들을 추가하여 반영한다).

|제3절| 파생상품과 유사한 금융투자상품

앞에서 살펴본 바와 같이 파생상품의 본질적 특성을, 「특정한 자산 유형, 개체, 벤치마크로부터 파생하거나 그에 기초하여 당사자의 권리의무가 확정되는」 측면에서 파악하는 경우, 일부 금융상품에서도 이러한 파생상품의 특성을 확인할 수 있다. 정책적인 면에서는 이러한 금융상품에 대해서는 파생상품과 동일한 정도의 규율 또는 동일한 정도의 금융투자자 보호 대책을 마련하여야 할 필요가 있다고 본다.

아래에서는 국내외적으로 금융투자자 보호와 관련하여 이슈가 되었거나 문제가 되었던 변액보험, 불법FX마진거래의 파생상품적 특성과 이에 따른 특별한 투자자보호 필요성 등을 살펴보기로 한다.

Ⅰ. 변액보험

1. 개 념

변액보험이란 "보험회사에서 보험계약자가 납입한 보험료의 일부로 자금을 조성하여 특별계정으로 운영하고, 이 특별계정의 운용실적에 따라 보험계약자에게 투자이익을 분배함으로써 보험기간 중에 보험금액 등이 변동하는 보험"을 말한다.[27] 좀 더 구체적으로 설명하자면 변액보험은 보험업법 제108조 제1항 제3호에 근거를 둔 보험으로서, "변액보험계약자가 지급한 정액보험료 중 준비금에 상당하는 재산의 전부 또

---

27) 정찬형, 「상법강의(하)(제18판)」(박영사, 2016.3), 780면 註 1).

는 일부를 기타의 재산운용기금(일반계정)과 구별하여 이용하기 위한 특별계정에 편입하고, 이 특별계정이 주로 주식이나 채권 등의 유가증권에 투자하여 그 운용실적에 따라 보험금액 및 해약환급금이 변동하는 구조를 지닌 생명보험상품"이다.[28)

[그림 1] 변액보험의 현금흐름[29)

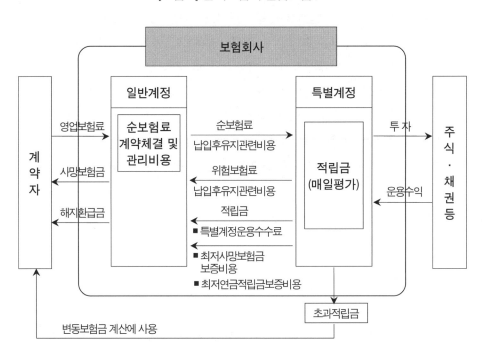

변액보험의 종류에는 변액종신보험(variable life insurance), 변액유니버설보험(variable universal life insurance), 변액연금보험(variable annuity)

---

28) 김선정, "변액유니버설보험계약에 있어서 설명의무와 적합성원칙에 대한 재론 —대법원 2013.6.13. 선고 2010다34159 판결—," 「금융법연구」(한국금융법학회), 제10권 제2호 통권 제20호(2013.12), 103면.

29) 생명보험협회, 「변액보험의 이해와 판매」(지원출판사, 2016.8), 198면.

등이 있다.[30]

변액종신보험[31]은 사망보험금(최저사망보험금인 「기본보험금」+운용실적에 연동하는 「변동보험금」)과 해지환급금이 변동하는 보험으로서, 중도에 적립금의 입출금이 제한된다는 점에서 유니버셜보험과 구별된다. 변액종신보험은 최저사망보험금은 보장이 되나 보험료로 운용되는 펀드의 운용실적이 저조한 경우 해지환급금이 보장이 되지 않고 원금손실이 발생할 수 있다. 고객은 자신의 투자성향에 따라 채권형, 주식형, 혼합형 등 투자대상자산을 변경할 수 있다.

변액유니버셜보험[32]은 간접적인 투자상품의 실적배당, 보험의 보장성, 수시입출금 기능을 결합한 종합금융형 보험으로 장기투자 목적의 적립형과 사망보장을 주목적으로 하는 보장형으로 구분되며, 적립형은 기납입보험료를 최저보증하고, 보장형은 기본보험금을 최저보증한다. 이에 따라 변액유니버셜보험에서의 사망보험금은 [기본보험금, 기납입보험료, 투자실적에 따라 매일 적립되는 계약자적립금의 일정비율(105~110% 수준)] 중에서 최대금액을 지급하게 되며, 해지환급금은 투자수익률에 따라 매일 변동되는데 투자실적이 저조할 경우 원금손실이 발생할수도 있다. 변액종신보험과 마찬가지로 변액유니버셜보험에서도 고객은 자신의 투자성향에 따라 채권형, 주식형, 혼합형 등 투자대상자산을 변경할 수 있다.

변액연금보험[33]은 연금개시 전 사망 시에는 [기본사망보험금+투자실적에 따라 연동되는 사망당시의 적립금]을, 생존 시에는 계약자적립금을 투자실적에 따라 적립한 후 연금개시 연령이 되면 계약자가 선택한 방식에 따라 계약자적립금을 재원으로 공시이율을 적용한 연금(공시

---

30) 생명보험협회, 상게서(註 29), 163면.
31) 이하 생명보험협회, 상게서(註 29), 165면, 172~175면 참조.
32) 이하 생명보험협회, 상게서(註 29), 165면, 189~193면 참조.
33) 이하 생명보험협회, 상게서(註 29), 165면, 180~185면 참조.

이율연금형) 또는 투자실적에 연동한 연금(변액연금형)을 지급하게 되는 보험이다. 변액연금보험은 최저사망보험금이 보장되는 가운데 기본사망보험금과 해지환급금이 변동하며, 고객의 투자성향에 따라 자산운용 형태를 변경할 수 있다는 점이 특징이다.

2. 파생상품적 특성

변액보험은 간접적 투자상품의 성격과 보험으로서의 성격을 동시에 가지고 있는 것으로 평가된다. 그런데 변액보험이 채권형, 주식형 또는 혼합형 펀드 등을 통한 간접적 투자상품으로 인식되고 있음[34]에도 불구하고 보험료 및 보험금이 자산운용실적과 연계하여 산출되는 면에서는 해당 펀드자산을 기초로 보험금이 연동되는 일종의 파생상품으로 파악할 수도 있다.[35] 특히 혼합형 펀드로 운용되는 경우에는 투자대상 자산에 CD금리선물 등의 채권 관련 파생상품, KOSPI 200 주가지수선물옵션 등 주식 관련 파생상품이 포함되어 있어 실질적으로 파생상품에 연동하여 보험금 등이 결정된다는 점, 고객의 자산운용형태 및 투자자산에 대한 선택권이 확대될수록 펀드의 위탁자산 성격보다는 고객이 직접 투자하는 파생상품의 기초자산의 성격에 가까워진다는 점 등에 비춰볼 때 기초자산과의 연계성과 장래이행성이라는 파생상품의 요건을 충족하고 있다고 볼 수 있다. 나아가 자본시장법상 파생상품의 요건인 '추가지급의무의 존재' 요건의 충족 여부를 살펴본다면, 투자실적이 악화되는 경우 해지환급금이 보장되지 않고 원본손실가능성이 있다는 점,

---

34) 김선정, 전게논문(註 28), 104면.

35) 일반 보험계약 자체가 우연성과 위험이전적 성질로 인해 신용파생상품과 유사성이 있으나 양자는 구별된다는 취지에서 그 차이점을 검토하고 있는 논문으로는 Gyung Young Jung, "Is credit derivatives including credit default swap an insurance and thus should be regulated by insurance business act?" 「금융법연구」(한국금융법학회), 제9권 제1호(2012.8).

변액유니버설보험에서 보험료 의무납입기간 경과 이후 보험료 납입중지 시 투자실적이 악화되는 경우 보험료를 추가납입하지 않으면 보험계약 자체가 해지됨[36]에 따라 '원본손실위험' 외에 실질적으로 '추가납입이 강제되는 효과'가 있다는 점 등에 비춰 보면, 법적으로는 추가납입의무가 인정되지 않기 때문에 자본시장법의 '추가지급의무' 요건을 완전히 충족한다고 보기는 어렵지만, 금융투자상품 특히 파생상품의 특성을 강하게 지닌다고 할 수 있다.

[표 1] 변액보험 자산운용(혼합형 펀드)의 주요 투자대상[37]

투자대상	세부 내용
채권 및 채권 관련 파생상품	1. 채권 (1) 국채, 지방채, 특수채, 사채권 (2) 주식 관련 사채: 전환사채, 교환사채, 신주인수권부사채 (3) 사모사채 2. 채권 관련 파생상품: CD 금리선물, 국채선물 등
주식 및 주식 관련 파생상품	1. 상장주식 2. 장외주식(금융투자협회 등록법인이 발행한 주권, 기업공개 및 협회등록 공모주권 등) 3. 주식 관련 파생상품: KOSPI 200 주가지수선물옵션, KOSDAQ 50 주가지수선물옵션 등
유동성자산	예금, CD, CP, 콜론 등

3. 투자자보호의 필요성

변액보험은 복잡한 상품구조, 원본손실가능성 등에 대해 일반 고객

---

36) 생명보험협회, 진게서(註 29), 195면.
37) 생명보험협회, 상게서(註 29), 211면.

이 쉽게 이해하기 어려운 상품이다. 특히 앞에서 살펴본 바와 같이 보험료와 보험금이 투자대상자산의 운용실적에 연계하여 산출되는 구조를 가지고 있어 파생상품의 특성을 지닌 금융투자상품으로서 금융소비자(고객) 보호를 내실화하기 위해서는 파생상품에 준하는 강도 높은 보호대책이 마련될 필요가 있다.[38]

이에 따라 2010년 개정 보험업법[39]은 일반보험계약자를 대상으로 한 설명의무(제95조의2)와 변액보험계약자에 대한 적합성의 원칙(제95조의3)을 신설하고, 동법 시행령[40]에서는 변액보험계약의 경우 (ⅰ) 변액보험자산의 운용성과에 따라 납입한 보험료의 원금에 손실이 발생할 수 있으며 그 손실은 보험계약자에게 귀속된다는 사실, (ⅱ) 최저로 보장되는 보험금이 설정되어 있는 경우에는 그 내용 등에 대해 보험안내자료에 기재하도록 하는 한편(보험업법 제95조 제1항 제2호, 시행령 제42조 제1항), 적합성의 원칙 확인 내용에 변액보험가입 여부를 포함하였다(보험업법 제95조의3 제1항, 시행령 제42조의3 제1항 제4호). 다만, 자본시장법과의 관계에서 "법 제95조의3 제3항에 따라 같은 조 제1항 및 제2항을 적용받는 보험상품은 변액보험계약으로 한다. 다만, 「자본시장과 금융투자업에 관한 법률」 제46조를 적용받는 보험상품은 제외한다"(보험업법 시행령 제42조의3 제2항)고 규정하여, 변액보험계약 중에서도 자본시장법 제46조의 적합성 원칙이 우선 적용되는 보험상품이 별도로 있는 것으로 이해될 수도 있어 규정체계상 혼선을 초래하고 있다.[41]

생각건대, 변액보험의 파생상품의 특성을 고려할 때, 뒤늦게라도

---

38) 同旨: 손영화, "증권법상 적합성원칙의 보험상품의 판매·권유에 대한 적용," 「증권법연구」(한국증권법학회), 제8권 제1호(2007), 39면.

39) 법률 제10394호, 2010.7.23. 일부개정, 2011.1.24. 시행.

40) 대통령령 제22637호, 2011.1.24. 일부개정, 2011.1.24. 시행.

41) 김선정, 전게논문(註 28), 113면에서는 자본시장법 제10조에 따라 변액보험에는 적합성의 원칙과 설명의무가 적용됨에도 불구하고 보험입법에서 별도 규정을 둔 것으로 설명하고 있다.

변액보험에 설명의무와 적합성 원칙이 적용될 수 있도록 명문화한 점은 바람직하다고 할 것이다. 다만, 변액보험의 경우 이 책의 필자와 같이 파생상품 내지는 금융투자상품으로 파악하는 시각에서는 자본시장법 제10조 제1항 및 제77조 제2항[42])에 따라 동법 제46조의 적합성 원칙이 일반적으로 적용될 수 있었음에도 불구하고 「보험업법 시행령」 제42조의3 제2항의 별도 규정을 둠으로써 오히려 금융투자상품으로서의 변액보험의 성격을 더 모호하게 하고 그 적용법령을 불명확하게 하고 있다는 점은 문제라고 할 수 있다. 일견, 투자성이 있는 변액보험은 자본시장법 제46조의 적합성 원칙을, 원본손실위험이 없는 변액보험은 보험업법 제95조의3의 적합성 원칙을 적용하는 것으로 이해되나, 변액보험을 구체적으로 세분화하여 분석하여야 적용법조항이 특정될 수 있다는 점에서 법적 안정성을 저해할 수 있다고 생각된다.[43]) 「보험업법 시행령」 제42조의3 제2항을 변액보험의 투자성에 대한 분석 없이도 어느 법령에 의하더라도 적합성 원칙이 적용된다는 의미로 해석한다면, 나름대로 그 존재의의가 있다고 할 수 있을 것이나, 이러한 취지라면 후술하는 바와 같이 변액보험에 대해서는 자본시장법 제46조를 준용하는 규정을 두는

---

42) 자본시장법 제10조(다른 법률과의 관계) ① 금융투자업에 관하여는 다른 법률에 특별한 규정이 있는 경우를 제외하고는 이 법이 정하는 바에 따른다.
자본시장법 제77조(투자성 있는 예금·보험에 대한 특례) ② 보험회사(「보험업법」 제2조 제8호부터 제10호까지의 자를 포함한다)가 투자성 있는 보험계약을 체결하거나 그 중개 또는 대리를 하는 경우에는 제12조에 따라 투자매매업 또는 투자중개업에 관한 금융투자업인가를 받은 것으로 본다. 이 경우 제15조, 제39조부터 제45조까지, 제49조 제3호, 제51조부터 제53조까지, 제56조, 제58조, 제61조부터 제65조까지, 제2편 제2장·제3장·제4장 제2절 제1관 및 제3편 제1장을 적용하지 아니한다.
43) 이에 대해 장덕조, 「보험법(제3판)」(법문사, 2016.1), 164면에서는 "자본시장법은 원본상실의 우려가 있는 변액보험에 대하여 적용을 예정하고 있는 것이나, 특별법이라 할 수 있는 보험업법상 적합성원칙이 규정되어 있으므로 원본상실의 우려가 있는 보험상품이라 하더라도 일차적으로 보험업법이 적용된다"라고 설명하고 있다.

편이 금융소비자보호 측면에서는 더 바람직할 것으로 생각된다.[44]

4. 판례연구

변액보험의 불완전판매로 인한 분쟁은 국내나 일본에서도 사회적으로 큰 이슈가 되어 왔다. 이러한 분쟁은 개념상 변액보험을 금융투자상품 또는 파생상품으로 보아 특별한 금융소비자보호 법리를 적용할 수 있는지 여부와도 직접적으로 관련된 것이다. 아래에서는 변액보험에 관한 국내의 대법원 판례에 나타난 쟁점 및 금융소비자보호 법리와 일본판례의 주요 동향을 살펴보기로 한다.

가. 한국 — 변액보험계약과 관련하여 설명의무 위반은 인정하였으나 적합성 원칙 위반에 대해서는 심리미진의 취지로 파기환송한 사례[45]

(1) 사실관계

보험설계사 A(피고 2)의 부탁으로 '갑'주식회사와 B보험회사(피고 1)와 체결한 무배당 유니버설보험계약(제1보험)과 무배당 변액유니버설보험계약(제3보험), '갑'주식회사 이사이자 경리담당 '을'이 B보험회사와 체결한 무배당 변액유니버설보험계약(제2보험)과 관련하여 공동원고 '갑'과 '을'이 공동피고 A와 B를 상대로 제기한 소송이다. 보험을 가입할

---

44) 김선정, 전게논문(註 28), 114~116면(자본시장법과 보험업법상의 적합성 원칙 규정의 차이점) 참조.

45) 대법원 2013.6.13. 선고 2010다34159 판결(적합성 원칙 위반 관련 심리미진 취지 파기환송) [제1심 서울중앙지법 2009.9.17. 선고 2008가합81911 판결(원고 패소), 제2심 서울고등법원 2010.3.31. 선고 2009나97606 판결(원고 승소)]. 동 사건은 환송심인 서울고등법원에서 2014년 1월 14일자로 강제조정을 거쳐 종결되었다(사건번호: 2013나40461).

당시 '을'은 A에게 장기간 보험을 유지하지 않고 중도해약할 수 있다는 점과 원금보장을 요구하면서 보험에 가입하였으나 중도에 보험계약을 해지하고 받은 해약환급금이 납입한 보험료에 미치지 못하여 총 176,537,236원의 손해를 입고 보험설계사 A와 B보험회사를 상대로 설명의무 및 적합성 원칙 위반을 이유로 불법행위책임(보험업법 제102조)과 사용자책임(민법 제756조)에 기한 손해배상을 청구하였다.[46]

(2) 주요 쟁점 및 법원의 판단

1) 설명의무 위반 여부 및 손해액 산정

설명의무와 손해액 산정과 관련하여 대법원은 "보험회사 또는 보험모집종사자는 고객과 사이에 보험계약을 체결하거나 모집함에 있어서 보험료의 납입, 보험금·해약환급금의 지급사유와 그 금액의 산출 기준, 변액보험계약인 경우 그 투자형태 및 구조 등 개별 보험상품의 특성과 위험성을 알 수 있는 보험계약의 중요사항을 명확히 설명함으로써 고객이 그 정보를 바탕으로 보험계약 체결 여부를 합리적으로 판단을 할 수 있도록 고객을 보호하여야 할 의무가 있고, 이러한 의무를 위반하면 민법 제750조 또는 구 보험업법 제102조 제1항(2010.7.23. 법률 제10394호로 개정되기 전의 것, 이하 같다)에 기하여 이로 인하여 발생한 고객의 손해를 배상할 책임을 부담한다"고 전제한 다음, "이 사건 각 보험의 내용이나 위험성, 투자수익률에 따른 해약환급금의 변동, 특히 해약환급금이 납입보험료 원금 상당액에 이르려면 상당한 기간이 소요된다는 점에 대하여 충분히 설명하지 아니하였고, 특히 변액보험인 이 사건 제2보험계약 및 제3보험계약에 관하여는 보장되지 않는 고율의 수익률을 전제로 하여 보험계약의 내용을 설명함으로써 이 사건 각 보험계약

---

46) 자세한 사실관계와 소송경과에 대헤서는 김선정, 전게논문(註 28), 97~102면 참조.

에 관한 설명의무를 위반하였고, 이로 인하여 원고들이 이 사건 각 보험의 특성이나 위험성을 제대로 인식하지 못한 채 이 사건 각 보험계약을 체결함으로써 원고들이 납입한 각 보험계약의 보험료 합계액과 원고들이 수령한 각 해약환급금의 차액 상당의 손해를 입었다"는 취지로 판단한 원심의 판단이 정당하다고 판시하였다.

2) 적합성 원칙 위반 여부

적합성 원칙과 관련해서는 "보험회사나 보험모집종사자는 고객의 연령, 재산 및 소득상황, 사회적 경험, 보험가입의 목적 등에 비추어 투자성이 있는 보험이나 변액보험이 고객에게 적합하지 아니하다고 인정되면 그러한 보험계약의 체결을 권유하여서는 아니 되고, 이러한 적합성 원칙을 지키지 않은 채 과대한 위험성을 수반하는 보험계약의 체결을 권유함으로써 그 권유행위가 고객에 대한 보호의무를 저버려 위법성을 띤 행위로 평가되면, 민법 제750조 또는 구 보험업법 제102조 제1항에 기하여 그로 인하여 발생한 고객의 손해를 배상할 책임을 부담한다. 여기서 적합성 원칙의 위반에 따른 손해배상책임의 존부는 고객의 연령, 재산 및 소득상황과 보험가입의 목적, 가입한 보험의 특성 등 여러 사정을 종합적으로 충분히 검토하여 판단하여야 한다. … (이 사건의 경우) 원고들의 자산·부채의 규모 및 구성, 장래 소득에 관한 예상과 전망, 보험가입 목적 등에 따른 원고들의 위험감수 능력 및 의사 등에 대한 추가적인 사정이 밝혀지지 않은 상태에서 원심이 인정한 사실관계만으로는 피고 2의 이 사건 제2보험과 제3보험(변액유니버설보험상품─저자 註)에 대한 권유행위가 적합성 원칙에 위반하여 위법성이 있는 행위라고 단정하기 어렵고, … (변액유니버설보험상품의 경우) 보험료의 납입금액과 납입시기를 어느 정도 조절할 수 있는 장점이 있고 특별계정의 운용을 주식형 펀드에서 채권형 펀드로 변경함으로써 위험에 대처할 수 있기 때문에 위험성이 과대하다고 볼 수도 없다"고 하여, 결국 적합성 원칙 위반 여부에 대해서는 심리미진으로 판시하였다.

3) 과실상계 인정 여부

원고들이 해약환급금 등 계약의 중요사항에 대하여 적극적으로 확인하지 아니한 점이 인정되더라도 이를 기초로 과실상계의 대상으로 삼을 수 없다고 판시한 원심과는 달리 대법원[47]은 원고측의 과실에 대해 과실상계를 긍정하였다.

(3) 본 판결에 대한 검토

본 판결에서는 설명의무와 적합성 원칙 위반 여부가 주요 쟁점으로 다루어졌는데, 대법원은 설명의무 위반에 대해서는 원고의 주장을 인용하고 적합성 원칙 위반에 대해서는 배척하였다.

생각건대, 본 판결에서 변액보험에 대한 설명의무 위반에 대해 일반적인 불법행위에 기한 손해배상책임을 긍정한 점은 타당하며, 해약환급금의 변동을 중요사항으로서 설명의무의 대상으로 본 점은 금융소비자보호를 두텁게 한다는 측면에서 긍정적이라 할 것이다.[48] 다만, 변액유니버설보험의 경우 "보험료의 납입금액과 납입시기를 어느 정도 조절할 수 있는 장점이 있고, 특별계정의 운용을 주식형 펀드에서 채권형 펀드로 변경함으로써 위험에 대처할 수 있기 때문에 위험성이 과대하다고 할 수도 없다"고 판시한 부분에 대해서는, 변액유니버설보험의 상품구조가 일반보험상품에 비해 복잡하고, 일반인이 이를 이해하고 변동하는 시장상황에 맞게 펀드를 변경하는 등 위험에 대처하는 것을 기대하기는 곤란하다는 점을 고려하면, 오히려 적합성 원칙 위반 여부에 대해서는 보험계약자에 유리하게 판단할 필요가 있다. 따라서 대법원이 이와 반대의 취지로 판시한 것은 타당하지 않다고 본다.[49]

---

47) 대법원 2013.6.13. 선고 2010다34159 판결.
48) 反對: 김선정, 전게논문(註 28), 112면.

나. 일 본

일본의 변액보험과 관련한 분쟁은 고수익성을 강조하는 경우(투자이식형)와 절세대책으로 권유하는 경우(절세대책형)가 많은데, 절세대책형의 경우 은행의 대출금으로 납입보험료를 납입하는 형태로 진행되어 보험회사 외에 은행도 책임추궁 대상이 되는 경우가 있다.[50] 보험계약자들이 주장하는 주요 법리는 착오 무효, 사기 취소, 공서약속 위반, 적합성 원칙 등이다.[51]

(1) 변액보험 해약환급금이 납입보험료를 하회하는 손실발생 가능성이 없을 것으로 오신한 데 대해 중요내용에 착오가 있다고 본 사례[52]

본 판결은 보험회사 외판원이 은행대출과 연계하여 변액보험 가입을 권유할 때 해약환급금이 납입보험료를 하회할 가능성이 있었음에도 고객에게 이를 설명을 하지 아니한 데 대해 보험계약의 착오 무효의 주장을 인용한 사례이다.

변액보험 가입 당시 보험회사 외판원들이, 은행대출을 받아 일시납 보험료와 이자분을 납입하면 과세대상액을 최소화할 수 있고 향후 은행

---

49) 同旨: 맹수석, "변액보험 관련 판례와 소비자보호의 법리,"「금융소비자연구」(한국금융소비자학회), 제3권 제1호(2013.8), 168면. 미국의 변액유니버설보험 상품 불완전판매에 따른 법적 분쟁 사례에 대해서는 김종호, "보험상품의 불완전 판매에 대한 법적 규제방안,"「법학연구」(충남대학교 법학연구소), 제23권 제1호(2012.6), 122~124면 참조.

50) 이하 각 판례는 加藤 新太郎 編,「契約の無效・取消(改訂版)」(新日本法規, 2013), 538~539면, 543~544면 요약.

51) 김선정, 전게논문(註 28), 116면.

52) 東京地方裁判所平成6年(1994)5月30日判時1493・49, 判夕854・68. 이 외에도 변액보험에 착오 무효의 법리가 인정된 판례로는 東京高等裁判所平成17年(2005)3月31日金判1218・35; 東京地方裁判所平成9年(1997)6月9日判時1635・95, 判夕972・236.

차입금은 원고 X의 사망보험금과 X 외 피보험자의 해약환급금으로 상환하고, 나머지 잔액은 상속세의 납부에 충당할 수 있다고 설명하고, 보험수익률에 관하여는 "통상은 연 12~13% 정도이지만 최소한 연 9%는 절대적으로 확보할 수 있다"고 하면서도 해약환급금이 일시납보험료 등을 하회할 가능성에 대해서는 전혀 설명하지 않았다. 그 후 해약환급금이 보험료 등을 하회하는 사태가 발생하자 X는 보험회사 외판원들의 설명이 부적절, 불충분했다는 이유로 보험계약의 착오 무효, 사기 취소를 주장하고 납입보험료 부당이득반환청구, 기지급 은행대출이자분에 대해 채무불이행 또는 불법행위에 기한 손해배상청구를 하였다.

이에 대해 법원은 본건 보험은 주식시황 등에 따라 해약환급금이 변동하고 원본손실의 위험이 큰 보험상품인데도, X가 보험계약을 체결할 때 위험성이 없는 보험이라고 오신하여 계약을 체결한 것이므로 X에 대해 의사표시의 중요내용에 착오가 인정된다고 판시하였다.

(2) 변액보험계약 체결 시 해약환급금으로 은행대출을 변제할 수 있을 것으로 오신한 데 대해 중요내용에 착오가 있는 것으로 보아 보험계약 외에 은행대출계약에 대해서도 착오 무효를 인정한 사례[53]

본 판결은 은행대출과 연계한 변액보험계약에서 해약환급금으로 은행대출을 변제할 수 있을 것으로 오신한 데 대해 중요내용에 착오가 있는 것으로 보아 보험계약 외에 은행대출계약에 대해서도 착오 무효를 인정한 첫 사례이다.[54]

68세인 원고 X(농업)가 상속세에 대해 고민하고 있던 중 피고 Y은행의 A지점장이 보험료를 은행에서 차입하여 변액보험에 가입하면 대출에 따른 상속재산이 감소하여 상속세가 낮아지고, 변액보험의 운용이익이 9%는 보장될 수 있으며 상속이 발생하면 해약환급금으로 은행차

---

53) 東京地方裁判所平成8年(1996)7月30日判時11576·61, 判夕924·193.
54) 加藤 新太郎 編, 前揭書(註 50), 544면.

입금을 변제할 수 있다는 등의 설명을 하여, X가 소유부동산을 담보로 Y은행으로부터 보험료 융자를 받아 자녀 4명을 피보험자로 하여 각 생명보험회사(Y1~Y4)와 변액생명보험계약을 체결하였다. 그 후 X는 주가에 연동하여 해약환급금이 변동하고 최저보장도 없다는 사실을 알고 생명보험사들의 설명이 불충분한 사정을 들어 사기 취소, 착오 무효, 채무불이행 해제를 이유로 Y은행에 대해 담보부동산 근저당권설정등기의 말소등기를, 각 생명보험회사에 대해서는 지급한 보험료의 반환을 청구하였다.

이에 대해 법원은 변액보험의 운용 이익이 최소 9%가 보장되고 해약환급금으로 차입금을 변제할 수 있다는 확신이 들지 않았다면 계약을 체결하지 않았을 것이기 때문에 X는 보험계약 및 대출계약 체결 당시 중요내용에 착오가 있었다고 판시하는 한편, X가 Y은행의 A지점장을 신뢰하고 해약환급금 등에 대한 조사를 철저히 하지 못하였다 하더라도 X에게 중과실이 인정된다고 할 수는 없다고 판시하였다.

II. FX마진거래

1. 개 념

FX마진(foreign exchange margin)거래는 환율 변동을 이용하여 시세차익을 얻는 거래[55]로 고객이 일정 증거금을 납입하고 통화를 매매한 후 환율변동 및 해당 통화의 금리 등을 기준으로 산출된 금액으로 손익을 정산하는 거래를 말한다.[56] FX마진거래에 해당하는 '외환증거금거

---

55) 대법원 2015.9.10. 선고 2012도9660 판결.
56) FX마진거래는 2003년 '마진현물환'으로 하나은행에 의해 처음 국내에 도입되었으며, 2005년 1월 「선물거래법 시행규칙」에 의해 선물회사의 업무로 허용되어

[표 2] FX마진거래 상품개요[57)]

구 분	Standard Size 상품 (100,000 단위)
거래소	장외(OTC)
거래대상	EUR/USD/GBP/JPY/CAD/AUD/CHF/NZD 통화 간 조합 중 25개 통화쌍
거래단위	기준통화의 100,000 단위 예) USD/JPY: $100,000
개시/유지증거금	개시증거금: $10,000 (약 10%) 유지증거금: $5,000 (약 5%)
일일가격변동제한폭	제한 없음
롤오버 이자 (Rollover Interest)	각국의 기준금리로 결정됨 월, 화, 목, 금요일: 1일분 이자발생, 수요일: 3일분 이자발생
스프레드	변동 스프레드 대략 2~5pips 이나 시장상황에 따라 변동할 수 있음
레버리지	10% (1:10)
마진콜	예탁금이 유지증거금 이하로 하락 시 보유포지션을 시장가로 강제, 자동청산
거래시간	월요일 07:00~토요일 07:00 (Summer Time 적용 시: 월요일 06:00~토요일 06:00) FXCM은 월요일 07:00~토요일 06:55(서머타임 시 1시간씩 당겨집니다.) * 당사 내 FDM 간, 타사와의 거래시간이 다를 수 있습니다.

오다가 2007년 「외국환거래법」 및 「외국환거래규정」에 의해 은행의 업무로 허용되었으며, 2009년 10월 자본시장법의 개정으로 금융투자회사의 업무로 허용되었다[박임출, "FX 마진거래 규제의 법적 과제," 「상사판례연구」(한국상사판례학회), 제24집 제4권(2011), 336면 참조].

57) 한국투자증권 뱅키스 FX마진거래상품 소개내용을 참고적으로 전재한다. 〈http://www.truefriend.com/main/bond/foreign/_static/TF03dg020000.jsp〉 (방문일: 2016.12.4.).

래'에 대해 「외국환거래법」에 따른 「외국환거래규정」에서는 "통화의 실제인수도 없이 외국환은행에 일정액의 거래증거금을 예치한 후 통화를 매매하고, 환율변동 및 통화간 이자율 격차 등에 따라 손익을 정산하는 거래"로 정의하고 있다(동 규정 제1-2조 제20-1호).

자본시장법에서는 FX마진거래가 2005년 1월 27일 개정·시행된 「선물거래법시행규칙」(재정경제부령 제412호)에서 '유사해외선물거래'로서 도입된 것을 연유로 "해외 파생상품시장(파생상품시장과 유사한 시장으로서 해외에 있는 시장과 대통령령으로 정하는 해외 파생상품거래가 이루어지는 시장을 말한다)에서 거래되는 장내파생상품"(자본시장법 제5조 제2항 제2호)으로서 "미국선물협회의 규정 또는 일본의 상품거래소법에 따라 장외에서 이루어지는 외국환거래"(동법 시행령 제5조 제3호·제4호)의 하나로 규율하고 있으며 별도 정의 규정은 없다.

그런데 자본시장법에 따르면 일반투자자가 해외파생상품시장에서 장내파생상품의 매매거래를 하는 경우에는 투자중개업자를 통해서만 거래를 하도록 규정하고 있기 때문에(자본시장법 시행령 제184조) 일반투자자의 FX마진거래는 국내 투자중개업자를 통하여 이루어져야 하며 그렇지 않고 해외 투자중개업자와 직접 거래를 하는 것은 불법이다.

한편, 한국금융투자협회의 「금융투자회사의 영업 및 업무에 관한 규정」(2016.1.21 개정)에서는 '유사해외통화선물거래'의 거래방법, 부적합 교육 등의 금지, 설명의무 등을 규정하고 있다(동 규정 제3-28조~제3-34조). 이에 따르면 유사해외통화선물거래 대상은 원화를 제외한 이종통화로 하며, 거래단위는 기준통화의 100,000 단위로 한다(동 규정 제3-29조). 따라서 「외국환거래규정」의 적용을 받는 외국환은행은 FX마진거래 시 원화-외화, 외화-외화 매매거래가 허용되나 금융투자회사의 경우에는 원화-외화의 거래는 할 수 없다.[58] 금융투자회사는 유사해외

---

58) 자본시장법상 미국선물협회의 규정 또는 일본의 상품거래소법에 따라 이루어지는 외국환거래에서는 원화를 기초로 한 FX마진거래가 허용되지 않고 있다.

통화선물 거래 시 투자자로부터 거래단위당 미화 1만 달러 이상을 위탁증거금으로 예탁받아야 한다(동 규정 제3-29조).

2. 파생상품적 특성

　FX마진거래에서는 일일 가격제한폭도 존재하지 않으며, T+2일 결제 원칙에 따라서 원칙적으로 일일정산하게 되므로 만기가 별도로 없다는 점에서 현물환 거래의 성격을 가진다고 할 수 있다. 이에 따라 2003년 하나은행에서 국내에 도입할 당시에도 '마진현물환'으로 불리웠다. FX마진거래의 법적 성격에 대해서는 거래형태 및 규제 필요성 등과 관련하여 견해가 일치되지는 않고 있다. 국내에서는 현물환으로 보는 견해[59][60]가 있는 반면, 선물거래의 일종으로 보는 견해,[61] 또는 통화선물과 유사한 금융투자상품으로 보는 견해[62] 등이 있다.

　미국의 경우에는 *CFTC v. Zelener*[63] 사건과 *CFTC v. Erskine*[64]

---

59) 박철호, "장외소매외환거래 제도개선에 관한 연구,"「한국증권학회지」(한국증권학회), 제40권 1호(2011), 86면에서는 "장외(off-exchange)에서 증거금(margin) 또는 레버리지를 이용해 외환딜러회사와 소매고객 간에 이루어지는 현물외환의 차액결제 거래"로 정의한다.

60) 키움증권 FX마진거래 사이트에서는 "FX마진거래의 기본 성격은 이종 통화 간 현물환 거래이지만, 현물환보다는 계약 단위가 작고 증거금률도 낮으며, 현물이 오고 가지 않는 차액결제 방식을 채택하고 있습니다"라고 설명하고 있다. 〈https://fx.kiwoom.com/fxk.templateFrameSet.do?m=m0301000000&NVKWD=fx%EB%A7%88%EC%A7%84%EA%B1%B0%EB%9E%98&NVADKWD=FX%EB%A7%88%EC%A7%84%EA%B1%B0%EB%9E%98&NVAR=PL&NVADRANK=3&NVADID=110666009+0H00003RyXPkWoy7009u〉(방문일: 2016.12.4)

61) 금융감독원, FX마진거래(해외통화선물거래)를 통한 투자자모집 사기 주의! (2008.5.6.자 보도자료); 금융감독원·금융투자협회, FX마진 등의 불법 거래 실태점검 및 투자자 유의사항(2010.9.3.자 보도자료).

62) 박임출, 전게논문(註 56) 336면.

63) CFTC v. Zelener, 387 F.3d 624(7th Cir.2004).

64) CFTC v. Erskine, 512 F.3d 309(6th Cir.2008). 동 사안에서 CFTC가 Erskine과

사건에서 법원은 FX마진거래가 '현물환(spot exchange rate)의 롤오버(rollover) 거래' 또는 '선도계약'(forward contract)과 유사한 거래로 판단하고, 당시 상품선물현대화법(Commodity Futures Modernization Act of 2000: CFMA)에 따라 선물시장에 대한 감독권한을 행사해 온 상품선물거래위원회(Commodity Futures Trading Commission: CFTC)의 감독권을 부정하였다. 이에 따라 발생한 규제공백을 막기 위해 미국 의회는 CFTC 권한재부여법(CFTC Reauthorization Act of 2008: CRA)에 의해 선물업자(Futures Commission Merchants: FCMs) 또는 소매외환딜러(Retail Foreign Exchange Dealers: RFEDs)에 대한 감독권한을 상품선물시장 감독기관인 CFTC에 부여함으로써 FX마진거래를 '장내선물시장'의 규제체계 안에 두었다.[65] 한편 일본의 경우 2005년 7월에 개정된 금융선물거래법(金融先物取引法)에 의해 처음으로 FX마진거래에 대해 규제하기 시작했으며, 2007년 9월부터 금융상품거래법(金融商品取引法) 제38조 제4호, 동법 시행령 제16조의4 제1항에 의해 '장외파생상품'으로 분류하여 규제하고 있다.[66] 결국 선도계약으로 보든 선물계약으로 보든 미국 판례는 FX마진거래를 파생상품으로 보고 규율하고 있으며, 일본도 장외파생상품으로 분류하고 있다.

그의 회사 Goros, LLC를 외환거래과정에서 고객에게 부실표시를 한 것을 이유로 법원에 기소하자 Erskine 측이 관할위반을 주장하는 가운데 사안의 외환거래는 Account Opening Agreements에 따르면 고객은 원하면 언제든지 해당 통화를 요구하여 수취할 수 있으므로 선도계약이라고 주장하였다. 이에 대해 CFTC는 사안의 거래는 당사자가 실물인도를 의도하지 않고 차액결제를 하기로 한 것이기 때문에 자신의 관할에 속하는 선물거래라고 주장하였으나 법원은 "선물계약은 장래의 거래를 위한 계약인 반면, 선도계약은 장래 인도하기로 하는 현재 거래다"('futures contract' is a contract for a future transaction, while a 'forward contract' is a contract for a present transaction with future delivery)라는 기준과 선도계약의 6개의 특징적 요소를 검토한 결과 본 사안의 경우 '선도계약'에 해당한다고 판시하였다.

65) 박철호, 전게논문(註 59), 87~88면.
66) 박철호, 상게논문(註 59), 90~91면; 박임출, 전게논문(註 56), 346면.

생각건대, 고객은 10% 내외의 증거금 납입과 마진콜(margin call)의 부담을 지며, 실물통화의 인도 없이 차액결제로 청산된다는 점, 불특정 다수를 상대로 거래하고 중도청산이 가능하다는 점, 거래 당일 중에 고객이 처음의 거래와 반대방향으로 거래를 하여 보유 포지션을 청산하지 않고 롤오버를 하게 되는 경우에는 기준통화와 상대통화의 금리차에 따라 정산[67]을 하게 된다는 점 등에서는 통화선물의 성격을 가진다고 할 수 있다.

[그림 2] FX마진거래 절차[68]

합법적 거래

불법적 거래

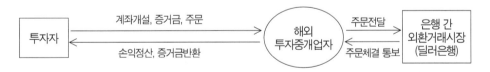

---

67) 예를 들어, EUR/USD 매도 시 기준통화(base cureency)인 EUR보다 상대통화 (counter currency)이자 매입통화인 USD의 금리가 높은 경우 1일분의 금리차 (swap point)를 수취하게 되며, 반대로 매입 시에는 1일분의 금리차를 지급하게 되어 그만큼 손실이 발생한다.

68) 금융감독원, FX마진거래 위규사례 및 유의사항, 업무자료(2013.12).

3. 투자자보호의 필요성

FX마진거래는 자본시장법에 따르면 장내파생상품에 해당하며, 원칙적으로 국내 투자중개업자를 통하여 거래를 하여야 한다. 그런데 불법FX마진거래의 경우 해외 투자중개업자와 직접 거래를 하게 되는데, 이는 자본시장법 제166조 및 동법 시행령 제184조에 위배된다.[69]

또한 투자자가 해외 투자중개업자와 연계된 브로커 등의 제3자 계좌를 통해 거래대금을 송금하는 경우에는 「외국환거래법」 제16조 제3호에 따른 제3자 지급에 해당하여 한국은행에 대한 신고의무를 위반하게 된다.[70] 또한 차명계좌를 통한 거래는 「금융실명거래 및 비밀보장에 관한 법률」 제3조 제1항과 제3항의 실명거래의무 또는 차명거래금지 규정 위반에 해당하게 된다.[71] 따라서 불법FX마진거래의 경우 선의의 투자자가 본의 아니게 자본시장법, 「외국환거래법」 및 「금융실명거래 및 비밀보장에 관한 법률」 등을 위반하게 되므로 이에 대한 계도를 강화할 필요가 있다.

한편, 한국금융투자협회의 「금융투자회사의 영업 및 업무에 관한 규정」에 따르면 금융투자회사가 일반투자자를 상대로 FX마진거래에 대한 교육·설명회를 하거나 모의거래를 하도록 하는 경우, 그 일반투

---

69) 금융감독원, 「외국환거래 위반사례집」(2015.7), 20면에서는 「외국환거래규정」 제4-1조에서 국내법령에 반하는 지급을 금지하고 있으므로, 자본시장법령을 위반한 지급은 「외국환거래법」상 지급 등 절차 위반에 해당한다고 한다. 이 견해에 따르면 자본시장법 제166조 위반은 「외국환거래법」 제15조 제1항의 위반에 해당되어 5천만 원 이하의 과태료 부과 대상이 된다(동법 제32조 제1항 제2호).

70) 「외국환거래법」 제16조 신고의무를 위반한 거래금액이 25억 원을 초과하는 경우 1년 이하의 징역 또는 1억 원 이하의 벌금에 처해질 수 있고, 거래금액이 25억 원 이하인 경우에는 5천만 원 이하의 과태료 부과대상이 된다(동법 제29조 제1항 제6호, 제32조 제1항 제3호).

71) 「금융실명거래 및 비밀보장에 관한 법률」 제6조에 따르면 5년 이하의 징역 또는 5천만 원 이하의 벌금의 형사처벌 대상이다.

자자의 투자경험·금융지식 및 재산상황 등의 정보를 서명 등의 방법으로 확인하고, 동 거래가 적합하지 아니하다고 판단되는 경우에는 (ⅰ) FX마진거래에 따르는 위험, (ⅱ) FX마진거래가 일반투자자의 투자목적·재산상황 및 투자경험 등에 비추어 그 일반투자자에게 적합하지 아니하다는 사실 등을 알린 후 서명 등의 방법으로 확인을 받아야 한다(동 규정 제3-31조). 또한 금융투자회사가 투자권유 없이 일반투자자와 FX마진거래를 하고자 하는 경우 동 규정 제2-5조 제1항 및 제2항에 따라 금융투자상품의 내용, 투자에 따르는 위험, 금융투자상품의 투자성에 관한 구조와 성격, 투자자가 부담하는 수수료에 관한 사항, 조기상환조건이 있는 경우 그에 관한 사항 및 계약의 해제·해지에 관한 사항 등의 투자설명사항을 투자자가 이해할 수 있도록 설명하고, 설명한 내용을 일반투자자가 이해하였음을 서명 등의 방법으로 확인받아야 하며, 원칙적으로 투자설명사항을 명시한 설명서를 교부하여야 한다(동 규정 제3-32조).

4. 판례연구

아래에서 소개하는 사례는 FX마진거래를 변형한 거래형태가 파생상품거래에 해당하는지 여부 등 파생상품의 개념정의 및 특성과 관련하여 자본시장법 적용상의 투자자보호와 관련된 내용이다. 그 밖에 국내 대법원 판례로는 FX마진거래의 거래상의 투자자보호 법리를 정면으로 다룬 사례는 발견되지 아니한다. 일본의 경우 2001년부터 무등록 FX마진거래(外国為替証拠金取引) 업체가 증가하는 등 사회적으로 문제가 되어 왔으며, 이에 따라 FX마진거래에서의 투자자보호와 관련한 법리를 언급한 판결이 다수 존재한다. 이하에서는 관련 국내외 판례의 주요 내용과 결론을 살펴보기로 한다.

가. 한국 ― 유사FX마진거래 인터넷 사이트 운영행위에 대해 무인가 파생상품 투자매매업으로 볼 수 없다고 본 사례[72]

유사FX마진거래 인터넷 사이트를 운영한 행위가 인가를 받지 아니하고 파생상품거래 영업을 영위한 것으로 인정되어 자본시장법위반죄가 성립되는지 여부가 다투어진 사안이다. 본 사안에서 피고인은 다른 회사의 이름으로 FX마진거래를 하여 'GBP(영국 파운드화)/AUD(호주달러)'에 대하여 여러 개의 매수와 매도 계약을 체결한 후, 고객이 피고인 운영의 홈페이지에 접속하여 'GBP/AUD'의 매수와 매도 포지션 중 어느 한쪽을 선택한 후 피고인이 지정하는 계좌로 렌트 사용료를 입금한 다음, 그 후 사전에 약정한 일정 폭의 환율 변동이 발생하면 자동으로 거래가 종료되면서, 환율의 상승 또는 하락 여부에 따라 고객이 이미 지급한 렌트 사용료를 포기하거나 아니면 피고인이 고객에게 위 렌트 사용료에다가 다시 렌트 사용료의 90%를 더해 지급하기로 약정[73]하는 인터넷 사이트를 운영하였다. 이에 대해 원심[74]은 "(고객이) 영국 파운드화와 호주 달러를 기초자산으로 하여 그 환율이 변동함으로써 이익이 발생하는 경우 그에 따른 이익금을 받을 수 있는 권리를 부여받되, 일정한 규모의 이익이 발생하는 경우 자동적으로 거래가 종료되면서 그 이익금 중 10%를 공제한 나머지 이익을 지급받고, 손실이 발생하는 경우에는 위와 같은 권리를 포기하기로 약정한 것에 해당하므로, 이는 구 자본시

---

72) 대법원 2015.9.10. 선고 2012도9660 판결.
73) 고객이 매수 포지션을 취하고 렌트 사용료로 10만 원을 입금한 경우를 예로 들면, 렌트 시작 이후의 환율이 0.1% 상승하거나 하락하면 거래가 자동으로 종료되면서 환율이 0.1% 상승한 경우에는 피고인이 고객에게 19만 원(렌트 사용료 10만 원 + 렌트 사용료의 90%인 9만 원)을 지급하고, 반대로 환율이 0.1% 하락한 경우에는 고객은 이미 지급한 렌트 사용료 10만 원의 반환을 구하지 못하고 그대로 포기하기로 한 것이 이 사건 거래 내용이다(대법원 2015.9.10. 선고 2012도9660 판결 판시 내용).
74) 서울북부지법 2012.7.18. 선고 2012노68 판결.

장과 금융투자업에 관한 법률(2013.5.28. 법률 제11845호로 개정되기 전의 것) 제5조 제1항 제2호의 파생상품에 해당하고, 피고인은 금융투자업인가를 받지 아니하고 자신의 계산으로 고객들을 상대로 위와 같은 파생상품의 매도를 영업으로 한 것이므로 자본시장법위반죄가 성립한다"[75]고 판단하였다. 그러나 대법원은 피고인의 거래는 일종의 게임 또는 도박에 해당될 뿐 파생상품거래로 볼 수 없고 따라서 무인가 금융투자업의 영위로 인한 자본시장법위반죄가 성립한다고 볼 수는 없다는 취지로 판시하여 원심을 파기 환송하였다.

나. 일본 — FX마진거래와 관련하여 적합성 원칙 위반의 주장은 배척하고 설명의무 위반의 주장은 인용한 사례[76]

원고가 피고 센트레이드증권회사와 그 종업원들로부터 투자권유와 설명을 받고 FX마진거래를 한 결과 585만 4,900엔의 손실을 입게 되자 피고들의 투자권유에 불초청권유금지 위반, 적합성 원칙 위반, 설명의무위반, 구속성 권유 등의 위법이 있다고 주장하며 동 증권회사와 관련 종업원 2명을 상대로 불법행위에 기한 손해배상을 청구한 사건이다.[77] 이에 대해 원심[78]은 원고의 불초청권유금지 위반의 주장을 배척하는 한편 적합성 원칙 위반에 대해서도 FX거래가 리스크가 큰 거래유형이 아니며 거래대상 통화의 가치변동에 따른 투기적 성질을 인정하기 어렵다는 이유로 역시 원고의 주장을 배척하였다. 다만 설명의무위반에 대해서는 피고가 남아프리카공화국 통화인 랜드(rand)의 가격변동위험에 대해 설명을 이행하지 않았던 점 등을 들어 피고의 설명의무 위반을

---

75) 위 대법원 2015.9.10. 선고 2012도9660 판결.
76) 名古屋高等裁判所平成26年(2014)12月18日判決.
77) 이하 관련 판례의 내용은 全國證券問題研究會 編, 「證券取引被害判例セレクト 48」(2015.2), 50~98면 참조.
78) 名古屋地方裁判所平成26年(2014)4月11日判決.

인정하였다. 이에 대해 원고가 항소하였으나 항소심 재판부 역시 원고의 다른 주장들을 모두 배척하고 설명의무위반에 대해서만 해당 종업원들의 불법행위책임과 피고증권회사의 사용자책임을 인정하는 한편 원고측의 과실에 대해 20% 과실상계를 인정하였다.

한편, 東京地方裁判所平成17年(2005)11月11日判決에서는 FX마진거래가 도박에 해당하여 공서약속에 반하는 위법행위에 해당한다고 판시하였으며 현재 FX마진거래와 관련한 일본 판례의 주류는 이러한 결론을 따르고 있는 것으로 알려져 있다.[79]

다. 판결에 대한 검토

유사FX마진거래에 대한 위 대법원 판결에서는 FX마진거래의 법적 성격에 대해서는 언급하지는 않았으나 FX마진거래를 활용한 변형적인 거래유형에 대해 해당 거래는 파생상품에 해당하지 아니한다고 결론을 내리는 한편, 앞에서 기술한 바와 같이 파생상품 해당 여부에 대한 상세한 판단기준을 제시하고 있다는 점에 큰 의의가 있다. 그리고 본 판결에서 특기할 만한 점은 불법FX마진거래와 유사한 본건 사안의 거래에 대해 파생상품에 해당한다고 보기는 어렵지만 도박으로 볼 여지는 있다고 지적한 점이다. 이는 불법FX마진거래에 대해 도박으로 보고 있는 일본의 주류 판례의 입장과 궤를 같이한다고 볼 수 있다.

생각건대, 불법FX마진거래에서 그 거래구조의 단순성에 비춰 적합성 원칙 위반을 인정하기는 어렵겠지만 투자자의 유책성 및 브로커 등의 불법성 정도에 따라 브로커 등의 설명의무 위반이 인정될 수는 있을 것으로 본다.

---

79) あおい法律事務所 홈페이지 〈http://aoi-law.com/article/kawase3/〉 (방문일: 2016.12.4) 참조.

Ⅲ. 소 결

변액보험이나 불법FX마진거래와 같이 파생상품의 특성을 가진 금융투자상품들에 대해서는 보다 강화된 투자자보호 방안을 강구할 필요가 있다.

실정법 테두리 내에서 법적 보호장치를 마련하여 신속히 대응할 수 있도록 하는 것이 최선책이겠지만, 차선으로라도 사회적인 이슈로 대두되었을 때나 유사한 해외 법적 분쟁사례가 발생한 시점에서 '금융소비자경보제도' 등을 통해 투자자에 대한 사전경고 및 교육·홍보를 강화해 나갈 수 있는 방안을 마련해야 할 것이다. 이를 위해서는 금융소비자보호 기관이나 금융감독당국을 중심으로 개별 투자자들의 금융거래 동향이나 국내외 법적 분쟁사례에 대한 상시적인 모니터링을 강화하고 정보를 공유할 수 있도록 노력해야 한다.

아울러 투자자에 대한 사후 구제책으로서 유사한 금융투자상품에 대한 외국의 입법 현황 및 관련 법리, 판례 동향 등에 대해서도 조사연구를 강화할 필요가 있다. 앞에서 검토한 변액보험이나 FX마진거래 관련 법적 분쟁사례에서의 일본 법원의 법리 검토 내용은 국내 유사한 사례에서도 참고할 수 있을 것으로 생각된다. 특히 변액보험계약에 대해 착오 무효의 법리를 과감히 적용한다거나, FX마진거래에 대해 도박 법리를 적용하여 공서양속에 반하는 위법계약으로 보아 투자자 구제에 적극적인 점은, 파생상품거래에서 관련 법리 검토에 있어서 우리에게 시사하는 바가 크다고 할 것이다.

마지막으로 변액보험과 관련한 입법론으로서 보험업법에 적합성원칙 규정을 별도 규정하기보다는, 파생상품 거래규모 제한 관련 금융위원회의 조치명령권(제416조), 금융투자업자에 대한 검사(제419조), 보고 및 조사(제426조) 등의 규정을 활용할 수 있도록 자본시장법 제46조

(적합성 원칙 등), 제47조(설명의무) 조항과 관련 규정을 준용하도록 하는 것이 바람직하다고 생각된다.[80] 다만, 고객파악의무대상이나 중요 설명대상 등 보험업에 특수하게 적용될 세부 내용은 대통령령에 별도 규정하면 될 것이다. 이렇게 하는 경우 현행 보험업법과 자본시장법의 적용 관계에서 보험업법상 설명의무 위반의 경우에 자본시장법 제48조 손해배상특칙조항을 유추적용하는 방안을 강구할 수도 있겠지만, 이에 대한 해석상의 논란을 피할 수 있고, 후술하는 바와 같이 적합성 원칙과 설명의무를 결합하는 해석을 통해 적합성 원칙 위반에 대해서도 손해배상의 특칙조항을 적용할 수 있다는 실익이 있다.[81]

일본의 경우 보험업법(保險業法) 제300조의2에서 금리, 통화가치, 지표 등이 변동됨에 따라 고객에게 손실이 발생할 우려(보험료 합계액이 보험금, 반환금, 기타 급부금의 합계액을 초과할 우려)가 있는 '특정보험'에 대해서는 금융상품거래법(金融商品取引法)의 규정을 준용하도록 하고 있다.

---

80) 반대 취지: 변액보험이 투자상품적 성질과 보장상품으로서의 성질을 가지고 있다는 점에서 적합성 원칙을 자본시장법과 동일하게 해석·적용할 것인지에 대해서는 좀더 고찰이 필요하다는 견해로는 정경영, "보험계약체결에서 적합성원칙," 「사법」(사법발전재단), 20호(2012.6), 72면.
81) 제3장 국내 파생상품거래와 투자자보호의 법리 제3절 자본시장법상 투자자보호의 법리 Ⅳ. 설명의무 3. 파생상품거래상의 설명의무 라. 위반의 효과 참조.

제3장

국내 파생상품거래와 투자자보호의 법리

|제1절| 개 관

　제2장에서는 파생상품의 개념정의에서 출발하여 투자자보호 관련 문제점을 검토하였다면, 제3장에서는 국내 파생상품 거래과정에서 특별히 투자자보호를 위해 유의하여야 할 법리의 내용과 관련 사례들을 중점적으로 검토한다.

　여기에서는 크게 민법상의 일반 법리와 자본시장법상 파생상품거래에 적용되는 특별 법리로 나누어 고찰하되, 국제 파생상품거래에 적용될 투자자보호 법리 중에서 영미법상의 일반적인 법리에 대해서도 해당 부분에서 간략히 설명하기로 한다.

　민법상 투자자보호의 법리에 대해서는 국내 KIKO 사건에서 주요 쟁점이 되었던 사기 및 착오의 법리와 불공정한 법률행위, 사정변경의 원칙 등에 대해 관련 이론을 중점적으로 살펴본다. 다만, 개별 거래주체의 권리능력에 관한 법리는 매우 기초적이고 일반적인 이론에 해당하거나 지방자체단체 등 특별한 케이스에서 문제되는 것으로 보아 이 책에서는 설명을 생략하기로 한다.

자본시장법상의 법리로는 적합성 원칙, 적정성 원칙, 설명의무의 내용에 대해 상세히 살펴보고, 부당권유 및 부당광고 금지, 불공정거래 금지, 부정거래행위 금지에 관한 관련 규정들의 내용을 차례로 살펴본다.

또한 파생상품거래의 특수성과 전문성으로 인해 투자자 권리구제가 소홀히 될 여지가 있어 집단소송을 통해 이를 보완할 수 있도록 하기 위해 증권관련 집단소송법의 내용과 최근의 판례동향을 검토한다.

마지막으로 약관법상의 투자자보호의 법리를 살펴보기로 한다.

현행 약관법의 주요 내용과 파생상품거래와 관련되는 법리를 판례연구를 통해 분석한다. 그리고 특히 장외파생상품거래에 약관통제법리가 적용될 수 있는지 여부에 대해 검토한다.

|제2절| 민법상 투자자보호의 법리

Ⅰ. 사기(詐欺)

1. 개 념

사기란 "고의로 사람을 기망, 즉 속여서 착오에 빠지게 하는 위법행위"를 말한다.[82] 사기에 의한 의사표시는 취소할 수 있고, 제3자의 사기에 의한 상대방 있는 의사표시의 경우에는 상대방이 그 사실을 알았거나 알 수 있었을 경우에 그 의사표시를 취소할 수 있다(민법 제110조 제1

---

82) 곽윤직·김재형, 「민법총칙[민법강의Ⅰ](제9판)」(박영사, 2016.7), 323면.

항). 민법 제110조는 의사결정의 자유를 보호하기 위한 것[83]으로, 이는 궁극적으로 자기책임의 원칙의 전제조건이 된다.

2. 내 용

가. 요 건

사기에 의한 의사표시는 (ⅰ) 사기자의 고의, (ⅱ) 기망행위, (ⅲ) 인과관계의 존재, (ⅳ) 기망행위의 위법성 등을 성립요건으로 한다.

(ⅰ) 사기자의 고의와 관련하여 고의는 사기자가 표의자를 기망하여 착오에 빠지게 하려는 고의와 표의자로 하여금 그 착오에 기하여 의사표시를 하게 하려는 고의, 즉 2단계의 고의가 있어야 한다.[84]

(ⅱ) 기망행위란 허위의 사실을 알림으로써 상대방에게 실제와 다른 관념, 즉 착오에 빠지게 하거나 그러한 관념을 강화 또는 유지하게 하는 행위를 말한다.[85] 기망행위는 적극적인 형태로 허위의 사실을 고지하는 방법으로 이루어질 수도 있고 부작위로도 행해질 수 있다. 다만 부작위에 의한 기망행위의 경우에는 고지의무 또는 설명의무가 전제되어야 한다.[86]

(ⅲ) 기망행위와 표의자의 의사표시 사이에는 인과관계가 인정되어야 한다.[87] 인과관계 역시 2단계의 인과관계가 요구되는데, 기망행위와 표의자의 착오 간의 인과관계와, 착오와 의사표시 간의 인과관계를 말한다. 전자의 인과관계는 피기망자의 주관적인 것으로 족하며, 표의

83) 송덕수, 「민법총칙(제2판)」(박영사, 2013.1), 320면.
84) 곽윤직 · 김재형, 전게서(註 82), 271면.
85) 김증한, 김학동 증보, 「민법총칙(제10판)」(박영사, 2013.6), 463면.
86) 지원림, 「민법강의(제13판)」(홍문사, 2015.1), 271면.
87) 이하 송덕수, 전게서(註 83), 325면.

자가 기망행위에 의하여 착오에 빠진 경우 객관적 주의의무를 다하지 못한 때라도 인과관계는 인정된다.[88] 후자의 인과관계는 착오가 없었으면 표의자가 의사표시를 하지 않았거나 다른 내용으로 하였거나 또는 다른 시기에 하였으리라고 인정될 경우에 존재한다.[89]

(ⅳ) 사기에 의한 의사표시의 취소요건으로 기망행위가 위법해야 한다. 기망행위의 위법성은 거래관념과 신의성실의 원칙을 고려하여 판단해야 한다.[90] 파생상품을 포함한 상거래에 있어서 어느 정도의 기망행위가 위법성을 띠게 되는지가 문제된다.

이와 관련하여 대법원 판례[91]는 "상품의 선전·광고에 있어 다소의 과장이나 허위가 수반되었다고 하더라도 일반 상거래의 관행과 신의칙에 비추어 시인될 수 있는 정도의 것이라면 이를 가리켜 기망하였다고는 할 수가 없고, 거래에 있어 중요한 사항에 관한 구체적 사실을 신의성실의 의무에 비추어 비난받을 정도의 방법으로 허위로 고지한 경우에는 기망행위에 해당한다고 할 것이다"라고 판시한 바 있다.

나. 효 과

사기에 의한 의사표시는 표의자가 이를 취소할 수 있다(민법 제110조 제1항).

제3자의 기망행위의 경우 상대방이 알았거나 알 수 있었을 경우에 한하여 취소할 수 있다. 판례에 따르면 상대방의 대리인과 같이 그와 동일시할 수 있는 관계에 있는 자가 기망행위를 한 경우에는 상대방의

---

88) 김형배·김규완·김명숙, 「민법학강의(제13판)」(신조사, 2014.2), 230면.
89) 송덕수, 전게서(註 83), 325면.
90) 김증한, 김학동 증보, 전게서(註 85), 465면.
91) 대법원 2008.11.27. 선고 2008다56118 판결. 同旨: 대법원 2012.6.14. 선고 2012다15060, 15077 판결.

선·악의를 불문하고 취소할 수 있다.[92] 그런데 대법원 판결[93]은 "의사표시의 상대방이 아닌 자로서 기망행위를 하였으나 민법 제110조 제2항에서 정한 제3자에 해당되지 아니한다고 볼 수 있는 자란 그 의사표시에 관한 상대방의 대리인 등 상대방과 동일시할 수 있는 자만을 의미하고, 단순히 상대방의 피용자이거나 상대방이 사용자책임을 져야 할 관계에 있는 피용자에 지나지 않는 자는 상대방과 동일시할 수는 없어 이 규정에서 말하는 제3자에 해당한다"고 하여, 상대방의 종업원 또는 피용자의 지위에 있는 자의 기망행위에 대해서는 상대방이 기망행위에 관하여 그 감독에 상당한 주의를 다하지 아니한 경우나 사기 사실을 알지 못한 데에 과실이 있는 경우에 한하여 표의자는 의사표시를 취소할 수 있다는 취지로 판시한 바 있다.

제3자의 기망행위의 경우 상대방의 선의·무과실의 판단 기준시기는 상대방이 요지한 때이고, 증명책임은 취소를 주장하는 자가 진다.[94]

3. 침묵과 사기

단순한 침묵이 기망행위에 해당할 수 있는지가 문제된다. 이에 대해 단순한 침묵이 기망행위로 인정되기 위해서는 침묵된 사실에 관하여 행위자에게 설명의무가 인정되는 경우에 한하여 기망행위가 인정된다고 보는 것이 일반적인 견해[95]이며, 대법원 판례는 사안에 따라 판단을 달리하고 있다. 특히, 제로 코스트(zero cost) 구조의 통화옵션 KIKO 거래에서 옵션의 이론가, 마이너스 시장가치 등에 관하여 고지의무가 인

---

92) 대법원 1999.2.23. 선고 98다60828, 60835 판결.
93) 대법원 1998.1.23. 선고 96다41496 판결.
94) 지원림, 전게서(註 86), 276~277면.
95) 송덕수, 전게서(註 83), 322면; 김증한, 김학동 증보, 전게서(註 85), 466면; 김형배·김규완·김명숙, 전게서(註 88), 230면.

정되는지 여부에 관하여 대법원은 다음과 같이 판시하여 이를 부정한 바 있다.

"일반적으로 재화나 용역의 판매자가 자신이 판매하는 재화나 용역의 판매가격에 관하여 구매자에게 그 원가나 판매이익 등 구성요소를 알려 주거나 밝힐 의무는 없고, 이는 은행이 고객으로부터 별도로 비용이나 수수료를 수취하지 아니하는 이른바 제로 코스트 구조의 장외파생상품 거래를 하는 경우에도 다르지 아니하다. 또한 은행이 장외파생상품 거래의 상대방으로서 일정한 이익을 추구하리라는 점은 시장경제의 속성상 당연하여 누구든지 이를 예상할 수 있으므로, 달리 계약 또는 법령 등에 의하여 가격구성요소의 고지의무가 인정되는 등의 특별한 사정이 없는 한 은행은 고객에게 제로 코스트인 장외파생상품의 구조 내에 포함된 옵션의 이론가, 수수료 및 그로 인하여 발생하는 마이너스 시장가치에 대하여 고지하여야 할 의무가 있다고 할 수 없고, 이를 고지하지 아니하였다고 하여 그것이 고객에 대한 기망행위가 된다거나 고객에게 당해 장외파생상품 거래에서 비용이나 수수료를 부담하지 아니한다는 착오를 유발한다고 볼 수 없다."[96]

또한, 이와 동일한 시각에서 대법원은 "장외시장에서 워런트(warrant, 주식회사가 신주인수권부사채를 발행하면서 사채권과 별도로 신주인수권을 양도할 수 있도록 분리하여 발행한 신주인수권증권)를 직접 매도하거나 그 매매를 소개하면서, 워런트의 매수를 적극적으로 권유하고 워런트의 구입가격을 말하지 않은 채 다소 과장되거나 일부 허위의 사실이 포함된 표현을 썼다고 하더라도, 그 매수권유행위가 불법행위는 아니다"라고 판시한 바 있다.[97]

그 외에 대법원은 교환계약에서 자기가 소유하는 목적물의 시가에 대해 묵비하거나 부풀리는 경우,[98] 분양계약에서 최초분양인지 전매분

---

96) 대법원 2013.9.26. 선고 2011다53683 전원합의체 판결[수산중공업 KIKO 사건].
97) 대법원 2006.11.23. 선고 2004다62955 판결.

양인지 등 수분양자의 전매이익에 영향을 미칠 사실에 대해 묵비한 경우99) 등에 대해 기망행위에 해당하지 않는다고 판시한 바 있다.

반면, 아파트 분양회사가 분양대상 아파트 인근에 쓰레기 매립장이 건설될 예정인 사실100)이나 공동묘지가 있는 사실101) 등에 대해서는 이를 고지할 의무가 있고, 리스계약에서 리스이용자와 공급자 간에 매매가격 결정 시에 이례적으로 고가의 가격인 경우 해당 매매가격의 내역을 고지하지 아니한 행위102) 등에 대해서는 기망행위에 해당한다고 보았다.

4. 판례연구

가. 한국 ― 사기 법리에 의한 원고의 계약취소 및 손해배상청구를 기각한 ㈜세신정밀 KIKO 사건103)

(1) 사건 개요

원고회사 ㈜세신정밀과, 원고회사의 대표이사이자 ㈜세신정밀이 영업양수 및 채무인수를 받은 세신정밀공업사의 대표였던 원고 2가 KIKO 통화옵선계약의 계약상대방인 피고 한국스탠다드차타드제일은행과 피고 신한은행을 상대로 주위적으로는 이 사건 각 통화옵선계약의 무효나 취소를 원인으로 한 부당이득반환을 청구하고 원고회사의 피고 신한은행에 대한 통화옵선계약에 따른 채무부존재확인을 구하는 소를 제기하는 한편, 예비적으로는 기망행위, 적합성 원칙 및 설명의무 위반

---

98) 대법원 2002.9.4. 선고 2000다54406, 54413 판결.
99) 대법원 2010.2.25. 선고 2009다86000 판결.
100) 대법원 2006.10.12. 선고 2004다48515 판결.
101) 대법원 2007.6.1. 선고 2005다5812, 5829, 5836 판결.
102) 대법원 1997.11.28. 선고 97다26098 판결.
103) 대법원 2013.9.26. 선고 2012다1146, 1153 전원합의체 판결.

등의 불법행위로 인한 손해배상청구를 구하다가 항소심[104]에서 예비적 청구를 선택적 청구로 변경한 사건이다.

(2) 사실관계

원고 2는 '세신정밀공업사'를 1985년 11월경부터 운영하여 치과용기기 등을 수출하여 그 대금으로 미합중국 통화(USD, 이하 '달러'라고 한다)를 수취하였다.[105] 그 후 원고 2는 2008년 8월 8일 치과용기기 제조업 등을 목적으로 하는 원고 주식회사 세신정밀(이하 '원고 회사'라 한다)을 설립한 후 '세신정밀공업사'의 영업을 이전하고 원고 회사의 대표이사로 취임하였는데, 원고 회사도 역시 치과용 기기 등의 수출 업무를 계속하며 달러를 수취하고 있다.

원고 2는 피고들과 사이에, 〈표 1〉 기재와 같이 달러에 대한 각 통화옵선계약을 체결하였다. 원고회사는 2008년 8월경 원고 2로부터 이 사건 [아래 〈표 1〉] ③ 계약에 따라 발생하는 피고 신한은행에 대한 현재 및 장래의 모든 채권과 채무를 그 동일성을 유지한 채 인수하였고, 위 피고는 이에 동의하였다.

이 사건 각 통화옵선계약과 같은 'Window KIKO Target[106] Forward'[107] 등은 녹아웃, 녹인 조건 및 레버리지 조건이 부가되어 행사가격을 높인 통화옵선상품 중 가장 기본적인 KIKO 계약 형태였는데, 이

---

104) 서울고등법원 2011.12.8. 선고 2011나4683, 2011나4690(병합) 판결.
105) 이하 사실관계 내용은 서울중앙지방법원 2010.11.29. 선고 2008가합124238 판결 요약 · 전재.
106) "옵션의 조건 성취 여부를 결정하는 관찰기간을 한 달 단위의 'window' 구조로 설정하여 매 관찰기간별로 옵션 발생 여부를 결정하는 구조이다"(서울중앙지방법원 2010.11.29. 선고 2008가합124238 판결 註 5)).
107) "금융기관에 따라서 'Windowed KIKO Participating FWD', 'Window Barrier Target Forward KIKO', 'Window KIKO', 'Window KOKI Target Forward'라는 상품명을 가지고 있으나, 기본적인 구조는 동일하다"(서울중앙지방법원 2010.11.29. 선고 2008가합124238 판결 註 6)).

는 녹아웃 조건이 부가된 풋옵션과 녹인 조건 및 레버리지 조건(계약금
액의 2배)이 부가된 콜옵션을 수출기업과 금융기관이 상호 교환하는 계
약이었다. 한편, 이 사건 각 통화옵션계약 체결 후 환율이 점차 상승하
여 녹인 환율 이상이 되어 원고들은 피고들에 대하여 각 계약금액 2배
의 엔화를 행사환율에 매도할 의무를 부담하게 되었고 이에 따라 원고
들이 피고들에게 2배 매도의무를 이행함으로써 실질적으로 지급하게
된 각 만기일의 시장환율과 행사환율의 차액의 총 합산액은, 원고 2와
피고 제일은행과 체결한 이 사건 ①, ② 각 계약에서는 총 935,540,000
원이고, 원고 회사와 피고 신한은행과 체결한 이 사건 ③ 계약에서는
2008년 11월 5일까지 총 949,240,000원이었다.

〈표 1〉

순번	거래일자	은행	계약명	기간	월별 계약금액	이하 명칭
1	2007.8.28.	피고 제일은행	Windowed KIKO Participating FWD	1년	300,000달러/ 600,000달러	이 사건 ① 계약
2	2007.10.29.	피고 제일은행	Windowed Knock Out Bouns Participating FWD	1년	200,000달러/ 400,000달러	이 사건 ② 계약
3	2008.4.11.	피고 신한은행	Window KIKO Target Forward	1년	500,000달러/ 1,000,000달러	이 사건 ③ 계약

(3) 주요 쟁점

원고들은 이 사건 각 통화옵션계약은 환율이 녹아웃 환율 이하로
하락할 때에는 원고들의 손실을 제한하는 아무런 기능이 없는 대신, 녹
인 환율 이상으로 상승하는 경우에는 원고들에게 무제한의 손실을 초래
하게 하므로, 환위험 회피(hedge, 헤지)에 적합하지 않은 통화파생상품
에 관한 계약으로서 불공정 약관, 신의성실의 원칙 위반, 불공정한 법률

행위로서 무효를 주장하는 한편, 옵션의 가치가 대등하게 설계되어 다른 비용을 추가로 부담하지 않는 것처럼 원고들을 기망하여 원고들로 하여금 피고들로부터 매입한 풋옵션과 매도한 콜옵션의 가치가 동등하다고 믿게 하고, 막대한 금액의 수수료가 숨은 수수료로서 콜옵션의 이론가 내지 대고객 가격에 반영되어 부과되고 있다는 사실을 전혀 모르게 한 채 착오에 빠뜨려 이 사건 각 통화옵션계약을 체결하도록 하였으므로 이는 사기 또는 착오에 해당하므로 소급적인 취소를 주장하였다. 아울러 불법행위에 기한 손해배상청구 사유로는 적합성 원칙 위반, 설명의무 위반 등을 주장하였다.

(4) 사기 법리 관련 쟁점에 대한 법원의 판단

본 사건에 대하여 원심은 신한은행의 적합성 원칙 및 설명의무 위반을 인정하여 손해배상청구를 인용하는 외에, 그 밖의 원고들의 주장과 제일은행에 대한 원고들의 모든 청구를 기각하였다.

사기 법리와 관련된 원고들의 주장은 모두 기각되었는데, 세부 쟁점들에 대한 법원의 판결 내용은 다음과 같다.

1) 환위험 회피 부적합성 관련 기망 또는 착오 주장에 관한 판단

1심은 "이 사건 통화옵션계약은 부분적 환위험 회피 상품으로서, 확률이 낮은 구간의 위험을 부담하는 대가로 확률이 높은 구간인 녹아웃 환율부터 녹인 환율 사이의 구간에서 행사환율을 높여 통화선도거래에 비해 높은 환위험 회피 이익을 기대할 수 있는 통화옵션상품이므로, 환위험 회피에 적합한 금융상품이 아니라는 원고들의 주장은 이유 없다"고 판시하였고, 원심 및 대법원도 이러한 결론이 타당하다고 보았다.

2) 옵션의 이론가 내지 수수료를 공개할 의무 유무에 관한 판단

대법원은 "은행이 옵션의 이론가를 고객에게 제공하면 자연히 콜옵선 이론가와 풋옵션 이론가의 차액 상당인 수수료의 규모가 공개될 수밖에 없지만, 구 은행업 감독업무 시행세칙(2010.11.17. 개정 전의 것) 제65조 제6호 (마)목의 규정을 보면 금융기관은 '거래원가가 아닌 대고객 거래가격 수준의 정보'를 제공하도록 규정하고 있고, 이처럼 원가를 공개할 의무가 없다고 규정한 취지는 적어도 은행이 파생상품을 판매하면서 수취하는 수수료의 규모를 공개할 필요는 없다는 뜻으로 이해할 수 있다. 그리고 위 시행세칙 제65조 제6호 (다)목은 파생상품거래의 경우 '거래에 내재된 리스크'를 고지하도록 하고 있지만 그 문언상 옵션의 이론가나 수수료가 그에 포함된다고 보기는 어렵다. 한편 2009.2.부터 시행된 자본시장과 금융투자업에 관한 법률 제47조 제1항, 제58조 제1항 및 그 시행령 제53조 제1항 제2호의 규정은 이 사건 각 통화옵션계약의 체결 이후에 시행되었을 뿐 아니라 위 규정들에서 말하는 '수수료'는 은행 등 금융기관이 알선자 내지 중개자로서 제공한 용역에 대한 대가를 의미하는 것으로 해석된다. 그러므로 장외파생상품의 계약당사자로서 고객으로부터 일정한 수수료를 수취하는 금융상품을 설계·판매하는 피고들에게 대고객 가격 수준의 정보 외에 옵션의 이론가나 수수료를 공개할 의무가 있다고 볼 수는 없다"고 하여 원심의 설시를 그대로 인용하였다.

3) 제로 코스트 관련 기망 내지 착오에 관한 판단

제로 코스트 관련 기망 여부는 제로 코스트의 일반적인 의미와도 밀접하게 관련되어 있다. 이에 대해 대법원은 "장외파생상품 시장에서 제로 코스트라고 함은, 은행이 소요될 비용과 수취할 이익 등 수수료를 반영하여 콜옵션과 풋옵션의 각 대고객 가격을 동일하게 설계함으로써 고객이 별도로 프리미엄이나 비용 등을 지급할 필요가 없다는 의미로 이해된다. 이와 달리 콜옵션과 풋옵션의 이론가가 서로 동일한 것이 제로 코스트라고 하게 되면 은행은 아무 마진도 얻지 못하고 필요한 각종 비용도 충당하지 못하는 불합리한 결과에 이르게 된다. 그러나 피고들이 영리를 추구하는 기업인 이상 이 사건 각 통화옵션상품의 판매를 통해 일정한 이익을 얻는 것은 당연하고 누구든지 이를 충분히 예상할 수 있을 것이다. 원고 2 역시 이 사건 각 통화옵션계약을 체결하면서 피고들이 아무런 비용이나 이윤을 부과하지 않았을 것으로 인식하였으리라고 보기는 어렵다. 그러므로 피고들이 이 사건 각 통화옵션계약이 제로코스트라고 하면서 별도의 수수료를 지급할 필요가 없다고 하였다거나 이 사건 각 통화옵션계약의 구조에 피고들의 이윤이 포함되어 있다는 점을 원고 2에게 명시적으로 밝히지 않았다고 하더라도, 그것이 원고 2에 대한 기망행위에 해당한다거나 이로 인하여 원고 2가 이 사건 각 통화옵션계약의 체결에 따른 비용을 전혀 부담하지 않는다는 착오를 일으켰다고 볼 수는 없다"는 원심의 설시를 인용하였다.

4) 대고객 가격 조작에 의한 기망이 있었다고 볼 수 있는지 여부

대법원은 "피고들이 원고들과의 협의 없이 옵션의 이론가에 수수료(비용과 이윤)를 가감하여 대고객 가격을 산정하면서 그 수수료를 풋옵션의 이론가와 콜옵션의 이론가 모두에 가감하거나 풋옵션의 이론가에만 가산하는 등으로 풋옵션과 콜옵션의 대고객 가격을 동일하게 맞추고 나아가 이를 위와 같은 확인서 형태로 제공한 것이 대고객 가격의 조작 등에 의한 기망이 될 수 있는지 여부"와 관련하여 "대고객 가격을 구성하는 요소들을 알려주어야 할 의무나 위 요소들을 어떤 식으로 조합하여 대고객 가격을 결정하여야 하는지에 관한 규정이 없는 상태에서 이들 구성요소들 자체를 과다하지 않은 액수로 산정하거나 객관적인 수치를 대입하여 산출한 다음 이를 적절한 방법으로 조합하여 대고객 가격을 결정한 것을 고객에 대한 기망행위로 볼 수는 없다"고 한 원심의 결론을 지지하였다.

나. 미국 ― 스왑계약에서 사기행위를 인정한 미국 *Gibson Greetings, Inc. v. Bankers Trust Co.* 사례[108][109]

1991년 11월부터 1994년 3월까지 Gibson Greetings 카드사는 Bankers Trust Co.와 같은 계열회사이자 딜러인 BT Securities Corp. ("BT")를 통하여 Bankers Trust Co.를 상대로 29건의 스왑계약을 체결하였다. Gibson Greetings는 전반적으로 금리하락에 베팅하였는데 그 당시까지 손실이 확대되고 있던 Ratio Swap의 리스크를 축소하기 위하여 Treasury-Linked Swap을 체결하는 한편, Time Swap, Knock-Out Call Option, Spread Locks 1 및 2, Wedding Band 3 및 6 등 여러 복잡하고 구조화된 레버리지 스왑계약을 체결하였다.

그러나 Gibson Greetings의 예상과는 달리 1993년 중에 금리가 상승하자 Gibson Greetings는 평가손실을 입게 되었고 점차 그 규모가 확대되었는데 Gibson Greetings의 입장에서는 정확한 손실규모를 추정할 능력도 없어 Bankers Trust Co.의 산출모델에 의존할 수밖에 없었다. 이를 이용하여 BT는 Gibson Greetings의 손실은 축소하고 수익은 크게 부풀려 자료를 제공하였고, 손실이 무제한 확대될 가능성이 있는 상황에서 레버리지를 확대하여 스왑계약을 체결하도록 하였다. 그 결과 Gibson Greetings는 연간 순이익을 초과하는 큰 손해를 입었고 이에 따라 BT와 Bankers Trust Co.를 상대로 부실표시(misrepresentation), 사실은폐(non-disclosure), 신인의무위반 등을 이유로 2,300만 달러의 실손

---

108) Gibson Greetings, Inc. v. Bankers Trust Co. No C-1-94-620 (SD Ohio, Nov. 23, 1994).

109) *See* Laurent L. Jacque, *Global Derivative Debacles―From Theory to Malpractice* (World Scientific Publishing, 2010), pp.217~220; Alan R. Bromberg/Lewis D. Lowenfels, *Bromberg & Lowenfels on Securities Fraud and Commodities Fraud*, 2nd ed. (Tomson Reuters, 2010), § 15:175, 15:176, 15:178.

해 및 5,000만 달러의 징벌적 손해배상을 구하는 소송을 제기하였다. 그런데 Gibson Greetings가 소송 도중 BT와 620만 달러만 지급하기로 합의하여 소송은 종결되었다.

한편, 동 소송과는 별도로 CFTC와 SEC는 각각 CEA § 40(1)(A) [7 U.S.C.A. § 60(1)(A)]와 SA §17(a), Rule 10b-5, SEA §15(b)(4)(E) 등에 근거하여 BT의 사기, 부실표시, 사실은폐 등을 이유로 BT에 대해 1,000만 달러의 금전벌(civil penalty)을 부과하였다.

다. 판결에 대한 검토

국내 ㈜세신정밀 사건을 포함한 KIKO 소송에 대한 대법원 전원합의체 판결에서는 원고인 기업들이 주장한 피고은행의 사기 인정 여부에 대해 원고의 청구를 모두 기각하였다. 즉, 환위험 회피에 대한 부적합성에 대한 기망, 옵션의 이론가 내지 수수료에 대한 묵비, '제로 코스트'라고 하면서도 실질적으로 영업마진을 반영한 은행의 행위 등이 사기에 해당한다고 보기는 어렵다는 것이다. 반면, CFTC와 SEC는 스왑계약 체결 과정에서 Gibson Greetings의 손실·수익에 대한 BT의 허위정보 제공 행위에 대해 적극적으로 사기가 성립함을 인정하고 있다.

양 사안의 결과가 달리지게 된 것은, 국내 사안과 미국 사안이 동일한 행위 유형을 대상으로 검토한 것이 아니기 때문에 단순 비교하기는 곤란한 면이 있으나, 사법적 판단과 행정적 판단의 차이에서 비롯되었을 여지도 있고, 또한 은행이나 딜러의 적극적·소극적 기망행위의 존재에 대해 원고측이 제대로 증명책임을 이행하였는지 여부가 중요하게 작용하였을 것으로 생각된다. Gibson Greetings 사건의 경우에는 BT 소속 경영진의 기망행위 관련 발언내용이 녹취록으로 작성되어 제출된 바 있다.

II. 착 오

1. 개 념

착오의 개념에 대해 국내 학설은 여러 견해로 나뉘고 있으나 그 이면에는 동기의 착오가 민법 제109조에서 고려될 수 있는지 여부에 관한 입장차가 개재되어 있다.

착오에 대해 동기의 착오를 포함하는 광의의 착오와, 이 동기의 착오를 제외하고 법률행위의 내용에 착오가 있는 협의의 착오로 구분하여 파악하는 견해가 있다. 이 견해에 따르면 광의의 착오는 「표의자의 관념과 실제의 무의식적인 불일치」로, 협의의 착오는 「의사(내심의 효과의사)와 표시(표시행위의 의미)의 무의식적인 불일치」로 정의된다.[110]

우리 민법은 착오로 인한 의사표시와 관련하여 의사표시가 법률행위의 내용의 중요부분에 착오가 있는 때에는 취소할 수 있는데, 다만 선의의 제3자에게는 대항할 수 없고, 착오가 표의자의 중대한 과실로 인한 때에는 취소하지 못한다고 규정하고 있다(동법 제109조). 다수설과 판례는 표의자가 동기를 상대방에게 표시하여 의사표시의 내용으로 삼았을 때에 한하여 착오가 문제된다고 한다.[111] 그런데 각 학설에 따른 착오의 정의에 의해 반드시 동기의 착오가 취소할 수 없는 착오라고 일의적으로 말할 수도 없는 것이어서 착오의 개념이나 착오 유형의 구분은 착오의 효과에 있어서 그 대체적인 경향을 파악하는 데 유용할 뿐,

---

110) 송덕수, 전게서(註 83), 293면.

111) 곽윤직·김재형, 전게서(註 82), 317면 참조. 대법원 1985.4.23. 선고 84다카890 판결에서는 이른바 연유의 착오 또는 동기의 착오의 경우 내심적 효과의사와 표시와의 사이에는 그 불일치가 없으므로 민법 제109조가 정하는 의사표시의 착오에 관한 문제는 제기될 수 없다고 판시한 바도 있다.

개별 사안마다 해당 착오가 취소 가능한 착오인지 여부에 대한 판단이 중요하다고 본다.

한편, 장래의 예견이나 전망과 착오의 관계에 대해 대법원은 "민법 제109조의 의사표시에 착오가 있다고 하려면, 법률행위를 할 당시에 실제로 없는 사실을 있는 사실로 잘못 깨닫거나, 아니면 실제로 있는 사실을 없는 것으로 잘못 생각하듯이 표의자의 인식과 그 대조사실과가 어긋나는 경우라야 할 터이므로, 표의자가 행위를 할 당시에 장래에 있을 어떤 사항의 발생이 미필적임을 알아 그 발생을 예기한 데 지나지 않는 경우는, 표의자의 심리상태에 인식과 대조에 불일치가 있다고는 할 수 없어 착오로 다룰 수는 없다 하겠다"112)고 하여, 현재의 객관적인 사실에 대한 착오만을 착오로 보고 장래의 예견이나 전망과 실제 발생한 사실과의 불일치는 착오에 해당하지 않는다는 취지로 판시한 바 있다.113)

2. 착오의 유형

민법 제109조에 따르면 「법률행위의 내용의 중요부분」에 착오가 있는 경우에 한하여 취소할 수 있다. 여기서 개개의 착오가 「법률행위의 내용의 중요부분」에 해당하는지 여부를 판단하는 데 일정한 기준을 제공하기 위하여 일반적으로 착오를 몇 가지 분류기준에 따라 설명하고 있다.

아래에서는 통설적 견해에 따라 표시상의 착오, 내용(의미)의 착오, 동기의 착오로 대별하여 설명하기로 하며,114) 그 밖에 특수한 유형의 착

---

112) 대법원 2010.5.27. 선고 2009다94841 판결; 대법원 1972.3.28. 선고 71다2193 판결.
113) 同旨: 김증한, 김학동 증보, 전게서(註 85), 429면. 한편, 송덕수, 전게서(註 83), 292면에서는 동 판결에 대해 대법원이 전체의 착오와 법적으로 고려되는 착오로 구분하고 있고, 동 판결은 전체의 착오 개념에 해당한다고 기술하고 있다.
114) 김증한, 김학동 증보, 전게서(註 85), 435면 참조.

오가 법률행위의 내용에 해당하는지 여부에 관한 논의들은 표시상의 착오 또는 내용(의미)의 착오와 관련된 것이다.[115]

가. 표시상의 착오

표시상의 착오는 본래 의도한 거래 단위나 거래유형과 달리 표시하는 경우를 말한다.

파생상품거래에서 거래단위를 10으로 입력할 것을 100으로 입력한 다거나 매도를 매수로 지정하는 행위가 이에 해당한다. 표시상의 착오는 법률행위의 내용의 착오에 해당한다.[116]

나. 내용상의 착오

내용상의 착오는 거래과정에서 사용된 용어나 단위의 의미를 잘못 이해하는 경우의 착오를 말한다.

예를 들어, 장외파생상품거래에서 홍콩달러(HKD), 호주달러(AUD), 미달러(USD)의 의미를 동일하게 인식하여 이를 구분하지 않고 "달러" 또는 "$"로만 표시하는 경우가 이에 해당한다. 또한 'zero cost'의 의미에 대해서 은행은 "은행이 소요될 비용과 수취할 이익 등과 같은 수수료를 반영하여 콜옵션과 풋옵션의 각 대고객 가격을 동일하게 설계함으로써 고객이 별도로 프리미엄이나 비용 등을 지급할 필요가 없다는 의미"로 이해한 반면 거래상대방인 기업은 "콜옵션과 풋옵션의 각 이론가가 동일하다는 의미"로 각각 이해하는 경우[117]가 이에 해당한다. 내용상의

---

115) 김준호, 「민법총칙(제7판)」(법문사, 2013.1), 294면.

116) 김증한, 김학동 증보, 전게서(註 85), 436면.

117) 서울고등법원 2011.12.8. 선고 2011나4683 판결; 대법원 2013.9.26. 선고 2012 다1146, 1153 전원합의체 판결.

착오도 법률행위의 내용의 착오에 해당한다.[118]

다. 동기의 착오

연유의 착오라고도 하며, 법률행위에 이르게 된 동기가 실제의 사실과 다른 사실에 근거하여 이루어진 경우를 말한다.

동기의 착오가 법률행위 내용의 착오와 다른 점은, 전자는 의사와 표시행위에 불일치가 있는 반면, 후자는 외부에 표시된 내용과 그로부터 추단되는 의사가 일치하고, 전자의 경우 외부에 의사가 표출되는 반면 후자는 내심의 고려단계에 불과하여 상대방이 예상할 수 없다는 것이다.[119]

판례는 기본적으로 동기의 착오를 이유로 법률행위를 취소하기 위해서는 해당 동기가 거래상대방에게 표시되어 의사표시의 내용이 될 것을 요건으로 하고 있다.[120] 이는 실질적으로 동기의 착오가 아닌 법률행위의 내용의 착오 정도에 이른 경우로 볼 수 있다. 한편 상대방이 유발하여 동기의 착오에 이르게 한 경우에 대해서는 판례도 일반적으로 상대방의 취소를 인정하고 있다.[121]

한편, 금융투자상품 거래에 있어서 거래동기를 이유로 이 동기의 착오의 법리에 따라 그 해당 법률행위의 취소가 제한될 수 있는지 여부가 문제된다.

자본시장법상 적합성 원칙(제46조)에 따라 금융투자업자는 일반투자자에게 투자권유를 하기 전에 면담 · 질문 등을 통하여 일반투자자의

---

118) 김준호, 전게서(註 115), 294면.
119) 김준호, 전게서(註 115), 294면 참조.
120) 대법원 2015.5.28. 선고 2014다24327, 24334, 24341, 24358, 24365, 24372 판결.
121) 참고판례: 대법원 2007.8.23. 선고 2006다52815 판결.

투자목적을 적극적으로 파악하여야 한다는 점을 고려해 보면, 금융투자업자가 투기 목적 또는 헤지 목적 등의 일반투자자의 거래동기에 부합하지 않는 금융투자상품을 적극적으로 권유하여 거래를 하게 된 경우에는 법률행위의 내용에 관한 착오로 보아 취소를 인정할 수 있어야 할 것이다. 이에 따르면 일반투자자는 금융투자업자로부터 투자목적과 다른 금융투자상품을 권유받은 경우 적합성 원칙 위반을 주장하는 외에 착오의 법리에 따라 취소도 적극 주장할 수 있게 될 것이다.

3. 내 용

가. 착오취소의 요건

(1) 법률행위의 내용의 착오

'법률행위의 내용'이란 법률행위의 목적, 즉 당사자가 법률행위를 통하여 얻으려고 하는 법률효과를 말한다.[122] 법률효과가 부여되는 것으로서 계약의 경우 당사자, 목적물, 변제기, 인도장소 등이 법률행위의 내용을 이룬다.[123] 착오의 대상은 객관적 사실 뿐만 아니라 장래의 일어날 일에 대한 예견이 잘못된 경우도 해당되지만,[124] 표의자가 행위를 할 당시 장래에 있을 어떤 사항의 발생이 미필적임을 알아 그 발생을 예기한 데 지나지 않는 경우는 표의자의 심리상태에 인식과 그 대조사실의 불일치가 있다고 할 수 없어 이를 착오로 다룰 수 없다.[125]

한편 법률행위의 내용의 착오에 대응하는 것이 전술한 동기의 착오이다.

---

122) 지원림, 전게서(註 86), 255면; 김준호, 전게서(註 115), 296면.
123) 김증한, 김학동 증보, 전게서(註 85), 432면.
124) 김증한, 김학동 증보, 전게서(註 85), 432면.
125) 대법원 2013.11.28. 선고 2013다202922 판결.

동기의 착오가 법률행위의 내용의 착오로서 취소대상이 되는 경우가 있는데 "그 동기를 당해 의사표시의 내용으로 삼을 것을 상대방에게 표시하고 의사표시의 해석상 법률행위의 내용으로 되어 있다고 인정되면 충분하고 당사자들 사이에 별도로 그 동기를 의사표시의 내용으로 삼기로 하는 합의까지 이루어질 필요는 없다."[126]

(2) 중요부분의 착오

법률행위의 내용 중에서도 '중요부분'의 착오이어야 취소대상이 된다. 중요부분의 착오인지 여부에 대한 판단기준으로 대법원 판례에 따르면 "표의자에 의하여 추구된 목적을 고려하여 합리적으로 판단하여 볼 때 표시와 의사의 불일치가 객관적으로 현저하여야 하고, 보통 일반인이 표의자의 입장에 섰더라면 경제적인 불이익을 입게 되는 결과 등을 가져오게 됨으로써 그와 같은 의사표시를 하지 아니하였을 것"[127]과 같이 주관적 · 객관적 요건을 갖추어야 한다. 결국 중요부분의 착오 여부는 추상적, 일률적으로 이를 가릴 수는 없고 그 각 행위에 관하여 주관적, 객관적 표준에 좇아 구체적 사정에 따라 가려져야 한다.[128]

(3) 중과실이 없을 것

착오가 표의자의 중대한 과실로 인한 때에는 취소하지 못한다(민법 제109조 제1항 단서). 여기서 중대한 과실이란 "표의자의 직업, 행위의 종류, 목적 등에 비추어 보통 요구되는 주의를 현저히 결여한 것을 의미한다."[129]

---

126) 대법원 2012.9.27. 선고 2011다106976 판결.
127) 대법원 2013.9.26. 선고 2013다40353 판결; 대법원 1998.2.10. 선고 97다44737 판결; 대법원 2006.12.7. 선고 2006다41457 판결.
128) 대법원 1985.4.23. 선고 84다카890 판결.
129) 대법원 2013.7.11. 선고 2013다17049 판결.

(4) 증명책임

착오를 이유로 의사표시를 취소하려는 자가 법률행위의 내용에 착오가 있었다는 사실과 함께 그 착오가 의사표시에 결정적인 영향을 미쳤다는 점, 즉 만약 그 착오가 없었더라면 의사표시를 하지 않았을 것이라는 점을 증명하여야 한다.[130] 반면, 중과실 유무에 대한 증명책임은 법률행위의 취소를 저지하고자 하는 자가 진다.[131]

나. 효 과

착오를 이유로 법률행위를 취소하는 경우 소급적으로 무효가 된다. 다만 선의의 제3자에게는 취소로 대항하지 못한다(민법 제109조 제2항).

이때 표의자가 선의 무과실의 상대방에 대해 신뢰이익배상책임이 인정되는지 여부가 문제된다. 입법론으로는 고려될 필요가 있으나 해석론으로는 무리라고 보여진다.[132]

---

130) 대법원 2008.1.17. 선고 2007다74188 판결.
131) 김형배 · 김규완 · 김명숙, 전게서(註 88), 222면. 同旨: 대법원 2005.5.12. 선고 2005다6228 판결.
132) 同旨: 대법원 1997.8.22. 선고 97다13023 판결; 곽윤직 · 김재형, 전게서(註 82), 321~322면; 지원림, 전게서(註 86), 268면. 한편, 펀드매니저의 착오주문으로 인해 ELS 기초자산의 가격이 폭락하고 이에 따라 ELS 상환조건의 성취로 제3자인 투자자들에게 예기치 못한 손실이 확정된 경우에 대해 펀드매니저의 주의의무위반, 위험책임, 제3자에 의한 채권침해 등의 불법행위 성립 가능성을 검토한 논문으로는 박선종, "금융투자상품 거래시 주문착오와 손해배상에 관한 연구," 「증권법연구」(한국증권법학회), 제15권 제3호(통권 제34호)(2014) 참조.

4. 판례연구

가. 한국 — 선물스프레드 전자주문 착오의 취소를 인정한 미래에셋 증권 사건[133]

(1) 사실관계

원고 미래에셋증권과 미래에셋증권에 보험금을 지급하고 미래에 셋증권의 청구를 대위한 원고 현대해상보험이, 원고 미래에셋증권이 피 고 유안타증권으로부터 선물스프레드 8,700계약[134]을 매수하고 매매대 금을 지급하였으나 매수주문을 입력하면서 주문가격란에 0.80원을 입 력하여야 함에도 '.'을 찍지 않아 80원을 입력하여 이루어진 착오 주문 을 이유로 매매계약을 취소하고 기 지급한 매매대금에 대해 부당이득반 환청구를 한 사건으로서 원고의 청구를 인용한 원심을 대법원이 지지한 사례이다.

이 사건 거래대상인 선물스프레드는 2개의 통화선물(2010.2. 통화 선물 및 2010.3. 통화선물)의 차액을 거래하는 통화선물스프레드로서 시 장가격이 2원 오르거나 2원 내리는 수준으로 변동성이 적어 평소에는 전날 종가를 기준으로 0.1원 내지 0.3원이 변하고 있었고 이 사건 거래 전날 이 사건 선물스프레드의 종가는 0.9원이었다.[135] 이 사건 거래는 복수가격에 의한 개별경쟁거래의 방법으로 이루어지는 것으로서 장중 매매거래 시 최우선매수호가부터 5개의 매수호가와 그 호가수량이 한

---

133) 대법원 2014.11.27. 선고 2013다49794 판결.
134) "원고 미래에셋증권의 매수주문 수량 15,000계약 중 이 사건 거래는 8,700계약 이고, 피고 이외에도 맵스자산운용 주식회사, 주식회사 하나은행 등이 매도주문 을 내어 이 사건 선물스프레드를 80원에 매도하는 계약이 체결되었다"(서울고등 법원 2013.5.30. 선고 2012나65647 판결).
135) 이하 사실관계 내용은 대법원 2014.11.27. 선고 2013다49794 판결 및 서울고 등법원 2013.5.30. 선고 2012나65647 판결 내용 요약.

국거래소 파생상품시스템에 실시간으로 공표되고 있었다. 이 사건 거래 당일 원고 미래에셋증권의 직원 소외 1이 개장 전인 08:50경 이 사건 선물스프레드 15,000계약의 매수주문을 입력하면서 주문가격란에 0.80원을 입력하여야 함에도 '.'을 찍지 않아 80원을 입력하였다. 이에 따라 호가를 한 당사자는 공표되지 않았으나, 1계약당 80원에 이 사건 선물스프레드 15,000계약을 매수하겠다는 원고 미래에셋증권의 주문 내역은 거래참가자들 모두에게 공개되었다. 피고 유안타증권의 직원 소외 2는 이 사건 거래 당일 개장 전인 08:54경 1.1원에 이 사건 선물스프레드 332계약을 매도하겠다는 주문을 입력해 두었다가 09:00:03:60 위 주문이 80원에 체결되자, 거래화면에 나온 매수호가 80원을 클릭하여 주문가격을 80원으로, 주문수량을 300계약으로 하여 09:00:08:46 매도주문을 하고, 이후 주문가격과 주문수량을 고정하여 09:00:11:88부터 09:00:15:73까지 불과 몇 초 만에 추가로 28회의 매도주문을 하였다. 한편, 유안타증권의 직원 소외 2는 이 사건 거래가 있기 전까지 이 사건 선물스프레드에 대하여 하루 1,000계약 이상의 주문은 하지 않았으나, 이 사건 거래 당일에는 10,000계약의 주문을 하였던 사실이 인정되었다.

(2) 주요 쟁점

원고들은 이 사건 거래는 피고가 원고 미래에셋증권의 직원 소외 1의 경솔한 주문실수를 이용하여 시가 0.80원 내지 1.00원 상당의 이 사건 선물스프레드를 그보다 약 100배 높은 80원에 매도함으로써 약 78억원 상당의 이익을 취하였기 때문에 불공정한 법률행위로서 무효에 해당하고, 선물스프레드 주문가격란에 0.80이라고 입력하려는 과정에서 80으로 잘못 입력하였고, 그로 인하여 이 사건 거래가 이루어지게 되었으므로, 미래에셋증권의 착오를 이유로 계약 취소 및 부당이득반환을 청구하였다.

(3) 법원의 판단

원심은 이 사건의 착오 주문이 선물스프레드의 매수가격에 관한 의사결정을 하는 과정에서 그 결과에 대한 주의를 기울이지 않은 채 경솔하게 의사를 결정한 것에서 비롯된 것이라고 보기는 어렵고, 오히려 의사결정 이후 표시과정에서의 입력실수로 인하여 표시의 내용과 내심의 의사가 불일치하게 된 경우에 해당한다고 보아 불공정한 법률행위에 해당한다고 보기는 어렵다고 판시하였다.

그리고 착오를 이유로 한 취소의 주장에 대해서는 원심과 대법원 모두 원고의 청구를 인용하였는데, 세부 관련 쟁점과 법원의 판단은 다음과 같다.

1) 이 사건 매수주문이 착오로 인한 것인지 여부

원심은 "원고 미래에셋증권은 ○○○○○은행의 요청대로 매수주문 하려는 의사가 있었음에도, 원고 미래에셋증권 직원 소외 1이 이 사건 선물스프레드 주문가격란에 0.80이라고 입력하려는 과정에서 80으로 잘못 입력하였고, 그로 인하여 이 사건 거래가 이루어지게 되었으므로, 이 사건 매수주문은 원고 미래에셋증권의 착오로 인한 것이라고 할 것"이라고 전제한 다음, "이 사건 매수주문의 주문가격 '80원'은 이 사건 거래 전날의 이 사건 선물스프레드 종가 0.90원과 현격한 차이가 났고, 이 사건 거래를 전후하여 이 사건 선물스프레드의 가격은 거의 변동이 없었던 점에 비추어 볼 때, 이 사건 매수주문의 착오는 표의자에 의하여 추구된 목적을 고려하여 합리적으로 판단하여 볼 때 표시와 의사의 불일치가 객관적으로 현저하다고 할 것이어서 법률행위의 내용의 중요부분에 착오가 있는 때에 해당한다고 할 것이다"라고 착오로 인한 취소를 긍정하였다.

2) 거래의 성질상 민법의 착오취소 규정의 적용이 배제되는지 여부

피고 유안타증권은 한국거래소의 파생상품거래시스템을 통해 이루어지는 선물스프레드 거래의 기본구조 및 특성[136]에 비추어 볼 때, 이 사건 거래를 포함한 선물스프레드 거래에서는 거래의 안전성과 거래 상대방의 신뢰보호가 무엇보다 중요하므로 거래의 성질상 민법 제109조의 적용이 배제되어야 한다고 주장하였다.

이에 대해 원심은 "① 민법의 착오취소 규정은 원칙적으로 모든 사법상의 의사표시에 적용되고, 민법 제109조는 표의자의 자기결정을 보호하되 표의자의 착오에 중대한 과실이 있거나 착오가 법률행위의 중요 부분에 관한 것이 아닌 경우 취소가능성을 제한함으로써 거래의 안전성과 상대방의 신뢰도 아울러 보호하고 있으므로, 거래의 성질상 거래의 안전과 상대방의 신뢰를 보다 두텁게 보호할 필요가 있다고 하더라도, 특정한 상행위에 관하여 착오취소를 배제하는 상법 제320조 제1항과 같은 별도의 적용 배제규정이 없음에도, 이 사건 거래에 관하여 민법의 착오취소 규정의 적용을 전면적으로 배제하는 것은 우리 민법이나 상법의 체계에 맞지 않고, 민법 제109조 전체의 정신에도 부합하지 않는 점, ② 이 사건 거래 당시 시행되던 한국거래소의 파생상품시장 업무규정 (2009.12.29. 규정 제567로 개정된 것, 이하 '거래 당시 업무규정'이라고만 한다)과 그 시행세칙에는 민법 제109조의 적용을 배제한다는 취지의 명문 규정이 없었고, 이 사건 착오거래 후에 개정된 업무규정(2011.12.28. 규정 제800호로 개정된 것, 이하 '개정된 업무규정'이라 한다)도 뒤에서 보

---

136) 피고는 이 사건 선물스프레드 거래의 기본구조 및 특성으로 ① 거래 대상이 정형화, 표준화되어 있는 점, ② 대면거래와 달리 장내거래에서는 거래 상대방을 알 수 없는 점, ③ 거래가 대규모로 이루어지고, ④ 짧은 시간 내에 연쇄적으로 신속하게 거래가 이루어지는 점, ⑤ 한국거래소의 회원들만이 거래에 참여한다는 점, ⑥ 이 사건과 유사한 사안에 관하여 서울고등법원 2005.6.24. 선고 2004 나68412 판결에서 착오를 이유로 한 취소권이 배제된다고 판시한 바 있는 점 등을 들었다(서울고등법원 2013.5.30. 선고 2012나65647 판결).

는 바와 같이 일정한 요건하에서 착오거래 구제제도를 도입하였으나(제81조의2), 그 요건을 충족시키지 못하는 경우에 민법 제109조의 적용을 배제한다는 취지의 명문 규정을 두지 아니한 점, ③ 전자거래시스템을 통한 금융투자상품 거래가 이루어지고 있는 미국(뉴욕증권거래소, 미국 증권위원회, 시카고옵션거래소 등), 유럽(EUREX), 중국(홍콩거래소)에서도 거래소 업무규정 등을 통해 일정한 요건하에 착오거래를 구제하는 제도를 두고 있는데, 이러한 외국의 착오거래 구제제도와 우리 민법에 기한 착오거래 취소는 거래가 성립된 이후에 사후적으로 이를 취소시킨다는 측면에서는 법률상 성질이 본질적으로 다르지 아니하고 거래의 안전에 미치는 영향도 다르지 아니한 점, ④ 선물스프레드 거래에 있어서 매매계약의 체결은 매도호가와 매수호가의 경합에 의해 개개의 가격으로 개개의 수량이 합치될 때 가격 및 시간 우선의 원칙에 따라 계속적으로 매매를 성립시키는 '복수가격에 의한 개별경쟁거래 방식'으로 이루어지고 있는데, 이는 일정한 시간 동안 전산입력에 의하여 매도호가와 매수호가를 집중시켜 그 호가들 사이에서 미리 정하여진 가격 및 시간 우선의 원칙에 따라 계약이 체결되는 '단일가격에 의한 개별경쟁거래 방식'과는 구별되고, 피고가 근거로 들고 있는 위 서울고등법원 2004나 68412 판결은 단일가격에 의한 개별경쟁거래 방식에 의하여 매매계약이 체결되는 주가지수옵션거래의 사안에 관한 것이어서 이 사건 거래와 같은 선물스프레드 거래에 그대로 적용할 수는 없는 점, ⑤ 파생상품단말기의 입력 화면에는 해당 선물스프레드 상품에 관한 매도호가와 매수호가의 현황이 실시간으로 표시되므로, 거래 상대방이 누구인지는 알 수 없고 자신의 호가가 다른 호가와 경합할 경우 계약 체결 여부가 불확실하다고 하더라도, 거래에 참여한 다른 당사자들이 제시한 거래의 조건을 확인할 수 있는 점 등을 종합하여 볼 때, 이 사건 거래에 관하여도 민법 제109조는 적용된다"고 판시하여 피고의 주장을 배척하고 본 사건에도 민법 제109조에 따른 착오 취소를 긍정하였다.[137]

3) 민법 착오취소 규정에 대한 적용 배제 합의가 있었는지 여부

피고 유안타증권은 한국거래소의 자치법규인 업무규정과 그 시행세칙에 따르면 이 사건 거래에 관하여 민법상 착오취소 규정의 적용이 배제됨을 전제하고 있다고 보아야 하고, 원고와 피고가 업무규정 및 시행세칙을 준수하기로 한 이상 그들 사이에는 이 사건 거래에 관하여 민법의 착오취소 규정 적용을 배제하기로 하는 합의가 존재한다고 주장하였다.

이에 대해 원심은 업무규정 및 시행세칙상의 호가한도규정, 위탁매매와 관련된 착오거래 정정 규정, 투자자 착오거래 구제 규정 등이 민법의 착오취소 규정의 적용을 배제할 것을 전제로 한 규정으로 해석할 수는 없고 따라서 동 제도들을 근거로 민법의 착오취소 규정의 적용을 배제하기로 합의가 있는 것으로 볼 수는 없다고 판시하였다.

4) 중과실로 인한 착오인지 여부

피고는 이 사건의 착오는 표의자의 중대한 과실로 인한 착오에 해당하므로 민법 제109조 제1항 단서에 따라 표의자는 이 사건 거래를 취소하지 못한다고 주장하였고, 원심도 원고 미래에셋증권의 착오는 보통 요구되는 주의를 현저히 결여한 중대한 과실에 기한 착오로 인정하였다.

5) 피고가 원고의 중대한 과실로 인한 착오를 '이용'하였는지 여부

원고들은 원고 미래에셋증권의 매수주문 착오에 중대한 과실이 있었다고 하더라도 피고가 이를 이용하여 매도주문을 냈기 때문에 이 사건 거래를 착오를 이유로 취소할 수 있다고 주장한 반면, 피고는 이 사

---

137) 박선종, "전자거래시 착오에 관한 연구―금융투자상품의 장내거래를 중심으로―,"「증권법연구」(한국증권법학회), 제14권 제3호(통권 제31호)(2013), 81면에서는 본 사안에 대해 한국거래소 파생상품 시장의 구조적 특성상 시장가격과 현저한 차이를 보이는 가격에 체결되는 계약의 경우, 이익을 보는 일방이 손해를 보는 상대방의 착오를 알거나 또는 알 수 있는 개연성이 높아 대면거래보다 민법 제109조의 적용 필요성이 더 높다고 한다.

건 거래는 한국거래소를 통하여 거래 상대방이 누구인지도 알지 못하는 상황에서 매우 짧은 시간인 약 15초 이내에 이루어진 것이므로 피고로서는 이 사건 매수주문이 착오로 인한 것인지 알지 못하였고 알 수도 없었기 때문에 착오를 이용할 여지는 없었다는 취지로 반박하였다.

이에 대해 원심은 피고는 이 사건 거래 중 최초의 매매계약이 80원에 체결된 후에는 이 사건 매수주문의 주문가격이 '80원'인 사실을 확인함으로써 이 사건 매수주문이 주문자의 착오로 인한 것임을 충분히 알고 있었고, 이를 이용하여 다른 매도자들보다 먼저 매매계약을 체결하여 이 사건 선물스프레드의 시가와의 차액을 얻기 위해 단시간 내에 여러 차례에 걸쳐 매도주문을 냄으로써 이 사건 거래를 성립시킨 것으로 볼 수 있기 때문에 착오를 이용한 거래로서 원고의 착오 취소 주장을 긍정하였다. 이 사건의 대법원도 "민법 제109조 제1항 단서는 의사표시의 착오가 표의자의 중대한 과실로 인한 때에는 그 의사표시를 취소하지 못한다고 규정하고 있는바, 위 단서 규정은 표의자의 상대방의 이익을 보호하기 위한 것이므로, 상대방이 표의자의 착오를 알고 이를 이용한 경우에는 그 착오가 표의자의 중대한 과실로 인한 것이라고 하더라도 표의자는 그 의사표시를 취소할 수 있다고 할 것이다"라고 판시하였다.

나. 일본 — 구조화채권의 내재 리스크에 대한 착오를 법률행위의 중요요소의 착오로 보아 무효를 인정한 노무라증권(野村證券) 사례[138]

(1) 사실관계[139]

부동산회사 A의 대표이사인 X(본소 피고 = 반소 원고 = 제3사건 원

---

138) 일본 大阪高等裁判所平成22年(2010)10月12日判決.
139) 川地宏行, 神田秀樹·新作裕之 編, 「金融商品取引法 判例百選」(東京: 有斐閣, 2013.2), 58~59면 전재.

고·항소인 = 피항소인)는 단기에 이익을 얻을 수 있는 주식투자를 하기 위해 노무라증권 Y1(본소 원고 = 반소 피고·항소인 = 피항소인)과 거래를 시작했다.

… 2007년 3월 22일 오전 10시경에 Y1의 지점장 Y4(제3사건 피고·항소인=피항소인)와 Y2가 A사의 사무실을 방문하여 X에 대해 본건 구조화채권이 주식보다도 안전하고 고수익을 얻을 수 있는 것처럼 설명하면서 본건 구조화채권의 매입을 권유하는 한편, 이날 오후 2시경 Y2가 X에게 전화를 걸어 주문 후에는 취소할 수 없다는 취지를 전달한 가운데, X는 본건 구조화채권의 주문을 승낙하였다. 본건 구조화채권은 1년차 이자는 15.30%로 고정되었지만, 2년차 이후에는 이자가 변동하여, 미국 달러와 호주 달러의 어느 쪽과의 관계에서도 엔화 약세가 지속되는 경우에는 이자 누적 금액이 29%에 도달하면 원금 5,000만 엔이 엔화로 조기 상환된다. 또한 미국 달러와 호주 달러의 어느 한쪽과의 관계에서 엔고 추세가 계속되면 이자가 감소하고 조기 상환까지 수년이 걸려 최장 30년간 상환되지 않고, 상환되는 경우에도 원금은 미국 달러나 호주 달러로 지급되기 때문에 환율 리스크를 동반하고 게다가 도중에 매각하면 원금 손실이 크게 발생할 위험성이 있었다. 이날 오후 6시경 Y2가 상사 Y3(제3사건 피고·피항소인)와 함께 A사의 사무실을 방문하여 매입약정서에 서명을 요구했는데, X가 재차 설명을 요구했기 때문에, Y3가 1시간 넘게 본건 구조화채권에 대해 설명하였다. 설명을 받은 X는 총 29%의 이자를 수령한 시점에서 원금 5,000만 엔이 상환되는 금융상품으로 인식하고 있으며 5,000만 엔이 장기간에 걸쳐 상환되지 않는 사태가 발생할 것으로는 생각하지 않았다고 취소를 주장하였으나, Y3는 취소할 수 없다고 주장하고 X를 설득한 결과 이날 오후 8시경 X는 매입약정서에 서명날인을 하였다. Y1은 X에 대해 대금의 지급을 청구했지만(본소), X는 착오 무효를 주장하는 동시에 Y1~Y4에 대해 불법행위에 기한 손해배상을 청구하였다(반소·제3사건). 1심은 착오 무효를 인정하고

Y1의 대금 지급 청구를 기각하는 한편, X의 Y1, Y2, Y4에 대한 손해배상청구를 일부 인용하였다(Y3에 대한 청구는 기각). X와 Y1, Y2, Y4들이 모두 항소를 제기하였다.

(2) 법원의 판단

법원은 X의 항소를 기각하고 Y1, Y2, Y4의 패소 부분에 관하여 1심 판결을 취소하고, X의 청구를 기각하였다. 본 사안에서의 주요 쟁점은 적합성 원칙 위반, 설명의무 위반, 착오 무효 법리 적용가능성 등이었는데, 법원은 적합성 원칙 위반을 부정하고 설명의무 위반에 따른 착오를 인정하여 계약관계에서 벗어날 수 있도록 하였다.

이 중에서 착오 무효의 법리에 관하여 법원은 X의 구조화채권 매입의 의사표시가 Y4 등의 권유에 기인한 점, 동 권유로부터 매입결정까지의 사이에 구조화채권의 내용과 위험성을 이해할 만한 충분한 시간이 주어지지 않았다는 점, X의 오인은 Y4들의 불충분한 설명과 잘못된 언사에 의해 야기된 것이어서 이를 단순한 내심의 동기로만 볼 수는 없이 의사표시 내용의 착오에 해당한다고 보았다.

한편, 중요부분의 착오와 관련하여 법원은 구조화채권에 내재된 리스크는 투자판단에 중요하므로 중요성이 인정된다고 보고, 매입 당시에 X가 그 위험을 이해하지 못한 상태에서 구조화채권의 권리내용에 대한 착오에 빠져 있었으며 이는 당시에 외부로 표시된 것으로 인정할 수 있으므로 본건 구조화채권을 매수한다는 취지의 X의 의사표시는 일본민법 제95조에 따라 무효라고 판시하였다.

다. 판결에 대한 검토

국내 미래에셋증권 사례는 파생상품거래에서 전산시스템을 통한 주문 착오에 대해서도 민법 제109조 착오 법리를 적용하여 그 취소를 긍정하였다는 점에서 특별한 의의가 있다. 동 판례는 특히 거래상대방이 표의자의 착오를 알고 이를 이용한 경우에는 표의자의 중과실이 인정됨에도 불구하고 착오 취소가 인정된다는 종전 판례의 취지를 따랐으며, 전산시스템을 통한 파생상품거래의 주문 착오에 대해 거래상대방이 "알고 이를 이용"했다는 사실을 증명하여 착오 취소를 주장하는 선례를 보인 것으로 생각되나, 개별적인 사안에서 이러한 법리와 논증을 일반적으로 적용하기는 쉽지 않을 것으로 생각된다. 정책적인 면에서도 비대면성, 거래의 신속성과 안정성을 기반으로 하는 전산시스템 거래에서의 입력 착오에 대해 수시로 일반 착오 법리를 적용하는 경우에는 시스템에 대한 신뢰성과 안정성을 저해할 우려가 있기 때문이다.

한편, 일본 노무라증권(野村證券) 사례는 상대방의 투자권유에 의해 이루어진 파생상품 구조화채권 거래에서 해당 구조화채권의 내재적 위험성에 대한 착오를 중요부분의 착오로 인정하였다는 점에서 주목할 만한 판례로 생각된다. 이는 상대방이 유발한 동기의 착오의 경우 표의자의 중과실이 인정된다 하더라도 표의자의 의사표시 취소를 인정한 국내 판례의 입장보다 투자자보호에 더 적극적이라고 할 수 있다. 즉, 파생상품에 내재된 리스크에 대한 투자자의 착오에 대해 동기의 착오로 보고 이에 대해 상대방의 적극적인 투자권유가 있었기 때문에 유발된 동기의 착오로 법리를 구성할 여지도 고려해 볼 수 있으나, 동 법원에서는 파생상품의 내재적 리스크에 대해 투자판단의 중요요소로 보아 법률행위 내용의 중요부분의 착오로 판단하였다.

생각건대, 실질적으로 파생상품의 리스크에 대한 착오는 적합성 여부에 대한 착오와 직결되어 있는데, "투자자의 적합성 판단은 투자 결정의 핵심 부분이기 때문에" 적합성 원칙을 위반한 부당권유에 의해 투자자의 적합성에 대한 착오를 초래한 경우에는 적합성 원칙 법리 외에도 착오 법리에 의한 법률행위의 취소를 적극 인정함으로써 표의자(착오자)가 계약관계에서 벗어날 수 있도록 하여야 할 것이다.[140)]

Ⅲ. 불공정한 법률행위

1. 개 념

불공정한 법률행위란 "상대방의 궁박, 경솔 또는 무경험을 이용하여 자기의 급부에 비해 현저하게 균형을 잃은 반대급부를 하게 함으로써 부당한 재산적 이익을 얻는 행위"[141]를 말한다. 민법에서는 "당사자의 궁박, 경솔 또는 무경험으로 인하여 현저하게 공정을 잃은 법률행위는 무효로 한다"고 규정하고 있는데(동법 제104조), 불공정한 법률행위는 사회질서에 반하는 법률행위(민법 제103조)의 한 예시유형으로 보는 것이 다수설적 견해[142]이며, 판례[143]의 입장이다. 동 견해에 따르면 불공정한 법률행위의 요건을 모두 충족하지 못한 경우라도 선량한 풍속 기타 반사회질서의 법률행위에 해당한다고 보이는 경우에는 동 법률행위의 무효를 주장할 수 있게 된다.

2. 내 용

가. 요 건

(1) 상대방의 궁박, 경솔 또는 무경험

'궁박'이란 '급박한 곤궁'으로서 경제적 원인에 기인하거나 정신적 또는 심리적 원인에 기인하여 발생할 수도 있다.[144] 당사자가 궁박한

---

140) 同旨: 川地宏行, 神田秀樹・新作裕之 編, 前揭書(註 139), 59면.

141) 지원림, 전게서(註 86), 212면.

142) 송덕수, 전게서(註 83), 256~257면; 지원림, 전게서(註 86), 212~213면.

143) 대법원 1964.5.19. 선고 63다821 판결.

상태에 있었는지 여부는 그와 상대방의 경제적·사회적 지위, 재산 상태 및 그가 처한 상황의 절박성의 정도 등 제반 사정을 종합하여 구체적으로 판단된다.[145]

'경솔'의 의미에 대해서는 학설의 견해가 갈리고 있는데,[146] 다수설은 "의사를 결정할 때 그 행위의 결과나 장래에 관하여 보통인이 베푸는 고려를 하지 않는 심리상태"라고 하나, 소수설은 "선천적 경솔 또는 주위사정으로부터 피할 수 없었던 고려의 부족상태"라고 한다. 판례에 따르면 2,100원으로 기재해야 할 것을 21,000원으로 오기한 경우에 대해 경솔에 해당한다고 본 사례가 있다.[147]

'무경험'의 의미에 대해 특정의 거래에 관한 경험 부족으로 파악하는 견해와, 일반적인 생활체험이 불충분한 것으로 보는 견해가 있으며 후자가 다수설·판례의 입장이다.[148]

한편, 불공정한 법률행위가 성립하기 위한 요건인 궁박, 경솔, 무경험은 모두 구비되어야 하는 요건이 아니라 그중 일부만 갖추어져도 충분하다.[149] 대리인에 의한 법률행위의 경우 궁박상태인지 여부는 본인을 기준으로, 경솔·무경험 성립여부는 대리인을 기준으로 판단한다.[150]

(2) 급부와 반대급부 사이의 현저한 불균형 존재

불공정한 법률행위는 객관적인 요건으로 급부와 반대급부 사이에 현저한 불균형이 존재하여야 한다.[151]

---

144) 대법원 2002.10.22. 선고 2002다38927 판결.
145) 대법원 2009.11.12. 선고 2008다98006 판결.
146) 이하 송덕수, 전게서(註 83), 261면 요약.
147) 대법원 1977.5.10. 선고 76다2953 판결.
148) 송덕수, 전게서(註 83), 261면; 대법원 2002.10.22. 선고 2002다38927 판결('무경험'이라 함은 일반적인 생활체험의 부족을 의미하는 것으로서 어느 특정영역에 있어서의 경험부족이 아니라 거래일반에 대한 경험부족을 뜻한다).
149) 대법원 2009.11.12. 선고 2008다98006 판결.
150) 대법원 2002.10.22. 선고 2002다38927 판결.

이때 급부와 반대급부 사이에 현저한 불균형이 존재하는지 여부를 판단하는 시점은 "법률행위가 이루어진 시점"이므로[152] 사후에 시세변동 등에 따라 급부 간에 현저한 불균형이 발생하게 되었다 하더라도 불공정한 법률행위로 평가할 수 없다. 어느 정도의 불균형을 '현저한 불균형' 상태로 볼 것인지에 대해서는 단순히 시가와의 차액 또는 시가와의 배율로 판단할 수 있는 것은 아니고 구체적·개별적 사안에 있어서 일반인의 사회통념에 따라 결정되어야 하지만[153] 투기적인 목적이 개재되어 있는 파생상품거래와 일반매매의 경우를 동일한 기준으로 평가할 수는 없고 보다 엄격한 기준에 의해 판단되어야 할 것이다.[154]

이와 관련하여 대법원 2013.9.26. 선고 2013다26746 전원합의체 판결[모나미 KIKO 사건]에서 대법원은 "이 사건 각 통화옵션계약의 계약금액에 대비하여 피고가 이 사건 각 통화옵션계약에 적용한 이론가의 차이, 즉 피고가 수취한 마진의 비율은 '0.21%에서 0.70%'[콜옵션(call option) 계약금액 기준] 또는 '0.25%에서 0.85%'[풋옵션(put option) 계약금액 기준]에 지나지 않고, 감정인 소외 2의 감정결과에 따른 이론가 차액으로 비교해 보아도 '0.37%에서 1.23%'(콜옵션 계약금액 기준) 또는 '0.44%에서 1.48%'(풋옵션 계약금액 기준)에 지나지 아니하여 다른 금융상품 거래 시 적용되는 수수료율 등(펀드판매 수수료는 0.8~1.9%, 현물환전 수수료는 1% 이상)과 비교하여 볼 때 부당하게 과다하다고 할 수도 없다. 이러한 사정에 비추어 보면 각 옵션의 객관적 가치에 현저한 불균형이 존재한다고 보기 어렵다"고 판시한 바 있다.

---

151) 대법원 2009.11.12. 선고 2008다98006 판결.
152) 대법원 2015.1.15. 선고 2014다216072 판결.
153) 대법원 2010.7.15. 선고 2009다50308 판결.
154) 同旨: 박철우, "통화옵션 가격결정모형을 둘러싼 KIKO 소송에서의 주요 쟁점 연구," 경제학석사학위논문(연세대 경제대학원, 2010.8), 62면.

(3) 폭리행위자의 이용

피해자의 궁박상태에도 불구하고 그 상대방 당사자가 피해자의 궁박·경솔·무경험의 사정을 알면서 이를 이용하려는 의사, 즉 폭리행위의 악의가 없었던 경우라면 불공정한 법률행위는 성립하지 않는다.[155]

(4) 증명책임

불공정한 법률행위의 요건 즉, 궁박·경솔·무경험 상태, 피해자의 궁박상태에 대한 폭리행위자 이용의사 등의 주관적 요건과 급부와 반대급부 간의 현저한 불균형의 객관적 요건에 관한 증명책임은 이를 주장하는 자가 진다.[156] 급부와 반대급부 간에 현저한 불균형이 존재하더라도 피해자의 궁박·경솔·무경험 등이 추정되지는 않는다.[157]

나. 효 과

불공정한 법률행위의 각 성립요건이 충족되는 경우 해당 법률행위는 무효가 된다. 파생상품거래에서는 부당이득법리에 따라 원상회복을 구하거나 불법행위의 요건을 충족하는 경우에는 불법행위에 기한 손해배상청구도 가능할 것이다. 부당이득법리에 따른 원상회복을 구하는 경우 민법 제746조 단서에 따라 피해자는 급부한 거래대금의 반환을 요구할 수 있으나 그 상대방은 동조 본문에 따라 불법원인급여로서 급부한

---

155) 대법원 2013.9.26. 선고 2013다40353 판결.

156) 송덕수, 전게서(註 83), 262면; 대법원 1991.5.28. 선고 90다19770 판결(매도인 측에서 매매계약이 불공정한 법률행위로서 무효라고 하려면 객관적으로 매매가격이 실제가격에 비하여 현저하게 헐값이고 주관적으로 매도인이 궁박, 경솔, 무경험 등의 상태에 있었으며 매수인 측에서 위와 같은 사실을 인식하고 있었다는 점을 주장·입증하여야 할 것이다).

157) 대법원 1977.12.13. 선고 76다2179 판결; 대법원 1959.7.23. 선고 4291민상618 판결.

것의 반환을 청구하지 못한다(다수설).[158] 이에 대해 폭리행위의 경우 특별한 사정이 없는 한 단순한 사회질서의 위반에 해당되어 폭리행위임을 모르고 급부한 양 당사자는 민법 제742조에 따라 급부한 것의 반환을 청구할 수 있다는 견해[159]가 있으나, 불공정한 법률행위의 성립요건으로서 폭리행위자의 폭리행위에 대한 악의를 필요로 한다는 전제에서 과연 양 당사자 모두 폭리행위임을 모르고 급부를 하는 경우가 인정될 수 있을지 의문이다.

3. 판례연구 — 은행과 기업고객이 각각 취득한 콜옵션과 풋옵션의 이론가의 비교만으로 계약의 불공정성을 인정할 수는 없다고 판시한 ㈜삼코 KIKO 사건[160]

가. 사실관계

원고 삼코는 가정용 세탁기 부품을 제작·판매하는 중소기업으로서, 수출을 통해 달러 및 엔화를 수취하고 있었는데, 피고 하나은행은 원고 삼코에게 키코 통화옵션상품에 대해 설명해 주면서 그 가입을 권유하여 원고 삼코는 피고 하나은행과 사이에 이 사건 2007년 12월 20일자 통화옵션계약(①번 계약)을 체결하였다.[161] 또한 피고 하나은행은 위 원고에게 향후 환율 하락 전망을 설명하면서 추가적으로 키코 통화옵션상품을 권유하였고, 이에 원고 삼코는 피고 하나은행과 사이에 다시 이 사건 2008년 1월 23일자 통화옵션계약(②번 계약)을 체결하였다.

계약체결 당시, 원고 삼코가 수출로 수취하는 달러는 연간 약 500

---

158) 지원림, 전게서(註 86), 217면.
159) 송덕수, 전게서(註 83), 264면.
160) 대법원 2013.9.26. 선고 2012다13637 전원합의체 판결.
161) 이하 서울중앙지방법원 2010.11.29. 선고 2008가합131793 판결 요약.

만 달러이고, 2007년 12월 20일자 통화옵션계약의 콜옵션 계약금액의 총 합계는 480만 달러이므로 원고 삼코는 이미 적정한 범위에서 환 헤지 상품에 가입하였음에도, 2008년 1월 23일자 통화옵션계약을 추가로 체결함으로써 위 두 계약의 콜옵션 계약금액의 총 합계는 960만 달러가 되었고, 이는 수출대금과 대비하여 볼 때 상당한 오버헤지 상태에 놓이게 되었다.

한편, 이 사건 각 통화옵션계약 체결 후 환율이 점차 상승하여 녹인 환율보다 높아져서 원고 삼코는 피고 하나은행에 대하여 각 풋옵션 계약금액 2배의 달러를 행사환율에 매도할 의무를 이행함으로써 실질적으로 지급하게 된 각 만기일의 시장환율과 행사환율 차액의 총 합산액에서 원고 삼코가 피고 하나은행으로부터 이 사건 각 통화옵션계약에 따라 지급받은 돈을 공제한 금액은 2007년 12월 20일자 통화옵션계약 846,920,000원, 2008년 1월 23일자 통화옵션계약 987,640,000원에 이르렀다.

이에 따라 원고 삼코는 주위적 청구로 계약의 무효, 취소, 해제(해지)로 인한 부당이득반환청구를, 예비적 청구로 적합성 원칙 및 설명의무 위반, 사후적 고객보호의무 위반 등을 이유로 한 불법행위에 기한 손해배상청구를 하였다.

나. 불공정한 행위 관련 쟁점 및 법원의 판단

본 사안의 KIKO 통화옵션계약에서는 원고(기업)가 피고(은행)로부터 풋옵션을 매입하고, 녹인 상황에서 원고(기업)가 피고(은행)에게 정해진 레버리지의 통화를 매도하기로 하는 콜옵션을 매도하여 풋옵션과 콜옵션을 서로 제로 코스트로 교환하기로 하였다. 그런데 2007년 12월 20일자 통화옵션계약(①번 계약)에서 원고가 취득한 풋옵션의 이론가는 12,349달러, 피고가 취득한 콜옵션의 이론가는 33,390달러이고, 2008년

1월 23일자 통화옵션계약(②번 계약)에서 원고가 취득한 풋옵션의 이론 가는 10,096달러, 피고가 취득한 콜옵션의 이론가는 57,485달러로 나타 남에 따라 원고는 원고와 피고가 각각 취득하는 옵션의 이론가 사이에 현 저한 불균형이 존재하여 민법상 불공정행위로서 무효라고 주장하였다.

원고의 주장에 대해 대법원은 단순히 콜옵션과 풋옵션의 이론가를 비교하여 그 불공정성 여부를 판단할 수는 없다는 취지로 다음과 같이 원심의 판단을 지지하였다.

"즉 ① 이 사건 각 통화옵션계약은 단순선물환계약에 비하여 행사환율 을 높이고 또한 녹인(knock-in) 조건을 설정하여 만기환율이 행사환율 보다는 높고 녹인 환율보다는 낮을 경우에 원고에게 유리한 환전 효과 를 보장하여 주는 대신에 풋옵션에 녹아웃(knock-out) 조건을 설정한 것이므로, 녹아웃 조건으로 인하여 풋옵션의 이론가는 감소하나 원고는 풋옵션의 이론가에는 반영되지 아니한 이익, 즉 계약 당시의 선물환율 보다 높은 행사환율로 인한 이익과 녹인 조건 설정에 따른 환이익 등의 효용을 얻었다. 이렇듯 풋옵션의 이론가는 이 사건 각 통화옵션계약을 통하여 원고가 얻는 경제적 이익을 모두 반영하지 못하는 것이고, 한편 원고는 자신의 환율전망과 녹인 환율, 행사환율 및 녹아웃 환율 등 계약 조건에 따라 계약체결 여부를 결정한 것이지 옵션의 이론가를 염두에 두고 계약을 선택한 것이 아니다. 따라서 단순히 콜옵션과 풋옵션의 이 론가를 비교하여 이 사건 각 통화옵션계약이 불공정하거나 환 헤지에 부적합한지를 판단할 수는 없다. ② 원고는 수수료를 풋옵션의 이론가 와 비교하여 과다 여부를 판단하여야 한다고 주장한다. 그러나 통화옵 션계약의 기본적인 계약조건은 만기 시 외화금액을 행사환율에 원화로 환전하는 것으로서 이 사건 각 통화옵션계약의 목적과 효과에서 환전 및 환위험 회피의 효용을 배제할 수 없는데 환전이나 환위험 회피 효용 의 크기는 계약금액에 따라 달라지는 점, 이 사건 각 통화옵션계약의 신용위험 관리비용, 시장위험 관리비용은 풋옵션의 이론가가 아니라 콜옵션의 계약금액에 해당하는 '신용위험 노출 금액'이나 '위험자본'의 객관적 크기에 상응하는 점, 환전이나 환변동보험 등 통화거래나 대출 등 신용거래의 수수료, 보험료, 이자도 모두 계약금액 대비 일정한 요율로 결정되는 점, 풋옵션의 이론가는 원고의 경제적 이익을 모두 반영하지 못하는 점, 키코 통화옵션계약은 '배리어' 옵션 구조로 인하여 반대거래 등 헤지에 드는 비용이 크고, 고객 맞춤형 상품으로서 업무원가 역시 커서 이러한 비용들을 포함한 수수료가 단순선물환계약보다 클 수밖에 없는 점 등에 비추어 보면, 원고의 위 주장을 받아들일 수 없다. 결국 이 사건 각 통화옵션계약의 수수료가 부당하게 과다한지는 총 계약금액, 특히 콜옵션의 총 계약금액에 대비한 수수료의 비율을 따지는 것이 합리적인데, 2007년 12월 20일자 통화옵션계약의 수수료율은 0.43%이고, 2008년 1월 23일자 통화옵션계약의 수수료율은 0.98%로서 다른 금융거래의 수수료율과 비교하여 보더라도 부당하게 과다하다고 할 수 없다."

다. 판결에 대한 검토[162]

원고의 주장은, 피고가 '제로 코스트'라고 하면서 원고의 풋옵션 매수 대가(프리미엄)와 피고의 콜옵션 매수 대가를 서로 대등액으로 상계하는 구조로 설명하였는데, 실상은 서로 교환되는 대가가 현저히 차이가 나서 불공정한 거래라는 것이다. 이에 대해 대법원은 풋옵션의 이론가는 이 사건 각 통화옵션계약을 통하여 원고가 얻는 경제적 이익을 모두 반영하지 못하므로 단순히 콜옵션과 풋옵션의 이론가를 비교하여 이 사건 각 통화옵션계약이 불공정하다고 판단할 수 없고, 원고의 마진(수수료)의 과다 여부는 콜옵션 계약금액을 기준으로 판단하여야 한다는

---

162) 아울러 박철우, 전게논문(註 154), 44~55면 참조.

취지로 판시하였다.

생각건대, 본 소송에서 감정인이 각 옵션의 이론가를 어떠한 방법으로 산정하였는지는 확인되지 않으나, 대법원이 언급한 높은 행사환율, Knock-In 및 Knock-Out 배리어(barrier) 등이 반영되지 아니한 통화옵션 이론가는 제대로 산정된 이론가라 할 수 없고, 반대로 대법원이 감정결과로 인정한 이론가가 제대로 된 것이라면 원고가 얻는 경제적 이익도 모두 반영된 것이므로[163] 이를 기준으로 양자의 교환가치를 비교하는 것은 특별히 문제되지 않을 것이다.

그러나 대법원은 양 옵션 간 교환가치의 현저한 차이에 대한 판단을 구하는 원고의 주장에 대해서는 답변하지 않고, 이와는 직접적으로 관련도 없는 수수료라는 명목의, 은행이 얻었을 것이라는 가상의 마진(이론가의 차이)을 가지고 명목금액과 대비하여 각 계약의 마진율이 불공정할 정도는 아니라고 결론을 내리고 있다. 그런데 블랙-숄즈 모형에 기반한 통화옵션 이론가는 특정 시점의 환율, 행사환율, 환율의 변동성, 만기, 내외금리차, Knock-In 및 Knock-Out 배리어 등이 반영되어 산출되고, 각각의 변수가 변동함에 따라 이론가가 비례적으로 변동하는 것도 아니어서 이렇게 산출되는 변동적인 이론가를 기준으로 특정 통화옵션상품의 고정적인 마진율을 평가한다는 것은 무의미하며 상식에도 맞지 않는다. 따라서 KIKO 계약 당시 은행들은 '이론가의 차이'(이른바, 수수료)로 마진을 얻고자 했다기보다는 환율의 방향성(상승)[164]과 변동성에 무게중심을 두고 이로부터 얻어지는 수익을 목적으로 하였을 것으로 생각되며, 설사 대법원의 설시대로 은행들이 '이론가의 차이'(수수료)로

---

163) 同旨: 오세경·박선종, 「키코사태의 진실을 찾다」(북마크, 2013.7), 99면.
164) KIKO 계약에서 피고은행들은 환율상승에 베팅하여 환율의 급격한 하락 시에는 피고 은행의 손실이 확대되지 않도록 Knock-Out 배리어를 설정하고, 환율상승 시에는 이론상 피고은행의 수익이 무한대(원고기업의 손실은 무제한)가 되도록 구조화하였다고 볼 수 있다.

마진을 얻고자 하였고 이를 원고기업들에게 은폐하고 아무런 차이가 없다는 의미로 '제로 코스트'라고 명시적으로 설명하였다면 이는 사기행위나 다름없는 것일 것이다. 또한, 은행들이 '이론가의 차이'(수수료)로 마진을 얻었다면 당초 목적으로 한 환율상승 및 변동성 확대에 따른 수익 외에 부가적인 수익까지 얻은 셈이 된다.

마지막으로 마진율 산정방식과 관련하여 살펴보면, 옵션거래에서의 수익률(마진율)은 명목금액(계약금액)[165]을 기준으로 삼는 것이 아니라 실제 투자금인 프리미엄을 기준으로 해서 이와 대비한 수익규모로 산정하는 것이 일반적일 것이다. 아울러 명목금액은 실제 인도·인수되지 않고 계산상으로만 차액정산되는 파생상품 거래현실을 고려해 보면, 명목금액을 수익률 산정 기준으로 삼고 있는 대법원의 마진율 산정방식은 매우 이례적이며 쉽게 수긍이 되지 않는다.[166]

IV. 사정변경의 원칙

1. 개 념

사정변경의 원칙은 "법률행위의 기초가 된 사정이 후에 당사자가 예견하지도 못했고 또 예견할 수도 없었던 중대한 변경을 받게 되어, 처음의 효과를 그대로 유지하는 것이 부당한 경우에, 법률행위의 내용을

---

165) 실제로 S은행의 KIKO 계약 Term sheet를 보면 '명목금액'으로 표기되어 있으며, 이는 그야말로 차액정산을 위한 명목상의 금액일 뿐이다.

166) 同旨: 박선종, "KIKO계약의 구조에 관한 연구—민법 제104조 및 제109조와의 관계를 중심으로—," 「민사법학」(한국민사법학회), 제66호(2014.3), 14~16면; 윤성승, "키코계약의 구조와 키코사건의 재조명," 「상사법연구」(한국상사법학회), 제32권 제4호(2014), 128면에서는 콜옵션 계약금액이 아니라 풋옵션 계약금액을 기준으로 수수료율을 산정하여야 한다고 주장한다.

개조하거나 계약을 해제·해지할 수 있다는 원칙"[167]을 말한다.

동 원칙은 "계약은 준수되어야 한다"(*pacta sunt servanda*)는 법언의 예외로서, 계약체결의 기초가 된 사정이 당사자가 예상하지 못한 이유로 변경되어 종전 내용대로 계약이행을 강요한다면 신의칙에 반하는 결과를 가져올 경우에 계약 내용을 변경하거나 그 구속으로부터 벗어날 수 있게 하는 법리이다.

사정변경의 법리는 교회법상의 '*clausula rebus sic stantibus*'(things thus standing)에서 유래되어, 행위기초론(Die Lehre von der Geschäfts-grundlage)이나 불예견론(la theorie de l'imprevision) 등의 논의로 이어져 왔고 2002년 1월 개정·시행된 독일 민법(BGB) 제313조[168]에서는 동 법

---

167) 송덕수, 전게서(註 83), 105면.

168) 독일 Bürgerliches Gesetzbuch (BGB) § 313 Störung der Geschäftsgrundlage

(1) Haben sich Umstände, die zur Grundlage des Vertrags geworden sind, nach Vertragsschluss schwerwiegend verändert und hätten die Parteien den Vertrag nicht oder mit anderem Inhalt geschlossen, wenn sie diese Veränderung vorausgesehen hätten, so kann Anpassung des Vertrags verlangt werden, soweit einem Teil unter Berücksichtigung aller Umstände des Einzelfalls, insbesondere der vertraglichen oder gesetzlichen Risikoverteilung, das Festhalten am unveränderten Vertrag nicht zugemutet werden kann.

(2) Einer Veränderung der Umstände steht es gleich, wenn wesentliche Vorstellungen, die zur Grundlage des Vertrags geworden sind, sich als falsch herausstellen.

(3) Ist eine Anpassung des Vertrags nicht möglich oder einem Teil nicht zumutbar, so kann der benachteiligte Teil vom Vertrag zurücktreten. An die Stelle des Rücktrittsrechts tritt für Dauerschuldverhältnisse das Recht zur Kündigung.

[§ 313 행위기초의 장애

(1) 계약의 기초가 되었던 사정들이 계약체결 후에 중대하게 변경되었고, 당사자들이 이러한 변경을 미리 예견하였다면 계약을 체결하지 않았거나 다른 내용으로 체결하였을 경우, 개개의 경우의 모든 사정, 특히 계약상 또는 법률상의 위험배분을 고려해 볼 때 일방 당사자에게 변경되지 않은 계약의 유지가 기대될 수 없다면, 해당 계약의 수정을 요구할 수 있다.

(2) 계약의 기초가 된 본질적 전제가 잘못된 것이 명백해진 경우도 사정변경에

리를 명문으로 규정하였다. 영미법계에서는 목적달성불능의 법리(the doctine of frustration)으로 다루어졌으며 유럽계약법원칙(The Principles of European Contract Law: PECL)과 UNIDROIT 국제상사계약원칙(The Principles of International Commercial Contracts: PICC)에서 이에 관한 규정들이 명문화되고 있다.169)

2. 인정 여부

가. 현행법상 관련 규정

우리 민법에는 사정변경에 따른 계약의 해제 또는 해지에 관한 일반조항을 두고 있지는 않으나 개별조항(민법 제218조 제2항, 제286조, 제312조의2, 제557조, 제628조, 제661조, 제689조 제2항, 제698조, 제716조 제2항, 제720조)과 특별법(「주택임대차보호법」 제7조, 「상가건물 임대차보호법」 제11조 등)에서 사정변경 법리를 엿볼 수 있다.

나. 학설 및 판례

사정변경의 원칙의 인정 여부에 관하여 학설이 대립하여 왔는데 민

해당한다.

(3) 계약의 수정이 불가능하거나 일방 당사자에게 기대할 수 없는 때에는 불이익 당사자는 계약을 해제할 수 있다. 계속적 계약관계에서는 해지권이 해제권을 대신한다].

169) 이상 권순규·정상현, "키코(KIKO)통화옵션계약에 있어서 사정변경 법리에 의한 해지권의 인정여부—관련 가처분 결정을 중심으로—,"「성균관법학」(성균관대), 제21권 제3호(2009.12), 19~20면; 김준호, 전게서(註 115), 58면. 참고논문: 손경환·최성규, "국제계약상 사정변경의 원칙,"「국제거래법연구」(국제거래법학회), 제23집 제1호(2014.7)에서는 사정변경의 원칙에 관하여 비교법적으로 상세히 고찰하고 있다.

법 제2조의 신의성실의 원칙과 이 원칙에 기초한 다수의 관련 규정을 유추하여 사정변경의 법리를 인정하고 계약의 변경 또는 해소를 인정하는 견해(긍정설)가 통설적 견해이다.[170]

이에 대해 사정변경을 인정하는 법률의 규정이 있거나 전시·기타 심각한 위기상황에서만 동 원칙의 적용을 제한적으로 인정하고 사정변경의 법리에 기초한 법률효과의 제한도 계약의 구속력의 부인을 인정은 하지만 일방당사자가 이미 이행하였거나 이행을 제공한 경우에는 예외적으로 계약의 구속력을 부인해서는 안 된다는 견해,[171] 계약 체결 이후의 사정 변화는 계약당사자가 감수하여야 할 몫이기 때문에 극히 예외적인 경우에 한하여 인정되어야 한다는 견해,[172] 사정변경의 법리를 적용할 때 계약관계의 해소를 위하여 당사자에게 계약의 해제권이나 해지권은 인정하되 계약내용을 일방적으로 변경할 수 있는 수정권은 제한하고자 하는 견해[173](이상 제한적 긍정설) 등이 있다.

또한 계약의 안정성과 거래안전을 위해 사정변경의 법리를 부정하고 급격한 사정변경으로 예외적인 대응이 필요한 경우에는 특별법 제정을 통해 해결해야 한다는 견해(부정설)도 있다.[174]

한편, 사정변경의 원칙의 인정여부에 관하여 종전의 판례는 소극적인 태도를 보여 왔으나 계속적 계약에서 동 원칙에 따른 계약해지를 인정[175]한 데 이어 사정변경의 원칙을 적용하여 계약해제도 인정[176]하는

---

170) 곽윤직, 「채권각론(제6판)」(박영사, 2003), 93면; 김상용, 「채권각론(상)」(법문사, 1999), 153면; 김증한, 「채권각론」(박영사, 1988), 95면; 김형배·김규완·김명숙, 전게서(註 88), 42면; 송덕수, 전게서(註 83), 107면.

171) 이은영, 「채권각론(제5판보정)」(박영사, 2007), 239~240면.

172) 김준호, 전게서(註 115), 59면. 同旨: 지원림, 전게서(註 86), 49면.

173) 이영준, "사정변경의 원칙에 관한 연구—독일의 행위기초론을 中心으로—,"「사법론집」(법원행정처), 제5집(1974), 67면.

174) 김욱곤, 「주석채권각칙(I)」(한국사법행정학회, 1985), 260면.

175) 대법원 2002.5.31. 선고 2002다1673 판결; 대법원 2000.3.10. 선고 99다61750 판결; 대법원 1998.6.26. 선고 98다11826 판결.

등 적극적인 입장에 서 있다고 볼 수 있다.[177]

3. 내 용

가. 요 건

사정변경의 원칙의 적용을 긍정하는 견해에서는 이를 인정하기 위한 요건으로 (ⅰ) 계약성립 당시에 그 기초가 되었던 사정이 현저히 변경되었을 것, (ⅱ) 사정의 변경을 당사자가 예상하지 못하였고 예상할 수 없었을 것, (ⅲ) 사정변경이 사정변경을 주장하는 당사자의 귀책사유로 인한 것이 아닐 것, (ⅳ) 계약내용대로 구속력을 인정할 경우 신의칙에 반하거나 신의 · 공평에 반하는 결과를 야기할 것 등을 들고 있다.[178]

나. 효 과

사정변경의 원칙에 따른 판례를 살펴보면 계속적 보증계약 등의 계약해지권,[179] 특정 채무의 범위를 제한하는 계약내용 수정권[180] 등이 인정된다. 사정변경의 원칙에 따른 계약해제가 인정[181]되는 경우에는

---

176) 대법원 2015.5.28. 선고 2014다24327 판결(사정변경의 원칙에 따른 계약해제를 인정하는 취지의 설시를 하였으나 동 사안에서는 계약해제를 부정하였다); 대법원 2007.4.12. 선고 2006다77593 판결.

177) 同旨: 지원림, 전게서(註 86), 51면; 송덕수, 전게서(註 83), 106면. 反對: 김준호, 전게서(註 115), 58면(판례는 대체적으로 부정적이라고 본다).

178) 곽윤직, 전게서(註 170), 94면; 김증한, 전게서(註 170), 95면; 김주수, 「채권각론」(삼영사, 1997) 142~143면; 김형배 · 김규완 · 김명숙, 전게서(註 88), 42면.

179) 대법원 2002.2.26. 선고 2000다48265 판결.

180) 대법원 2013.7.12. 선고 2011다66252 판결(보증인의 책임제한이 예외적으로 허용될 수 있으나 신중하고도 극히 예외적으로만 인정될 수 있다는 취지의 판결). 同旨: 대법원 2004.1.27. 선고 2003다45410 판결.

해당 계약은 소급적으로 무효가 될 것이다.

4. 판례연구 — 원고의 사정변경의 원칙에 따른 계약해지권 행사를 인정하지 아니한 ㈜모나미 KIKO 사건[182]

이하에서는 사정변경의 원칙에 의한 KIKO 통화옵션계약의 해지를 인정한 첫 판결인 서울중앙지법 2008.12.30.자 2008카합3816 결정[신청인: ㈜모나미, ㈜디에스엘시디, 피신청인: 한국스탠다드차타드제일은행]과, 동 가처분신청사건의 본안사건 1심 서울중앙지법 2010.11.29. 선고 2008가합108007 판결[원고: ㈜모나미, ㈜기도산업, ㈜기도스포츠, ㈜디에스엘시디, 피고: 한국스탠다드차타드제일은행], 본안사건 2심(원심) 서울고법 2013.2.6. 선고 2011나11513 판결[원고·항소인: ㈜모나미, 피고·피항소인: 한국스탠다드차타드제일은행], 3심 대법원 2013.9.26. 선고 2013다26746 전원합의체 판결[원고·상고인 겸 피상고인: ㈜모나미, 피고·피상고인 겸 상고인: 한국스탠다드차타드제일은행]을 중심으로 KIKO 통화옵션계약에서 사정변경의 원칙의 인정 여부와 관련된 논의 내용을 살펴보기로 한다.

간단히 요약하자면 사정변경의 원칙에 의한 계약 해지에 적극적이었던 가처분사건(2008카합3816 결정) 외에 본안사건에서는 원고의 사정변경의 원칙 주장을 모두 배척하였다.

가. 사건 개요[183]

원고 ㈜모나미는 문구류 및 사무기기류 제조, 판매, 수출 등을 주된

---

181) 대법원 2015.5.28. 선고 2014다24327 판결 참조.
182) 대법원 2013.9.26. 선고 2013다26746 전원합의체 판결.
183) 서울고등법원 2013.2.6. 선고 2011나11513 판결 및 서울중앙지법 2008.12.30. 자 2008카합3816 결정 인용·전재.

목적으로 1967년 12월 28일 설립된 주권상장법인으로, 2007년 12월 31일 기준 자산총액 1,328억 원, 연간 매출액 1,919억 원 규모의 회사이다. 피고 한국스탠다드차타드제일은행은 20년 넘게 원고와 주거래 관계를 맺어온 원고의 주거래은행으로, 2006년 2월경 원고를 방문하여 행사환율을 높일 수 있는 통화옵션거래계약에 관하여 전반적인 설명을 한 이래 2006년 5월 8일 원고와 처음 통화옵션계약을 체결하기까지 약 4개월 동안 수차례에 걸쳐 다양한 기간, 종류의 통화옵선상품에 관한 거래제안서를 제시하고, 전화, 이메일 등을 통하여 각 상품의 구조에 관하여 설명을 하였으며, 이 사건 계약을 체결할 당시 환율 변동에 따른 구체적인 손실금액과 이익금액을 예시하여 설명하기도 하였다. 또한, 피고는 원고에게 대부분 환율 하락을 전망한 국내외 금융기관 등의 환율 전망자료를 제공하고, 정부나 국내외 기관의 환율 전망을 바탕으로 한 환율 전망을 수시로 제시하기도 하였다. 원고는 2006년과 2007년 원/달러 환율이 안정적인 하락 추세를 보이고, 이로 인해 달러의 선물가격이 현물가격보다 낮아 수출로 인한 이익의 상당 부분을 선물환 매도로 잃게 되자, 피고 은행의 권유에 의해 2006년 5월 8일 처음으로 당시의 현물환율과 유사한 수준 내지 그 이상의 행사환율을 보장받을 수 있는 '키코(KIKO) 통화옵션' 상품에 가입하게 되었으며 2008년 1월 11일까지 총 14건의 키코 통화옵션계약을 체결하였다.

그러나 동 계약으로 인해 원고는 손실을 입게 되었고 이에 주위적으로 이 사건 각 계약이 무효이거나 취소 또는 해지되었음을 전제로 한 부당이득반환청구로서, 예비적으로 적합성 원칙 위반, 설명의무 위반 및 사후적 고객보호의무 위반 등의 불법행위로 인한 손해배상을 청구하는 한편, 채무부존재확인의 소를 구하다가 항소심에서 동 채무부존재확인의 소는 취하하였다.

한편, 원심은 적합성 원칙 및 설명의무 위반을 인정하여 손실액의 20%를 손해배상금으로 인정하였고, 원고와 피고가 각각 상고하여 대법원은 원고의 부당이득반환청구 부분을 기각하는 한편 예비적 청구에 기한 손해배상청구 인용부분에 대해서도 파기환송하였다.

나. 사정변경의 원칙 관련 쟁점

(1) 계속적 계약

가처분신청사건인 2008카합3816 결정(이하 '이 사건 결정'이라 한다)에서는 본건 KIKO 계약은 1년 내지 3년의 계약기간 동안 1개월 단위로 결제가 이루어지는 구조를 갖고 있으므로 계속적 계약에 해당한다고 판시하였다.

(2) 계약성립 당시에 그 기초가 되었던 객관적 사정의 현저한 변경

이 사건 결정에서는 '원/달러 환율의 내재변동성(implied volatility)'은 양 당사자들이 갖는 각 옵션의 가치를 결정하는 데 핵심적인 변수이었으므로 계약의 기초가 되었던 객관적 사정에 해당하며, 원/달러 환율이 안정적으로 변동할 것이라는 점은 계약의 기초가 되었던 당사자 공통의 근본적인 관념에 해당하나 계약 체결 이후 원/달러 환율은 급등하였고 원/달러 환율의 내재변동성 또한 1년물 기준으로 계약 당시 3.6~5.4이던 것이 37.86을 기록하는 등 급격하게 커진 것으로 판단하였다.

이에 대해 1심 재판부(2008가합108007 판결)는 환율의 변동성은 이 사건 각 계약에 이미 전제된 것이라고 할 것이고, 원고들과 피고는 환율이 각자의 예상과 다른 방향과 폭으로 변동할 경우의 위험을 각자 인수한 것이지, 환율이 일정 범위 내에서 유지된다는 점을 계약의 기초로 삼았다고 볼 수 없으며, 아울러 내재변동성이 일정하거나 일정 범위 내에서 유지된다는 점이 이 사건 각 계약의 기초가 된 객관적 사정이라고도 할 수 없다고 판시하였다.

(3) 사정의 변경을 당사자가 예상하지 못하였고 예상할 수 없었을 것

이 사건 결정에서는 계약 체결 직전 3~4년의 원/달러 환율의 변동 상황 및 계약체결 당시 국내외 금융기관이나 연구소의 원/달러 환율 예측에 비추어 위의 현저한 사정의 변경은 당사자들이 예견할 수 없었을 것으로 판단하였다.

이에 대해 1심 재판부(2008가합108007 판결)도 이 사건 각 계약 체결 이후 미국에서의 이른바 비우량주택담보대출(Sub-prime Mortgage)로 촉발된 국제적 금융위기에 따른 국내외 경제·금융환경의 격변에 따라 환율이 급등하고 그 내재변동성도 급격히 증가한 점, 이와 같은 사정은 당사자가 구체적으로 예견하기 쉽지 않았고, 당사자에게 책임 없는 사유로 생긴 점 등은 인정된다고 판시하였다.

(4) 계약내용대로 구속력을 인정할 경우 신의칙에 반하거나 신의·공평에 반하는 결과를 야기할 것

이 사건 결정에서는 원/달러 환율의 급등으로 거래기업들은 엄청난 거래손실을 보았고 앞으로도 남은 계약기간 동안 상당한 거래손실이 예상되는데 이는 거래기업들이 예상하였거나 예상할 수 있었던 손실의 범위를 훨씬 넘는 것이고, 또한 양 당사자 간의 거래손익 사이에 현저한 불균형이 존재한다고 판시하였다.

반면 1심 재판부(2008가합108007 판결)는 이 사건 각 계약과 같은 통화옵션계약은 환헤지 목적으로 이용될 수도 있으나 기초자산 없이 투기 목적으로 이용될 수 있는 계약이고, 기초자산이 없이 환차익을 얻을 목적으로 통화옵션계약을 체결하였다면 그에 따른 위험이 발생하는 것은 당연하므로, 원고들에게 현실적인 손해가 발생하였다고 하여 이 사건 각 계약의 효력을 유지하는 것이 신의칙에 반한다고 할 수 없다고 하였다. 또한 이 사건 각 계약의 효력을 유지함으로써 원고들이 현실적으로 경제적 손실을 입는다 하더라도 이 사건 각 계약을 해지 또는 변경함

으로써 피고가 입게 되는 경제적 손실의 규모 역시 상당하다 할 것이므로 계약내용대로 구속력을 인정한다고 하여 신의칙에 현저히 반하는 결과가 되는 것도 아니라고 판시하였다.

(5) 계약내용의 변경이 불가능하거나 일방에게 기대할 수 없을 것

이 사건 결정에서는 계약조건이 1년 내지 3년의 계약기간 동안 그대로 유지되도록 되어 있고 계약조건을 변경하거나 계약을 조기에 종결하여 환율의 변동에 적응할 수 있는 장치가 결여되어 있다고 판시하였다.

다. 법원의 판단

이 사건 결정에서는, 원/달러 환율이 안정적으로 변동할 것이라는 점은 계약의 기초가 되었던 당사자 공통의 근본적인 관념에 해당하는데 이에 대해 대법원은 계약당사자 쌍방이 계약의 전제나 기초가 되는 사항에 관하여 같은 내용으로 착오를 하고 이로 인하여 그에 관한 구체적 약정을 하지 아니한 경우에(이른바 '쌍방의 공통하는 동기의 착오' 사안), 우선 당사자 모두 착오에 빠지지 않았더라면 약정하였을 것으로 보이는 내용으로 당사자의 의사를 보충하여 계약을 해석해 본 뒤(대법원 2006. 11.23. 선고 2005다13288 판결 등), 그러한 해석이 가능하지 않거나 일방에게 기대하기 어려운 경우에는 원래의 계약에 의하면 불이익을 입게 되는 당사자에게 착오를 이유로 한 취소권을 인정함으로써 계약관계에서 벗어날 수 있는 기회를 부여하고 있으므로(대법원 1994.6.10. 선고 93다24810 판결 등), 이러한 법리에 비추어 볼 때 계약준수 원칙의 예외로 신의칙에 기한 해지권을 인정할 수 있고, 본 사안의 경우 계약내용대로의 구속력을 인정하여 신청인들로 하여금 이 사건 계약에 따른 의무를 계속해서 이행하게 하는 것은 신의칙에 현저히 반한다고 할 것이므로, 이 사건 계약은 신청인들의 해지의 의사표시가 담긴 이 사건 신청서 부본의 송달(피신청인 은행에 2008년 11월 3일 도달)로써 적법하게 해지되었다고 판시하였다.

이에 대해 대법원[184]은 "사정변경을 이유로 한 계약해제는 계약 성립 당시 당사자가 예견할 수 없었던 현저한 사정의 변경이 발생하였고 그러한 사정의 변경이 해제권을 취득하는 당사자에게 책임 없는 사유로 생긴 것으로서, 계약 내용대로의 구속력을 인정한다면 신의칙에 현저히 반하는 결과가 생기는 경우에 계약준수 원칙의 예외로서 인정된다. 그리고 여기서 말하는 사정이라 함은 계약의 기초가 되었던 객관적인 사정으로서, 일방당사자의 주관적 또는 개인적인 사정을 의미하는 것은 아니다. 따라서 계약의 성립에 기초가 되지 아니한 사정이 그 후 변경되어 일방당사자가 계약 당시 의도한 계약목적을 달성할 수 없게 됨으로써 손해를 입게 되었다 하더라도 특별한 사정이 없는 한 그 계약 내용의 효력을 그대로 유지하는 것이 신의칙에 반한다고 볼 수 없다(대법원 2007.3.29. 선고 2004다31302 판결 등 참조). 이러한 법리는 계속적 계약 관계에서 사정변경을 이유로 계약의 해지를 주장하는 경우에도 마찬가지로 적용된다"고 전제한 다음, 결론적으로 사정변경의 원칙 적용을 부정한 원심의 판결은 정당하다고 판시하였다.

라. 판결에 대한 검토

파생상품거래는 일반 법률행위와는 달리 기초자산 가치의 변동을 기본 전제로 함으로써, 위험의 헤지 또는 투기적인 목적으로 이용되거나 거래시장을 통하여 장래의 새로운 기초자산 가격이나 그 가치를 발견하는 기능을 갖는다.[185] 즉, 그 속성상 파생상품거래에서는 기초자

---

184) 대법원 2013.9.26. 선고 2013다26746 전원합의체 판결. 同旨: 대법원 2013.9. 26. 선고 2012다13637 전원합의체 판결[삼코 KIKO 사건].
185) John-Peter Castagnino, *supra* note 2, pp.2~3.

산의 변동성에는 제한이 없고 거래당사자로서도 기초자산의 가치변동에 대해 제한을 두기보다는 당사자의 최종 책임범위를 제한[186]하는 것이 일반적인 거래 모습이라 할 것이다. 그리고 설사 본 통화옵션계약 건에서 파생상품의 거래당사자가 기초자산의 변동이 안정적일 것이라는 '공통의 근본적인 관념'을 갖고 있었다고 하더라도 다른 당사자가 전제되는 기초자산의 변동성과 배치되는 포지션으로 파생상품거래 약정을 하였다면 이미 그러한 '공통의 근본적인 관념'은 깨어졌다고 보아야 한다.[187] 즉, KIKO 통화옵션계약에 Knock In barrier가 명시적으로 계약내용에 포함되어 있는 이상 여기에는 이 barrier를 초과한 환율의 변동가능성이 논리적으로 전제되어 있다고 보아야 할 것이다.

결론적으로, 환율의 하방 안정성을 공통의 근본적인 관념으로 보고 이의 급격한 변동을 사정변경으로 이해하여 계약해지를 인정한 이 사건 결정은 타당하지 않다고 생각되며,[188] KIKO 상품과 같은 파생상품거래는 기초자산의 '변동성'을 전제하고 이에 기초하여 이루어지는 것이 본질적 속성이므로 여기에 사정변경의 원칙을 적용하는 것은 당사자들의 의사에 비추어 극히 예외적인 경우를 제외하고는 허용되지 않는다고 하여야 할 것이다.[189]

---

186) KIKO 통화옵션계약에서의 EIV 조기종결조건[기업이 얻은 이익 또는 은행의 손실(환차손보전금액)의 누계가 일정액에 달하면 계약이 조기에 종결되는 조건]을 예로 들 수 있다.

187) 물론 원/달러 환율의 변동성은 각 옵션가치를 결정하는 핵심변수임은 분명하나 모수로서의 환율 변동성이나 이를 산출하기 위한 대상 표본자료들에 대해서는 합의나 '공통의 관념'은 없었다고 보아야 하고, 다만 환율의 하방 안정적인 변동에 대해 '예상' 또는 '기대' 정도는 있었을 것으로 판단된다. 한편, 은행측은 KIKO 상품을 개발하여 판매할 당시에 환율하락 가능성을 강조한 것과는 달리 환율이 최저점에 근접하여 조만간 상승으로 전환할 가능성이 높은 것으로 판단했을 여지도 있다.

188) 反對: 2008카합3816 결정을 지지하는 견해로는 임철현, "키코 계약에 있어 '중대한 사정변경'에 대한 법적 보호―키코 가처분결정들을 통해 본 '중대한 사정변경'의 의미―," 「저스티스」(한국법학원), 통권 제145호(2014.12), 171면.

V. 그 밖의 법리

파생상품거래와 관련하여 실제 문제가 될 수 있는 민법상 법리는 다음과 같다. 지방자치단체나 특수법인 등이 파생상품거래의 주체가 될 수 있는지 여부와 관련하여 법인의 권리능력,[190] 본인-대리인 법리, 설명의무 등과 관련하여 보호의무 및 계약체결상의 과실 책임, 사용자책임, 손해배상액 산정과 관련하여 과실상계, 그 밖에 일반원칙으로 신의성실의 원칙 및 권리남용의 법리 등이 문제될 수 있다.

영미법상의 일반 법리로는 doctrine of *ultra vires*, principal-agent theory, misrepresentation, omission(non-disclosure) 또는 fraud, duty of care 또는 fiduciary duty, tort theory 등의 법리가 파생상품거래 관련 법적 분쟁에서 주로 검토되고 있다.[191][192] 이 중 doctrine of *ultra vires*

---

189) 同旨: 박철우, 전게논문(註 22), 81~82면; 사동천, "키코(KIKO) 사건에서의 사정변경의 원칙,"「법학논총」(한양대학교 법학연구소), 제31집 제2호(2014.6), 373면; 백태승, "키코(KIKO)계약과 사정변경의 원칙,"「고시계」(고시계사), 제54권 제7호(통권 629호)(2009.7), 62~63면에서는 인수한 위험범주에 속하고 기대불가능성이 인정되지 않아 사정변경의 원칙이 적용되지 않는다고 한다.

190) 민법 제34조에 따르면 법인의 경우 정관으로 정한 목적 범위 내에서 권리의무의 주체가 되므로 비영리법인 등 특수법인의 경우 파생상품거래에 대한 권리능력 유무에 대한 논란이 있을 수 있다. 다만 회사의 경우 목적에 의한 제한이 인정될 수 있는지 여부에 대한 학설 중 무제한설에 따른다면 파생상품거래에 대한 권리능력은 인정된다고 본다. 同旨: 정대, "주식회사의 파생상품거래에 관한 이사의 책임에 관한 연구—일본의 야쿠르트본사 주주대표소송 항소심 판결을 중심으로—,"「상사판례연구」(한국상사판례학회), 제23집 제1권(2010.3), 572면(일반 주식회사의 파생상품거래는 정관의 목적 범위 내 행위로 인정되나 회사의 중요한 투자자금을 투기목적으로 거래한 경우는 정관 목적 외 거래로 인정될 여지는 있다고 본다).
회사의 권리능력에 관한 내용은 정찬형,「상법강의(상)(제19판)」(박영사, 2016. 3), 466~470면; 장덕조,「회사법(제2판)」(법문사, 2015.3), 29~31면 참조.

191) *See* John-Peter Castagnino, *supra* note 2, pp.289~362; Simon James, *The*

은 "주주의 동의를 얻은 회사의 목적 및 권한의 범위 외에 속하는 행위는 회사의 행위로 인정할 수 없고, 양 당사자에 의해 완전히 이행된 경우에만 유효한 권리의 취득을 인정받게 된다는 이론"이다.[193] 그 밖에 misrepresentation, non-disclosure, fraud 등의 법리에 관해서는 해당 민법 법리를 검토하면서 간단히 언급하였다.

VI. 소 결

민법상 법리로서 사기, 착오, 불공정한 법률행위, 사정변경의 원칙 등은 단지 파생상품거래에서만 특별히 문제되는 법리는 아니다.

그럼에도 불구하고 특히 사기·착오의 법리는 판례연구에서 살펴본 바와 같이 국내뿐만 아니라 일본과 영미법계에서도 관련 소송에서 빈번히 주된 쟁점으로 검토되고 있다. 이는 파생상품거래가 다른 금융상품이나 일반상품 거래와 달리 거래상대방인 일반투자자가 그에 대해 제대로 이해하기가 어렵고, 거래당사자 간의 정보비대칭의 정도가 크다는 점에 기인한다. 이에 따라 실제 법적 분쟁에 있어서는 어느 정도까지 거래당사자 간의 정보비대칭을 해소하도록 할 것인가 하는 문제가 핵심

Law of Derivatives (London: LLP, 1999), pp.39~120; Alan N. Rechtschaffen, *Capital Markets, Derivatives and the Law* (New York: Oxford University Press, 2009), pp.245~252.

192) 강효빈, "장외파생상품 거래를 위한 ISDA 기본계약서 체결 관련 법적 쟁점," 「증권법연구」(한국증권법학회), 제14권 제1호(2013.4), 44~46면에서는 ultra vires과 principal-agent에 관한 법적 분쟁사례인 Hazell v. Hammersmith & Fulham London Borough Council [1992] 2 AC 1과 Merrill Lynch Capital Services, Inc. v. UISA Finance, 2012 WL 1202034 (S.D.N.Y. April 10, 2012) [항소심: Merrill Lynch Capital Services, Inc. v. UISA Finance, USINAS Itamarati S.A., 12-2956-cv (2d Cir.2013)] 판결을 소개하고 있다.

193) 정경영, 「상법학강의(개정판)」(박영사, 2009.9), 326면 註 20).

관건이 되고, 이에 대한 결론의 향배에 따라 사기·착오의 주장이 인정될 수 있을 것인가가 결정된다. 사기·착오의 법리의 특수성은 그 법적효과(취소)가 거래당사자 간의 이해의 미세조정에 그치는 것이 아니라 당사자를 계약관계로부터 완전히 벗어날 수 있게 할 수 있다는 점에서 거의 최후의 수단으로만 제시할 수 있다는 것이다. 이 점에서 국내 파생상품거래 관련 대법원 판례에서 사기·착오의 법리를 통한 투자자 구제에 다소 소극적인 데 대해 일면 이해가 되지 않는 것은 아니나, 그럼에도 불구하고 착오의 법리를 인정하여 투자자 구제에 적극적인 일본 법원의 태도를 고려해 보면, 우리 법원도 좀 더 적극적인 의지를 보여 주는 것이 바람직하다고 생각한다. 이러한 맥락에서 수수료나 제로 코스트의 의미에 대한 침묵 또는 착오 유인에 대해 사기·착오의 성립을 부인한 대법원의 결론에는 아쉽게 생각한다.

한편, 불공정한 법률행위 법리는 KIKO 소송과 같이 거래 개시시점에 이루어진 개별 파생상품 교환의 경우 외에는 적용 가능성이 그리 많지 않을 것으로 생각된다. 스왑거래에서 양 당사자 간의 계약에 따른 수익의 교환이 이루어질 수는 있겠으나, 계약체결 시점 이후의 수익 결과의 불공정성은 스왑거래에 본질적으로 내재되어 있는 요소이기 때문에 여기에 불공정한 법률행위 법리를 주장하는 것은 인정되기 어려울 것이다. 다만 상시적인 거래관계에서 천재지변의 경우와 같이 당사자 간에 전혀 예상하지 못한 거래 외적인 상황에 의해 현저하게 불공정한 결과가 초래되는 예외적인 경우에는 동 법리가 아니라 사정변경의 원칙에 의해 거래 당사자가 감내할 수 있는 수준에서 이해를 조정할 필요는 있다고 생각된다.

마지막으로 사정변경의 원칙의 경우 파생상품계약 외적인 요소에 의한 동 원칙의 적용 외에 파생상품계약이 전제하고 있는 계약요건의 사후 변동에 대해 동 법리를 적용하는 것은 원칙적으로 인정될 수 없다는 점은 앞에서 언급한 바와 같다.

|제3절| 자본시장법상 투자자보호의 법리

Ⅰ. 개 관

자본시장법은 "투자자를 보호하며 금융투자업을 건전하게 육성함으로써 자본시장의 공정성·신뢰성을 높여" 국민경제 발전에 이바지하는 것을 목적으로 하고 있다(동법 제1조).

이에 따라 자본시장법은 발행시장 및 유통시장 규제, 금융투자업자 규제, 금융시장 인프라 및 감독체계 등에 관한 규정 외에 투자자보호와 직접적으로 관련된 내용으로 영업행위 규제, 불공정거래규제에 관한 규정을 두고 있다.

기본적으로 영업행위 규제, 불공정거래 규제에 관한 개별 규정들은 증권거래와 파생상품거래 모두에 적용될 사항들이나 그중에서도 일부 규정들은 특히 파생상품거래에서의 투자자보호에 중요하고도 특별한 의의를 가지고 있다. 즉, 영업행위 규제 중에서 투자권유와 광고 규제에 관한 규정들은 개별 파생상품거래에서 직접적으로 투자자들의 권리로서 인정되거나 반사적으로 이에 영향을 줄 수 있는 내용으로서, 파생상품거래에서 투자자보호를 위한 핵심 규정이자 법리라고 할 수 있다.

이에 해당하는 세부 규정들로는 적합성 원칙 및 적정성의 원칙, 설명의무, 부당권유 및 부당광고 금지에 관한 규정 등이 있는데, 이들은 그 자체적으로 자본시장법상 투자자보호의 고유법리로서도 중요하며, 또한 경우에 따라서는 일반 민법원리와 결합하여 투자자보호 및 권리구제에 일익을 담당하고 있다.

그리고 불공정거래 규제 중에서는 증권거래와 연계된 파생상품거래에서 특별한 의미가 있는 규정으로 시세조종과 부정거래행위에 대한

규정들을 들 수 있다. 그 밖에 불공정거래 규제 중에 내부자거래, 공개
매수, 대량주식취득·처분 등에 관한 규정들이 있으나, 이들은 다소 파
생상품거래와 직접적인 연관성은 적다고 할 수 있다.

　　이하에서는 자본시장법상 투자자보호에 관한 특별한 규정들의 내
용을 살펴보되, 위에서 언급한 영업행위 규제와 불공정거래 규제에 관
한 모든 내용을 검토하기보다는 자본시장법상 특별규정이라 할 수 있는
적합성 원칙, 설명의무 등 주요 법리들을 개략적으로 살펴보고 동 법리
와 관련된 최근 국내외 판례 동향을 검토하기로 한다.

II. 적합성 원칙

1. 개　념

　　적합성 원칙은 "금융투자업자가 투자권유를 함에 있어서 권유가 그
고객의 투자목적, 재산상태, 투자경험에 비추어 적합해야 한다는 것"[194]
이다. 동 원칙은 1939년 전미증권업협회(National Association of Securities
Dealers: NASD)의 브로커-딜러 Conduct Rule 일반원칙으로 인정되다가
2007년 설립된 FINRA(Financial Industry Regulatory Authority) Rule
2310에 그대로 수용된 것으로,[195] 1909년 뉴욕증권거래소(NYSE)가 채
택한 "Know Your Customer" Rule에서 기원한 고객조사의무와, 간판이
론(shingle theory)[196] 및 "Know Your Security" Rule을 기초로 한 금융

---

194) 정찬형 편집대표, 「주석 금융법(III) [자본시장법 I]」(한국사법행정학회, 2013.
　　 4), 421면.
195) 김영주, "금융투자업자의 적합성 원칙 준수의무와 민사책임-일본 최고재판소
　　 2005.7.14. 판결(最高裁 平成17年 7月 14日)을 중심으로-,"「기업법연구」(한국
　　 기업법학회), 제24권 제4호(통권 제43호)(2010.12), 227~228면 참조.
196) 간판이론에 따르면 브로커-딜러는 간판을 설치함으로써 "고객은 공정하고 직

투자상품 조사의무을 전제로 하고 있다.[197] 국내에서는 종전 증권업협회의 「증권회사의 영업행위에 관한 규정」 제1-3조, 「증권회사의 건전투자권유에 관한 규칙」 제3조, 증권관리위원회의 「증권회사의 위탁매매업무 등에 관한 규정」 제3조, 「증권회사의 선물·옵션거래업무에 관한 규정」 제3조에 규정되었던 적합성 원칙에 관한 내용이 자본시장법에 도입되었다.[198]

적합성 원칙은 파생상품거래를 포함한 증권거래에서 고객과의 정보비대칭을 해소하고 공정한 거래 관행을 유지할 수 있도록 하기 위해 인정되는 투자권유 원칙이라고 할 수 있다.

2. 내 용

적합성 원칙의 내용에 대한 논의는 국내에서는 아직 추상적인 수준에 그치고 이론적으로 명확하게 정립되어 있지는 않다고 볼 수 있다. 따라서 보다 구체적인 이해를 위해 국내 자본시장법뿐만 아니라 미국, 독일과 일본의 관련 규정의 내용을 자세히 살펴보기로 한다.

업적 기준에 부합하도록 취급될 것임"을 암묵적으로 표시한 것으로 인정되며, 이에 따라 브로커-딜러는 (1) 시장가격에 비해 비합리적인 가격을 부담하게 하거나, (2) 합리적인 근거 없이 투자권유를 하거나, (3) 고객계좌에서 과당매매(churning)를 하거나, (4) 특정고객에게 적합하지 아니한 증권의 매입을 권유하는 등의 행위를 해서는 아니 된다는 것이다[Harold S. Bloomenthal/Samuel Wolff, *Securities Law Handbook*, 2014 Edition, Volume 2, Thomson Reuters, 2014, p.943].

197) 김용재, 「자본시장과 법(개정판)」(고려대학교출판문화원, 2016.10), 213~214면, 註 51).

198) 김택주, 「자본시장법」(국민대학교출판부, 2015.2), 202면.

가. 한국 자본시장법

자본시장법에서는 제46조에서 적합성 원칙을 규정하고 있다. 자본시장법상 적합성 원칙은 금융투자업자가 투자권유를 할 때 적용되는 원칙으로서,[199] 유사투자자문업자나 미등록 투자자문업자에게는 동 원칙이 적용 또는 유추적용되지 않을 뿐만 아니라 그와 같은 내용의 신의칙상 의무도 인정되지 않는다.[200]

적합성 원칙은 (i) 투자자분류확인의무, (ii) 투자자정보파악의무, (iii) 정보확인 및 제공의무, (iv) 부적합투자권유금지 등의 네 가지 요소로 설명할 수 있다.[201] 즉, 적합성 원칙은 금융투자업자가 고객에 대한 투자권유를 할 때의 절차가 적합해야 하고(투자권유절차의 적합성), 투자권유 대상 금융투자상품 자체가 고객에게 적합해야 한다(금융투자상품의 고객에 대한 적합성)는 것을 의미한다.[202]

먼저 「투자자분류확인의무」와 관련하여 금융투자업자는 투자자가 일반투자자인지 전문투자자인지의 여부를 확인하여야 한다(자본시장법 제46조 제1항). 여기서 '일반투자자'는 "전문투자자가 아닌 투자자"를 말하며(자본시장법 제9조 제6항), '전문투자자'는 "금융투자상품에 관한 전

---

199) 참고판례: 대법원 2015.1.29. 선고 2013다217498 판결(자본시장법이 적합성 원칙 및 설명의무준수의 주체를 '금융투자업자'로만 정하고 있을 뿐 금융투자업자가 고객과 사이에 자신이 직접 취급하는 상품 등에 관한 계약을 체결하기 위하여 투자를 권유하는 경우로 한정하고 있지 않기 때문에, 고객이 특정 금융투자업자에 대한 신뢰를 바탕으로 다른 금융투자업자와 계약 체결에 나아가거나 투자여부 결정에 있어서 그 권유와 설명을 중요한 판단요소로 삼았다면, 해당 금융투자업자는 직접 고객과 사이에 금융투자상품 등에 관한 계약을 체결하는 것이 아니라 하더라도 그 고객에 대하여 해당 금융투자상품에 관한 적합성 원칙의 준수 및 설명의무를 부담한다).
200) 대법원 2014.5.16. 선고 2012다46644 판결.
201) 이하 임재연, 「자본시장법 (2015년판)」(박영사, 2015.2), 176~182면 참조.
202) John-Peter Castagnino, *supra* note 2, p.346.

문성 구비 여부, 소유자산규모 등에 비추어 투자에 따른 위험감수능력이 있는 투자자로서 (ⅰ) 국가, (ⅱ) 한국은행, (ⅲ) 대통령령으로 정하는 금융기관, (ⅳ) 주권상장법인, (ⅴ) 그 밖에 대통령령으로 정하는 자 중의 어느 하나에 해당하는 자를 말한다(자본시장법 제9조 제5항). 한편, 열거된 전문투자자들은 일반투자자와 같은 대우를 받겠다는 의사를 금융투자업자에게 서면으로 통지하고 금융투자업자가 동의한 경우에는 일반투자자로 보지만(자본시장법 제9조 제5항 단서), 예외적으로 주권상장법인의 경우 장외파생상품 거래에서 전문투자자와 같은 대우를 받겠다는 의사를 금융투자업자에게 서면으로 통지하는 경우에 한하여 전문투자자로 취급되고 원칙적으로는 일반투자자로 인정된다(자본시장법 제9조 제5항 제4호 단서).

　「투자자정보파악의무」에 대해서 자본시장법은 "금융투자업자는 일반투자자에게 투자권유를 하기 전에 면담·질문 등을 통하여 일반투자자의 투자목적·재산상황 및 투자경험 등의 정보를 파악하(여야 한다)"고 규정하고 있다(자본시장법 제46조 제2항 전단). 투자자분류확인의무와 함께 투자자정보파악의무를 고객파악의무(Know-Your-Customer Rule)라 한다.[203] 투자자정보파악의무는 금융투자업자가 '일반투자자'를 대상으로 '투자권유'를 하고자 하는 경우에 인정되는 의무이다.

　「정보확인 및 제공의무」의 방법으로는 자본시장법은 "서명(「전자서명법」 제2조 제2호에 따른 전자서명을 포함한다), 기명날인, 녹취, 그 밖에 대통령령으로 정하는 방법"으로 일반투자자의 확인을 받도록 하는 한편 확인받은 내용을 투자자에게 지체 없이 제공하도록 규정하고 있다(자본시장법 제46조 제2항 후단). "그 밖에 대통령령으로 정하는 방법"으로는 전자우편, 그 밖에 이와 비슷한 전자통신, 우편, 전화자동응답시스템 등이 규정되어 있다(자본시장법 시행령 제52조).

---

203) 임재연, 전게서(註 201), 180~181면.

마지막으로 「부적합투자권유금지」는 금융투자업자가 일반투자자에게 투자권유를 하는 경우 일반투자자의 투자목적·재산상황 및 투자경험 등에 비추어 그 일반투자자에게 적합하지 아니하다고 인정되는 투자권유를 하여서는 아니 된다는 것이다(자본시장법 제46조 제3항). 자본시장법상 적합성 원칙은 협의의 의미로서, 부적합한 금융상품인 경우에는 투자권유를 하지 말고 부적합한 사실에 대해 경고를 하여야 한다는 것이다.[204] 부적합투자권유금지에는 상품파악의무(Know-Your-Product Rule)도 포함되어 있다고 본다.[205]

자본시장법은 적합성 원칙의 위반에 대해 설명의무 위반의 경우에 적용되는 동법 제48조 제2항과 같은 특별한 민형사책임에 관한 규정을 두지는 않고 있다. 이에 따라 적합성 원칙 위반에 대해서는 동법 제64조의 일반적인 손해배상책임과 민법 제750조의 불법행위책임을 주장할 수 있다는 견해[206]가 있다.

나. 미국 FINRA Rule

적합성 원칙(suitability)과 관련된 미국의 관련 규정은 NASD Rule 2310[Recommendations to Customers(Suitability)]과 고객조사의무에 관한 뉴욕증권거래소의 NYSE Rule 405(Diligence as to Accounts)를 각각 수용한 FINRA Rule[207] 2111과 Rule 2090에 구체화되어 있다.

고객조사의무에 관한 FINRA Rule 2111은 "Suitability"의 제목하에 다음과 같이 규정되어 있다.

---

204) 임재연, 상게서(註 201), 181면. 同旨: 김영주, 전게논문(註 195), 250면.
205) 同旨: 임재연, 상게서(註 201), 182면. 한편, 김용재, 전게서(註 197), 214면에서는 적합성 원칙의 전제로 금융투자상품 조사의무가 있다고 설명한다.
206) 임재연, 상게서(註 201), 183~184면.
207) FINRA Rule amended by SR-FINRA-2014-016 eff. May 1, 2014.

(a) 회원사 또는 관계인은 고객의 투자성향을 확인하기 위한 회원사 또는 관계인의 합리적인 조사를 통해 수집된 정보를 바탕으로, 증권과 관련된 투자권유대상 거래 또는 투자전략이 해당 고객에게 적합하다고 믿을 수 있는 합리적인 근거(reasonable basis)를 가져야 한다. 고객의 투자성향은 고객연령, 다른 투자, 재정상태 및 니즈, 과세상황, 투자목적, 투자경험, 투자기간, 유동성 필요성, 리스크 수용성, 기타 해당 투자권유와 관련하여 고객이 회원사 또는 관계인에게 공개하는 정보 등을 포함한다.

(b) 회원사 또는 관계인은 (1) 회원사 또는 관계인이, 일반적으로나 증권과 관련된 특정의 거래 및 투자전략과 관련하여 기관고객(institutional customer)이 독자적으로 투자위험을 평가할 수 있다고 믿을 수 있는 합리적인 근거를 갖거나 (2) 기관고객이 회원사 또는 관계인의 투자권유에 대한 평가에 있어서 독자적으로 판단하고 있다는 것을 적극적으로 나타내는 경우에는 Rule 4512(c)에 규정된 기관계좌에 대한 고객-특화 적합성(customer-specific suitability) 의무를 이행하게 된다. 기관고객이 의사결정권한을 투자자문업자 또는 은행신탁부서와 같은 특정 대리인에게 부여한 경우에는 이러한 요소들은 그 대리인에게 준용한다.

동 규정에 따르면 브로커-딜러는 투자권유 대상이 일반고객인 경우 그의 투자성향에 대한 합리적인 조사의무를 지는데 그 조사항목으로는 고객연령, 다른 투자내역, 재정상태 및 니즈, 과세상황, 투자목적, 투자경험, 투자기간, 유동성 필요성, 리스크 수용성, 기타 해당 투자권유와 관련하여 고객이 제공하는 정보 등이 예시적으로 열거되고 있다.

그리고 FINRA Rule 2111(b)에 따르면 투자권유 대상이 일반고객이 아닌 기관고객인 경우에 대해 특별히 고객-특화 적합성 의무의 이행 조건으로서 "독자적으로 투자위험을 평가할 수 있다고 믿을 수 있는 합리적인 근거"를 갖거나 기관고객이 투자권유에 대해 독자적으로 평가하고 있다는 사실이 드러나는 경우에는 동 적합성 원칙을 준수한 것으로 인정한다. FINRA Rule 2111(a)에 따른 일반고객의 경우에 적용되는 합리성 원칙 적용요건의 예외에 해당한다.

FINRA Rule 2111의 적합성 원칙은 합리적 근거 적합성(reasonable-basis suitability), 고객-특화 적합성(customer-specific suitability), 정량적 적합성(quantitative suitability) 등의 세 가지 의무로 구성된 것으로 설명되고 있다.[208]

합리적 근거 적합성(reasonable-basis suitability)은 합리적 조사(reasonable diligence)에 기초하여 회원사 또는 관계인이 자신의 투자권유가 적어도 일부 투자자에게 적합하다고 믿을 만한 합리적인 근거를 가져야 한다는 것이다.

여기서 '합리적 조사'는 경우에 따라 다르나 특히 관련 증권 또는 투자전략의 복잡성 및 리스크, 그것들에 대한 회원사 또는 관계인의 친숙성(familiarity) 등에 달려 있다. 합리적 조사 결과 회원사 또는 관계인은 증권 또는 투자전략과 관련된 잠재적 리스크와 보상에 대해 이해할 수 있어야 하며 이러한 이해를 결여한 경우에는 적합성 원칙을 위배한 것이 된다.

합리적 근거 적합성에 따르면 브로커-딜러는 파생상품에 내재된 잠재적 리스크와 수익구조에 대해 잘 이해하여야 하며, 투자자의 투자성향에 적합한지 여부에 대해 합리적인 근거를 제시할 수 있도록 상품조사의무를 다하여야 한다.

고객-특화 적합성(customer-specific suitability)은 브로커-딜러는 특정 고객의 투자성향에 기초하여 판단할 때 자신의 투자권유가 그 고객에게 적합하다고 믿을 만한 합리적인 근거를 가져야 한다는 것이다. 이에 따라 브로커-딜러에게 고객조사의무가 인정되며 브로커-딜러는 고객

---

208) *Hereinafter see* Supplementary Material of FINRA Rule 2111.

조사의무의 일환으로 FINRA Rule 2111(a)에 열거된 사항들을 중심으로 조사하게 된다.

그리고 정량적 적합성(quantitative suitability)은 사실상 고객계좌를 통제하고 있는 브로커-딜러는 일련의 권유한 거래들이 고객의 투자성향에 비춰 과도하거나 부적합하지 않다고 믿을 만한 합리적인 근거를 가져야 한다는 것이다. 이는 고객의 매매성향에 반하여 과당매매 등을 하지 않도록 거래수량에 있어서도 고객에 적합하도록 매매권유를 하여야 한다는 것이다.

다. 독일 증권거래법(Wertpapierhandelsgesetz: WpHG)

2007년 개정된 독일 증권거래법 제31조 제4항[209]에서는 이른바 적합성 원칙에 해당하는 규정을 두고 있다.

---

209) WpHG § 31 Allgemeine Verhaltensregeln (4) Ein Wertpapierdienstleistungsunternehmen, das Anlageberatung oder Finanzportfolioverwaltung erbringt, muss von den Kunden alle Informationen einholen über Kenntnisse und Erfahrungen der Kunden in Bezug auf Geschäfte mit bestimmten Arten von Finanzinstrumenten oder Wertpapierdienstleistungen, über die Anlageziele der Kunden und über ihre finanziellen Verhältnisse, die erforderlich sind, um den Kunden ein für sie geeignetes Finanzinstrument oder eine für sie geeignete Wertpapierdienstleistung empfehlen zu können. Die Geeignetheit beurteilt sich danach, ob das konkrete Geschäft, das dem Kunden empfohlen wird, oder die konkrete Wertpapierdienstleistung im Rahmen der Finanzportfolioverwaltung den Anlagezielen des betreffenden Kunden entspricht, die hieraus erwachsenden Anlagerisiken für den Kunden seinen Anlagezielen entsprechend finanziell tragbar sind und der Kunde mit seinen Kenntnissen und Erfahrungen die hieraus erwachsenden Anlagerisiken verstehen kann. Erlangt das Wertpapierdienstleistungsunternehmen die erforderlichen Informationen nicht, darf es im Zusammenhang mit einer Anlageberatung kein Finanzinstrument empfehlen oder im Zusammenhang mit einer Finanzportfolioverwaltung keine Empfehlung abgeben.

「투자자정보파악의무」에 관한 제1문에서는 "투자조언(Anlageberatung)이나 금융포트폴리오관리를 영위하는 증권업자는 특정 형식의 금융상품 또는 증권서비스 거래와 관련하여 고객에게 적합한 금융상품이나 적합한 증권서비스를 권유할 수 있도록 하는 데 필요한 고객의 지식, 경험, 고객의 투자목적 및 재무상태에 관한 모든 정보를 고객으로부터 수집하여야 한다"고 규정하고 있다. 제2문에서는 적합성 여부의 판단기준에 대해 규정하고 있는데 이에 따르면 적합성 여부는, 고객에게 권유된 특정 거래 또는 금융포트폴리오관리 내에 있는 특정 증권서비스가 해당 고객의 투자목적에 부합하는지, 향후 발생하는 투자리스크에 대해 고객이 자신의 투자목적에 상응하여 재정상으로 감내할 수 있는지, 고객이 자신의 지식과 경험으로 향후 발생되는 투자리스크를 이해할 수 있는지 여부에 따라 판단된다.

「부적합투자권유금지」에 관하여 제3문은 증권업자가 필요한 정보를 수집하지 못한 경우 투자조언 또는 금융포트폴리오관리와 관련하여 어떠한 금융상품을 권유하거나 투자를 권유할 수 없도록 규정하고 있다.

라. 일본 금융상품거래법(金融商品取引法)

일본 금융상품거래법(金融商品取引法)[210] 제40조 제1항에서는 금융상품거래업자로 하여금 "업무의 운영상황이 금융상품거래 행위에 대한 고객의 지식, 경험, 재산상황 및 금융상품거래계약을 체결하는 목적에 비추어 부적당하다고 인정되는 권유를 행하여 투자자보호가 결여되거나 결여될 우려가 발생하지 않도록 그 업무를 수행하여야 한다"는 취지로, 적합성 원칙을 규정하고 있다. 동 조항에 따르면 역시 금융상품거래업자는 금융상품조사의무와 고객조사의무를 지게 되며, 특히 '금융상

---

210) 金融商品取引法[昭和二十三年(1948)四月十三日法律第二十五号][最終改正: 平成二七年(2015)九月四日法律第六三号].

품거래계약을 체결하는 목적'을 고객조사의무의 가장 중요한 요소로 명시하고 있다.[211]

한편, 적합성 원칙을, 투자자에게 적합한 상품을 팔아야 한다는 광의의 적합성 원칙과, 부적합한 상품을 팔아서는 안 된다는 협의의 적합성 원칙으로 구분할 때, 일본 금융상품거래법상의 적합성 원칙은 협의로 해석되며,[212] 최고재판소 판례[213]의 입장도 동일하다.

금융상품거래법상 일반투자자가 아닌 특정투자자[214]가 투자권유 상대방이 되는 때에는 적합성 원칙이 적용되지 않는다(동법 제45조 제1호).

3. 조사의무 대상과 적합성 원칙 판단

적합성 원칙은 파생상품거래에서의 투자자보호의 핵심 원칙으로서, 금융투자업자로 하여금 금융상품의 특성과 고객의 특성을 종합적으로 고려하여 고객이 의도하는 투자대상에 적합한지 여부를 심사하도록 하는 규범이다. 이에 따라 금융투자업자는 파생상품에 내재된 리스크와

---

211) 김영주, 전게논문(註 195), 232면 참조.
212) 同旨: 김영주, 전게논문(註 195), 245면 참조.
213) 일본 最高裁判所平成17年(2005)7月14日判決.
214) 전문투자자와 일반투자자로 구분하여 투자자보호 관련 규율을 달리하는 자본시장법 제9조 제5항·제6항과 유사하게, 일본 「금융상품거래법」 제2조 제31항 및 「금융상품거래법 제2조에 규정하는 정의에 관한 내각부령」(金融商品取引法第二條に規定する定義に関する内閣府令) 제1조 제3항 제3호, 제10조 제1항에서는 '특정투자자'와 '특정투자자 이외의 고객'으로 구분하고 있는데, 이 특정투자자에는 적격기관투자자·국가·일본은행·투자자보호기금, 기타 내각부령이 전하는 법인 등이 포함된다. 또한 특정투자자 이외의 법인이나 일정한 요건을 충족하는 개인도 특정투자자로 취급될 수 있다(금융상품거래법 제34조의3 제1항, 제34조의4 제1항). 자세한 내용은 오성근, "일본 금융상품거래법상 특정투자자제도에 관한 고찰," 「비교사법」(한국비교사법학회), 제17권 제2호(통권49호)(2010.6), 368~370면 참조.

상품구조의 복잡성 등에 대한 이해나 분석을 토대로(금융상품조사의무) 고객의 특성에 대한 조사결과를 고려하여(고객조사의무) 투자권유 여부를 최종 결정하게 된다.

이와 같이 적합성 원칙에 따라 금융투자업자가 조사를 해야 하는 조사대상은 객관적인 자료 또는 사실을 기초로 판단될 수 있는 객관적 요소와, 투자자의 개인적인 주관이나 판단에 좌우되는 주관적 요소로 구분할 수 있다. 통상 금융상품조사의무의 대상에 해당하는 잠재 리스크, 수익구조, 단계별 권리의무의 내용 변동 등은 전자에 해당하고,[215) 투자목적, 리스크 수용성(감수능력 또는 허용범위) 등 투자자의 내심의 의사나 판단에 따라 결정되는 사항은 후자에 해당한다.

그런데 적합성 원칙의 적용에 있어서 조사의무 이행 여부에 대한 판단은 객관적 요소와 주관적 요소를 구분하여 각각 기준을 달리할 필요가 있다. 즉, 객관적 요소에 대한 조사의무 이행 여부에 대한 판단은 엄격히 하되, 주관적 요소에 의한 판단은 투자자보호의 견지에서 정책적으로 투자자에게 유리한 방향으로 운영할 필요가 있다. 예를 들어, 금융투자업자가 객관적 요소인 잠재적 리스크나 수익구조가 헤지 목적에는 적합하지 아니한 금융투자상품을 헤지 목적을 표명하는 투자자에게 권유할 때 그 투자자가 헤지 물량을 초과하여 금융투자계약을 체결함으로써 투기적인 계약형태로 보일 경우라도 투기목적으로 간주하여 적합성 원칙 위반을 부인해서는 안 된다는 것이다. 왜냐하면 고객조사 과정에서 투자자의 '헤지 목적'이 금융투자업자에게 명시적으로 표명되었다면 이를 기준으로 그에 적합한 금융투자상품을 권유해야 하고, 이를 소홀히 한 책임은 투자자가 아니라 금융투자업자가 져야 할 것이기 때문이다. 이렇게 본다면 적합성 원칙에는 '투자자 유리 해석의 원칙'이 적용된다고 할 수 있고, 이러한 운용을 통해 투자자보호가 강화될 수 있을

---

215) 연령, 재무상태, 과세상황, 투자기간 등도 객관적 요소에 해당한다.

것으로 생각한다.

4. 판례연구

가. 한국 – 적합성 원칙의 위반을 인정한 KIKO 계약 사례

2013년 9월 26일 KIKO 소송과 관련하여 대법원이 판단기준을 제시한 네 건의 사안 중에서 적합성 원칙 위반을 인정한 ㈜세신정밀 사례와, 적합성 원칙 위반을 부정한 원심을 깨고 심리미진으로 파기환송한 ㈜삼코 사례를 살펴보기로 한다.[216]

(1) ㈜세신정밀 사건[217]

원고회사 ㈜세신정밀과, 원고회사의 대표이사이자 ㈜세신정밀이 영업양수 및 채무인수를 받은 세신정밀공업사의 대표였던 원고 2가 KIKO 통화옵션계약의 계약상대방인 피고 한국스탠다드차타드제일은행과 피고 신한은행을 상대로 각각 부당이득반환청구의 소와 채무부존재확인의 소를 제기한 사안이다.[218] 본 사안에서는 세 건의 통화옵션계약을 다루고 있는데 ①, ②번 계약은 원고 2가 피고 한국스탠다드차타드제일은행과 체결하여 원고회사 ㈜세신정밀이 영업양수 및 채무인수를 하였고, ③번 계약은 원고 2가 피고 신한은행을 상대로 체결하였다가 원고회사 ㈜세신정밀이 채권채무를 인수하였다.

본 사안에서 적합성 원칙의 법리와 관련한 법원의 판시 내용을 살

---

216) 대법원, 대법원, 4건의 다양한 사안을 통해 KIKO 소송에 관한 심리·판단의 기준 제시(2013.9.26.자 보도자료) 참조.

217) 대법원 2013.9.26. 선고 2012다1146, 1153 전원합의체 판결.

218) 자세한 사실관계는 제2절 민법상 투자자보호의 법리 Ⅰ. 사기 4. 판례연구 가. 한국 ㈜세신정밀 사례 참조.

퍼보면 다음과 같다.

1) 적합성 원칙 위반 여부

원고 2가 피고 한국스탠다드차타드제일은행과 체결한 ①번, ②번 계약에 대해서는 원심[219]과 상고심 모두 원고회사의 적합성 원칙 위반의 주장을 배척하였다. 반면, 원고 2가 피고 신한은행과 체결한 ③번 계약에 대해서는 다음과 같은 취지로 피고 신한은행의 적합성 원칙 위반을 인정하였다.

먼저, 키코 통화옵션상품 자체의 환 헤지 목적에의 적합성 여부에 관하여는 대법원은 "키코 통화옵션상품의 경우에도, 콜옵션 계약금액 상당의 외환현물을 기초자산으로 보유하고 있거나 장래에 보유할 것으로 예상하는 고객이 그 외환현물에 대한 환 헤지 목적으로 계약을 체결하였다면, 환율이 상승할 경우 당해 통화옵션계약 자체에서는 손실이 발생하지만 외환현물에서는 그만큼의 환차익이 발생하기 때문에 환율이 상승하더라도 전체적인 손익은 변화가 없게 되는 것이고, 이로써 통화옵션계약을 체결하여 환 헤지를 하고자 한 본래의 목적을 이루게 되는 것이다. 이러한 점에 비추어 보면, 통화옵션계약이 고객과 은행 사이에 상호 부여하는 옵션의 이론가에 차이가 있다거나 환율이 상승할 경우에는 고객에게 불리할 수 있다고 하여, 그러한 통화옵션계약을 체결하면 계약 체결 이전보다 오히려 더 큰 환위험에 노출된다고 할 수는 없다"고 하여 키코 통화옵션상품이 환 헤지 목적에 비추어 부적합한 상품으로 볼 수 없다고 판시하였다.[220]

---

219) 서울고등법원 2011.12.8. 선고 2011나4683, 2011나4690(병합) 판결.
220) 同旨: 고동원, "키코(KIKO) 파생상품 계약의 구조와 적합성 원칙에 관한 법적 검토," 「저스티스」(한국법학원), 통권 119호(2010.10), 232면(KIKO 계약 구조가 부분적 환위험 회피 효과가 인정되므로 적합성 원칙에 위반되지 않는다).
反對: 김용재, "KIKO 사건의 주요 쟁점에 관한 법리적 재검토," 「저스티스」(한국법학원), 통권 140호(2014.2), 126~127면(은행들이 고객조사의무와 상품조사의 그리고 대법원은 환 헤지 목적을 가진 통화옵션계약에서의 고객조사의무에 관하여는 다음과 같이 판시하는 한편, 적합성 원칙의 위반 책임에 대해 고객에 대한 보호의무를 소홀히 한 것으로 불법행위를 구성한다고 하였다.

"은행은 환 헤지 목적을 가진 기업과 통화옵션계약을 체결함에 있어서 해당 기업의 예상 외화유입액, 자산 및 매출 규모를 포함한 재산상태, 환 헤지의 필요 여부, 거래 목적, 거래 경험, 당해 계약에 대한 지식 또는 이해의 정도, 다른 환 헤지 계약 체결 여부 등 경영상황을 미리 파악한 다음, 그에 비추어 해당 기업에 적합하지 아니하다고 인정되는 종류의 상품 또는 그러한 특성이 있는 통화옵션계약의 체결을 권유해서는 아니 된다. 은행이 그러한 의무를 위반하여 해당 기업의 경영상황에 비추어 과대한 위험성을 초래하는 통화옵션계약을 적극적으로 권유하여 이를 체결하게 한 때에는, 이러한 권유행위는 이른바 적합성의 원칙을 위반하여 고객에 대한 보호의무를 저버리는 위법한 것으로서 불법행위를 구성한다고 할 것이다."

한편, 대법원은 본 사안의 ③번 계약의 경우 이른바 오버헤지된 계약으로서 투기적 거래에 해당하여 적합성 원칙에 위배된 것으로 판단하였다.[221]

무를 성실히 수행하지 않고 원고기업들에게 환 헤지에 전혀 적합하지 않은 KIKO 상품을 투자권유하여 적합성 원칙에 위반된다); 최병욱, "KIKO 통화옵션의 헤지효과 분석," 「선물연구」(한국파생상품학회), 제21권 제1호(2013.2), 39~40면(실증적 분석 결과 기업이 매수하는 풋옵션의 가치는 시간이 경과할수록 감소하고 은행이 매수하는 콜옵션의 가치는 급격하게 증가함에 따라 KIKO 계약의 헤지 효과는 초기에만 우수할 뿐 시간이 경과할 수록 급속히 떨어지는 불량품의 특성을 가지고 있다).

221) 김용재, 상게논문(註 220), 128면에서는 "KIKO 상품 자체는 고객에게 전혀 적합하지 않은 상품이란 근본적인 하자를 치유할 수 없기 때문에 오버헤지 여부와

"원고 2는 2008년도 예상수출액을 고려하여 피고 제일은행과 체결한 두 건의 통화옵션계약을 통해 이미 콜옵션 계약금액 기준으로 연 12,000,000 달러의 환 헤지거래를 하고 있었는데, 소외인의 권유로 이 사건 제3 계약을 추가로 체결함으로써 환율 상승으로 녹인 조건이 성취될 경우 이 사건 각 통화옵션계약에 따른 콜옵션 계약금액을 결제할 현물환의 예상 보유액이 부족하게 되는 이른바 오버헤지(over-hedge) 상태가 되었다. 그러므로 이 사건 각 통화옵션계약과 그 기초자산인 현물환을 함께 고려하면 이 사건 제3 계약은 투기적 성격을 지닌 거래라고 봄이 상당하다. … 이와 같은 이 사건 제3 계약의 성격과 체결 경위, 원고 2의 거래 목적, 재무상황 등 제반 사정을 종합적으로 고려하면, 소외인은 투기거래의 목적이 없는 원고 2에게 과대한 위험성을 수반하는 투기적 성격을 지닌 이 사건 제3 계약을 환 헤지 목적의 거래라고 하면서 적극적으로 권유하여 체결하게 한 것이니, 이는 적합성의 원칙을 위반하여 고객에 대한 보호의무를 저버린 것이라고 평가함이 상당하다."

2) 강화된 고객보호의무 부담 여부

대법원은 은행의 공신력과 영향력, 장외파생상품거래의 위험성 등을 고려해 볼 때 은행이 키코계약과 같은 장외파생상품에 대한 투자권유를 할 때에는 보다 강화된 고객보호의무를 부담한다는 취지로 다음과 같이 판시하였다.

"특히 장외파생상품은 고도의 금융공학적 지식을 활용하여 개발된 것으로 예측과 다른 상황이 발생할 경우에는 손실이 과도하게 확대될 위험성이 내재되어 있고, 다른 한편 은행은 그 인가요건, 업무범위, 지배구조 및 감독 체계 등 여러 면에서 투자를 전문으로 하는 금융기관 등에

_____

적합성 원칙은 전혀 관련되지 않는다"고 한다.

비해 더 큰 공신력을 가지고 있어 은행의 권유는 기업의 의사결정에 강한 영향을 미칠 수 있으므로, 은행이 위와 같이 위험성이 큰 장외파생상품의 거래를 권유할 때에는 다른 금융기관에 비해 더 무거운 고객 보호의무를 부담한다고 봄이 타당하다."

(2) ㈜삼코 사건[222]

원고 삼코는 피고 하나은행과 사이에 이 사건 2007년 12월 20일자 통화옵션계약(①번 계약)과 이 사건 2008년 1월 23일자 통화옵션계약(②번 계약)을 체결하였다. 양 계약으로 원고 삼코는 각각 846,920,000원, 987,640,000원의 손실을 입고 피고은행을 상대로 주위적으로 부당이득반환을, 예비적으로 적합성 원칙 및 설명의무 위반, 사후적 고객보호의무 위반 등을 이유로 한 불법행위에 기한 손해배상을 구하는 소를 제기하였다.

적합성 원칙 위반에 관한 원고의 주장에 대해 1심 서울중앙지방법원은 2007년 12월 20일자 통화옵션계약(①번 계약)에 대해서는 원고의 주장을 배척하고 2008년 1월 23일자 통화옵션계약(②번 계약)에 대해서는 "피고 하나은행은 원고 삼코에게 이미 적절한 범위에서 환 헤지가 되었음에도 이를 알고 추가로 계약을 권유하였고, 그 계약금액도 상당히 오버헤지가 되어 적절하지 아니한 등 피고 하나은행은 원고 삼코의 거래 목적, 거래 경험, 위험선호의 정도, 재산상황 등의 제반 사정을 고려하여 볼 때 위 원고에게 과도한 위험성을 부담하게 하는 계약을 권유하였다고 할 것이어서 적합성의 원칙을 위반하였고, 오버헤지에 따른 위험성을 충분히 설명하지 아니하여 설명의무를 위반함으로써 결국 원고 삼코에 대하여 고객을 보호할 의무를 위반하였다"고 하여 오버헤지 상태에서의 키코 통화옵션계약의 권유는 계약목적 등에 비추어 적합성 원

---

222) 대법원 2013.9.26. 선고 2012다13637 전원합의체 판결. 자세한 사실관계는 제2절 민법상 투자자보호의 법리 Ⅲ. 불공정한 법률행위 4. 판례연구 참조.

칙에 위배된다고 하였다. [223]

원심인 서울고등법원 또한 적합성 원칙 위반에 관한 1심의 판단을 지지하였는데 다만 손해배상액 산정 기준액에 대해서는 1심이 인정한 {월별 손해액의 합산액}이 아니라, {월별 손해액의 합산액 - 해당 통화옵션계약으로부터 얻은 수익액}으로 보아 전체 손해액의 35%를 손해배상액으로 인정하였다.

한편 대법원에서는 2008년 1월 23일자 통화옵션계약(②번 계약)의 적합성 원칙 위반을 인정한 원심의 판결을 지지하는 가운데 2007년 12월 20일자 통화옵션계약(①번 계약)에 대해서도 (i) 원고의 2007년 수출실적에 기초한 달러화 유입액을 기준으로 하더라도 2007년 12월 20일자 통화옵션계약의 콜옵션 계약금액 480만 달러에 그 전에 체결된 두 건의 인핸스드 포워드 계약의 잔여 콜옵션 계약금액 70만 달러까지 고려하면 오버헤지가 될 가능성이 있었다는 점, (ii) 각 콜옵션 계약금액 합계액 550만 달러가 2007년 수출실적 477만여 달러를 초과하는 약 72만 달러의 규모는 기록에 나타난 원고의 재산상태에 비추어 적은 금액으로 보기 어려운 측면도 있다는 점 등을 들어 적합성 원칙 위반을 부정한 원심의 판결을 파기하고 환송하였다.

나. 일본 ― 최고재판소가 적합성 원칙의 위반에 따른 불법행위 책임 법리를 최초로 인정한 最高裁判所平成17年(2005)7月 14日判決 사건

동 판결은 그동안 일본 하급심에서 인정되어 왔던 적합성 원칙 위반에 따른 불법행위 책임 법리를 일본 최고재판소가 처음으로 설시한 의미 있는 판결로 인정되나[224] 실제로는 원고의 적합성 원칙 위반의 주

---

223) 서울중앙지방법원 2010.11.29. 선고 2008가합131793 판결.
224) 松井智予, 神田秀樹·新作裕之 編, 「金融商品取引法 判例百選」(東京: 有斐閣,

장을 배척하였다.[225]

(1) 사실관계

원고 X(원고 · 항소인 · 피상고인)는 히로시마시 E 시장의 수산물도매업자로 도매시장법에 따라 농림수산부장관의 허가를 받아 수산물 및 그 가공품의 도매업을 경영하는 회사이다. 원고 X는 5억 엔의 여유자금을 운용하기 위하여 증권회사 D와 거래를 개시하였는데. X의 투자의사를 결정한 대표이사 G와 전무이사 H는 일반적인 증권거래의 지식과 경험을 가지고 있었다.

1989년 6월 12일, 오사카증권거래소에서 주가지수옵션 거래의 하나인 니케이주가지수옵션(日経平均株価オプション) 거래가 시작되면서 D증권사의 당시의 담당자 L과장은 G와 H에 대하여 D증권사 발행의 주가지수옵션 거래의 설명 책자 및 오사카증권거래소 발행의 주가지수옵션 거래 설명서를 교부하여 옵션 거래의 개요, 풋옵션 및 콜옵션의 의미 등과 함께 옵션매수 거래의 경우 투자자금 전액을 잃을 수 있지만 손해가 그 이상으로 확대될 수는 없고, 옵션매도거래의 경우 손실이 무한대로 확대될 수 있다는 점 등을 설명하였다.

원고는 1989년 8월 2일 첫 번째 옵션거래로 107만 엔의 손실을 입자 옵션거래를 중단하였으며, 다시 1990년 4월부터 5월까지 재개한 니케이주가지수옵션 거래를 통해 690만 엔 이상의 수익을 얻기도 하였다. 동년 5월에 H의 입원으로 부득이하게 두 번째 옵션 거래가 중단된 이후 1991년 2월부터 1992년 4월까지 이어진 세 번째 옵션거래의 결과 통산

2013.2), 41면.

225) 파생상품거래에 관한 판례는 아니나 원고의 적합성 원칙 위반의 주장은 받아들여 원고 청구의 일부를 인정한 판례로는 名古屋地方裁判所平成22年(2010)9月8日判決 참조. 동 판결 이전의 적합성 원칙에 관한 판결들을 일목요연하게 정리한 문헌으로는 瀬瀬敦子, 「金融取引法の現代的課題」(京都: 晃洋書房, 2013.3), 70~80면.

손실이 2,090만 엔에 이르렀다. 그리고 1992년 12월부터 1993년 11월까지 이루어진 네 번째 옵션거래에서는 1993년 10월 말부터 11월초까지 니케이평균주가가 급락했을 때, 원고가 풋옵션을 매도하고 있었기 때문에, 이로 인해 약 1억 1,500만 엔의 손실이 발생하는 등 원고는 니케이주가지수옵션 거래로 인해 통산 약 2억 721만 엔의 손실을 입게 되었다. 이에 따라 원고는 D증권사를 상대로 적합성 원칙 위반, 고객에게 최대한 손실을 입히지 않도록 해야 할 의무 위반, 설명의무 위반 등을 이유로 D증권사에 대하여 불법행위에 기한 손해배상을 청구하였다.

(2) 적합성 원칙 위반 여부에 관한 법원의 판단

1) 원심의 판단

원심은 옵션매수거래가 반드시 적합성 원칙에 위배된다고 할 수는 없지만 옵션매도거래의 경우 "그것이 콜옵션이든 풋옵션이든 이익은 옵션가격의 범위에 한정되어 있음에도 불구하고, 무한대 또는 그것에 가까운 큰 손실을 입을 위험을 부담하는 것이기 때문에 그러한 위험을 제한하거나 방지할 수 있는 지식, 경험, 능력도 없는 고객에게 이를 권유하는 것은 특별한 사정이 없는 한 적합성 원칙을 위반하는 불법행위가 된다"고 설시한 다음, 본 건에서 G와 H의 경력 등을 고려해 보면 옵션매도 거래의 위험을 제한하거나 방지할 수 있는 지식, 경험, 능력을 가지고 있었다고는 인정할 수 없고 피고 D증권사가 옵션매도 거래를 권유하는 것이 적합성 원칙을 위반하지 않게 될 "특별한 사정"도 알 수 없다는 이유로 세 번째 및 네 번째 옵션 거래를 진행시킨 것에 대해 적합성 원칙 위반을 인정하여 불법행위에 기한 손해배상책임을 긍정하였다(과실상계 50%).

2) 일본 최고재판소의 판단

그러나 일본 최고재판소는 "증권회사의 담당자가 고객의 의향과 실정과는 반대로, 분명히 과도한 위험을 수반하는 거래를 적극적으로 권유하는 등, 적합성 원칙에서 크게 일탈한 증권거래를 권유함으로써 이를 행하게 한 경우 그 행위는 불법행위법상 위법이 된다고 해석하는 것이 상당하다"고 전제한 다음 "증권회사의 담당자에 의한 옵션매도거래의 권유가 적합성 원칙으로부터 현저하게 일탈한 것을 이유로 한 불법행위의 성부에 관하여 고객의 적합성을 판단함에 있어서는 단순히 옵션매도거래라는 거래유형의 일반적 추상적인 위험만을 고려하는 것이 아니라 해당 옵션의 기초상품이 무엇인지, 해당 옵션이 상장되어 있는지 등 구체적인 상품특성을 감안하여 이와 상관관계에서 고객의 투자경험, 증권거래 지식, 투자의향, 재산상태 등의 제반 요소를 종합적으로 고려할 필요가 있다"고 설시하면서 본건 니케이주가지수옵션 거래는 파생상품거래에서도 보다 전문성이 높은 유가증권 장외옵션거래와는 달리 증권거래소의 상장상품으로 널리 투자자가 거래에 참여하는 것을 예정하고 있는 것이어서 적합성 원칙에 위배된 것으로 볼 수 없다고 하여 원심을 파기환송하였다.

다. 미국 ― 기관투자가도 적합성 원칙 위반의 주장이 허용된다고 설시한 Banca Cremi 사례[226]

적합성 원칙의 위반에 대해 연방법으로는 Securities Exchange Act of 1934 § 10(b)와 Rule 10b-5 위반, 보통법에 기한 소송에서는 신인의무 위반, 간판이론, 과실, 보통법 사기 등이 주장될 수 있다.[227][228] 다음에

---

226) Banca Cremi, S.A. v. Alex. Brown & Sons, Inc., 132 F.3d 1017 (4th Cir. 1997).
227) Roger W. Reinsch/J. Bradley Reich/Nauzer Balsara, "Trust Your Broker?:

소개하는 Banca Cremi 사례에서는 적합성 원칙과 관련하여 Securities Exchange Act of 1934 § 10(b)의 위반 여부를 검토하고 있다.

(1) 사실관계

원고 Banca Cremi, S.A. 은행과 그 자회사 Banca Cremi Grand Cayman(이하 두 원고들을 '원고은행'이라 한다)은 각각 멕시코법과 Cayman Islands 법에 의해 설립되고 Mexico City에 본점을 두고 있었다. 피고 Alex. Brown은 Maryland 주법에 따라 설립되고 Baltimore에 본점을 두고 있는 증권중개회사이며, 피고 John Isaac Epley는 Alex. Brown 회사의 Texas주 Houston 사무소의 vice president로 고용된 자이다.

원고은행은 1992년 8월 피고 John Isaac Epley로부터 CMO(Collateralized Mortgage Obligations)를 매수한 이래 총 29건을 매수하였다. 원고은행은 CMO 시장이 급하강하기 시작한 1994년 2월[229] 즈음에는 본 소송과 관련하여 총 6건의 CMO를 보유하고 있었는데, 이로 인해 총 2,100만 달러의 손실을 입고 피고 John Isaac Epley와 Alex. Brown 회사를 상대로 Maryland 지방법원에 Securities Exchange Act of 1934 § 10(b)[15 U.S.C.A. § 78j(b)][230] 및 Rule 10b-5의 위반을 주장하면서 손

Suitability, Modern Portfolio Theory, and Expert Witnesses," 17 *St. Thomas L. Rev.* 173, 175~176(Winter 2004).

228) *See also* Robert N. Clemens Trust *et al.* v. Morgan Stanley DW, Inc., 485 F.3d 840 (6th Cir. 2007); Brown v. E.F. Hutton Group, Inc., 991 F.2d 1020, 1031 (2d Cir. 1993).

229) 동 판결 내용에 따르면 1994년 4월 주로 CMO에 투자한 투자펀드가 6억 달러의 손실을 입고 파산을 신청하자 전체 CMO 시장이 붕괴되었다.

230) Securities Exchange Act SEC. 10. It shall be unlawful for any person, directly or indirectly, by the use of any means or instrumentality of interstate commerce or of the mails, or of any facility of any national securities exchange—

해배상을 구하였다. 이에 대해 원심인 Maryland 지방법원은 원고은행들의 주장을 배척하고 피고측이 청구한 summary judgment를 인용하였고, 항소심 재판부도 원심을 지지하였다.

(2) 당사자의 주장과 법원의 판단

이하에서는 원고은행의 주장사실 중에서 적합성 원칙에 근거한 주장에 대한 법원의 판단 내용을 중점적으로 정리하기로 한다.

특히 적합성 위반 청구의 요건과, 그 요건 중에서 특히 부적합한 금융상품의 권유에 대한 투자자의 신뢰가 정당화될 수 있는지 여부에 대한 판단에 있어서 고려할 중요 요소, 금융상품에 대한 전문성이 있는 기관투자자도 브로커-딜러의 부실표시 등을 신뢰하여 거래를 한 경우 적합성 원칙 위반의 책임을 추궁할 수 있는지 여부에 대한 논의를 차례로 살펴보고자 한다.

1) 원고은행의 주장

원고은행은 피고들에 대해 § 10(b) 적합성 사기(suitability fraud)를 주장하였는데, 그에 대한 근거사실로는 (i) 원고은행에 판매된 CMO에 관한 중요한 사실을 부실표시(misstatement)하거나 누락(omission)하였고, (ii) 부적합한 상품으로 알려진 CMO를 원고은행에 판매하였으며, (iii) CMO 거래에서 총 2백만 달러에 이르는 Markup에 대해 기만적으로 묵비한 점, (iv) 그 밖에 Maryland Securities Act 위반, 보통법상의 신인의무 위반, 과실, 과실에 기한 부실표시 등을 주장하였다.

(b) To use or employ, in connection with the purchase or sale of any security registered on a national securities exchange or any security not so registered, or any securities-based swap agreement any manipulative or deceptive device or contrivance in contravention of such rules and regulations as the Commission may prescribe as necessary or appropriate in the public interest or for the protection of investors.

그러나 원고은행의 주장에 대해 항소심 재판부는 Texas 주법에서 브로커는 은행에 대해 수탁자("fiduciary")의 지위에 있지 않으며, Maryland Securities Act에 따르면 은행은 브로커의 "advisory client"에 해당하지 않는다는 법률 해석 외에 원고은행의 나머지 사실적 주장에 대해서는 증명이 부족하다는 이유로 항소를 기각하였다.

2) 적합성 위반 청구(unsuitability claim) 요건
동 판결에서 재판부는 § 10(b)의 적합성 위반 청구의 요건으로 다음과 같은 항목들을 제시하였다.[231][232]

(i) 매수된 증권이 매수인의 니즈에 부적합할 것
(ii) 해당 증권이 매수인의 니즈에 부적합하다는 사실을 피고가 알았거나 합리적으로 믿었을 것
(iii) 어떠한 방식으로든 피고가 부적합한 증권을 권유하거나 매수인을 대신하여 매수하였을 것
(iv) 악의로(with scienter) 피고가 증권의 적합성에 관하여 중요한 부실표시를 하였거나 매수인에 대해 의무가 있음에도 중요한 정보를 공개하지 아니하였을 것
(v) 매수인이 피고의 기만적 행위에 대해 정당화할 수 있을 정도의 신뢰로 인해 손실을 입게 되었을 것

---

231) *See also* Brown v. E.F. Hutton Group, Inc., 991 F.2d 1020, 1031 (2d Cir.1993).
232) 동 판결에서는 Craighead v. E.F. Hutton & Co., 899 F.2d 485, 493 (6th Cir.1990) 판례와 Lefkowitz v. Smith Barney, Harris Upham & Co., 804 F.2d 154, 155 (1st Cir.1986) 판례에서는 unsuitability claim을 사기 청구(fraud claim)의 한 유형으로 보고, Clark v. John Lamula Investor, Inc., 583 F.2d 594, 600-01 (2d Cir.1978)에서도 독자적인 unsuitability claim을 인정하는 것으로 언급하고 있다.

그리고 § 10(b) 책임을 인정하기 위해서는 1) 피고가 허위의 진술을 하거나 중요한 사실에 대해 누락한 사실, 2) 악의로(with scienter) 행위한 사실, 3) 피고의 허위 진술 또는 중요한 누락 사실에 대해 원고가 정당화할 수 있을 정도로 신뢰하였다는 사실, 4) 이로 인해 원고에게 손해가 초래되었다는 사실 등에 대해 원고은행에게 증명책임이 있다고 설시하였다.

3) 매수인의 신뢰에 대한 정당화 요소 [적합성 위반 청구 요건 (ⅴ) 관련]

동 판결에서는 위에서 살펴본 적합성 위반 청구 요건 중 (ⅴ)번 요건 즉, 매수인(투자자)의 매도인에 대한 신뢰를 정당화할 수 있는지 여부에 대한 판단에 고려되어야 할 요소에 대해 *Myers v. Finkle*[233] 판례에 따라 8가지 요소(Myers factor)를 제시하고 있다.

동 판결에서는 원고은행이 피고들의 부실표시 또는 중요사실 누락에 대해 신뢰를 한 것이 정당화될 수 있는지 여부에 대해 각 요소별로 검토하여 결론을 내리고 있다.

그 개별 항목들을 살펴보면 다음과 같다.

1) 금융 및 증권 문제에 대한 원고의 전문성	5) 사기의 은폐
2) 장기간 지속적인 비즈니스 관계 또는 개인적 관계의 존속	6) 사기 감지의 기회
3) 관련 정보에 대한 접근성	7) 원고가 주식거래를 먼저 개시하였는지 또는 해당 거래에 적극적인 의사였는지 여부
4) 신인관계(fiduciary relationship)의 존재	8) 부실표시(misrepresentation)의 일반성 또는 특수성

---

233) 950 F.2d 165, 167 (4th Cir.1991).

4) 기관투자가의 적합성 위반 청구 가능성

위에서 살펴본 Myers factor 1)번에 따르면 금융 및 증권 문제에 대해 전문성이 인정되는 경우 거래상대방의 부실표시 등을 신뢰하고 거래를 하였다고 주장하더라도 그 신뢰에 대해 정당화할 수 없고 이에 따라 적합성 위반 청구를 받아들이는 것이 어렵게 된다. 일반적으로 개인투자자와는 달리 기관투자가(institutional investor)의 경우에는 금융거래에 전문성이 인정되는데 기관투자가에게도 적합성 위반 청구가 인정될 수 있는지 여부가 문제된다.

이에 대해 본건 항소심 재판부는 개인투자자의 전문성 여부를 판단하는 데 고려되는 요소 즉, 재산, 연령, 교육수준, 직업상 지위, 투자경험, business background 중에서 모든 요소가 기관투자가에게 적용할수 있는 것은 아니지만 일부 요소들을 종합적으로 참고하여 기관투자가의 전문성 여부를 개별적으로 판단할 수 있다는 취지로 판시하고 있다.[234]

한편 기관투자가에게 일반적인 전문성을 인정한다 하더라도 특정 금융상품에 대해서만 그 전문성을 부정함으로써 적합성 위반 청구를 인정할 수 있는지 여부가 문제된다.

이에 대해 동 재판부는 SEC가 전문적인 기관투자가라 할지라도 "특별한 투자 리스크"(particular investment risk)에 대해서는 이해할 수 없을 수도 있다고 인정한 NASD Fair Practice Rules[235]을 언급하며 특수한 금융상품에 대해서는 기관투자가의 경우에도 전문성을 부정할 수

---

234) 반면, 모든 기관투자가들에 대해 전문성을 인정하는 것이 확정적 추정 (conclusive presumption)이 되어야 한다는 견해로는 C. Edward Fletcher, "Sophisticated Investors Under the Federal Securities Laws," 1988 *Duke L.J.* 1081, 1149-53 [Banca Cremi, S.A. v. Alex. Brown & Sons, Inc. 132 F.3d 1017 (4th Cir. 1997)에서 재인용].

235) Order Approving NASD Suitability Interpretation, 61 Fed.Reg. 44,100, 44,112 (1996) (NASD Fair Practice Rules).

있다는 취지로 설시하고 있다.

본 사안의 경우 재판부는 재산, 투자경험, business background, 교육수준 등을 고려해 볼 때 원고은행은 전문투자자(sophisticated investor)에 해당하며, 개별 금융상품으로서 CMO에 대해서도 전문성을 인정할 수 있다고 보아 결론적으로 원고은행의 적합성 위반 청구를 기각하였다.

5. 소 결

일본의 最高裁判所平成17年(2005)7月14日判決 사례의 원심 재판부의 판단과 같이 파생상품거래에서 적합성 원칙의 실효성 있는 운용을 위해서는 증명책임을 일반투자자로부터 금융투자업자로 전환할 필요가 있다.[236] 즉, 파생상품에 대한 일반투자자가 해당 파생상품의 부적합성을 증명하도록 할 것이 아니라, 원칙적으로 판매한 금융투자업자가 해당 파생상품이 투자자에게 적합한 상품임을 증명하도록 하는 것이다. 현행 자본시장법에서는 금융투자업자로 하여금 사전에 파생상품의 적합성 여부에 대한 심사를 거쳐 투자권유를 하도록 하고 있는데, 자신의 투자권유의 전제요건이 충족되었다는 점에 대해서는 금융투자업자에게 증명책임이 있다고 볼 수 있을 것이다.

Banca Cremi의 항소심 재판부가 판단한 바와 같이 거래상대방이 전문투자자인 경우에도 적합성 원칙 위반의 주장은 인정될 수 있다고 보며, 다만 전문투자자에게는 금융투자자의 투자권유에 의해 잘못된 투자판단에 이르게 된 사정에 대한 엄격한 증명책임이 인정된다고 하겠다.[237]

---

236) 同旨: 松井智予, 神田秀樹・新作裕之 編, 前揭書(註 224), 41면 참조.
237) See West Academic Publishing, *High Court Case Summaries—Securities Regulation*, 2014, p.202.

적합성 원칙의 조사의무 대상과 관련하여 특히 중요한 투자자정보로서는 자본시장법상 열거된 투자자의 투자목적과 투자경험 외에 투자자의 연령, 투자상품에 대한 이해능력, 투자금의 용도[238] 및 회수기간,[239] 투자손실 감수범위(위험감수능력) 등을 생각해 볼 수 있다. 이러한 투자자정보파악의무는 협의의 적합성 원칙으로서 부적합한 투자권유 금지 여부의 판단과 후술하는 설명의무에서 설명의 정도 등에 대한 판단의 전제가 된다고 할 수 있다.

한편, '투자권유 유무'에 따라 적합성 원칙과 후술하는 적정성 원칙의 적용여부를 구분하여, 전자의 경우에는 투자권유를 할 때만 적용되고 후자는 '투자권유를 하지 않는 경우'에도 적용되는 것으로 이해하여, 투자권유를 하지 않는 경우에는 적합성 원칙이 적용되지 않는다는 견해가 일반적이다.[240]

그러나 투자권유[241]는 방문판매, 상품광고, 영업창구 등으로 그 채널이 다양하고, 이에 따라 방문판매와 같이 금융투자상품 구매의사가 없던 투자자에게 금융투자업자가 선제적으로 투자를 권유하는 가장 적극적인 투자권유 형태, 적합한 금융투자상품의 추천요구에 응하여 소극적으로 여러 금융투자상품을 권유하는 형태, 고객이 상품광고를 보고 영업창구에 와서 투자의사를 표시하여 이에 응하여 투자약정을 하는 경우 등 투자권유의 방법과 강도(진지성)가 다른데, 어느 경우를 '투자권유

---

238) 예를 들어, 노후자금용도의 경우 특별한 경우가 아니라면 안정적인 수익을 얻을 수 있는 투자상품을 권유하여야 할 것이다.

239) 투자자가 단기간 내 투자자금회수가 필요한 경우에 중도해지가 어려운 장기상품을 권유하거나, 투자중도해지가 가능하더라도 투자자의 예상과 달리 해약손실이 크게 발생할 수 있는 투자상품을 권유하는 것은 투자자정보파악의무를 소홀히 한 것으로 볼 수 있을 것이다.

240) 임재연, 전게서(註 201), 181면. 同旨: 김영주, 전게논문(註 195), 251면.

241) 자본시장법은 '투자권유'를 "특정 투자자를 상대로 금융투자상품의 매매 또는 투자자문계약·투자일임계약·신탁계약(관리형신탁계약 및 투자성 없는 신탁계약을 제외한다)의 체결을 권유하는 것"으로 정의하고 있다(동법 제9조 제4항).

가 없는 것'으로 보아 적합성 원칙이 적용되지 않는다고 볼 것인지 그 기준이 명확하지 않다. 이러한 경우 모두 그 투자권유의 강도에서만 차이가 있고 실질적으로는 투자권유가 있다고 볼 수 있기 때문이다. 참고적으로 영국의 Conduct of Business Sourcebook(COBS)에서는 특정 금융상품 판매를 유인하거나 고객의 의사형성에 영향을 주기 위한 내용이 포함되어 있는 개인적인 통신(personalised communication)[242]에 응하여 고객이 금융상품 투자를 요구하는 경우에는 고객주도(at the initiative of a client)에 의한 것이 아니라 투자권유에 의한 거래로 본다(COBS Section 10.5.1.). 다만, 금융상품의 판촉 또는 청약의 내용이 포함된 통신이 신문 등과 같이 본질적으로 일반적인 수단에 의해 이루어지고 일반대중이나 대규모 고객집단에게 공표된 경우, 이를 기초로 고객이 금융상품 투자를 요구하는 때에는 고객주도에 의한 것으로 보아 적정성 원칙의 적용여부를 판단한다(COBS Section 10.5.2, 10.5.3.).

생각건대, 투자자보호를 강화하기 위해서는 '투자권유의 유무'를 판단할 때 적극적인 입장에서 판단할 필요가 있고, 명확한 판단기준을 법령에 명시할 필요가 있다.

마지막 논점으로, 자본시장법에 적합성 원칙의 위반에 대해 특별한 손해배상책임 규정을 두고 있지 않아 동법 제64조의 일반적인 손해배상책임과 민법 제750조의 불법행위책임을 주장할 수 있다는 견해가 있음은 본문에서 설명한 바와 같다. 그러나 적합성 원칙 위반에 대해 민법 제750조의 불법행위책임이 적용된다는 점에 대해서는 이견이 없으나, 동법 제64조의 적용여부는 적합성 원칙과 설명의무의 관계를 어떻게 파악할 것인가에 따라 달라질 것으로 생각되며, 개인적인 결론은 후술하는 바와 같이 별도의 손해배상책임에 관한 규정을 신설하지 않을 것이

---

242) 이메일, 전화, 편지 등은 그 내용에 따라 개인적인 통신이 될 수도 아닐 수도 있고, 고객의 이름과 주소가 기재되어 있거나 발송대상자가 선별되었다고 해서 반드시 개인적인 통신이 되는 것은 아니다(COBS Section 10.5.3.).

라면 설명의무의 위반에 따른 손해배상책임 규정으로 해결되어야 할 것으로 본다.

Ⅲ. 적정성의 원칙

1. 개　념

적정성의 원칙(appropriateness)이란 "금융투자업자는 그 상품이나 서비스가 고객에게 적정하지 않다고 판단하는 경우에는 그 사실을 고객에게 경고하여야 한다는 원칙"이다.[243] 즉, 금융투자업자가 파생상품과 같이 고위험, 복잡구조의 상품을 투자권유를 하지 않고 판매할 경우에 일반투자자의 투자목적, 재산상황 및 투자경험 등을 파악하여 그 투자가 적정한 것인지 여부를 판단하여 고객에게 고지하도록 하는 것이다. 적정성의 원칙은 2007년 EU 금융상품투자지침(Market in Financial Instrument Directive: MiFID)에 도입된 것으로[244][245] 국내에는 2009년 2월 자본시장법에 도입되었다. 동 원칙은 투자권유 없이 파생상품 등을 판매할 때 일반투자자에 대한 일반적 위험고지의무를 규정한 점에 의의가 있다.[246]

2. 적합성 원칙과의 비교

(i) 적정성 원칙은 투자권유가 없는 경우에 적용되는 원칙인 반

---

243) 한국증권법학회, 전게서(註 11), 300면.
244) 정찬형 편집대표, 전게서(註 194), 425면.
245) 독일은 증권거래법(WpHG) § 31(5)에 규정되어 있다.
246) 임재연, 전게서(註 201), 182면 註 55).

면, 적합성 원칙은 투자권유 시에 적용되는 원칙이며,[247] (ii) 적정성 원칙은 투자대상 상품이 부적정하다고 판단되는 경우에 한하여 일반투자자의 확인을 받도록 하는 원칙이나 적합성 원칙은 모든 경우에 일반투자자의 확인을 받도록 하는 원칙이고,[248] (iii) 적정성 원칙은 파생상품의 성격을 지닌 고위험, 복잡구조 상품에 대해 적용되는 원칙이나, 적합성 원칙은 일반적인 금융투자상품에 적용된다는 점에서 차이가 있다.

원칙적으로 금융투자업자가 '투자권유를 하는 경우'에는 대상상품이 일반 금융투자상품인지 파생상품인지를 가리지 아니하고 적합성 원칙을 준수하여야 하지만, '투자권유를 하지 않는 경우'에는 금융상품의 종류와 관계없이 적합성 원칙을 따를 필요는 없으나 다만 대상상품이 고위험 파생상품 등의 경우에 한하여 투자자보호를 위하여 적정성 원칙을 준수하여야 한다.

3. 내 용

가. 고객파악의무

금융투자업자는 일반투자자에게 투자권유를 하지 아니하고 파생상품, 그 밖에 대통령령으로 정하는 금융투자상품(이하 "파생상품 등"이라 한다)을 판매하려는 경우에는 면담 · 질문 등을 통하여 그 일반투자자의 투자목적 · 재산상황 및 투자경험 등의 정보를 파악하여야 한다(자본시장법 제46조의2 제1항). 적정성 원칙이 적용되는 금융투자상품은 파생상품과, '대통령령으로 정하는 금융투자상품'으로서 파생결합증권, 집합투자증권, 집합투자재산의 100분의 50을 초과하여 파생결합증권에 운용하는 집합투자기구의 집합투자증권, 조건부자본증권, 그리고 이러

---

247) 임재연, 상게서(註 201), 182면 註 55).
248) 임재연, 상게서(註 201), 183면 註 56).

한 금융투자상품에 운용하는 금전신탁계약에 따른 수익증권 등이다(자본시장법 시행령 제52조의2 제1항).[249]

나. 부적정 판단결과 고지 및 확인 의무

금융투자업자는 일반투자자의 투자목적·재산상황 및 투자경험 등에 비추어 해당 파생상품 등이 그 일반투자자에게 적정하지 아니하다고 판단되는 경우에는 대통령령으로 정하는 바에 따라 그 사실을 알리고, 일반투자자로부터 서명, 기명날인, 녹취, 그 밖에 대통령령으로 정하는 방법으로 확인을 받아야 한다(자본시장법 제46조의2 제2항).

일반투자자에게 알려야 할 사항으로는 해당 파생상품 등의 내용, 해당 파생상품 등에 대한 투자에 따르는 위험, 해당 파생상품 등이 그 일반투자자에게 적정하지 아니하다는 사실 등이다(자본시장법 시행령 제52조의2 제2항).

후술하는 설명의무의 대상 사실보다는 덜 구체적이고 범위도 더 협소하다고 볼 수 있다. 일반투자자로부터 확인을 받는 방법으로서 '대통령령으로 정하는 방법'에는 적합성 원칙과 마찬가지로 전자우편, 그 밖에 이와 비슷한 전자통신, 우편, 전화자동응답시스템 등이 열거되어 있다(자본시장법 시행령 제52조의2 제3항, 제52조).

한편, 금융투자업자가 일반투자자에게 부적정하다는 판단결과를 고지하였음에도 불구하고 고객이 투자를 고집하는 경우에는 금융투자업자가 상황을 고려하여 거래여부를 결정할 수 있다고 본다.[250]

---

249) 해당 금융투자상품과 예외적으로 제외되는 경우에 대해서는 자본시장법 시행령 제52조의2 제1항 참조.
250) COBS Section 10.3.3 참조.

다. 적정성의 판단

자본시장법 제46조의2에 '적정성의 원칙 등'이라고 조 제목이 명시되어 있음에도 불구하고 조문내용만으로 볼 때에는 '적정성'의 정확한 의미가 명확하지 않다. '적정성'은 특히 '적합성'과의 관계에서 어떻게 그 의미를 파악하느냐에 따라 금융투자업자가 수집하여야 할 정보의 내용과 심사대상 등이 달라질 수 있다. 이에 대해서는 입법 연혁상 영국의 Conduct of Business Sourcebook(COBS)의 관련 조항을 살펴보기로 한다.

적정성 원칙을 규정한 영국 Conduct of Business Sourcebook (COBS) Section 10.2.1에서는 금융투자업자로 하여금 "투자대상 서비스 또는 상품이 고객에게 적정한지 여부를 판단"할 수 있는 고객의 지식 및 경험에 관한 정보를 고객에게 요청하도록 규정하는 한편, 적정성 평가 (assessing appropriateness)에서는 "투자대상 서비스 또는 상품에 내재된 리스크를 이해하기 위해 필요한 경험과 지식을 고객이 보유하고 있는지 여부"를 금융투자업자가 판단하도록 하고, 전문투자자(professional client)에 대해서는 "투자대상 서비스 또는 상품에 내재된 리스크를 이해하기 위해 필요한 경험과 지식을 보유한 것으로 간주"할 수 있도록 규정하고 있다.[251][252] 그리고 금융투자업자가 해당 금융상품거래의 적정성

---

251) COBS Section 10.2.1 (1) When providing a service to which this chapter applies, a firm must ask the client to provide information regarding his knowledge and experience in the investment field relevant to the specific type of product or service offered or demanded so as to enable the firm to assess whether the service or product envisaged is appropriate for the client.

(2) When assessing appropriateness, a firm:

(a) must determine whether the client has the necessary experience and knowledge in order to understand the risks involved in relation to the product or service offered or demanded;

(b) may assume that a professional client has the necessary experience and knowledge in order to understand the risks involved in relation to those

여부를 판단하기 위해 요청하거나 수집하여야 할 정보에 대해서는 고객의 경험 및 지식에 관한 정보와, 상품구조(복잡성)나 관련 리스크 등 금융투자상품의 특성과 관련된 정보에 중점을 두고 있다(COBS Section 10.2.2.).

한편, 적합성 원칙을 규정한 COBS Section 9.2.2(1)[253])에 따르면 "금융투자업자의 투자권유가 고객에게 적합한지 여부"를 근간으로, 보다 구체적으로는 "투자권유 대상 금융상품이 고객의 투자목적에 부합하는지, 고객의 재무상황이 투자목적에 비추어 관련 투자리스크를 감내할 수 있는지 여부" 등이 적합성 판단의 기준이 된다. 그리고 적합성 원칙에 의해 금융투자업자가 수집하여야 할 정보에는 적정성 원칙에 따라 수집되는 고객의 경험 및 지식에 관한 정보 외에도 고객의 투자목적, 재무상황 등 고객의 특성에 관한 정보들이 추가적으로 포함된다.

---

particular investment services or transactions, or types of transaction or product, for which the client is classified as a professional client.

252) 이와 유사하게 고객이 투자대상 서비스 또는 상품에 내재된 리스크를 이해하기 위해 필요한 경험과 지식을 보유했는지 여부가 적정성 판단 기준이 되는 조항으로 COBS Section 10.4.3 (A client who has engaged in a course of dealings involving a specific type of product or service beginning before 1 November 2007 is presumed to have the necessary experience and knowledge in order to understand the risks involved in relation to that specific type of product or service) 참조.

253) COBS Section 9.2.2 (1) A firm must obtain from the client such information as is necessary for the firm to understand the essential facts about him and have a reasonable basis for believing, giving due consideration to the nature and extent of the service provided, that the specific transaction to be recommended, or entered into in the course of managing:
   (a) meets his investment objectives;
   (b) is such that he is able financially to bear any related investment risks consistent with his investment objectives; and
   (c) is such that he has the necessary experience and knowledge in order to understand the risks involved in the transaction or in the management of his portfolio.

이제 위에서 살펴본 COBS Section 10.2.1 및 Section 10.4.3과 금융투자업자의 금융상품조사의무를 종합적으로 고려해 보면 '적정성'의 의미는 "금융투자업자가 파악한 투자대상 파생상품 등에 내재된 리스크와, 고객이 자신의 모든 경험과 지식을 기초로 이해 가능한 투자대상 파생상품 등의 전체 리스크의 수준이 상응한지 여부"라고 할 수 있으며, 후자가 전자에 미달되는 경우에는 부적정하다고 평가될 것이다.

반면 '적합성'의 의미는 "특정 금융투자상품이 투자목적, 재무상황 등 고객의 주관적·객관적 특성을 고려할 때 고객이 감내할 수 있는 투자 리스크 범위 내에 있어 투자권유 대상으로서 적합한지 여부"로 파악할 수 있다. 여기서 '주관적'이라 함은 '투자목적'과 같이 고객의 내심의 판단결과에 따라 감내할 수 있는 투자 리스크 범위가 정해지는 것을 말하고, '객관적'은 '재무상황'과 같이 외부적 요소에 의해 투자 리스크 범위가 정해지는 것을 말한다.

이에 따라 각각의 중점적 심사대상은 적정성의 경우 "금융투자상품 리스크에 대한 고객의 이해가능성"에, 적합성은 "금융투자상품 리스크에 대한 고객의 수인(受忍)가능 범위 및 이를 고려한 금융투자상품의 투자권유 대상 적격성"에 있다고 할 수 있다.

라. 적정성 원칙 위반 책임

적정성 원칙 위반에 대해서는 자본시장법 제48조와 같은 직접적인 손해배상책임 규정은 없다. 다만, 자본시장법 제64조에 따라 금융투자업자가 업무를 소홀히 하여 투자자에게 손해가 발생한 경우에는 일반적인 손해배상책임을 진다고 볼 것이다. 자본시장법 제48조의 적용가능 여부에 관하여는 후술하는 적합성 원칙 위반의 경우와는 달리 적정성 원칙이 적합성 원칙에 대해 예외적이고 보충적인 성격을 가진다는 점을 고려해 볼 때에도 부정하여야 할 것이다.

4. 적정성 원칙의 적용 확장

　영국에서는 공정대우(fair treatment)의 개념에 기초하여 금융투자
상품의 개발(provide & design)과 판매(distribute)의 각 단계별로 금융투
자상품 개발자(provider)와 판매자(distributor)의 책임을 별도로 파악하
고 있다. 즉, 상품개발자에게는 '최종 고객의 특정 계층에 대해 적정한'
(appropriate for a particular class of ultimate consumer) 상품을 개발하여
제공하여야 하는 일반적 책임으로서 적정성의 원칙이, 최종 고객을 상
대로 하는 판매자에게는 개별 고객의 특성을 감안하여 평가할 수 있는
적합성 원칙이 각각 적용된다고 한다.[254]

　영국 *Seymour v. Caroline Ockwell & Co.; Zurich IFA Limited* [255]
사건에서 금융투자상품 개발자(provider)와 투자자문업자(distributor)의
관계에서는 금융투자상품 개발자의 책임이 일정 부분(투자자문업자가
지는 전체 책임의 2/3) 인정되었음에도 불구하고, 금융투자상품 개발자
의 최종 고객에 대한 직접적인 책임은 인정되지 않았다. 이에 따라 2007
년 7월 FSA는 금융투자상품 개발자를 포함한 금융투자상품 공급사슬
(supply chain)의 각 단계별 연결고리에 있는 관계인들의 책임을 강화하
기 위하여 "고객에 대한 공정대우를 위한 개발자 및 판매자의 책임"(The
Responsibilities of Providers and Distributors for the Fair Treatment of
Customer: RPPD)[256]이라는 Regulatory Guide를 공표하였다.

　동 Guide에 따르면 금융투자상품의 개발자는 상품설계 단계, 판매
자에 대한 정보제공 단계, 고객에 대한 정보제공 단계, 판매채널 선정

---

254) *Hereinafter see* John-Peter Castagnino, *supra* note 2, pp.345~347.

255) [2005] EWHC 1137 (QB).

256) Financial Conduct Authority, *FCA Handbook*. Available at ⟨https://www.
handbook.fca.org.uk/instrument/2007/2007_41.pdf⟩ (visited on December 4,
2016).

단계, 판매사후단계에 있어서 직접적인 고객에 해당하는 판매자에게는 물론 최종적인 고객에게도 각각 일정한 책임을 지게 되는데 그 주요 내용은 다음과 같다.

(ⅰ) 상품설계 단계 책임: 타깃 시장, 즉 해당 금융투자상품이 어느 유형의 고객에게 적합할 것인지를 명확히 하고, 스트레스 테스트를 시행하는 한편, 금융투자상품의 리스크를 관리하기 위한 시스템과 통제기능이 작동되도록 하여야 한다(RPPD 1.17).

(ⅱ) 판매자에 대한 정보제공 단계 책임: 해당 정보가 고객용이 아니라면 이를 명확히 하고, 해당 정보가 실체와 형식에 있어서 충분하고, 적정하며, 이해가능(sufficient, appropriate and comprehensible)하여야 한다(RPPD 1.18).

(ⅲ) 고객에 대한 정보제공 단계 책임: 예상되는 금융역량 수준과 같은 타깃 시장에 관심을 기울이는 한편, 해당 금융투자상품과, 그의 의도와 리스크를 이해하는 데 고객이 어떤 정보를 필요로 하는지를 고려하고, 분명하고 공정하며 호도하지 않도록 정보를 제공하여야 한다. 또한 고객에게 정보를 제공하는 데에 따른 리스크를 효과적으로 관리하기 위한 시스템과 통제기능이 작동되도록 하여야 한다(RPPD 1.19).

(ⅳ) 판매채널 선정 단계 책임: 고객이 조언을 구하는 경우 이것이 하나의 상품인지 여부를 결정하고, 타깃시장에서 당초 계획하였던 금융투자상품 판매에 관하여 실제로 발생된 여건 등에 대해 점검하고, 우려스러운 일이 있는 경우 특정 채널의 이용을 중단하는 등의 조치를 하여야 한다(RPPD 1.20).

(ⅴ) 판매사후 단계 책임: 고객에게 직접 정보를 제공하는 경우 분명하고, 공정하고 호도하지 않는 방법으로 정보를 전달하여야 한다. 또한 상품에 대해 주기적으로 모니터링을 하고, 장기간 tie-in 기간의 종료와 같은 계약상의 중요시점에 대해 고객에게 알려 주고, 클레임 등에 대해 공정하고 즉각적으로 대응하는 한편, 효과적이고 투명한 고객불만처

리 시스템을 마련하여 유지하여야 한다(RPPD 1.21).

이에 따라 금융투자상품 개발자는 판매자와의 유대관계를 형성하기 이전에, 그리고 그 후 판매자와의 유대관계를 모니터링하는 데에 있어서 상당한 주의(due diligence)를 기울여야 한다.[257]

그리고 복잡한 금융상품을 설계하는 때에는 계약상 용어를 규정하는 방식, 기초자산 시장의 변동에 따른 수익구조에 대한 시연 및 예상 리스크에 대한 명시적 설명 등의 계약체결 전 판매절차 등을 통하여 고객이 해당 금융투자상품을 이해하는 데 어려움을 완화할 수 있도록 하여야 하며, 특히 투자자가 투자금의 손실을 입을 우려가 있는 조건 등에 대해서는 분명하게 밝혀야 한다.[258]

5. 소 결

국내에서 적정성의 원칙을 상세히 다루고 있는 문헌은 그리 많지 않다. 이에 따라 적정성 원칙과 적합성 원칙의 정확한 의미나 개념 정의가 되어 있지 않고 제도적인 차이점으로만 대강 짐작할 수 있는 수준이다. 이 책에서는 적합성 원칙과의 비교와 입법연혁적인 자료를 통해 적정성의 원칙이 내포하는 의미를 규명하고자 하였다. 결론적으로 적정성 원칙에서의 '적정성'은 "금융투자업자가 파악한 투자대상 파생상품 등에 내재된 리스크와, 고객이 자신의 모든 경험과 지식을 기초로 이해 가능한 투자대상 파생상품 등의 전체 리스크의 수준이 상응한지 여부"이며, 그 중점적 심사대상이 '금융투자상품 리스크에 대한 고객의 이해가능성'에 있는 개념이다.

영국에서는 적정성의 원칙이 금융투자상품의 판매자가 아닌 개발

---

257) John-Peter Castagnino, *supra* note 2, p.346.
258) John-Peter Castagnino, *supra* note 2, p.347.

자에게까지 확대하여 적용되는 원칙으로 논의되고 있는 점은 파생상품 투자자보호 법리로서 우리에게 좋은 시사점을 제시하고 있다. 국내에 일부 제조물책임의 법리로 접근하는 견해259)가 있으나, 무형적인 금융 투자상품의 개발자에 대한 책임 추궁 법리로는 다소 생소한 측면이 있다. 파생상품의 유통과정에서 최종 투자자와 직접 대면해 있는 판매자에 대한 책임으로서 적합성 원칙이나 설명의무 외에도 파생상품 개발자에 대한 책임을 묻기 위한 금융거래법상의 법리로서 적정성 원칙에 대한 학계의 활발한 논의가 필요하다고 생각된다. 아울러 제도적으로 파생상품 개발자에 대한 책임 내용을 구체화하여 입법화하는 방안도 검토해 볼 수 있을 것이다.

IV. 설명의무

1. 개 념

금융투자업자가 일반투자자를 상대로 투자권유를 하는 경우에 금융투자상품의 내용, 투자에 따르는 위험, 그 밖에 투자의사 결정에 필요한 사항 등에 대해 일반투자자가 이해할 수 있도록 설명하여야 할 의무를 부담하는데 이를 설명의무라고 한다.260) 설명의무는 거래당사자 간의 정보비대칭성을 완화하고 투자자의 자기책임의 원칙을 실질적으로 보장하기 위하여 인정되는 금융투자업자의 정보제공의무이다.261) 동 의무는 신의칙에 근거하여 자본시장법이 특별히 인정한 법정의무로서

259) 한병영, "장외파생상품거래에 있어서 금융소비자 보호의 체계,"「기업법연구」 (한국기업법학회), 제24권 제3호(2010.9), 385면.
260) 정찬형 편집대표, 전게서(註 194), 429면 참조.
261) 김택주, 전게서(註 198), 209~210면.

고객이 오인할 수 있는 정보를 제공해서는 안 된다는 부작위의무와 고객이 자기책임으로 투자판단을 할 수 있도록 필요한 정보를 적극적으로 제공해야 한다는 작위의무로 파악할 수 있다.[262)]

자본시장법 제47조에서는 설명의무의 인정조건(제1항), 설명대상 및 중요사항 누락 금지(제1항·제3항), 설명의무의 이행 확인(제2항) 등을 규정하는 한편, 제48조에서는 설명의무 위반에 대한 손해배상책임과 손해액 추정에 관한 특별규정을 두고 있다. 외국의 입법례를 살펴보면, 미국은 17 CFR 240.9b-1, FINRA Rules 2210 (d) 등에서 규정하고 있으며, 영국은 COBS §14.3.2, 호주는 FSRA(Financial Services Reform Act 2001) §941A~942B, 일본은 「금융상품거래법」(金融商品取引法) 제37조의3, 「금융상품의 판매 등에 관한 법률」(金融商品の販売等に関する法律)[263)] 제3조에서 설명의무를 규정하고 있다.

설명의무는 자본시장법상 설명의무가 명시적으로 규정되기 이전에도 의사의 설명의무,[264)] 보험자 등의 설명의무 등 여러 업무영역에서 인정되어 왔다. 그럼에도 불구하고 각 업무영역에서 무엇을 어느 정도로 설명하여야 설명의무를 다하는 것인지에 대해 명확한 판단 기준을 마련하는 것은 용이하지 않다. 이하에서는 자본시장법의 설명의무 규정을 파생상품거래에 구체적으로 적용하는 데 참고하기 위하여 파생상품거래와 직접적으로 연관이 있다고 생각되는 계약체결상 주의의무 또는 고객보호의무로서의 설명의무, 보험자 등의 변액보험계약 등에서의 설명의무, 약관 설명의무 등에서의 설명의무의 대상과 그 정도에 대한 판

---

262) 이영철, "금융투자상품의 투자권유에 있어서의 설명의무," 「성균관법학」(성균관대 법학연구소, 2008.12), 778면.

263) 金融商品の販売等に関する法律[平成十二年(2000)五月三十一日法律第百一号] [最終改正: 平成二四年(2012)九月一日 法律第八六号].

264) 의사의 설명의무에 관한 자세한 내용은 정광수, 「계약법」(법영사, 2015.1), 40~56면; 박영규, "의사의 설명의무위반에 따른 손해배상―판례의 비판적 연구―," 「일감법학」(건국대학교 법학연구소), 제31호(2015.6) 참조.

레의 경향을 살펴보기로 한다.

2. 설명의무 인정영역

가. 계약체결상 설명의무

계약체결 과정에서 목적물의 품질이나 하자 등 계약상대방에게 계약체결 여부 또는 세부적인 계약내용의 결정에 필요한 정보를 제공하지 않거나 잘못된 정보를 제공한 경우에 대해 설명의무 위반을 인정한다. 다만, 이때 설명의무 위반으로 인한 책임의 근거에 관하여 학설은 신의칙상 부수적 주의의무 위반에 따른 계약책임으로 보는 것이 일반적이나 판례는 불법행위책임을 인정한 경우도 있다. 계약체결상의 설명의무를 신의성실의 원칙에 따른 부수적 주의의무로 파악하는 입장에서는 원칙적으로 해제권은 인정되지 않고 손해배상청구만 인정된다.[265) 이러한 부수적 주의의무에 기한 설명의무의 내용과 그 정도는 구체적인 경우에 따라 달라질 수 있다.

대법원은 금융기관이 일반 고객과 선물환거래 등 전문적인 지식과 분석능력이 요구되는 금융거래를 할 때에는, 상대방이 그 거래의 구조와 위험성을 정확하게 평가할 수 있도록 거래에 "내재된 위험요소 및 잠재적 손실에 영향을 미치는 중요인자 등 거래상의 주요 정보"를 적합한 방법으로 설명할 신의칙상의 의무가 있다고 보았다.[266) 또한, "증권회

---

265) 김종국, "설명의무의 법적 지위," 「경희법학」(경희대 법학연구소), 제42권 제2호(2007), 190~191면.

266) 대법원 2010.11.11. 선고 2010다55699 판결. 한편, 이 판결에서는 계약자나 대리인이 거래와 구조 등에 대해 잘 알고 있는 경우에는 금융기관의 설명의무가 인정되지 않는다고 판시하였으나, 금융기관의 설명의무는 객관적 의무인데 동 판결과 같이 그 예외를 확대하는 경우 설명의무의 도입취지가 무색하게 될 우려가 있어 신중할 필요가 있다는 취지로 비판하는 견해로는 장덕조, "2010년 상법총

사의 임직원이 고객에게 투자를 권유할 때에는 고객이 합리적인 투자판단과 의사결정을 할 수 있도록 고객을 보호할 의무를 부담하고, 따라서 유가증권의 가치에 중대한 영향을 미치는 중요정보는 고객에게 제공하고 설명할 의무를 부담한다"고 판시하였다.[267]

나. 보험자 등의 설명의무[268]

대법원은 보험자 등의 설명의무의 내용 및 효과에 대해 다음과 같이 판시하고 있다.

> "보험자 또는 보험계약의 체결 또는 모집에 종사하는 자는 보험계약을 체결할 때에 보험계약자 또는 피보험자에게 보험약관에 기재되어 있는 보험상품의 내용, 보험료율의 체계 및 보험청약서상 기재사항의 변동사항 등 보험계약의 중요한 내용에 대하여 구체적이고 상세하게 설명할 의무를 지고, 보험자가 이러한 보험약관의 설명의무를 위반하여 보험계약을 체결한 때에는 약관의 내용을 보험계약의 내용으로 주장할 수 없다[상법 제638조의3 제1항, 약관의 규제에 관한 법률(이하 '약관법'이라고 한다) 제3조 제3항 · 제4항].[269] 이와 같은 설명의무 위반으로 보험

칙 · 상행위법 판례의 동향과 그 연구,"「상사판례연구」(한국상사판례학회), 제24집 제2권(2011.6), 635~636면.

267) 대법원 2006.6.29. 선고 2005다49799 판결.

268) 김민중,「계약법」(신론사, 2015.3), 131~132면 참조.

269) 한편, 상법 제638조의3 제2항에 따르면 보험자가 약관교부 · 설명의무를 위반한 경우 보험계약자는 보험계약이 성립한 날부터 3개월 이내에 그 계약을 취소할 수 있고, 약관법 제3조 제4항에 따르면 사업자는 해당 약관을 계약의 내용으로 주장할 수 없다. 이때 보험계약자가 취소권을 행사하지 아니한 경우의 효력에 대해 학설이 대립한다. 상법적용설은 취소기간 경과로 설명의무위반의 하자는 치유된다는 입장인 반면, 중첩적 적용설(판례의 입장)은 하자는 치유되지 않고 약관법에 따라 보험자는 계약 내용으로 주장할 수 없다고 본다. 이에 관한 자세한 내용은 정경영,「상법학쟁점」(박영사, 2016.8), 315면; 장덕조,「상법강의」

약관의 전부 또는 일부의 조항이 보험계약의 내용으로 되지 못하는 경우 보험계약은 나머지 부분만으로 유효하게 존속하고, 다만 유효한 부분만으로는 보험계약의 목적 달성이 불가능하거나 그 유효한 부분이 한쪽 당사자에게 부당하게 불리한 경우에는 그 보험계약은 전부 무효가 된다(약관법 제16조)."[270]

설명의무 위반의 경우 보험계약자는 그로 인해 발생한 손해에 대해 민법 제750조, 보험업법 제102조 제1항에 따라 보험자 등에게 손해배상을 청구할 수 있다.[271] 또한 보험계약자 등은 자신이 상법상 고지의무를 위반하였다 하더라도 보험자가 이러한 보험약관의 교부·설명의무를 위반한 경우에는 보험자는 보험계약자 등의 고지의무 위반을 이유로 보험계약을 해지할 수 없다.[272]

한편, 보험자 등이 설명하여야 할 내용에 대해 대법원은 "보험료의 납입, 보험금·해약환급금의 지급사유와 금액의 산출 기준은 물론이고, 변액보험계약인 경우 투자형태 및 구조 등 개별 보험상품의 특성과 위험성을 알 수 있는 보험계약의 중요사항을 명확히 설명"[273]하여야 한다고 판시하였다. 여기서 '보험계약의 중요사항'이란 "객관적으로 보아 보험계약자가 그러한 사실을 알았더라면 보험회사와 보험계약을 체결하지 아니하였으리라 인정될 만한 사항"을 말한다.[274] 판례에 따르면, 타인의 사망을 보험사고로 하는 보험계약의 체결에 있어서 피보험자의 서

(법문사, 2016.1), 1037~1038면; 송호신, "보험약관의 교부·설명의무," 「법학연구」(한국법학회), 제37집(2010.2), 331~335면 참조.

270) 대법원 2015.11.17. 선고 2014다81542 판결; 대법원 2014.7.24. 선고 2013다217108 판결.

271) 대법원 2014.10.27. 선고 2012다22242 판결.

272) 정찬형, 전게서(註 27), 573면.

273) 대법원 2014.10.27. 선고 2012다22242 판결.

274) 정경영, 전게서(註 193), 794면. 同旨: 정찬형, 전게서(註 27), 517면.

면동의 요건,[275] 면책조항,[276] 상법의 일반조항과 다른 내용으로 보험자의 책임개시시기를 정한 약관 내용[277] 등이 설명의무 대상으로 인정된다.[278] 다만, "약관에 정하여진 사항이라고 하더라도 거래상 일반적이고 공통된 것이어서 보험계약자가 이미 잘 알고 있는 내용이거나 별도의 설명 없이도 충분히 예상할 수 있었던 사항이거나 이미 법령에 의하여 정하여진 것을 되풀이하거나 부연하는 정도에 불과한 사항이라면, 그러한 사항에 대하여까지 보험자에게 명시·설명의무가 인정되는 것은 아니다."[279]

설명의 정도에 대해서 대법원은 "보험상품의 특성 및 위험도 수준, 고객의 보험가입경험 및 이해능력 등을 종합하여 판단하여야 하지만, 구 보험업법 제97조 제1항, 제95조 제1항, 구 보험업법 시행령(2011.1. 24. 대통령령 제22637호로 개정되기 전의 것) 제42조 등에서 규정하는 보험회사와 보험모집종사자의 의무 내용이 유력한 판단 기준이 된다"[280]고 판시하고 있다.

다. 약관 설명의무[281]

앞에서 설명한 보험약관뿐만 아니라 일반적으로 적용되는 약관의

---

275) 대법원 2006.4.27. 선고 2003다60259 판결.
276) 대법원 2006.1.26. 선고 2005다60017 판결.
277) 대법원 2005.12.9. 선고 2004다26164 판결.
278) 보험계약 관련 판례에서 설명의무 대상으로 인정되거나 인정되지 아니한 여러 사례들에 대해서는 장덕조, "약관설명의무와 법령에 규정된 사항,"「상사판례연구」(한국상사판례학회), 제26집 제1권(2013.3), 67~68면 참조.
279) 대법원 2014.7.24. 선고 2013다217108 판결. 同旨: 대법원 2012.6.28. 선고 2010다57466 판결.
280) 대법원 2014.10.27. 선고 2012다22242 판결.
281) 정경영, 전게서(註 193), 793~797면; 이재목,「계약법 I」(진원사, 2013.6), 11~12면 참조.

설명의무에 관하여는 「약관의 규제에 관한 법률」(이하 '약관법'이라 한다)에서 명시적으로 규정하고 있다.[282]

사업자는 약관을 고객이 이해하기 쉽게 작성하여 고객에게 그 내용을 계약의 종류에 따라 일반적으로 예상되는 방법으로 분명하게 밝히고, 약관의 내용 중 특히 '중요한 내용'에 대해서는 고객이 이해할 수 있도록 설명하여야 한다(약관법 제3조 제1항~3항). 사용자가 고객에게 약관의 내용을 명시하는 것을 소홀히 하거나 설명의무를 이행하지 아니하여 계약을 체결한 경우에는 해당 약관을 계약의 내용으로 주장할 수 없다(약관법 제3조 제4항).

약관 설명의무에 따라 설명의 대상이 되는 '중요한 내용'이 무엇인가가 문제된다. 학설에 따르면 은행거래약관 중 예금채권 양도금지특약, 선박사고에 대한 보험약관 중 영국 해상보험법상의 warranty조항의 의미 및 효과 등에 관한 사항 등을 예로 들고 있다.[283] 한편 대법원은 "설명의무의 대상이 되는 '중요한 내용'은 사회통념에 비추어 고객이 계약체결의 여부나 대가를 결정하는 데 직접적인 영향을 미칠 수 있는 사항을 말하고, 약관조항 중에서 무엇이 중요한 내용에 해당하는지에 관하여는 일률적으로 말할 수 없으며, 구체적인 사건에서 개별적 사정을 고려하여 판단하여야 한다"[284]고 판시한 바 있다.

중요한 내용에 대한 설명은 당해 계약의 체결 경위 및 방법, 약관에

---

282) 장덕조, 전게서(註 43), 165~167면 참조(보험자의 설명의무와 약관설명의무의 관계에 대해 상세히 설명하고 있다).

283) 이재목, 전게서(註 281), 11면 참조.

284) 대법원 2013.2.15. 선고 2011다69053 판결(갑 은행이 항공사와 제휴하여 마일리지가 적립되는 신용카드를 발급하던 중 약관을 변경하여 "신용카드에 부가된 제휴서비스의 제공 및 이용조건은 은행이나 제휴기관의 사정에 따라 변경될 수 있다"는 내용의 조항을 두었고, 그 후 을 등이 갑 은행과 기존 마일리지 제공 기준에 따른 신용카드 회원가입계약을 체결하였는데, 나중에 갑 은행이 마일리지 제공 기준을 변경한 사안에서, 위 약관 조항의 내용은 설명의무의 대상이 되는 약관의 중요한 내용에 해당한다고 한 사례).

대한 고객의 이해가능성, 당해 약관이 고객에게 미치는 불이익의 정도 등에 비추어 고객이 이해할 수 있는 설명방법을 취하여야 한다.[285] 설명의무 이행 여부에 대한 증명책임은 사업자가 진다.[286]

3. 파생상품거래상의 설명의무

파생상품거래상의 설명의무에 관하여는 자본시장법 제47조 및 제48조를 중심으로 살펴보기로 한다.

가. 설명내용

금융투자업자가 일반투자자를 상대로 투자권유를 하는 경우 "금융투자상품의 내용, 투자에 따르는 위험, 그 밖에 대통령령으로 정하는 사항"을 일반투자자가 이해할 수 있도록 설명하여야 한다. 그리고 설명을 할 때에는 투자자의 합리적인 투자판단 또는 해당 금융투자상품의 가치에 중대한 영향을 미칠 수 있는 사항(이하 "중요사항"이라 한다)을 거짓 또는 왜곡(불확실한 사항에 대하여 단정적 판단을 제공하거나 확실하다고 오인하게 할 소지가 있는 내용을 알리는 행위를 말한다)하여 설명하거나 중요사항을 누락하여서는 아니 된다(자본시장법 제47조 제1항·제3항).

금융투자업자는 설명한 내용을 일반투자자가 이해하였음을 서명·기명날인·녹취, 그 밖의 대통령령으로 정하는 방법[전자우편, 그 밖에 이와 비슷한 전자통신·우편·전화자동응답시스템] 중 하나 이상의 방

---

285) 대법원 2013.2.15. 선고 2011다69053 판결(이 판결에서는 인터넷에 약관을 게시한 것만으로는 명시의무를 이행한 것과는 별개로 중요한 내용에 관한 설명의무를 다한 것으로 볼 수 없다고 하였다).
286) 同旨: 정경영, 전게서(註 269), 323면; 장덕조, 전게서(註 269), 9면; 이재목, 전게서(註 281), 13면; 대법원 2001.7.27. 선고 99다55533 판결.

법으로 확인을 받아야 한다(자본시장법 제47조 제2항, 동법 시행령 제53조 제2항).

나. 설명의 정도

설명의무를 이행할 때에는 "일반투자자가 이해할 수 있도록" 설명하여야 한다. 어느 정도 구체적으로 또는 상세히 설명을 하여야 하는가에 대해서는 해당 일반투자자의 교육, 경험 등에 따라 달리 인정될 수 있으나, 구체적인 설명의 대상에 대해서는 객관적으로 명시할 필요가 있다.

자본시장법 시행령 제53조에서는 설명의 대상을 금융투자상품의 내용, 투자에 따르는 위험 외에 (ⅰ) 금융투자상품의 투자성(법 제3조 제1항 각 호 외의 부분 본문에 따른 투자성을 말한다)에 관한 구조와 성격, (ⅱ) 법 제58조 제1항에 따른 수수료에 관한 사항, (ⅲ) 조기상환조건이 있는 경우 그에 관한 사항, (ⅳ) 계약의 해제·해지에 관한 사항 등을 열거하고 있다.

설명의 대상에 관하여 학설은 일반적인 파생상품거래의 경우 레버리지의 비율 및 그에 따른 손실위험, 상대방위험 및 투명성 위험, 선물·옵션의 장기투자 부적합성, 옵션상품의 경우 기초자산 가격의 불변에도 불구하고 시장가치의 하락으로 인한 손실이 발생한다는 점, 옵션은 행사가격을 중심으로 만기에 손익변동이 크다는 점, 배리어 옵션의 경우 배리어를 중심으로 손익변동이 크다는 점 등이 설명되어야 한다는 견해가 있다.[287]

동 견해에 따르면 KIKO 계약에서는 헤지 목적의 경우 설명의무를

---

287) 박선종, "최근 판례를 통하여 본 금융투자상품의 설명의무―설명의무의 구체적 인정기준을 중심으로―," 「증권법연구」(한국증권법학회), 제14권 제1호(2013. 4), 71면 참조.

강화하고, Knock-Out 조건 및 위험회피 불가능성, 스왑포인트 변동에 따른 헤지 가능성, '제로 코스트' 의미에 별도 마진이 포함된 사실, 헤징 방법에 따른 고객에 대한 비용 전가 가능성 등이 설명되어야 하며 이에 대한 충분한 설명이 없는 경우 설명의무 위반에 해당한다고 한다.[288]

실제 KIKO 소송에서 대법원은 설명의 내용과 정도에 관하여 다음과 같이 설시하고 있다.

> "금융기관이 일반 고객과 사이에 전문적인 지식과 분석능력이 요구되는 장외파생상품 거래를 할 때에는, 고객이 당해 장외파생상품에 대하여 이미 잘 알고 있는 경우가 아닌 이상, 그 거래의 구조와 위험성을 정확하게 평가할 수 있도록 거래에 내재된 위험요소 및 잠재적 손실에 영향을 미치는 중요인자 등 거래상의 주요 정보를 적합한 방법으로 명확하게 설명하여야 할 신의칙상의 의무가 있다. 이때 금융기관이 고객에게 설명하여야 하는 거래상의 주요 정보에는 당해 장외파생상품 계약의 구조와 주요 내용, 고객이 그 거래를 통하여 얻을 수 있는 이익과 발생 가능한 손실의 구체적 내용, 특히 손실발생의 위험요소 등이 모두 포함된다 할 것이다(앞의 대법원 2011다53683, 53690 전원합의체 판결 등 참조). 또 금융기관은 금융상품의 특성 및 위험의 수준, 고객의 거래목적, 투자경험 및 능력 등을 종합적으로 고려하여 고객이 그 거래상의 주요 정보를 충분히 이해할 수 있을 정도로 설명하여야 한다. 특히 당해 금융상품이 고도의 금융공학적 지식에 의하여 개발된 것으로서 환율 등 장래 예측이 어려운 변동요인에 따라 손익의 결과가 크게 달라지는 고위험 구조이고, 더구나 개별 거래의 당사자인 고객의 예상 외화유입액 등에 비추어 객관적 상황이 환 헤지 목적보다는 환율변동에 따른 환차익을 추구하는 정도에 이른 것으로 보이는 경우라면, 금융기관으로서는

---

288) 박선종, 상계논문(註 287), 75~77면 참조.

그 장외파생상품 거래의 위험성에 대하여 고객이 한층 분명하게 인식할 수 있도록 구체적이고 상세하게 설명할 의무가 있다 할 것이다(대법원 2013.9.26. 선고 2012다1146, 1153 전원합의체 판결 등 참조)."[289]

다. 설명의무와 적합성 원칙의 관계

금융투자상품의 권유에 있어서 그 자체적으로 적합성 원칙에 부합하지 않더라도 설명의무를 잘 이행하면 적합성 원칙에 위반되지 않을 수 있는지 여부와 관련하여 양자의 관계가 문제된다. 이는 자본시장법상 설명의무의 위반의 경우에 별도 손해액의 추정 등에 관한 특칙이 적용되지만 적합성 원칙의 위반의 경우에 일반 손해배상책임 규정이 적용될 것인지 아니면, 동 특칙을 적용할 수도 있을 것인지 여부와도 관련되어 있는 문제이다.

이에 대해 일본에서는 (i) 설명의무를 다 이행하거나 고객이 파생상품거래를 희망하더라도 부적합한 금융투자상품의 권유는 금지된다는 견해,[290] (ii) 설명의무의 내용에 적합성 원칙의 고려사항이 반영된다는 견해,[291] (iii) 설명의무를 이행하는 경우 적합성 원칙의 위반이 치유될 수 있다는 견해[292] 등이 대립하고 있다. [293]

---

289) 대법원 2013.11.28. 선고 2013다23891 판결[비엠씨어페럴 KIKO 사건].

290) 中曾根玲子, 神田秀樹・新作裕之 編, 「金融商品取引法 判例百選」(東京: 有斐閣, 2013.2), 53면; 金融廳, "コメントの概要及びコメントに対する金融庁の考え方,"「金融商品取引法制に関する政令案・内閣府令案等」に対するパブリックコメントの結果等について(報道発表資料, 2007.7.31), 635~636면; 河本一郎, 關要監修, 「逐條解說 證券取引法(三訂版)」(商事法務, 2008), 584면; 三浦章生, 「金商法・行爲規制の手引き」(商事法務, 2013.8), 240면; 일본 最高裁判所平成17年(2005)7月14日判決.

291) 川浜昇, "ワラント 勸誘における證券會社の說明義務,"「民商法雜誌」, 113卷 4・5号(東京: 有斐閣, 1996.2), 645면.

292) 淸水俊彦, 「投資勸誘と不法行爲」(判例タイムズ社, 1999), 224면[이영철, 전게

국내에서는 "적합성의 원칙은 개인의 능력, 투자경험 등에 비추어 당해 투자상품에 적합한지 여부를 판단하는 것이고, 설명의무는 당해 거래에 수반하는 위험성에 관하여 정당한 인식을 형성하기에 족한 정보를 제공하였는지 여부에 대한 판단으로 객관적인 판단기준"으로서 병립적으로 존재한다는 견해,[294] 양자는 별개의 의무이지만 적합성 원칙은 설명의무를 다하였는지 여부를 판단하는 해석기준으로서 밀접하게 관련되어 있다는 견해[295] 등이 있다.

생각건대, 적합성 원칙은 투자권유의 허용여부와 관련되는 원칙인 반면 설명의무는 투자권유를 행하는 방법 또는 그 정도와 관련된 의무로서 상호 독립적인 관계에 있으나, 설명의무를 이행하는 경우에는 적합성 원칙 심사의 결과 얻어진 정보를 기준으로 설명의무를 이행해야할 것이므로 이 점에 있어서는 적합성 원칙과 설명의무는 서로 연계되어 있다고 할 것이다. 다만, 단계적으로는 적합성 심사가 설명의무 이행에 선행하는 관계에 있다고 할 수 있다. 적합성 심사의 단계에서 고객에게 부적합한 금융상품 또는 투자권유라고 판단되는 경우에는 금융투자업자는 투자권유를 중단하여야 하며, 계속 투자권유를 위해 설명을 진행하는 경우에는 적합성 원칙의 제도적 취지에 어긋나는 것으로 보아야한다. 이렇게 보아야만 '투자권유에 의한 거래'의 해당 여부에 대한 판단

논문(註 262), 779면 註 22)에서 재인용].

293) 그 외에 다른 내용의 견해에 대해서는 이영철, 전게논문(註 262), 779~781면 참조.

294) 장덕조, 전게서(註 43), 14~15면.

295) 이영철, 전게논문(註 262), 781면; 김대규, "변액보험의 설명의무와 적합성의 원칙—서울고등법원 2010.3.31. 선고 2009나97606 판결을 중심으로—,"「법학연구」(전북대 법학연구소), 통권 제39집(2013.9), 201면; 최영주, "금융투자업자의 설명의무의 범위에 관한 비판적 검토—키코통화옵션상품 관련 판례를 중심으로—,"「상사법연구」(한국상사법학회), 제32권 제1호(2013.5), 426면; 이숙연, "금융투자상품 투자자보호에 관한 판례 연구,"「저스티스」(한국법학원), 통권 148호(2015.6), 59면.

이 사실상 곤란하여 투자자보호를 약화시킬 우려를 막고 제도상의 취지를 살릴 수 있을 것으로 생각한다. 물론 적합성 심사 단계에서 적합하다고 판단되는 경우에는 해당 금융투자상품 및 고객의 특성을 고려하여 해당 고객이 스스로 합리적인 투자결정을 할 수 있을 정도로 충분히 이해가능한 방법으로 설명의무를 이행하여야 할 것이다.

적합성 원칙과 설명의무의 관계에 대해 대법원은 직접적으로 설시한 바는 없으나 적합성 원칙의 위반만을 인정한 사례는 찾아보기 어렵고, 적합성 원칙의 위반을 인정하는 경우에는 설명의무의 이행 여부에 대한 검토를 거쳐 손해배상 인정여부를 결정하고 있는 것으로 보인다. 즉, 대법원 2010.11.11. 선고 2008다52369 판결에서는 별도의 적합성 심사는 하지 않고 설명의무 이행여부에 대해서만 검토하였으나, 대법원 2015.1.29. 선고 2013다217498 판결에서는 적합성 심사와 설명의무의 이행여부에 대한 검토를 각각 단계별로 진행[296]하고 있는 것으로 보아 대법원은 양자를 별개의 의무로 파악하면서도 설명의무의 이행 여부에 대한 판단에는 적합성 심사 요소를 고려하도록 하고 있는 것으로 이해된다.

---

296) "2. 적합성 원칙 위반에 관한 상고이유에 대하여
　　원심은, … 등의 사정을 고려하면, 소외인은 안정적인 투자성향을 가진 원고들에게 적합하지 않은 이 사건 투자일임계약의 체결을 권유한 것이라고 판단하였다. 관련 법리 및 기록에 비추어 살펴보면 원심의 판단은 정당하고, 거기에 자본시장법상 적합성 원칙에 관한 법리를 오해하거나 논리와 경험의 법칙에 반하여 자유심증주의의 한계를 벗어나는 등의 잘못이 없다.
　　3. 설명의무 위반에 관한 상고이유에 대하여
　　원심은, … 등을 고려하면, 소외인은 원고 1에게 이 사건 투자상품에 관하여 설명하면서 투자로 인하여 발생할 수 있는 위험성에 관하여도 충분히 설명하여야 함에도 안정적인 수익을 얻을 수 있다는 점을 주로 부각하여 설명함으로써 자본시장법상 설명의무를 위반하였다고 판단하였다.
　　관련 법리 및 기록에 비추어 살펴보면 원심의 판단은 정당하고, 거기에 자본시장법상 설명의무에 관한 법리를 오해하거나 논리와 경험의 법칙에 반하여 자유심증주의의 한계를 벗어나는 등의 잘못이 없다."

한편, 대법원 2013.11.28. 선고 2013다23891 판결에서는 "이러한 권유행위는 이른바 적합성의 원칙을 위반하여 고객에 대한 보호의무를 저버리는 위법한 것으로서 불법행위를 구성한다고 할 것이다"라고 하여, 적합성 원칙의 위반만으로도 불법행위가 성립하여 손해배상책임의 근거가 될 수 있음을 시사하였으나[297] 실제적인 손해배상책임은 "적합성 원칙 및 설명의무의 위반"이 동시에 성립되는 경우에 인정하고 있다.[298]

라. 위반의 효과

설명의무를 위반한 데 대해서는 별도의 손해배상책임 규정이 있다(자본시장법 제48조). 동조는 자본시장법상 손해배상책임 규정인 자본시장법 제64조의 특칙 규정으로서 손해액 증명책임에 한해서는 고객이 아니라 금융투자업자로 하여금 부담하게 하는 증명책임전환 규정이다.[299] 이에 따라 설명의무 위반에 따른 손해액은 "금융투자상품의 취득으로 인하여 일반투자자가 지급하였거나 지급하여야 할 금전 등의 총액(대통령령으로 정하는 금액을 제외한다)에서 그 금융투자상품의 처분, 그 밖의 방법으로 그 일반투자자가 회수하였거나 회수할 수 있는 금전 등의 총액(대통령령으로 정하는 금액을 포함한다)을 뺀 금액"으로 추정된다(자본시장법 제48조 제2항). 여기서 "대통령령으로 정하는 금액"에 해당하는 금액에 대해서는 현재 시행령에서 정하고 있지는 않다.

한편, 자본시장법 제48조가 설명의무 위반이 아닌 적합성 원칙의

---

297) 同旨: 대법원 2013.9.26. 선고 2012다1146, 1153 전원합의체 판결[세신정밀 KIKO 사건]; 대법원 2013.9.26. 선고 2012다13637 전원합의체 판결[삼코 KIKO 사건].

298) 대법원 2013.9.26. 선고 2012다1146, 1153 전원합의체 판결 참조.

299) 김택주, 전게서(註 198), 212면에서는 민법상 불법행위의 요건이 충족되지 않더라도 손해배상책임을 인정하는 일종의 법정책임이며, 이렇게 볼 경우 통설·판례에 따르면 민법 제750조와는 청구권경합관계에 있다고 설명하고 있다.

위반에 대한 손해배상책임 규정으로도 볼 수 있을 것인가가 문제된다.

생각건대, 조문의 위치상으로도 명백히 자본시장법 제48조가 제46조의 적합성 원칙 위반을 언급하지 않고 있기 때문에 적합성 원칙 위반 자체만으로 제48조를 직접 적용하는 것은 문언에 반한다고 본다. 다만, 적합성 원칙 위반의 경우에 독자적으로 손해배상책임을 인정하기보다는 다시 설명의무의 위반 여부를 검토하여 종국에는 설명의무의 위반의 책임을 물어 손해배상을 인정하는 단계를 거치는 것이 자본시장법 제48조의 특칙조항을 살리는 방안으로 보여진다.[300]

입법론적으로는 적합성 원칙의 위반에 대한 책임규정을 별도로 신설하는 것이 바람직하다고 할 것이나, 이처럼 적합성 원칙 위반과 설명의무 위반의 책임을 단계적으로 검토하는 해석방법에 따른다면 실질적으로 자본시장법 제48조를 적합성 원칙에 대한 손해배상책임규정으로 인정하는 결과를 가져올 수 있을 것이다. 이러한 해석방법에 따르면 적합성 원칙의 위반에 대한 손해배상책임의 근거규정은 문언상으로는 자본시장법 제64조이지만 실질적으로 자본시장법 제48조가 될 것이며, 이 점에서 "적합성 원칙 및 설명의무의 위반"이 동시에 성립되는 경우에 손해배상책임을 인정하고 있는 대법원의 태도는 현 자본시장법 조문체계 하에서는 부득이한 면이 있고, 결과적으로 타당하다고 생각된다. 이에 따르면 사실상 적합성 원칙을 위반하여 계약이 체결된 경우에는 설명의무도 동시에 위반한 것으로 인정될 것이다. 대법원의 판시 내용에 대해서는 아래 판례연구에서 자세히 살펴보기로 한다.

---

300) 일본 법원은 적합성 원칙 위반이 인정되지 않는 경우에 설명의무 위반여부에 대한 검토를 거치도록 하고 있다는 견해로는 黒沼悦郎, "デリバティブ取引の投資勧誘規制," 日本取引所グループ金融商品取引法研究会研究記録(日本取引所グループ金融商品取引法研究会, 2013.12), 5면.

4. 판례연구

가. 한국 ― 옵션 이론가, 금융공학적 구조 등에 대한 설명의무는 인정하지 아니한 ㈜세신정밀 KIKO 사건

국내 ㈜세신정밀 KIKO 파생상품거래 사건에서 설명의무와 적합성 원칙 위반과 관련한 대법원의 설시 내용을 살펴본다.[301]

(1) 적합성 원칙과 설명의무의 관계

원고 2[이하 "㈜세신정밀"이라 한다]가 피고 제일은행과 두 건의 KIKO 계약(제1, 제2 계약)을 환헤지 목적으로 체결한 사실과, 이 두 계약 외에 추가로 이 사건 제3 계약을 체결하게 되면 이 사건 각 통화옵션계약에 따른 콜옵션 계약금액의 합계가 ㈜세신정밀에게 유입될 것으로 예상되는 수출대금을 초과하리라는 점도 충분히 알고 있었던 상태에서 피고 신한은행은 제3 계약을 헤지거래라고만 설명하고 제3 계약의 체결을 권유하였다. 즉, 원고 ㈜세신정밀으로서는 제3 계약은 적합성 원칙에 위반되는 계약임에도 불구하고 이를 단지 '헤지거래'라고만 설명하고 계약을 체결하였는데, 대법원은 이에 대해 "투기거래의 목적이 없는 원고 2에게 과대한 위험성을 수반하는 투기적 성격을 지닌 이 사건 제3 계약을 환 헤지 목적의 거래라고 하면서 적극적으로 권유하여 체결하게 한 것이니, 이는 적합성의 원칙을 위반하여 고객에 대한 보호의무를 저버린 것이라고 평가함이 상당하다"고 설시하여 우선 적합성 원칙의 위반을 인정하였다.

나아가 대법원은 설명의무의 위반여부를 별도로 검토하면서 "원고

---

301) 대법원 2013.9.26. 선고 2012다1146, 1153 전원합의체 판결. 자세한 사실관계는 제2절 민법상 투자자보호의 법리 Ⅰ. 사기 4. 판례연구 가. 한국 ㈜세신정밀 사례 참조.

2는 이 사건 제3 계약 자체의 구조와 위험성은 인식하고 있었지만 이 사건 제1, 제2 계약 및 현물환의 예상 보유액을 함께 고려한 위험성까지는 미처 인식하지 못하였던 것으로 보이는데도, 소외인이 실제로는 투기적 성격을 가진 이 사건 제3 계약을 헤지거래라고 설명함으로써 원고 2로 하여금 이를 오인하여 계약을 체결하게 하였으므로, 이 사건 제3 계약의 체결과 관련하여 피고 신한은행은 설명의무를 다하지 아니한 위법이 있다"라고 판시하였다.

살펴보건대, 대법원은 적합성 원칙의 위반과 설명의무 위반에 대한 검토는 별도로 하면서도 손해배상책임의 인정은 "적합성의 원칙 및 설명의무 위반행위"에 대한 책임으로 표현하고 있어, 설명의무와는 별도로 적합성 원칙의 위반만으로 손해배상책임이 인정되는지 여부에 대해서는 입장이 명확하지 않다.

생각건대, 대법원은 설명의무 위반과 별도로 적합성 원칙의 위반을 독립적으로 인정하면서도 손해배상책임에 있어서는 설명의무의 위반으로 보아 손해배상을 인정하고 있다고 보여진다. 본 사안이 자본시장법에 설명의무와 관련 손해배상책임 규정이 명시되기 이전의 것이어서 대법원은 민법 제2조와 제750조를 그 손해배상책임의 근거로 삼았고 적합성 원칙의 위반의 경우에도 동일한 조항이 책임근거로 인정될 수 있었을 것이나, 향후 자본시장법 제64조나 제48조를 근거로 하는 경우에는 양자의 손해배상책임 인정의 근거가 달라질 여지도 있다고 하겠다.

(2) 설명의무의 대상과 정도

본 사안에서 원고 측과 피고 측은 세부적인 설명의무의 대상과 정도에 대해 견해가 대립하였다.

'옵션의 이론가', '수수료 규모', '원고들이 피고들로부터 받은 풋옵션의 기대이익보다 훨씬 큰 기대손실을 가지는 콜옵션을 피고들에게 부여함으로써 이 사건 각 통화옵션계약 체결 전보다 더 높은 환위험에 노출된다는 사실' 등에 대한 원고측의 설명의무 위반의 주장에 대해 대법원은 이를 받아들이지 않았다.[302] 또한 '당해 장외파생상품의 상세한 금융공학적 구조', '다른 금융상품에 투자할 경우와 비교하여 손익에 있어서 어떠한 차이가 있는지' 등에 대해서도 설명할 의무를 인정하기는 어렵다고 언급하였다.[303] 다만, 고객의 투자목적에 비추어 과도한 위험성을 수반한 금융상품의 경우 설명의무를 보다 강화하여야 한다는 취지의 판시 내용은 앞에서 설명한 바와 같다.[304]

나. 일본 — 금리스왑계약에서 청산금 산정 방법 등에 대한 설명의무를 인정하지 아니한 最高裁判所平成25年(2013)3月7日第1小法廷判決[305] 사건

도박장 파친코 등을 경영하는 원고회사는 피고은행으로부터 [단기프라임레이트 + 0.75%]의 변동금리로 1억 5000만 엔을 차입하면서, 원고회사와 주거래은행 간의 다른 대출약정에 변동금리가 많은 관계로 금리가 상승했을 때의 리스크 헤지를 위하여, 피고은행 직원인 B로부터 제안을 받고, 2004년 3월 4일 당사자 간의 합의에 따라 동일한 통화 간에 일정한 명목원금, 거래기간 등을 설정하는 한편, 고정금리와 변동금리를 교환하고 그 차액을 결제하는 구조의 본건 바닐라 금리스왑 계약

---

302) 反對: 김용재, 전게논문(註 220), 139~140면(KIKO 상품에 콜옵션 매도가 포함되어 투자위험이 높고 거래상 불이익을 입을 수 있다는 점을 제대로 알리지 않아 '위험성에 관한 올바른 인식형성을 방해'하여 설명의무를 위반하였다는 취지의 견해); 김상만, "키코(KIKO) 통화옵션계약에 대한 최근 대법원 판결의 고찰—대법원 2013.9.26. 선고 4건의 판결—,"「법학논총」(숭실대학교 법학연구소), 제31집(2014.1), 17~18면.

303) 대법원 2013.9.26. 선고 2012다1146 전원합의체 판결.

304) 대법원 2013.9.26. 선고 2012다1146 전원합의체 판결.

305) 일본 最高裁判所平成25年(2013)3月7日第1小法廷判決[平成23年(2011)(受)第1493] (金判1419호 10면).

을 체결하였다.

본건 금리스왑거래의 주요 거래조건은 다음과 같다.

◆ 거래 기간: 2005.3.8.~2011.3.8.

◆ 명목원금: 3억 엔

◆ 금리교환일자: 2005.6.8.부터 매 3개월

◆ 금리지급조건: 원고회사는 피고은행에 고정금리 연 2.445%를 지급하고, 피
　고 은행은 원고회사에 변동금리 3개월 TIBOR + 0%를 지급

본건 스왑계약에 따라 원고회사는 2005년 6월 8일부터 2006년 6월 7일까지의 기간 중 피고은행에게 고정금리와 변동금리의 차액으로 총 883만 355엔을 지급하게 되었다. 이에 원고회사는 본건 금리스왑 계약 체결과 관련하여 피고은행의 설명의무 위반 및 부적정·부당한 투자권유가 있었다고 주장하며「금융상품의 판매 등에 관한 법률」제4조(금융상품판매업자 등의 손해배상책임),「민법」제415조(채무불이행에 기한 손해배상), 제709조(불법행위에 기한 손해배상), 제715조(사용자책임)에 따른 지급금액 및 지연손해금의 지급을 청구하였다.

이에 대해 1심[福岡地大牟田地裁平成20年(2008)6月24日判決]이 원고의 청구를 기각하자 원고회사가 항소하여 원심인 항소심[福岡高裁平成23年(2011)4月27日判決{平成20(2008)(ネ)658}]에서는 피고은행의 중대한 설명의무 위반으로 인한 손해배상책임 및 과실상계 40%를 인정하였다(원고청구 일부인용). 이에 피고은행이 상고하여 일본 최고재판소에서는 원심과 달리 피고은행의 설명의무 위반을 인정하지 않고 파기자판하여 원고의 항소를 기각하였다.[306]

---

306) 이상 泉總合法律事務所, "重要判例解説(9); 福岡高等裁判所平成23年4月27日判決"〈http://www.springs-law-shinjuku.com/blog/post_51.html〉 (방문일: 2016. 12.4) 참조.

(1) 피고은행의 설명의무 이행 경위

피고은행 직원 B는 2004년 1월 19일, 원고회사의 대표이사인 C(이하 "C 사장"이라 한다)에 대하여 「금리스왑거래 안내(조달비용 상승 리스크 헤지)」라는 제목의 서면(이하 "본건 제안서"라 한다)을 교부하고, 본건 거래의 구조 등에 대해 설명하였다.[307]

또한 피고은행 직원 B는 원고회사 측 C사장으로부터 원고회사의 고문 세무사에게도 다시 설명하도록 요구받고 2004년 1월 28일 C사장 및 위 세무사에게 스팟-스타트 형과 선-스타트 형 2종류의 금리스왑 거래에 대해 각각의 내용이 포함된 제안서를 교부하고 설명하였으며, C사장이 당분간 변동금리의 상승은 없을 것으로 판단하여 1년선-스타트 형 금리스왑 거래를 선택하자 3월 3일 해당 금리스왑 내용이 포함된 제안

---

307) "본 제안서에는 「금리스왑 거래는 거래기간 동안 동일한 통화 사이의 고정금리와 변동금리 (현금 흐름)을 교환하는 거래입니다」, 「거래개시 후에 변동금리의 추이에 따라 금리스왑의 손익은 플러스도 마이너스도 됩니다」라는 기재가 되어 있고, 조건 예시 및 거래 예시의 기재에 이어 본건 거래에는 변동금리로 3개월 TIBOR(도쿄 은행 간 시장의 금리의 이율을 특정 방법으로 평균한 것을 말한다)가 적용되고, 같은 달 15일 현재, 3개월 TIBOR는 연 0.09%이며, 단기우대금리는 연 1.375%인 취지와 손익 시뮬레이션 내용이 기재되어 있었다. 그리고 본 제안서에는 본 거래의 장점으로서 「본 금리스왑 거래를 약정함으로써 귀사의 장래 조달 비용을 실질적으로 확정시킬 수 있습니다」, 「스왑 거래 개시일 이후에는 단기우대금리가 상승해도 귀사의 조달 비용은 실질하게 일정하게 금리 상승 리스크를 헤지할 수 있습니다」라는 기재가, 한편, 단점으로는, 「현재 시점에서 장래의 조달 비용을 실질적으로 확정시키기 때문에, 약정시점 이후에 스왑 금리가 떨어지면 결과적으로 비용이 커질 수 있습니다」, 「스왑 거래 개시일 이후에는 단기우대금리가 저하되어도 귀사의 조달 비용은 실질적으로 일정한 금리 하락의 효과를 누릴 수 없습니다. 따라서 금리스왑을 약정하지 않은 경우에 비해 실질 조달 비용이 결과적으로 커질 수 있습니다」라는 기재가 되어 있었다. 또한 본 제안서에는 「꼭 읽어주세요」로, 「본 거래 계약 후 중도 해약은 원칙적으로 할 수 없습니다. 부득이한 사정으로 폐행의 승낙을 얻어 중도 해약을 할 경우에는 해약 시의 시장금리를 기준으로 폐행 소정의 방법에 의해 산출한 금액을 폐행에 지급할 가능성이 있습니다」라는 기재가 되어 있었다"[最高裁判所平成25年(2013)3月7日第1小法廷判決 [平成23年(2011)(受) 第1493] (金判1419호 10면)].

서를 교부하여 다시 설명하고 동 제안서에 "본 거래(금리스왑 거래)의 신청에 즈음하여 귀행의 설명을 듣고, 그 거래 내용 및 리스크 등을 이해하고 있다는 것을 확인합니다" 등으로 기재된 란에 기명날인을 받았다.

(2) 설명의무 위반 관련 원심의 판단

원심은 다음과 같은 판단 하에 피고은행의 설명의무 위반을 인정하고 불법행위에 기한 손해배상청구를 일부 인용하였다. 이하 상고심의 판결 내용을 인용한다.

> "상고인[피고은행]은 피상고인[원고회사]에 대하여 계약 체결 여부를 결정할 가능성이 있는, ① 중도해약시에 있어서 요구될 수 있는 청산금의 구체적인 산정 방법, ② 선-스타트 형과 스팟-스타트 형의 이해득실, ③ 고정금리 수준이 금리 상승 리스크를 헤지하는 효과 측면에서 합리적인 범위에 있는지에 대해 설명하지 않았고, 상고인의 설명은 매우 불충분한 것이었다. 본 계약을 체결할 때 상고인이 필요하고 충분한 설명을 하고 있었다면, 본건 거래의 상기 리스크 헤지 가능성이 현저히 낮았던 점 등을 고려해 보면, 피상고인이 본건 계약을 체결하지 않았을 것은 명백하다. 상고인의 설명의무 위반은 중대하며 피상고인에 대한 불법행위를 구성하고 본 계약은 계약체결 시에 신의칙을 위반한 것으로서 무효이다."

(3) 설명의무 위반 관련 최고재판소의 판단

피고은행의 설명의무 위반을 인정한 원심과는 달리 일본 최고재판소는 다음과 같은 이유로 설명의무 위반의 주장을 받아들이지 않았다.

> "상기 사실관계에 의하면, 본건 거래는 장래 금리변동의 예측이 맞는지 여부에 의해서만 결과의 유불리가 좌우되는 것으로서 그 기본구조 내지

원리 자체는 단순하고, 최소한 기업경영자라면 그 이해가 일반적으로 어려운 것이 아니고 해당 기업에 대해 계약체결 리스크를 부담시키는 것이 아무런 문제가 될 수 없는 것이다. 상고인은 피상고인에게 본건 거래의 기본적인 구조와 계약상 설정된 변동금리와 고정금리에 대해 설명하고, 변동금리가 일정 이율을 넘지 않으면 대출의 경우에 금리를 지급할 때보다도 더 많은 금액의 이자를 지급할 리스크가 있다는 취지를 설명하였으며, 기본적으로 설명의무를 다한 것이라 할 수 있다. … 본건 제안서에는 본 계약이 상고인의 동의 없이 중도 해약을 할 수 없다는 점 외에 상고인의 동의를 얻어 중도 해약을 할 경우에는 피상고인이 청산금 지급 의무를 부담할 가능성이 있는 것으로 명시되어 있었던 것이기 때문에, 상고인에게 그 이상으로 청산금의 구체적인 산정 방법에 대해 설명해야 할 의무가 있다고 할 수 없다. 또한 상고인은 피상고인에게 선-스타트 형과 스팟-스타트 형의 두 종류 금리스왑 거래에 대해 그 내용을 설명하고 피상고인은 스스로 당분간 변동금리의 상승은 없다고 생각하고, 1년선-스타트 형 금리스왑 거래를 선택한 것이기 때문에, 상고인에게, 그 이상으로 선-스타트 형과 스팟-스타트 형의 이해득실에 대해 설명해야 할 의무가 있었다고도 말할 수 없다. 또한 본건 거래는 위와 같은 단순한 구조의 것으로서, 본 계약에 있어서 고정금리의 수준이 합리적인 범위에 있는지 여부의 사정은, 피상고인의 자기책임에 속해야 하며, 상고인이 피상고인에 대하여 이를 설명할 의무가 있었다고는 할 수 없다."

일본 최고재판소는 기본적으로 스왑계약은 다른 파생상품과는 달리 거래구조가 단순하고 거래상대방이 일반 기업 경영자인 경우, 이에 대한 설명의 필요성이 낮다고 판단하고 있다고 볼 수 있다.

다. 독일 — 고의적으로 은폐한 보상(Rückvergütungen)에 대한 설명 의무 위반을 인정한 BGH, Urt. v. 12. 05. 2009 - XI ZR 586/07 판결 사건

본 판결은 파생상품거래를 직접 다룬 것은 아니나, 펀드판매에 있어서 설명의무(Aufklärungspflicht)와 조언의무(Beratungspflicht) 법리 및 이해상충금지에 관한 독일 증권거래법(Wertpapierhandelsgesetz: WpHG) § 31 Abs. 1을 다룬 사안으로 특히, 고의적인 보상의 은폐(vorsätzliche Verschweigung der Rückvergütungen)에 대해 독일 연방대법원이 정립한 법리를 확인할 수 있는 판결이다.

H 이동통신판매회사(이하 "H회사" 또는 "양도인"이라 한다)가 자신의 권리를 H회사 대표이사 D. I.의 동생 R. I[이하 "원고(상고인)"라 한다]에게 양도하고, 원고가 펀드매수에 대해 투자조언을 한 은행[이하 "피고(피상고인)" 또는 "은행"이라 한다]을 상대로 설명의무와 조언의무 위반 등을 이유로 손해배상을 청구한 사건이다.

양도인은 2000년 2월 15일 피고 은행 직원 G. T.와 C. K.으로부터 투자컨설팅을 받고 2000년 2월 16일부터 6월 14일 기간 중에 피고은행을 통하여 EUR141,478.21의 펀드와 EUR106,395.72의 주식을 매입하였다. 이와 관련하여 은행은 계열회사의 펀드를 추천한 데 따른 가입수수료와 관리수수료를 통해 보상을 얻고, 그 외에 1%에서 2.5%에 달하는 성과금(Bonifikation)을 얻도록 되어 있었으나, 가입수수료에 대해서는 양도인에게 설명이 되었지만 은행에 지급되는 보상에 대해서는 설명이 되지 않았다.

그 후 동 투자로부터 심각한 손실을 입은 양도인의 대표이사 D. I.는 EUR70,842.62과 EUR54,908.60에 각각 펀드와 주식의 일부를 처분하고 2003년 8월 13일 피고 은행이 남은 증권을 인수하는 대신 EUR127,611.13 및 이자의 지급을 구하는 소를 제기하였다.

본 청구에서 원고는 피고 은행이 자신의 계열회사의 펀드만을 추천하였기 때문에 증권거래법 § 31 Abs. 1 Nr. 2에 따른 이익보호의무를 위반하였고, 은행이 은폐한 펀드 가입수수료와 관리수수료를 통한 보상에 대해 원고가 알았다면 피고 은행의 투자상품을 선택하지 않았을 것이라는 점 등을 근거로 손해배상을 청구하였다. 이에 대해 1심 법원과 항소심은 증권거래법 § 37a에 따른 3년의 소멸시효가 완성되었다는 이유로 원고의 청구를 기각하였고 원고가 이에 대해 상고하였다.

상고심 판결308)에서 독일 연방대법원은 은행측의 보상(Rückvergütungen, "Kick-backs")에 대한 의도적인 은폐 여부에 대해, 사실상 인정된 조언계약의 위반여부에 대한 추가적인 사실 확인이 필요하며, 관련 쟁점 중의 하나였던 고의의 설명의무 위반에 따른 손해배상청구권의 소멸시효는 경과되지 않았다는 취지로 원심을 파기 환송하였다. 독일 연방대법원은 "펀드를 권유하는 은행은 가입수수료와 관리수수료에 의해 펀드회사로부터 보상을 받는다는 사실과 그 규모에 대해 설명하여야 한다"고 설시하며 숨겨진 보상에 대해 고의의 설명의무 위반이 인정되는 경우 원고는 투자금액을 반환받는 형식으로 손해배상이 가능할 것임을 시사하였다.

그러나 연방대법원의 파기환송에 따른 2차 항소심309)은 은행측이 '고의적으로' 설명의무를 위반하지는 않았다고 보고 원고가 은행의 고의에 대한 입증을 하지 못한 것으로 판시하여 원고의 청구를 다시 기각하였다.

결국 원고의 2차 상고에 따라 독일 연방대법원은, 증권회사가 보상에 대한 설명의무를 위반한 경우(WpHG § 37a에 따른 과실 책임이 소멸시효가 경과되었다 하더라도) 자신이 고의적이지 않았다는 점에 대해 진술 책임과 증명책임을 지며, 이러한 증명책임의 전환은 본건 보상에 대한

---

308) BGH, Urt. v. 19. 12. 2006 - XI ZR 56/05.
309) OLG München, Urt. v. 19. 12. 2007 - 7 U 3009/04.

설명이 없는 경우에도 적용된다는 취지의 판결을 하였다.[310]

동 사안에서의 독일 연방대법원은 고의적으로 은폐된 수수료를 통한 보상에 대해서도 투자권유를 한 당사자에게 설명의무를 인정하면서,[311] 나아가 투자를 권유한 당사자가 자신의 고의가 없음을 주장·증명하여야 한다는 법리를 제시하여 사실상 증명책임의 전환을 통하여 투자자보호를 강화할 수 있도록 하였다.[312]

5. 소 결

위에서 살펴본 국내외 법원의 판결들은 설명의무의 범위와 정도에 관한 것들이다. 국내 대법원의 KIKO 소송 판결에서는 수수료 액수나 중도청산금 등은 설명의무 대상에 해당하지 않는다는 입장이다. 본문에서 소개한 세신정밀 판결 외에 수산중공업 KIKO 소송 판결에서도 다음과 같이 판시하고 있다.

"금융기관과 고객이 제로 코스트 구조의 장외파생상품 거래를 하는 경우에도 수수료의 액수 등은 그 거래의 위험성을 평가하는 데 중요한 고

---

310) BGH, Urt. v. 12. 05. 2009 - XI ZR 586/07.
311) 한편, BGH, Urt. v. 27. 09. 2011 - XI ZR 182/10 판결에서는 "인덱스증서 (Indexzertifikat) 투자에 대해 조언을 하는 은행은, 발행인의 현저한 지급불능에 대한 구체적인 증거가 없더라도, 인덱스증서를 판매함으로써 투자자에게 발행인 또는 보증인의 지급불능의 경우에 투자한 자본을 전액 잃게 된다는 점을 설명할 의무는 지지만 예금보장대상이 되지 않는다는 고지는 할 필요는 없고, 특히 자기 거래(Eigengeschäfts)를 통하여 인덱스증서를 판매한 경우 조언 은행은 자신의 수익마진(Gewinnspanne)에 대해 설명할 의무는 부담하지 않는다"고 판시하였다.
312) GanselRechtsanwälte, "BGH stärkt Anlegerschutz bei Verschweigen von Rückvergutungen durch die Bank," von 25. 6. 2009. ⟨https://www.gansel-rechtsanwaelte.de/meldungen/M686-BGH-st%E4rkt-Anlegerschutz-bei-Verschweigen-von-R%FCckverg%FCtungen-durch-die-Bank.php⟩ (besuchte am 4. Dezember 2016).

려요소가 된다고 보기 어렵다 할 것이므로, 수수료가 시장의 관행에 비하여 현저하게 높지 아니한 이상 그 <u>상품구조 속에 포함된 수수료</u>[313] 및 <u>그로 인하여 발생하는 마이너스 시장가치에 대하여까지 설명할 의무는 없다고 보는 것이 타당하다. 그리고 장외파생상품 거래도 일반적인 계약과 마찬가지로 중도에 임의로 해지할 수 없는 것이 원칙이고, 설령 중도에 해지할 수 있다고 하더라도 금융기관과 고객이 중도청산금까지 포함하여 합의하여야 가능한 것이므로, 특별한 사정이 없는 한 금융기관이 고객과 장외파생상품 거래를 하면서 <u>그 거래를 중도에 해지할 수 있는지와 그 경우 중도청산금의 개략적인 규모와 산정방법에 대하여도 설명할 의무가 있다고 할 수 없다.</u>"[314]

생각건대, 설명의무의 대상과 침묵에 의한 사기의 인정 범위는 거의 중첩적으로 일치한다고 할 수 있는데, 거래당사자가 거래여부나 투자여부를 결정하는 데 중요하다고 판단되는 내용은 여기에 포함된다고 보아야 한다. 계약체결과정에서 '제로 코스트'를 강조하면서 수수료나 마진에 대해서는 포함되지 아니한 것으로 오인케 한 경우, 고객 입장에서는 은행의 마진이 당장은 상품구조에 포함되지 않더라도 향후 환율변동 결과에 따른 수익으로 충당할 것이라고 충분히 생각할 수도 있다는 점에서, 이의 포함여부를 설명하지 아니한 데 대해 설명의무 위반이나 사기·착오가 인정될 여지가 크다고 할 것이다. 이 점에서 대법원 판결의 태도에는 수긍하기 어렵다.

한편, 일본 最高裁判所平成25年(2013)3月7日第1小法廷判決에서

---

313) 투자중개업자는 신인의무를 지기 때문에 숨은 수수료와 같은 비밀스런 이득을 얻어서는 안 된다는 견해로는 김용재, "투자중개·매매업자의 주의의무에 관한 연구,"「증권법연구」(한국증권법학회), 제14권 제3호(2013), 50면.

314) 대법원 2013.9.26. 선고 2011다53683 전원합의체 판결[수산중공업 KIKO 사건]. 同旨: 최문희, "파생상품거래에서 계약의 해지와 재구조화,"「증권법연구」(한국증권법학회), 제15권 제1호(2014), 112면.

는 스왑계약에 대해 단순한 구조의 파생상품거래로 보고 그 설명의무의 대상을 협소하게 인정하고 있다는 점을 지적할 수 있다. 동 판결의 결과에 대해 금리스왑 계약 구조가 단순한지 여부는 사실판단의 문제이며, 스왑거래에 따른 손실은 기업경영자의 자기책임의 범위 내에 있다고 보아 최고재판소의 결론을 지지하는 견해,[315] 이에 반대하여 은행의 설명의무 위반을 인정한 원심판결을 지지하는 견해[316] 등이 있으며, 동 최고재판소 결론에 따르는 판결[317]도 발견되고 있다.

독일의 BGH, Urt. v. 12. 05. 2009 - XI ZR 586/07 판결은 고의적으로 은폐된 수수료를 통한 보상에 대해 설명의무를 인정한 데 나아가 증명책임을 전환하여 투자자보호에 진일보한 판결로 의의가 있다. 이를 위시하여 독일의 판결 경향은 대체적으로 투자자 우호적이라고 할 수 있는데, 금리스왑계약(CMS Spread Ladder Swap)에서의 설명·조언의무에 관하여 직접적으로 다루었던 독일 연방대법원 BGH, Urt. v. 22. 03. 2011 - XI ZR 33/10 판결에서는 동 상품에 내재하는 마이너스 시장가치에 대한 Deutsche Bank의 고의적인 은폐에 대해 설명의무 위반에 따른 손해배상책임을 인정하였으며, 특히 동 상품과 같이 복잡한 구조화 상품의 경우 모든 개별 산식요소(Elemente der Formel)와 구체적인 영향(Auswirkungen)에 대해 상세히 설명을 하여야 한다고 설시하였다.[318]

---

315) 細野 敦, "金利スワップ契約における銀行の説明義務違反を認める原判決を覆した最高裁判断の背景,"「WLJ判例コラム」(Westlaw Japan), 2013年 1号(2013. 4) 2면.

316) 青木浩子, "ヘッジ目的の金利スワップ契約に関する銀行の説明義務: 福岡高判平 23.4.27を契機に,"「金融法務事情」(金融財政事情研究会), 1944号(2012.4), 81~83면.

317) 일본 最高裁判所平成25年(2013)3月26日第三小法廷判決[平成23年(2011)(受)第 1496号](金判 1419号 10면).

318) 동 판결의 상세한 내용에 대해서는 김용재, "스노우볼 계약과 고객보호의무에 관한 소고,"「증권법연구」(한국증권법학회), 제13권 제3호(2012), 282~286면; 신현윤, "파생금융상품 거래시 고객에 대한 설명·조언의무―독일 연방대법원

생각건대, 이와 같이 금융투자업자에게 금융공학적인 구조에 대해서까지 보다 엄격한 설명의무를 인정하고 있는 독일 법원의 태도가 바람직하다 할 것이다.[319]

V. 부당권유 및 부당광고 금지

1. 개 념

자본시장법에서는 파생상품거래에 있어서 투자자의 건전한 판단을 저해할 우려가 있는 투자권유나 허위과장광고로부터 투자자를 보호하기 위하여 부당권유 및 부당광고 금지 규정을 두고 있다. 이러한 규정들은 직접적으로는 금융투자업자 내부의 영업행위준칙에 해당하지만, 또 한편으로는 투자자가 부당권유나 부당광고로 인해 부적절한 투자 결정을 하고 손실을 입은 경우에는 강행법규위반에 따른 무효, 사기 취소, 불법행위에 기한 손해배상청구 등의 법리와 결합하여 투자자보호규범이 될 수도 있다는 점에서 투자자보호 법리로서 검토할 필요가 있다.

자본시장법은 '투자권유'에 대해 "특정 투자자를 상대로 금융투자상품의 매매 또는 투자자문계약·투자일임계약·신탁계약(관리형신탁계약 및 투자성 없는 신탁계약을 제외한다)의 체결을 권유하는 것"(동법 제

판결(BGH, Urt. v. 22. 3. 2011 - XI ZR 33/10)을 중심으로,"「상사판례연구」(한국상사판례학회), 제24집 제2권(2011.6), 411~447면; 윤성승, "외국의 장외파생상품 피해 관련 사례와 우리나라에 대한 시사점,"「금융법연구」(한국금융법학회), 제8권 제1호(2011), 70~75면 참조.

319) 反對: KIKO 계약의 구조 중 금융공학적 구조에 대한 설명의무를 부정한 대법원의 판결에 찬동하는 견해로는 최문희, "계약의 구조에 대한 설명의무—KIKO(키코) 사건에 관한 대법원 전원합의체 판결을 소재로 하여—,"「상사판례연구」(한국상사판례학회), 제27집 제1권(2014.3), 147~148면.

9조 제4항)이라고 규정하는 한편, '투자광고'에 대해서는 "금융투자업자의 영위업무 또는 금융투자상품에 관한 광고"(동법 제57조 제1항)라고 정의하고 있다. 한편 「표시·광고의 공정화에 관한 법률」[320](이하 "표시광고법"이라 한다)에 따르면 "광고"란 "사업자 등이 상품 등에 관한 내용, 거래 조건, 그 밖에 그 거래에 관한 사항 등을 신문·인터넷신문, 정기간행물, 방송, 전기통신, 그 밖에 대통령령으로 정하는 방법으로 소비자에게 널리 알리거나 제시하는 것"을 말한다(동법 제2조 제2호).

투자권유와 투자광고는 금융투자상품에 대한 투자를 유인할 목적의 측면에서는 동일하지만 전자의 경우에는 '특정 투자자'를 상대로 한 반면 후자는 '불특정다수'를 상대로 하고, 전자는 금융투자상품매매계약의 체결을 주된 목적으로 하지만 후자는 일반적인 정보의 제공을 목적으로 한다는 점에서 개념상 구별될 수 있다.[321] 그럼에도 불구하고 상시 투자광고에 노출되어 있는 투자자의 입장에서는 개별적인 투자권유에 의해 투자결정을 하게 된 것인지 아니면 투자광고에 의해 결정하게 된 것인지 판단하기가 쉽지 않다.[322] 결국 부당권유와 부당광고 모두에 해당하는 경우에는 투자자는 각각의 해당 법리를 주장하여 구제를 도모할 수 있다고 볼 것이다.

---

320) 법률 제12380호, 2014.1.28, 일부개정, 2014.4.29. 시행.
321) 김건식·정순섭, 「자본시장법(2판)」(두성사, 2010.10), 561면.
322) 同旨: 안희재, "투자권유규제와 업무위수탁, 투자권유대행인 및 투자광고제도와의 상호관계—서울고등법원 2013나2009367 판결을 중심으로," 「저스티스」(한국법학원), 통권 제143호(2014.8), 323면. 참고판례: 대법원 2015.1.29. 선고 2013다217498 판결(금융투자상품 등을 단순히 소개하는 정도를 넘어 계약 체결을 권유함과 아울러 그 상품 등에 관하여 구체적으로 설명하는 등 적극적으로 관여하고, 나아가 그러한 설명 등을 들은 고객이 해당 금융투자업자에 대한 신뢰를 바탕으로 (다른 금융투자업자와) 계약 체결에 나아가거나 투자 여부 결정에 있어서 그 권유와 설명을 중요한 판단요소로 삼았다면 '투자권유'에 해당한다) (후술하는 3. 판례연구 참조).

2. 내 용

가. 부당권유 금지

부당권유 금지는 크게 (ⅰ) 거짓 내용을 알리는 행위 및 단정적 판단을 제공하는 행위 등 거짓·왜곡에 의한 부당한 권유행위 금지, (ⅱ) 불초청권유 금지, (ⅲ) 이익 또는 손실의 보장·보전약정 등의 금지를 내용으로 한다.

(1) 거짓·왜곡에 의한 부당한 권유행위 금지

금융투자업자는 투자권유를 함에 있어서 거짓의 내용을 알리는 행위 또는 불확실한 사항에 대하여 단정적 판단을 제공하거나 확실하다고 오인하게 할 소지가 있는 내용을 알리는 행위를 하여서는 아니 된다(자본시장법 제49조 제1호·제2호). 이러한 부당권유 금지를 위반한 경우에는 자본시장법 제445조 제6호에 따라 형사처벌 대상이 된다. 민사적으로는 설명의무 위반에 해당될 수도 있는데 이 경우 자본시장법 제48조에 따라 손해배상책임을 지게 될 수도 있다.[323]

(2) 불초청권유 금지

부당권유행위 중 불초청권유에 대해 자본시장법은 "투자자로부터

---

323) 대법원은 "요새 나오는 펀드들은 실제로 원금손실이 날 가능성이 거의 없다. 공소외 1 회사에서는 아직 원금이 손실된 적이 없을 뿐만 아니라 다 조기상환으로 끝이 났으며, 개인적으로도 2004년부터 지금까지 100% 일체 조기상환을 했다. 실제로 주가가 내리는 상황에서 반 토막이 나도 원금은 손실이 안 나게 구조를 계속 그렇게 만들고 있다"라고 하여, 투자권유를 한 경우에 대해 원금손실이 나지 않을 것이라는 사항에 대하여 단정적 판단을 제공하거나 확실하다고 오인하게 할 소지가 있는 내용을 알리면서 거래를 권유하였을 뿐이고, 원금 또는 수익을 사전에 보장하거나 약속하는 행위를 한 것은 아니라고 보았다(대법원 2012. 5.24. 선고 2011도11237 판결).

투자권유의 요청을 받지 아니하고 방문·전화 등 실시간 대화의 방법을 이용하는 행위”와 “투자권유를 받은 투자자가 이를 거부하는 취지의 의사를 표시하였음에도 불구하고 투자권유를 계속하는 행위”(의사에 반한 재권유 금지)로 규정하고 있다(자본시장법 제49조 제3호·제4호).

다만, 자본시장법 제49조 제3호의 불초청권유 금지 대상에는 증권과 장내파생상품은 제외되고 장외파생상품에 한하여 적용된다(자본시장법 시행령 제54조 제1항). 또한 재권유 금지 규정도 “투자권유를 받은 투자자가 이를 거부하는 취지의 의사를 표시한 후 금융위원회가 정하여 고시하는 기간이 지난 후에 다시 투자권유를 하는 행위”, “다른 종류의 금융투자상품에 대하여 투자권유를 하는 행위” 등은 적용 예외로 인정되고 있다(자본시장법 시행령 제54조 제2항 각 호). 불초청권유 금지를 위반한 경우에는 자본시장법 제449조 제1항 제22호에 따라 5천만 원 이하의 과태료 부과 대상이 될 수 있다. 부당권유행위 중 불초청권유 금지를 위반한 행위에 대해 행정적 제재 외에 강행법규 위반 등의 법적 효과를 기대하기는 무리인 것으로 보인다.

(3) 이익 또는 손실의 보장·보전약정 등의 금지

금융투자업자는 금융투자상품의 매매, 그 밖의 거래와 관련하여 정당한 사유가 없으면 손실보전을 사전에 약속하거나 사후에 보전해 주는 행위, 일정한 이익을 사전에 보장해 주거나 사후에 제공하는 행위를 하여서는 아니 된다(이익보장 금지). 그리고 이러한 이익보장행위는 금융투자업자의 임직원이 자기의 계산으로 하는 경우에도 적용된다(자본시장법 제55조).

(4) 위반의 효과

이익보장 약정과 관련하여 대법원은 “증권회사 또는 그 임·직원의 부당권유행위를 금지하는 구 증권거래법 제52조 제1호는 공정한 증권거래질서의 확보를 위하여 제정된 강행법규로서 이에 위배되는 주식거래에 관한 투자수익보장약정은 무효이고, … 증권회사 등이 고객에 대하여 증권거래와 관련하여 발생한 손실을 보전하여 주기로 하는 약속이나 그 손실보전행위도 위험관리에 의하여 경제활동을 촉진하는 증권시장의 본질을 훼손하고 안이한 투자판단을 초래하여 가격형성의 공정을 왜곡하는 행위로서, 증권투자에 있어서의 자기책임원칙에 반하는 것이라고 할 것이므로, 정당한 사유 없는 손실보전의 약속 또는 그 실행행위역시 사회질서에 위반되어 무효"라고 판시하였다.324)

또한 부당권유행위는 투자자에 대해 불법행위에 해당할 수도 있는데, 이에 관해 대법원은 "불법행위책임이 성립되기 위하여는, 이익보장여부에 대한 적극적 기망행위의 존재까지 요구하는 것은 아니라 하더라도, 적어도 거래경위와 거래방법, 고객의 투자상황(재산상태, 연령, 사회적 경험 정도 등), 거래의 위험도 및 이에 관한 설명의 정도 등을 종합적으로 고려한 후, 당해 권유행위가 경험이 부족한 일반 투자가에게 거래행위에 필연적으로 수반되는 위험성에 관한 올바른 인식형성을 방해하거나 또는 고객의 투자상황에 비추어 과대한 위험성을 수반하는 거래를 적극적으로 권유한 경우에 해당하여, 결국 고객에 대한 보호의무를 저버려 위법성을 띤 행위인 것으로 평가될 수 있어야 한다"고 설시하여 부당권유행위에 대해 '보호의무위반'의 책임을 긍정하였다.325)

나. 부당광고 금지

자본시장법은 투자광고의 주체를 제한하여 금융투자협회, 금융투자업자를 자회사 또는 손자회사로 하는 금융지주회사, 증권의 발행인

---

324) 대법원 2002.12.26. 선고 2000다56952 판결.
325) 대법원 2007.7.12. 선고 2006다53344 판결. 同旨: 대법원 2006.2.9. 선고 2005다63634 판결.

또는 매출인 등을 제외하고는 금융투자업자가 아니면 투자광고를 하지 못하도록 하고 있다(동법 제57조 제1항). 그런데 집합투자증권에 대한 투자광고를 제외하고 금융투자업자가 투자광고를 하는 경우에는 그 금융투자업자의 명칭, 금융투자상품의 내용, 투자에 따른 위험, 그 밖에 대통령령으로 정하는 사항(금융투자업자는 금융투자상품에 대하여 충분히 설명할 의무가 있다는 내용, 금융투자업자로부터 금융투자상품에 대한 충분한 설명을 듣고서 투자할 것을 권고하는 내용, 수수료에 관한 사항, 투자광고를 하는 자, 투자광고의 내용, 투자광고의 매체·크기·시간 등을 고려하여 금융위원회가 정하여 고시하는 사항)이 포함되도록 하여야 한다(동법 제57조 제2항, 시행령 제60조 제1항). 또한 원칙적으로 금융투자업자는 투자자에게 손실보전 또는 이익보장으로 오인하게 하는 표시를 하여서는 아니 된다(동법 제57조 제4항).

자본시장법상의 투자광고 관련 규정을 위반하여 투자광고를 한 경우 형사처벌(1년 이하의 징역 또는 3천만 원 이하의 벌금) 대상이 된다(동법 제446조 제8호).

한편, 「표시·광고의 공정화에 관한 법률」에 따르면 금융투자업자 등이 소비자를 속이거나 소비자로 하여금 잘못 알게 할 우려가 있는 표시·광고 행위로서 (ⅰ) 거짓·과장의 표시·광고, (ⅱ) 기만적인 표시·광고, (ⅲ) 부당하게 비교하는 표시·광고, (ⅳ) 비방적인 표시·광고 행위를 하거나 다른 금융투자업자 등으로 하여금 하게 하여서는 아니 된다(부당한 표시·광고 행위의 금지)(표시광고법 제3조).

여기서 (ⅰ) 거짓·과장의 표시·광고는 사실과 다르게 표시·광고하거나 사실을 지나치게 부풀려 표시·광고하는 것을 말하며,326)

---

326) 대법원 2014.5.16. 선고 2012다46644 판결에서는 '허위·과장의 광고'를, "사실과 다르게 광고하거나 사실을 지나치게 부풀려 광고하여 소비자를 속이거나 소비자로 하여금 잘못 알게 할 우려가 있는 광고행위로서 공정한 거래질서를 저해할 우려가 있는 광고"라고 전제한 다음 "금융투자상품의 투자에 관하여 정확한

(ii) 기만적인 표시 · 광고는 사실을 은폐하거나 축소하는 등의 방법에 의한 표시 · 광고를 말한다. (iii) 부당하게 비교하는 표시 · 광고는 비교 대상 및 기준을 분명하게 밝히지 아니하거나 객관적인 근거 없이 자기 또는 자기의 상품이나 용역(이하 "상품 등"이라 한다)을 다른 사업자 또는 사업자단체(이하 "사업자 등"이라 한다)나 다른 사업자 등의 상품 등과 비교하여 우량 또는 유리하다고 표시 · 광고하는 것을 말하며, (iv) 비방적인 표시 · 광고는 다른 사업자 등 또는 다른 사업자 등의 상품 등에 관하여 객관적인 근거가 없는 내용으로 표시 · 광고하여 비방하거나 불리한 사실만을 표시 · 광고하여 비방하는 것[327])을 말한다(표시광고법 시행령 제3조 제1항~제4항).

표시광고법 제3조 제1항을 위반하여 부당한 표시 · 광고 행위를 함으로써 피해를 입은 자가 있는 경우에는 금융투자업자는 그 피해자에 대하여 손해배상의 책임을 진다. 이때 자신에게 고의 또는 과실이 없음을 들어 그 피해자에 대한 책임을 면할 수 없다(표시광고법 제10조). 그리고 손해가 발생된 사실은 인정되나 그 손해액을 증명하는 것이 사안의 성질상 곤란한 경우 법원은 변론 전체의 취지와 증거조사의 결과에 기초하여 상당한 손해액을 인정할 수 있다(표시광고법 제11조). 또한 표시광고법 제3조 제1항을 위반하여 부당한 표시 · 광고 행위를 하거나 다

예측을 하는 것은 불가능하고, 나아가 금융투자상품에 투자하면서 손해 없이 큰 수익만을 보장하는 것도 불가능하다는 점을 고려할 때, 피고 2가 제공하는 정보대로만 투자하면 큰 수익을 볼 것이라는 내용으로 피고들이 한 광고가 보통의 주의력을 가진 일반 소비자를 속이거나 그러한 소비자로 하여금 잘못 알게 할 우려가 있는 것이라고 볼 수 없다"고 설시하였다.

327) 참고판례: 대법원 2013.3.14. 선고 2011두7991 판결(구 표시광고법 제3조 제1항 제4호 및 같은 조 제2항의 위임에 따른 구 표시광고법 시행령 제3조 제4항에 의하여 금지되는 이른바 '비방적 광고'는 다른 사업자 등 또는 다른 사업자 등의 상품 등에 관하여 객관적인 근거가 없는 내용으로 비방하거나 일부 불리한 사실만을 추출 · 왜곡하여 비방함으로써 공정한 거래질서를 저해할 우려가 있는 광고를 말한다).

른 사업자 등으로 하여금 하게 한 금융투자업자 등은 형사처벌(2년 이하의 징역 또는 1억 5천만 원 이하의 벌금) 대상이 될 수 있다(표시광고법 제17조 제1호).

3. 판례연구 — 투자일임계약에 관한 투자권유는 해당 금융투자업자가 직접 취급하는 투자일임계약 상품에 한정되지 아니한다고 판시한 한국투자증권 사건[328]

가. 사건 개요

피고("한국투자증권")의 부천지점에 근무하는 소외 1(항소심판결의 소외인)은 2011년 5월 초순경 통장정리 등을 위하여 부천지점에 방문한 원고 1("이경△")에게 투자상품을 안내하면서 세이프에셋투자자문 주식회사(이하 "세이프에셋"이라 한다)가 운용하는 투자일임계약 상품(이하 "이 사건 투자상품"이라 한다)을 소개하였다.[329] 이 사건 투자상품은 세이프에셋이 투자자로부터 투자일임받은 계약금액으로 한국거래소에 상장되어 있는 KOSPI200 주가지수 옵션에 주로 투자하여 1개월 단위로 수익률을 산정한 후, 기준수익률인 월 1%를 초과하는 이익이 발생하는 경우 그 초과부분 중 50%를 세이프에셋이 취득하기로 한다는 내용의 상품이었다.

소외 1은 원고 1에게 이 사건 투자상품을 소개하면서 세이프에셋이 작성한 일임투자제안서를 제시하고 그 내용을 안내하였는데, 위 제안서에는 이 사건 투자상품에 대하여 주가변동에 상관없이 수익을 내는 '절대수익 추구상품'으로 목표수익률을 '채권수익률 + (12~24%) 수준'으

---

328) 대법원 2015.1.29. 선고 2013다217498 판결.
329) 이하 사건개요 부분은 서울남부지방법원 2013.5.10. 선고 2011가합17909 판결 내용 전재.

로 설정하여 콜옵션과 풋옵션 양 방향으로 시장중립적인 포지션을 구축하여 시장변화에 크게 영향을 받지 않도록 운용하고, 누적 손실한도가 일정 기준에 도달하면(옵션 만기일 3~4주 전 4%, 2주 전 3%) 보유포지션을 정리하여 추가적인 손해를 방지하며, 47개월의 운용기간 동안 두 번을 제외하고는 매월 수익을 발생시켜 월 평균 3.12%의 수익을 올렸다는 내용이 기재되어 있다.

원고 1은 소외 1로부터 이 사건 투자상품을 안내받은 후 세이프에셋 사무실에 전화하여 파생운용팀장인 소외 2와 통화하였다. 그 후 원고 1이 소외 1에게 이 사건 투자상품에 가입하겠다는 의사를 밝히자, 소외 1은 2011년 5월 11일 원고 1의 사무실을 방문하여 피고를 거래증권회사로 하여 이 사건 투자상품에 가입하기로 하는 내용의 계좌개설신청서를 작성하였다. 원고 1은 같은 달 12일 피고 회사 부천지점에서 자신 명의 및 매형인 원고 2("백창ㅇ")를 대리하여 원고 2 명의의 각 일반투자자 투자정보확인서 및 세이프에셋과 원고들을 계약당사자로 하는 각 투자일임계약서를 작성하였는데, 위 각 투자정보확인서에는 원고들의 투자성향이 '공격투자형'에 해당한다고 기재되어 있다.

이 사건 투자상품에 투자하기 위하여 개설된 원고 1 명의의 계좌에는 2011년 5월 12일경 243,932,000원이 입금되었고, 원고 2 명의의 계좌에는 그 무렵 151,584,000원이 입금되었다.

이 사건 투자상품으로 인하여, 원고 1은 2011년 5월부터 2011년 7월경까지 수익금 27,389,503원을 취득하여 그중 9,694,000원을 세이프에셋에 성과수수료로 지급하였고, 원고 2는 같은 기간 동안 수익금 20,307,909원을 취득하여 그중 7,152,000원을 세이프에셋에 성과수수료로 지급하였다.

세이프에셋은 이 사건 투자상품을 운용하던 중 2011년 8월 초순경 KOSPI200 주가지수가 급격히 하락하여 일임투자제안서에서 정한 누적 손실한도에 도달하였음에도 보유포지션을 정리하는 등의 방법으로 손실

방지조치를 취하지 아니하였고, 이로 인하여 2011년 8월 9일 원고들의 계좌에서 큰 손실이 발생하게 됨에 따라 원고 2 명의 계좌에서 담보금이 부족하게 되자 12,257,840원이 원고 2 명의의 계좌로 추가 입금되었다.

원고들은 위와 같이 큰 손실이 발생하자 이 사건 투자상품에 대한 투자를 종료하였고, 2011년 8월 9일 현재 원고 1 명의 계좌에 현금 65,614,770원, 원고 2 명의 계좌에 현금 30,325,610원이 남게 되었다.

이에 따라 원고 1과 원고 2는 적합성 원칙 및 설명의무 위반을 이유로 피고 한국투자증권을 상대로 손해배상청구를 구하는 소를 제기하였으며, 1심은 원고들의 청구를 일부 인용(손해액의 20%)하였다. 이에 원고와 피고 모두가 항소하였는데 항소심330)에서는 다시 손해배상액을 증액(손해액의 40%)하여 인정하였고, 피고가 다시 상고하자 대법원331)은 피고의 상고를 기각하고 원심을 확정하였다.

나. 투자권유 관련 쟁점 및 법원의 판단

(1) 투자권유 해당 여부

원고들은 피고측(소외 1)으로부터 이 사건 투자상품에 관하여 안정적으로 수익을 발생시킬 수 있는 상품이라는 설명과 함께 동 투자상품에 가입할 것을 적극 권유받았으므로 이는 자본시장법상 금융투자업자의 투자권유에 해당한다고 주장하였다. 이에 대해 피고는 원고들과 세이프에셋 사이에 체결된 투자일임계약의 거래증권회사로서 매매수수료 외에 별도 이익을 얻은 바 없고, 단지 고객인 원고들의 편의를 위하여 투자일임계약의 체결을 보조한 것에 불과하므로 투자권유를 한 것으로 볼 수 없다고 주장하였다.332)

---

330) 서울고등법원 2013.11.7. 선고 2013나2009367 판결.
331) 대법원 2015.1.29. 선고 2013다217498 판결.
332) 서울남부지방법원 2013.5.10. 선고 2011가합17909 판결 참조.

원고와 피고의 이와 같은 주장에 대해 1심은 다음과 같이 설시하면서 본 사안의 투자상품 권유 행위가 금융투자업자의 투자권유에 해당한다고 판결하였고 원심과 대법원도 이를 지지하였다.

"즉 ① 원고 1이 소외 1에게 투자권유를 요청한 것이 아니라 소외 1이 먼저 위 원고에게 이 사건 투자상품을 소개하면서 세이프에셋이 작성한 일임투자제안서 등을 제시하면서 상품 내용 및 그 동안의 운용결과 등에 대하여 비교적 상세하게 설명한 점, ② 원고 1은 소외 1의 설명을 듣고 비로소 이 사건 투자상품에 대하여 알게 되어 투자하려는 의사를 가지게 된 것으로 보이는 점, ③ 원고 1은 소외 1로부터 이 사건 투자상품에 대한 설명을 들은 후 세이프에셋에 전화로 위 투자상품에 관하여 문의하기는 하였으나, 그 전에 이미 소외 1로부터 상품에 관한 대부분의 설명을 들었고 이에 근거하여 투자의사결정을 하게 된 것으로 보이는 점, ④ 원고 1이 이 사건 투자상품에 가입할 의사를 밝히자, 소외 1은 원고 1과 사이에 원고들 명의의 각 투자성향진단결과 확인서 및 각 투자일임계약서를 작성하기도 하였으므로, 일반투자자인 원고 1로서는 소외 1이 이 사건 투자상품을 판매하거나 세이프에셋과의 투자일임계약을 중개하는 역할을 하는 것으로 판단할 수 있는 점, ⑤ 피고가 이 사건 투자상품 가입으로 인하여 운용수익 내지 판매수수료를 취득하지는 않으나 세이프에셋의 각 거래행위마다 거래수수료를 취득하게 되므로 이로 인하여 별다른 이익을 취하지 않는다고 볼 수는 없는 점 등을 종합하면, 피고의 직원인 소외 1은 금융투자업자로서 투자자인 원고들에게 이 사건 투자상품을 권유하는 자의 지위에 있었다고 보아야 할 것이다."[333]

---

333) 서울남부지방법원 2013.5.10. 선고 2011가합17909 판결.

(2) 투자일임계약의 경우 투자권유 관련 규정은 금융투자업자가 직접 취급하는 상품에 한하여 적용된다고 볼 것인지 여부

"피고는, 자본시장법에서 금융투자업자의 투자권유에 관하여 설명 의무 및 적합성 원칙의 준수의무 등 막중한 책임을 부과한 취지 및 투자 일임계약을 취급하는 금융투자업자에게는 별도의 설명의무 등이 부과 되어 있는 점에 비추어, 자본시장법상 투자일임계약에 관한 투자권유는 당해 금융투자업자가 직접 취급하는 투자일임계약을 권유하는 경우로 한정하여 해석하여야 한다고 주장"하였다.[334]

이에 대해 원심은 자본시장법 제9조 제4항에서 투자권유의 대상이 되는 투자일임계약을 반드시 당해 금융투자업자가 직접 취급하는 것에 한정한 바 없고, 투자일임계약을 투자권유하는 금융투자업자와, 투자일 임계약을 직접 체결하는 금융투자업자의 설명의무의 내용이 각자 다르 고, 서로 독자적으로 의무를 부담하는 관계에 있으므로,[335] "설명의무 등의 중복이행을 이유로 다른 금융투자업자가 취급하는 투자일임계약 의 권유를 자본시장법상의 투자권유에서 제외할 것도 아니다"[336] 라고 판시하였으며 대법원도 이를 지지하였다.[337]

---

334) 서울고등법원 2013.11.7. 선고 2013나2009367 판결.
335) 서울고등법원 2013.11.7. 선고 2013나2009367 판결(또한 투자권유를 하는 금 융투자업자가 특정 투자자에 대하여 파악하여 온 투자성향 등에 적합한 투자일 임계약을 소개하고 그 투자일임계약의 기본적인 위험성 등을 설명할 의무와, 투 자일임계약을 취급하는 금융투자업자가 다시 당해 투자자의 투자성향 및 권유하 는 투자일임계약이 그 투자자에게 적합한 것인지 여부를 파악하고 그 투자일임 계약의 구체적인 내용, 수익구조, 위험성 등을 설명할 의무가 반드시 동일한 것 이라고 할 수는 없고, 투자일임계약을 권유하는 금융투자업자와 그 권유에 따라 투자자와 투자일임계약을 체결하는 금융투자업자는 각 독자적인 설명의무 등을 부담하는 것이지 어느 한쪽의 설명의무 등이 이행되면 다른 쪽의 의무가 면제되 는 관계에 있는 것은 아니다).
336) 서울고등법원 2013.11.7. 선고 2013나2009367 판결 참조.
337) 대법원 2015.1.29. 선고 2013다217498 판결.

4. 소 결

자본시장법상 투자광고는 원칙적으로 금융투자업자에 한하여 할 수 있게 규정되어 있고, 투자광고를 할 때에는 동법과 대통령령에서 정한 사항을 반드시 포함하도록 명시하고 있다. 자본시장법상 부당한 투자광고에 대해서는 동법 제64조에 따라 일반적인 손해배상책임이 인정된다. 그리고 표시광고법은 부당한 표시 및 광고 행위를 규제하면서, 이를 위반한 경우 손해배상에 관한 특칙 규정을 별도로 두고 있다(표시광고법 제10조·11조). 그런데 자본시장법상 부당투자권유행위 및 투자광고행위와 표시광고법상의 부당광고행위는 실제로 해당 투자자가 투자결정을 한 때 어느 규정에 의해 해당 부당광고를 하게 되었는지 판단하기가 어렵다. 결국 양 법률의 적용관계의 문제로 귀결되는데, 금융투자상품과 관련한 부당광고행위에 대해서는 표시광고법이 우선 적용되며, 양자가 중첩되지 아니한 범위에서 각각 적용된다고 본다.

한편 부당권유행위를 금지하는 구 증권거래법 제52조 제1호에 대해 대법원은 강행법규로 보고 이를 위반한 경우 해당 약정 또는 실행행위에 대해 무효라고 판시하고 있다.[338] 그런데 이와 같은 논리를 투자광고에도 적용할 수 있을 것인지가 문제된다.

생각건대, 부당광고에 의한 정보를 바탕으로 인터넷을 통해 비대면으로 금융투자거래를 하는 경우를 상정해 보면, 투자권유 규정과 마찬가지로 투자광고에 관한 규정도 강행법규로 보아야 할 것이다.

---

338) 대법원 2003.1.24. 선고 2001다2129 판결; 대법원 2002.12.26. 선고 2000다56952 판결.

VI. 내부자거래 금지

1. 개 념

내부자거래란 회사 임직원 등의 내부자가 그 지위에 의해 얻게 된 특별한 정보를 이용하여 금융투자상품거래를 함으로써 불공정한 이익을 얻는 행위를 말한다. 자본시장법에서는 회사 등의 내부자와 일반 투자자 간의 정보비대칭으로 인해 발생하는 불공정성을 해소하기 위하여 내부정보를 이용한 불공정 거래행위를 규제하고 있다.[339]

단기매매차익 반환(동법 제172조), 임원 등의 특정증권 등 소유상황 보고(동법 제173조), 미공개중요정보 이용행위 금지(동법 제174조), 장내 파생상품 대량보유보고(동법 제173조의2 제1항), 장내파생상품 시세영향 정보 이용행위 금지(동법 제173조의2 제2항) 등이 이에 해당한다.

이하에서는 이 규정들 중에서 거래상대방으로서 파생상품 투자자가 직접 활용할 수 있는 미공개중요정보 이용행위 금지, 장내파생상품 관련 시세영향정보 이용행위 금지에 관한 규정들을 살펴보기로 한다.[340] 미공개중요정보 이용행위 금지에 관한 규정의 경우 위반 시 손해배상에 관하여 특별한 규정을 두고 있으나 헌법재판소도 인정하고 있듯이 내부자거래의 특성상 "실제로 내부자가 회사의 내부정보를 이용하였음을 증명하는 것은 매우 어려워"[341] 투자자보호에 있어서 실효성이

---

339) 同旨: 헌재 2002. 12. 18. 99헌바105, 2001헌바48(병합) 결정.
340) 미공개중요정보 이용행위 금지 관련 규정 중에서 단기매매차익 반환의 경우 그 반환청구 주체가 해당 법인으로 한정되어 있어 투자자가 활용할 수 있는 직접적인 구제수단으로 보기는 어렵고, 입법론적으로 그 주체를 달리 확대할 필요가 인정되지 않는 한 투자자 보호의 법리로 검토할 필요성은 낮다. 그리고 증권 등의 보유상황보고에 관한 제173조, 제173조의2 제1항의 규정들도 직접적으로 투자자를 보호하기 위한 규정이라기보다는 행정규제적 성격이 강하다.

낮기 때문에 해당 조문 내용을 상세히 검토하기보다는 주요 골자를 중심으로 살펴보고 관련 쟁점들을 검토하기로 한다.

2. 내 용

가. 미공개중요정보 이용행위 금지

미공개중요정보 이용행위 금지에 관한 규정이 파생상품거래에도 적용될 수 있다. 왜냐하면 자본시장법 제174조 제1항부터 제3항까지 공통적으로 적용되는 '특정증권 등'의 개념에는 '상장법인 또는 상장예정법인이 발행한 증권[342] 및 이와 관련된 증권예탁증권, 그 법인 외의 자가 발행한 동 증권 및 증권예탁증권과 교환을 청구할 수 있는 교환사채권만을 기초자산으로 하는 금융투자상품'이 포함되어 있는데(자본시장법 제172조 제1항), 여기서의 금융투자상품에는 이러한 특정증권 등을 기초자산으로 하는 파생상품이 포함되기 때문이다.

(1) 의의 및 주체

상장법인, 공개매수예정자, 주식 등의 대량취득·처분예정자 등과 일정한 관계가 있는 자로서 업무와 관련된 미공개중요정보, 주식 등에 대한 공개매수·대량취득·처분의 실시 또는 중지에 관한 미공개정보를 알게 된 자나 그로부터 이러한 미공개정보를 받은 자는 해당 미공개정보를 '특정증권 등'의 매매, 그 밖의 거래에 이용하거나 타인에게 이용하게 하여서는 아니 된다(자본시장법 제174조 제1항~제3항).

---

341) 헌재 2012.5.31. 2011헌바102 결정.
342) 다만, 자본시장법 시행령 제196조에서 정하는 채무증권의 일부, 수익증권은 제외하고, 특정증권 등을 기초자산으로 한 파생결합증권은 포함한다(자본시장법 제172조 제1항).

자본시장법은 법인, 임직원·대리인, 주요 주주, 감독권자, 계약상 대방[343] 외에 이러한 내부자로부터 정보를 제공받은 외부의 정보수령자(tippee)를 행위주체로 명시하고 있다(자본시장법 제174조 제1항 제6호, 제2항 제6호, 제3항 제6호).

정보수령자의 경우 내부자로부터의 직접 제공받은 1차 정보수령자 외에 2차 이상의 단계에 있는 정보수령자는 적용대상에 해당되지 않는다고 본다.[344] 이와 관련하여 대법원은 2차 정보수령자 이후의 사람은 동 조항의 적용대상에 해당되지 않는 것이 원칙이지만 1차 정보수령자가 1차로 정보를 받은 단계에서 그 정보를 거래에 막바로 이용하는 행위에 2차 정보수령자가 공동 가담한 경우에는 공동정범으로 처벌될 수 있다고 판시한 바 있다.[345]

(2) '미공개정보'를 '이용하거나 타인에게 이용하게 하는 행위'

'미공개중요정보'란 "투자자의 투자판단에 중대한 영향을 미칠 수 있는 정보로서 대통령령으로 정하는 방법에 따라 불특정 다수인이 알 수 있도록 공개되기 전의 것"을 말한다(자본시장법 제174조 제1항). '대통령령으로 정하는 방법'에 관하여 자본시장법 시행령 제201조 제2항에서는 개별 공개방법과 그에 따른 공중이 공지하게 되는 최소한의 시간을 정하고 있다. 이에 따르면 신문·방송에 공개되는 정보는 6시간, 감독당국에 대한 보고서류에 기재된 정보는 1일이 경과하여야 해당 내부자가 동 조항에 저촉되지 않고 거래를 할 수 있게 된다.

'중요정보'는 투자자의 투자판단에 중대한 영향을 미칠 수 있는 정보로서 대법원 판례에 따르면 "합리적인 투자자라면 그 정보의 중대성과

---

343) 판례에 따르면 계약상대방은 서면계약에 한하지 않고 구두계약의 합의단계에 있는 자도 이에 해당한다고 본다(대법원 2014.2.27. 선고 2011도9457 판결).
344) 同旨: 임재연, 전게서(註 201), 906~907면.
345) 대법원 2009.12.10. 선고 2008도6953 판결.

사실이 발생할 개연성을 비교 평가하여 판단할 경우 유가증권의 거래에 관한 의사를 결정함에 있어서 중요한 가치를 지닌다고 생각하는 정보"를 말한다.346) 이는 미국 판례에서 채택된 개연성-중대성 기준(probability-magnitude test)과 고도의 가능성 기준(substantially likelihood test)에 입각한 판결로 이해된다.347) 중요정보라 할지라도 사실에 입각한 정보가 아니라 허위의 정보는 이에 해당하지 아니한다.348)

이러한 중요한 정보가 생성되는 것은 시간진행상 단계적으로 이루어지는데 정보생성시기에 대해 대법원은 "정보가 객관적으로 명확하고 확실하게 완성된 경우에만 중요정보가 생성되었다고 할 것은 아니고, 합리적인 투자자의 입장에서 그 정보의 중대성 및 사실이 발생할 개연성을 비교 평가하여 유가증권의 거래에 관한 의사결정에서 중요한 가치를 지닌다고 생각할 정도로 구체화되었다면 중요정보가 생성된 것으로 보아야 한다"349)고 판시하고 있다.350)

한편, 미공개중요정보를 '이용하거나 타인에게 이용하게 하는 행

---

346) 대법원 2006.5.11. 선고 2003도4320 판결.

347) '개연성-중대성 기준'은 SEC v. Texas Gulf Sulphur Co., 401 F.2d 833 (2d Cir.1968) 판결에서 처음 채택되었고, '고도의 가능성 기준'은 TSC Industries, Inc. v. Northway, Inc., 426 U.S. 438 (1976) 판결에서 처음 채택되었다고 한다. 이에 대한 자세한 내용은 임재연, 전게서(註 201), 919면 본문, 註 182) 참조.

348) 同旨: 임재연, 상게서(註 201), 922면.

349) 대법원 2009.11.26. 선고 2008도9623 판결; 대법원 2009.7.9. 선고 2009도 1374 판결; 대법원 2008.11.27. 선고 2008도6219 판결; 대법원 2006.5.11. 선고 2003도4320 판결.

350) 판례에 따르면 주가부양방법으로 자사주 취득 후 이익소각의 방안이 확정되지는 않았지만 구체적으로 검토되고 있다는 정보(대법원 2009.11.26. 선고 2008도 9623 판결), 주식회사의 자기주식 취득이 결정되었거나 적어도 확실히 예견되는 상황에 관한 정보(대법원 2009.7.9. 선고 2009도1374 판결), 회사의 적자가 누적됨에 따라 자본 부족 문제로 인하여 재무구조가 급속히 나빠져 회사의 경영상황이 악화될 것이며, 추가 자기자본 확충을 위하여 조만간 수천억 원 이상 규모의 유상증자가 이루어져야 하는 상황에 관한 정보(대법원 2008.11.27. 선고 2008도 6219 판결) 등이 중요정보에 해당한다.

위'가 금지된다. 미공개정보를 '이용'한다는 것은 해당 정보가 투자판단에 하나의 요인으로 작용되는 경우를 말한다.351) 따라서 해당 정보를 인식하였으나 통상시와 동일한 거래동기 하에 거래를 하는 경우에 대해 정보를 '이용'하였다고 볼 수는 없다.

일본 금융상품거래법 제166조 제1항에서는 미공개정보 이용행위의 대상에 유상의 거래에 한하는 것으로 명시하고 있기 때문에 논란의 여지가 없지만, 자본시장법에서 "그 밖의 거래"에 무상의 증여가 포함되는지 여부가 문제된다.

생각건대, 중요정보를 인식하였으나 종전부터 보유하던 특정증권 등의 처분을 유예하는 경우에 대해 동 조항을 적용하기 어렵다고 보면 역시 거래당사자를 제외한 나머지 투자자들로서는 증여거래에 대해 이익 귀속에 변동이 없는 처분 유예의 경우와 동일하게 볼 수 있다는 점에서, 이를 부정하는 견해352)가 타당하다고 본다.353) 한편, 대법원은 '이용'에 대해 자기계산이든 타인계산이든 묻지 않고, 다만 (불공정한) 이익의 추구 또는 귀속이 필요하다는 취지로 판시하고 있다.354) 그리고 미공개정보를 이용한 데 그치지 않고 실제로 거래가 이루어진 결과가 있어야 하는지 여부에 대해 논란의 여지가 있으나 자본시장법 제174조의 법문에 충실한 해석을 한다면 해당 정보의 이용행위만 있으면 거래결과를 요하지는 아니한다고 보아야 할 것이다.355)

---

351) 김건식 · 정순섭, 전게서(註 321), 327면.
352) 임재연, 전게서(註 201), 934면.
353) 회사 내부자가 증여세를 낮추기 위하여 자본잠식 탈피 등 장기적인 호재성 정보의 공개 전에 증여를 하는 경우를 상정할 수도 있겠지만, 증여세 포탈 등은 자본시장법의 규범의 목적범위를 벗어난 것으로 볼 것이다.
354) 대법원 2009.7.9. 선고 2009도1374 판결.
355) 反對: 임재연, 전게서(註 201), 937~940면 참조.

나. 장내파생상품 관련 시세영향정보 이용행위 금지

장내파생상품과 일정한 관련이 있는 자로서 파생상품시장에서의 시세에 영향을 미칠 수 있는 정보를 업무와 관련하여 알게 된 자와 그 자로부터 그 정보를 전달받은 자는 그 정보를 누설하거나, 자본시장법 제173조의2 제1항에 따른 장내파생상품356) 및 그 기초자산의 매매나 그 밖의 거래에 이용하거나, 타인으로 하여금 이용하게 하여서는 아니 된다(자본시장법 제173조의2 제2항).

이에 따라 장외파생상품에 대해서는 자본시장법 제174조, 장내파생상품에는 본 조항의 적용 여부가 우선 검토될 것이다.

본 조항에 의해 규제대상이 되는 자는 (i) 장내파생상품의 시세에 영향을 미칠 수 있는 정책을 입안·수립 또는 집행하는 자, (ii) 장내파생상품의 시세에 영향을 미칠 수 있는 정보를 생성·관리하는 자, (iii) 장내파생상품의 기초자산의 중개·유통 또는 검사와 관련된 업무에 종사하는 자이다.

금지되는 행위의 내용은 자본시장법 제174조와는 달리 해당 정보를 장내파생상품 및 그 기초자산의 매매나 그 밖의 거래에 이용하거나 타인에게 이용하게 하는 행위 외에 '해당 정보를 외부에 누설하는 행위'를 포함한다.

여기서 '시세에 영향을 미칠 수 있는 정보'란 장내파생상품 자체에 관한 규제 등에 관한 정보나 그 기초자산의 수급에 관한 정보(주식선물, 돈육선물 등의 경우) 등을 포함하여 수요·공급의 법칙에 따라 형성되는 시세에 영향을 미칠 수 있는 정보를 말한다. 시세는 수요와 공급 요인 양쪽으로 작용하는 투자자의 투자의사에 따라 형성되므로 실질적으로

---

356) 자본시장법 제4조 제10항 제3호에 따른 일반상품, 그 밖에 대통령령으로 정하는 것을 기초자산으로 하는 파생상품으로서 파생상품시장에서 거래되는 것만 해당한다(자본시장법 제173조의2 제1항).

'투자자의 투자판단에 중대한 영향을 미칠 수 있는 정보'에 해당할 것이나 수요·공급의 법칙에 따라 즉시 시세가 형성되는 장내거래가 아닌 장외거래에 영향을 미칠 정보는 제외될 것이다.

자본시장법 제173조의2 제2항을 위반하여 해당 정보를 누설하거나, 장내파생상품 및 그 기초자산의 매매나 그 밖의 거래에 이용하거나, 타인으로 하여금 이용하게 한 자는 형사처벌(3년 이하의 징역 또는 1억원 이하의 벌금) 대상이 될 수 있다(동법 제445조 제22호의2).

다. 손해배상책임

자본시장법 제174조의 미공개중요정보 이용행위 금지 규정을 위반한 자는 해당 특정증권 등의 매매, 그 밖의 거래를 한 자가 그 매매, 그 밖의 거래와 관련하여 입은 손해를 배상할 책임을 진다(자본시장법 제175조 제1항). 동 손해배상청구권은 청구권자가 제174조를 위반한 행위가 있었던 사실을 안 날부터 1년간 또는 그 행위가 있었던 날부터 3년간 이를 행사하지 아니한 경우에는 시효로 인하여 소멸한다(자본시장법 제175조 제2항). 이때 1년의 소멸시효는 "청구권자가 그 위반행위가 있었던 사실을 안 때"부터 기산되며, 유죄의 형사판결이 선고되거나 확정된 때부터 기산되는 것은 아니다.[357]

동 규정에 따른 손해배상책임의 주체는 미공개정보를 이용하여 실제로 매매 그 밖의 거래를 수행한 자이다. 자본시장법 제175조에 따른 손해배상청구권자는 미공개정보 이용행위자가 거래할 당시 직접 거래상대방이 되었거나 같은 종목의 특정증권 등의 유상거래를 한 자이다.[358]

손해배상청구권자는 내부자의 고의, 과실을 증명할 필요 없이 내부자의 내부거래사실, 내부자의 거래와 손해의 관련성과 손해액만을 증명

357) 대법원 2002.12.26. 선고 2000다23440 판결.
358) 김건식·정순섭, 전게서(註 321), 329면 참조.

하면 된다.

손해액은 내부자거래가 없었다면 형성되었을 가격과 피해자가 실제로 거래한 가격의 차액으로 보는 견해[359]와, 미공개정보의 공개 후 시장에 반영된 가격과 실제로 거래한 가격의 차액으로 보는 견해가 있을 수 있으나 국내 학설이나 판례가 확립되어 있지 않다.[360]

[표 3] 한국거래소 장내파생상품 종류[361]

구 분	상품내역
주가지수상품	코스피200선물, 코스피200옵션, 섹터지수선물, 코스닥 150선물 등
기타지수상품	코스피200변동성지수선물 등
개별주식상품	개별주식선물, 개별주식옵션
채권/금리상품	3년, 5년, 10년 국채선물
통화상품	미국달러선물, 미국달러옵션, 엔 · 유로선물 등
Commodity상품	금선물, 돈육선물

한편, 자본시장법 제174조 미공개중요정보 이용행위의 경우와는

---

359) 참고판례: 대법원 2004.5.28. 선고 2003다69607 판결[증권거래법 제188조의4 제2항 제1호의 시세조종행위로 인하여 형성된 가격에 의하여 유가증권시장 또는 코스닥시장에서 당해 유가증권의 매매거래 또는 위탁을 한 투자자가 그 매매거래 또는 위탁에 관하여 입은 손해를 산정함에 있어서는, 그와 같은 시세조종행위가 없었더라면 매수 당시 형성되었으리라고 인정되는 주가(이하 '정상주가'라 한다)와 시세조종행위로 인하여 형성된 주가로서 그 투자자가 실제로 매수한 주가(이하 '조작주가'라 한다)와의 차액 상당(만약, 정상주가 이상의 가격으로 실제 매도한 경우에는 조작주가와 그 매도주가와의 차액 상당)을 손해로 볼 수 있다].
360) 임재연,「자본시장법과 불공정거래-내부자거래 · 시세조종 · 부정거래행위-」(박영사, 2014.11), 522~523면.
361) 한국금융투자협회, 장내파생상품 거래설명서(2016.6), 4면.

달리 장내파생상품 관련 시세영향정보 이용행위에 대해서는 제175조 손해배상 특칙조항이 적용되지 아니한다. 파생상품거래에 있어서 제174조가 적용되는 경우는 해당 법인이 발행한 증권 및 증권예탁증권 등만을 기초자산으로 하는 파생상품에 한하고,[362] 주가지수 · 금리 · 통화 · 일반상품을 기초자산으로 하는 파생상품에는 적용될 수 없다는 점을 고려한다면, 자본시장법 제174조의 위반행위에 대해서만 손해배상의 특칙을 규정하고 있는 제175조는 장내파생상품의 시세에 영향을 미칠 수 있는 중요한 내부정보를 이용한 거래로 인하여 손해를 입은 투자자를 보호하기에는 미흡한 것으로 판단된다.

입법론으로는 자본시장법 제175조의 손해배상의 특칙이 인정되는 내부자거래 행위에는 제174조뿐만 아니라 제173조의2 제2항도 적용될 수 있도록 개정되는 것이 바람직하다고 생각된다. 다만, 관련 정보의 누설행위에 대해서는 형사책임 외에 손해배상 특칙을 적용할 필요는 없다고 본다.

3. 판례연구 — 미공개정보를 이용한 콜옵션거래에 대해 부정유용이론에 따라 Rule 10b-5 위반을 인정한 미국 *United States v. O'Hagan* 사건[363]

동 사안은 공개매수에 관한 미공개정보를 이용하여 장내파생상품 콜옵션 거래를 하여 Rule 10b-5 위반이 인정된 사례이다.

가. 사건 개요

James Herman O'Hagan은 Dorsey & Whitney 로펌의 파트너변호

---

362) 따라서 장내파생상품의 경우에는 주식선물, 주식옵션에 한하여 자본시장법 제174조 및 제175조가 적용될 수 있다.
363) 521 U.S. 642, 117 S Ct. 2199 (1997).

사인데, Dorsey & Whitney는 1988년 7월 당시 Pillsbury Company에 대한 인수를 검토하고 있던 Grand Met PLC의 고문로펌이었다. Grand Met PLC가 인수자금 마련 등을 이유로 공개매수절차를 본격적으로 진행하기 전인 1988년 8월 O'Hagan은 Pillsbury 주식에 대한 9월 17일 만기의 콜옵션을 매입하는 등으로 9월 말까지 2,500계약의 콜옵션과 5,000주의 Pillsbury 보통주를 매입하였다.

1988년 10월 4일 Grand Met PLC가 Pillsbury Company에 대한 공개매수를 발표하자 O'Hagan은 자신의 모든 콜옵션을 행사하는 동시에 그전에 매입한 보통주 5,000주를 매도하여 4.3백만달러 이상의 수익을 거두었다.

SEC가 O'Hagan의 거래내역에 대한 조사에 착수하여 O'Hagan은 결국 57건에 대해 mail fraud(18 U.S.C. § 1341), securities fraud[SEA § 10(b), Rule 10b-5], 자금세탁방지법 위반[18 U.S.C. §§ 1956(a)(1)(B)(i), 1957] 등의 혐의사실로 기소되었고, 1심에서 41개월의 징역형이 선고되었다. 이에 O'Hagan이 항소하였는데 The Eighth Circuit Court of Appeals은 1심을 뒤집고 피고인의 무죄를 선고하였다. 그러나 상고심인 연방대법원은 다시 원심 판결을 뒤집어 O'Hagan의 Rule 10b-5 위반을 인정하였다.

나. 주요 쟁점 및 법원의 판단

본 사안에서의 쟁점은 Pillsbury Company에 대한 공개매수의 대리업무를 직접적으로 담당하지 않고 있던 O'Hagan이 자신이 속한 로펌이 취득한 미공개정보를 이용하여 콜옵션거래를 한 행위가 Rule 10b-5의 securities fraud에 해당되는지 여부이다.

SEC와 담당 검사는 부정유용이론(misappropriation theory)에 입각하여 원고의 유죄를 주장하였으나 항소심인 The Eighth Circuit Court of Appeals은 SEA § 10(b)와 Rule 10b-5가 부정유용이론에 기초를 두지 않고 있다는 것을 이유로 이를 받아들이지 않았다.[364]

이에 대해 연방대법원은 "해당 정보원(source of the information)에 대한 신인의무(fiduciary duty)를 위반하여 부정유용된 미공개정보를 이용하여 사적 이익을 목적으로 증권거래를 한 자는 SEA § 10(b)와 Rule 10b-5 위반의 죄책을 질 수 있다"고 판시하였다.

다. 본 판결의 의의

본 판결은 미공개정보를 이용하여 장내파생상품 콜옵션 거래를 한 행위에 대해 미국 연방대법원이 SEA § 10(b)와 Rule 10b-5 위반의 죄책을 인정한 것이다. 자신이 지득한 미공개정보를 부정유용하여 특정 콜옵션을 집중적으로 대량 매수하여 시세차익을 얻었다면 형사책임뿐만 아니라 민사책임도 문제될 수 있었을 것이다.

미국에서는 내부자거래를 규제하는 이론으로서 모든 증권거래자들은 미공개 중요정보를 보유하고 있는 경우 이를 시장에 공개할 의무를 지고 이를 이행하지 않는 경우 증권거래를 할 수 없다는 정보평등의 이론(equal access theory), 미공개정보를 공개할 의무를 신뢰관계가 있는 상대방으로 제한하는 신뢰관계이론(relationship of trust and confidence theory), 신뢰관계가 인정되지 않더라도 구조적으로 미공개정보에 접근할 수 있는 시장비참가자 등에게까지 확장하여 정보공개의무를 인정하고자 하는 부정유용이론(misappropriation theory) 등으로 발전하여 왔다.[365] 본 판결은 부정유용이론이 연방대법원의 판결로 확립되게 된 계

---

364) United States v. O'Hagan, 92 F.3d 612 (1996).
365) 자세한 내용은 김화진, 「자본시장법 이론」(박영사, 2014), 98~114면; 윤승영, "헤지펀드와 관련된 불공정거래행위에 관한 고찰―미국의 사례를 중심으로―," 「증권법연구」(한국증권법학회), 제12권 제3호(2011), 148~152면 참조.

기가 된 판결로서도 그 의의가 인정된다.[366]

4. 소 결

자본시장법 제174조의 미공개정보 이용행위 금지 규정은 '특정증권 등'을 기초자산으로 한 파생상품거래에 적용될 수 있고, 제173조의2의 장내파생상품 관련 시세영향정보 이용행위 금지 규정은 장내파생상품의 기초자산에 대한 거래뿐만 아니라 장내파생상품 자체의 거래에 시세영향정보를 이용하는 행위 등에 적용될 수 있다.

자본시장법 제174조의 적용범위와 관련하여 미공개중요정보를 「특정증권 등'의 매매, 그 밖의 거래에 이용하거나 타인에게 이용하게 하는 행위」가 금지되는데, '그 밖의 거래'에 무상의 증여가 포함되는지 여부에 대해 논란의 소지가 있으므로 일본 금융상품거래법 제166조 제1항과 같이 유상의 거래에 한정하여 인정되는 것으로 명시할 필요가 있다. 또한 본문에서 언급한 바와 같이 자본시장법 제175조의 손해배상의 특칙이 인정되는 내부자거래 행위에는 제174조뿐만 아니라 제173조의2 제2항도 적용될 수 있도록 개정하는 것이 바람직하다고 생각된다.

한편, 미공개정보 이용행위에 대한 손해배상청구권은 청구권자가 제174조를 위반한 행위가 있었던 사실을 안 날부터 1년간 또는 그 행위가 있었던 날부터 3년간 이를 행사하지 아니한 경우에는 시효로 인하여 소멸하게 되는데(자본시장법 제175조 제2항), 3년의 단기시효에 의해 투자자의 청구권행사가 불가능해질 우려가 있으므로 내부자거래 금지 규정의 위반행위가 적발되어 관련자가 형사기소되는 경우 회사가 의무적으로 공시하도록 의무공시대상으로 지정하여 운용할 필요가 있다.[367]

---

366) *See* Brian W. Morgan, "United States v. O'Hagan: Recognition of the Misappropriation Theory," 13 *BYU J. Pub. L.* 147 (1998).
367) 참고적으로 「유가증권시장 공시규정」(한국거래소 제정) 제7조 제1항 제2호 라

Ⅶ. 시세조종 금지

시세조종 금지 관련 규정은 그 직접적인 적용대상을 '장내파생상품'의 거래로 명시하고 있고, 또한 자본시장법 제177조에 따라 특정증권에 관한 시세조종으로 인하여 형성된 가격에 의하여 '파생상품'에 관한 매매 등으로 손해를 입은 경우에 적용될 수 있다.

1. 개 념

시세조종행위란 "(수요공급의 법칙에 따라 정해지는) 가격결정에 인위적인 조작을 가하는 것으로서, 증권시장에서 특정증권에 관한 시세나 거래량을 인위적으로 변동시킴으로써 시세차익을 얻고자 하는 조작행위"[368]를 말한다.

자본시장법 제176조에서는 '시세조종행위 등의 금지'라는 조 제목 하에 위장거래(통정매매 · 가장매매)(제1항), 허위표시 및 시장조작사실 유포(제2항), 시세고정행위(제3항), 연계시세조종행위(제4항) 등을 규정하는 한편, 제177조에서는 시세조종행위에 대한 손해배상책임에 관한 특칙을 규정하고 있다.

국내 증권거래법상 시세조종에 관한 규정은 1962년 제정 구 증권거래법 제105조에서부터 규정되어 왔으며, 1997년 1월 개정으로 제188조의4에 이어져 왔다.[369]

미국에서는 1934년 증권거래법(Securities Exchange Act) § 9에 불법적인 시세조종행위 유형을 규정하고 전국증권거래소에 상장된 증권의

목 (3)에서는 임직원의 횡령 · 배임 사실을 의무공시대상으로 명시하고 있다.
368) 김용재, 전게서(註 197), 633면 참조.
369) 임재연, 전게서(註 201), 947면.

시세조종행위를 규율하고 있다.370) 그 유형으로는 가장매매[SEA §
9(a)(1)(A)], 통정매매[SEA § 9(a)(1)(B)・(C)], 현실거래에 의한 시세조종
[SEA § 9(a)(2)], 시장조작사실유포[SEA § 9(a)(3)・(5)], 허위사실부실표시
[SEA § 9(a)(4)], 시세고정행위[SEA § 9(a)(6)] 등이 있다. 일본의 경우 금
융상품거래법 제159조에서 시세조종행위에 대해 규율하고 있으며, 그
내용은 국내 자본시장법과 유사하다.

　　또한 유럽연합은 '내부자거래 및 시세조종(시장남용)에 관한 지침'
[Directive on insider dealing and market manipulation(market abuse)]을
마련하고 있다.371)

　　이하에서는 자본시장법상 시세조종행위의 유형을 조문내용을 중
심으로 살펴보기로 한다.

2. 내 용

가. 위장매매

　　자본시장법은 통정매매(matched orders)에 대하여 "누구든지 상장
증권 또는 장내파생상품의 매매에 관하여 그 매매가 성황을 이루고 있
는 듯이 잘못 알게 하거나, 그 밖에 타인에게 그릇된 판단을 하게 할 목
적으로 자기가 매도[매수]하는 것과 같은 시기에 그와 같은 가격 또는 약

---

370) 이에 따라 NASDAQ 및 장외시장에서 이루어진 시세조종행위에 대해서는 SEA
　　§ 9가 적용되지 않고, SEA § 10(b), Rule 10b-5가 적용된다[임재연, 전게서(註
　　201), 948면].

371) Directive 2003/6/EC of the European Parliament and of the Council of 28
　　January 2003 on insider dealing and market manipulation (market abuse). 동
　　지침의 내용에 관하여는 김홍기, "자본시장법상 파생상품 연계 불공정거래행위
　　에 관한 연구,"「법조」(법조협회), 제58권 제9호(통권 제636호)(2009.9), 52~53
　　면 참조.

정수치로 타인이 그 증권 또는 장내파생상품을 매수[매도]할 것을 사전에 그 자와 서로 짠 후 매도[매수]하는 행위를 하여서는 아니 된다"라고 규정하고 있다(자본시장법 제176조 제1항 제1호·제2호). 통정매매는 거래당사자가 서로 통정하여 정상적인 시장과는 다른 거래조건으로 동일 시간대에 매매목적물을 매도매수하는 것을 말한다.[372]

그리고 가장매매(wash sales)란 권리이전의 의사는 없이 형식적으로 매매의 외관을 작출하는 행위를 말한다. 자본시장법은 "누구든지 상장증권 또는 장내파생상품의 매매에 관하여 그 매매가 성황을 이루고 있는 듯이 잘못 알게 하거나, 그 밖에 타인에게 그릇된 판단을 하게 할 목적으로 그 증권 또는 장내파생상품의 매매를 함에 있어서 그 권리의 이전을 목적으로 하지 아니하는 거짓으로 꾸민 매매를 하는 행위를 하여서는 아니 된다"라고 규정하고 있다(자본시장법 제176조 제1항 제3호).[373] 통정매매와 가장매매를 통칭하여 위장매매(fictitious transaction)라 한다.[374]

위장매매가 성립하기 위하여는 "통정매매 또는 가장매매 사실 외에 주관적 요건으로 거래가 성황을 이루고 있는 듯이 오인하게 하거나, 기타 타인으로 하여금 그릇된 판단을 하게 할 목적이 있어야 함은 물론이나, 이러한 목적은 다른 목적과의 공존여부나 어느 목적이 주된 것인지는 문제되지 아니하고, 그 목적에 대한 인식의 정도는 적극적 의욕이나 확정적 인식임을 요하지 아니하고 미필적 인식이 있으면 족하며, 투자자의 오해를 실제로 유발하였는지 여부나 타인에게 손해가 발생하였는

---

372) 참고판례: 대법원 2013.9.26. 선고 2013도5214 판결(통정매매라 함은, 상장유가증권 또는 협회중개시장에 등록된 유가증권의 매매거래에 관하여 양 당사자가 미리 통정한 후 동일 유가증권에 대하여 같은 시기에 같은 가격으로 매수 또는 매도하는 행위를 말한다) (구 증권거래법에 의한 판결이다); 대법원 2013.7.11. 선고 2011도15056 판결.

373) 대법원 2013.7.11. 선고 2011도15056 판결(가장매매라 함은 매수계좌와 매도계좌가 동일한 경우 또는 그 계좌가 다르더라도 계산 주체가 동일한 경우를 의미한다).

374) 임재연, 전게서(註 201), 953면.

지 여부 등도 문제가 되지 아니한다."[375]

법문에서 "매매가 성황을 이루고 있는 듯이 잘못 알게 할 목적"이란 "인위적인 통정매매에 의하여 거래가 일어났음에도 투자자들에게는 유가증권시장에서 자연스러운 거래가 일어난 것처럼 오인하게 할 의사"[376]를 말한다.

당사자가 이러한 자신의 목적성에 대해 자백하지 않더라도 "그 유가증권의 성격과 발행된 유가증권의 총수, 매매거래의 동기와 태양(순차적 가격상승주문 또는 가장매매, 시장관여율의 정도, 지속적인 종가관여 등), 그 유가증권의 가격 및 거래량의 동향, 전후의 거래상황, 거래의 경제적 합리성 및 공정성 등의 간접사실을 종합적으로 고려하여 판단할 수 있다(대법원 2005.4.15. 선고 2005도632 판결, 대법원 2012.6.28. 선고 2010도4604 판결 등 참조)."[377]

거래당사자의 '목적'에 대한 증명책임 소재에 대해 위장매매의 당사자가 자신이 그러한 목적이 없었음을 증명하여야 한다는 견해[378]도 있으나, 목적성은 초과주관적 구성요건에 해당하므로 이에 대한 증명책임은 원칙적으로 이를 주장하는 자에게 있다고 보아야 하며, 다만 주관적 요건의 엄격한 증명은 현실적으로 곤란하다는 점에서 다른 간접사실을 통해 완화하여 인정하고자 하는 대법원의 태도가 타당하다고 본다.

한편, "통정매매는 반드시 매도인과 매수인 사이에 직접적인 협의가 이루어져야 하는 것은 아니고 그 중간에 매도인과 매수인을 지배·

---

375) 대법원 2001.11.27. 선고 2001도3567 판결.
376) 대법원 2010.12.9. 선고 2009도6411 판결; 대법원 2001.11.27. 선고 2001도 3567 판결(본 판결에서는 "매매가 성황을 이루고 있는 듯이 잘못 알게 할 목적" 을, "일반투자자들에 대하여 해당 거래가 증권시장에서의 정상적인 수요공급에 의하여 빈번하고 대량으로 행하여지고 있는 것 같이 잘못 알게 한다는 점에 대한 인식을 지닌 상태"로 정의하였다).
377) 대법원 2013.9.26. 선고 2013도5214 판결.
378) 임재연, 전게서(註 201), 959면.

장악하는 주체가 있어 그가 양자 사이의 거래가 체결되도록 주도적으로 기획·조종한 결과 실제 매매가 체결되는 경우도 포함한다."[379] 그리고 "동일인이 서로 다른 손익의 귀속 주체들로부터 각 계좌의 관리를 위임받아 함께 관리하면서 거래가 성황을 이루고 있는 듯이 잘못 알게 하거나 기타 타인으로 하여금 그릇된 판단을 하게 할 목적으로 각 계좌 상호 간에 같은 시기에 같은 가격으로 매매가 이루어지도록 하는 행위도 위통정매매에 해당한다."[380]

미국 SEA § 9(a)(1)와는 달리 자본시장법상 통정매매로 인정되는 거래 형태는 같은 시기에 같은 가격으로 매매가 이루어지면 되고, 그 수량까지 같을 필요는 없다.

나. 매매유인목적 시세변동, 허위표시 등

자본시장법 제176조 제2항에서는 "누구든지 상장증권 또는 장내파생상품의 매매를 유인할 목적으로 다음 각 호의 어느 하나에 해당하는 행위를 하여서는 아니 된다"고 규정하고, 매매성황오인유발 또는 시세변동(제1호), 시장조작사실 유포(제2호), 허위표시 또는 오해유발표시행위(제3호)를 금하고 있다.

제1호의 매매성황오인유발 또는 시세변동 행위는 이른바 '현실매매에 의한 시세조종'을 규제하고, 제2호와 제3호는 표시에 의한 시세조종행위를 규제하기 위한 것이다.[381]

'매매를 유인할 목적'이란 "인위적인 조작을 가하여 시세를 변동시킴에도 불구하고, 투자자에게는 그 시세가 유가증권시장 등에서의 자연적인 수요·공급의 원칙에 의하여 형성된 것으로 오인시켜 유가증권의

---

379) 대법원 2013.9.26. 선고 2013도5214 판결.
380) 대법원 2013.7.11. 선고 2011도15056 판결.
381) 임재연, 전게서(註 201), 961면.

매매에 끌어들이려는 것을 말하고, 이 역시 다른 목적과의 공존 여부나 어느 목적이 주된 것인지는 문제되지 아니하며, 목적에 대한 인식은 미필적 인식으로 충분하다."382) 이 매매유인목적의 유무는 "당사자가 이를 자백하지 않더라도 그 유가증권의 성격과 발행된 유가증권의 총수, 가격 및 거래량의 동향, 전후의 거래상황, 거래의 경제적 합리성과 공정성, 가장 혹은 허위매매 여부, 시장관여율의 정도, 지속적인 종가관리 등 거래의 동기와 태양 등의 간접사실을 종합적으로 고려하여 이를 판단할 수 있다(대법원 2006.5.11. 선고 2003도4320 판결 참조)."383)

제1호의 시세변동행위에는 매수의사 없이 하는 허수주문,384) 상장 시초가변동385) 등이 포함된다.386)

제2호에서는 해당 증권 또는 장내파생상품의 "시세가 자기 또는 타인의 시장 조작에 의하여 변동한다는 말을 유포"하는 행위를 규제하고, 제3호에서는 "매매를 함에 있어서 중요한 사실에 관하여 거짓의 표시 또는 오해를 유발시키는 표시를 하는 행위"를 규제한다. 제3호에서의 '중요한 사실'은 "당해 법인의 재산·경영에 관하여 중대한 영향을 미치거나 유가증권의 공정거래와 투자자 보호를 위하여 필요한 사항으로서 투자자의 투자 판단에 영향을 미칠 수 있는 사항"을 의미한다.387)

다. 시세고정 및 시세안정

누구든지 안정조작이나 시장조성을 하거나 이를 위탁·수탁하는 등 예외적으로 허용되는 경우를 제외하고 상장증권 또는 장내파생상품

---

382) 대법원 2013.7.11. 선고 2011도15056 판결.
383) 대법원 2010.7.22. 선고 2009다40547 판결.
384) 대법원 2002.6.14. 선고 2002도1256 판결.
385) 자본시장법 제176조 제2항 제1호, 동법 시행령 제202조.
386) 임재연, 전게서(註 201), 967~969면.
387) 대법원 2009.7.9. 선고 2009도1374 판결.

의 시세를 고정시키거나 안정시킬 목적으로 그 증권 또는 장내파생상품에 관한 일련의 매매 또는 그 위탁이나 수탁을 하는 행위를 하여서는 아니 된다(자본시장법 제176조 제3항). "여기서 상장증권 등의 '시세를 고정'시킨다는 것은 본래 정상적인 수요·공급에 따라 자유경쟁시장에서 형성될 증권 등의 시세에 시장요인에 의하지 아니한 다른 요인으로 인위적인 조작을 가하여 시세를 형성 및 고정시키거나 이미 형성된 시세를 고정시키는 것을 말하는 것으로서, 시세고정 목적의 행위인지 여부는 그 증권 등의 성격과 발행된 그 증권 등의 총수, 가격 및 거래량의 동향, 전후의 거래상황, 거래의 경제적 합리성과 공정성, 시장관여율의 정도, 지속적인 종가관리 등 거래의 동기와 태양 등의 간접사실을 종합적으로 고려하여 이를 판단한다(대법원 2004.10.28. 선고 2002도3131 판결, 대법원 2015.6.11. 선고 2014도11280 판결 등 참조)."[388]

고정시키거나 안정시키는 대상이 되는 시세는 현재의 시장가격뿐만 아니라, 행위자가 의도적으로 형성한 일정 가격도 해당이 되며, 행위자가 시세고정 또는 안정조작의 목적을 가지고 매매거래를 한 것이라면, 일정한 기간 계속 반복적으로 매매거래가 이루어질 필요는 없이 일회의 매매거래도 이에 해당될 수 있다.[389] 법문상 "일련의 매매"의 표현을 사용하고 있어 한 번의 매매거래는 여기에 해당되지 않는 것으로 이해될 여지도 있으나, 시세고정 또는 시장안정은 안정조작이나 시장조성과 같이 특정 가격대를 목표로 계속적이고 연속적인 거래를 필요로 하기 때문에 '안정조작이나 시장조성에 준하는 연속적인 매매 형태'를 "일련의 매매"로 지칭한 것일 뿐 이러한 일련의 매매를 할 의도를 가지고 매매를 하거나 그 위탁·수탁을 한 경우에는 한 번의 거래를 하였더라도 자본시장법 제176조 제3항의 구성요건을 충족한다고 보아야 할 것이다.

한편, 예외적으로 시세고정 또는 시세안정이 허용되는 '안정조작'

---

388) 대법원 2016.3.24. 선고 2013다2740 판결.
389) 대법원 2004.10.28. 선고 2002도3131 판결 참조.

(자본시장법 제176조 제3항 제1호 참조)과 '시장조성'(자본시장법 제176조 제3항 제2호 참조)을 할 수 있는 자는 증권신고서나 인수계약의 내용에 안정조작이나 시장조성을 할 수 있다고 기재된 투자매매업자이다(자본시장법 시행령 제203조). 시장조성을 할 수 있다고 투자설명서에 기재한 투자매매업자가 시장조성을 하지 아니한 경우 이로 인해 손해를 입은 자는 자본시장법 제125조 제1항에 따라 손해배상을 청구할 수 있고, 아울러 민법 제750조에 기한 손해배상도 청구할 수 있다.[390]

라. 연계시세조종

누구든지 증권, 파생상품 또는 그 증권·파생상품의 기초자산 중 어느 하나가 거래소에 상장되거나 그 밖에 이에 준하는 경우로서 대통령령으로 정하는 경우(법 제377조 제1항 제6호에 따라 거래소가 그 파생상품을 장내파생상품으로 품목의 결정을 하는 경우)에는 그 증권 또는 파생상품에 관한 매매, 그 밖의 거래와 관련하여 자본시장법 제176조 제4항 각 호에 따른 시세의 변동 또는 고정시키는 행위를 하여서는 아니 된다(자본시장법 제176조 제4항, 시행령 제206조의2).

이러한 연계에 의한 시세조종행위는 "금융투자상품시장에서의 공정한 가격형성을 저해함으로써 투자자에게 손해를 입히고 그 결과 시장에 대한 투자자의 신뢰를 해치는 행위여서 위법하다."[391]

연계시세조종행위에는 각 유형 모두 "부당한 이익을 얻거나 제3자에게 부당한 이익을 얻게 할 목적"을 공통 요건으로 규정하고 있다. 여기서 '부당한 이득'은 "행위자의 개인적이고 유형적인 경제적 이익에 한정되지 않고, 기업의 경영권 획득, 지배권 확보, 회사 내에서의 지위 상승 등 무형적 이익 및 적극적 이득뿐 아니라 손실을 회피하는 경우와 같

---

390) 임재연, 전게서(註 201), 978면.
391) 대법원 2016.3.10. 선고 2013다7264 판결.

은 소극적 이득, 아직 현실화되지 않는 장래의 이득도 모두 포함하는 포괄적인 개념"392)으로 이해할 수 있다.

자본시장법이 금지하는 연계시세조종의 유형은 '이익을 얻는 매매 대상'과 이와 연계된 '시세를 변동·고정시키는 대상'을 결합하여 보면, (ⅰ) 파생상품-파생상품 기초자산(제1호), (ⅱ) 파생상품 기초자산-파생 상품(제2호), (ⅲ) 증권-연계증권393) 또는 증권의 기초자산(제3호), (ⅳ) 증권 기초자산-증권(제4호), (ⅴ) 파생상품-그 파생상품과 기초자산이 동일하거나 유사한 파생상품(제5호)의 다섯 가지 유형으로 분류된다.

한편, 「파생상품-그 파생상품과 기초자산이 동일하거나 유사한 파생결합증권」의 결합 유형은 자본시장법상 규제대상은 아니나 양자 간에 연계가능성이 있어 규율의 필요성은 인정되고 있다.394) 다만 파생결합증권 → 그 파생결합증권의 기초자산 = 파생상품의 기초자산 → 파생상품으로 이어지는 연계과정이나 그 반대의 연계과정에서 경제적으로 시세조종의 효과나 실익은 그리 크지 않을 것으로 본다.

마. 손해배상의 특칙

시세조종행위 등을 금지하는 자본시장법 제176조를 위반한 자는 제177조 제1항 각 호에서 정한 손해배상청구권자에 대해 해당 손해액을 배상할 책임을 진다. 동 조항은 민법 제750조 불법행위에 기한 손해배상청구권의 특칙으로서 양 청구권은 경합한다.395)

시세조종행위를 한 자는 (ⅰ) 그 위반행위로 인하여 형성된 가격에

---

392) 대법원 2009.7.9. 선고 2009도1374 판결.
393) 연계증권으로서 시세조종 대상인 증권에 대해서는 자본시장법 시행령 제207조 참조.
394) 임재연, 전게서(註 201), 984면.
395) 同旨: 대법원 2016.3.24. 선고 2013다2740 판결.

의하여 해당 증권 또는 파생상품에 관한 매매 등을 하거나 그 위탁을 한 자에 대해서는 그 매매 등 또는 위탁으로 인하여 입은 손해(제1호)

(ⅱ) 제1호의 손해 외에 그 위반행위(제176조 제4항 각 호의 어느 하나에 해당하는 행위로 한정한다)로 인하여 가격에 영향을 받은 다른 증권, 파생상품 또는 그 증권·파생상품의 기초자산에 대한 매매 등을 하거나 그 위탁을 한 자에 대해서는 그 매매 등 또는 위탁으로 인하여 입은 손해(제2호)

(ⅲ) 제1호 및 제2호의 손해 외에 그 위반행위(제176조 제4항 각 호의 어느 하나에 해당하는 행위로 한정한다)로 인하여 특정 시점의 가격 또는 수치에 따라 권리행사 또는 조건성취 여부가 결정되거나 금전 등이 결제되는 증권 또는 파생상품과 관련하여 그 증권 또는 파생상품을 보유한 자에 대해서는 그 위반행위로 형성된 가격 또는 수치에 따라 결정되거나 결제됨으로써 입은 손해(제3호)를 각각 배상하여야 한다.

원고는 그 위반행위로 인하여 형성된 가격에 매매 등을 한 사실과 손해액을 입증하면 되고, 별도 원고의 고의·과실, 거래인과관계를 증명할 필요는 없다.396) 다만, 시세조종행위와 손해 발생 사이에 상당인과관계가 존재한다는 점에 대해서는 원고가 증명하여야 한다.397)

---

396) 同旨: 김용재, 전게서(註 197), 661면; 임재연, 전게서(註 201), 1033면.

397) 대법원 2007.11.30. 선고 2006다58578 판결에서는 이러한 상당인과관계의 증명의 방법으로 '사건연구방식'의 분석을 활용하는 경우에 대하여 상세히 설시하고 있는데, 기술적인 내용에 대해 참고할 수 있도록 그 판시 내용을 인용하면 다음과 같다.
"특정 회사의 주식에 대한 시세조종행위라는 위법행위와 그 주식의 매매거래 또는 위탁을 한 자가 입은 손해의 발생과 사이에 상당인과관계가 존재하는지 여부를 판단하기 위하여 이른바 사건연구방식의 분석을 활용하는 경우, 시세조종행위가 발생한 기간(이른바 사건기간) 이전의 일정 기간(이른바 추정기간)의 종합주가지수, 업종지수 및 동종업체의 주가 등 공개된 지표 중 가장 적절한 것을 바탕으로 도출한 회귀방정식을 이용하여 사건기간 동안의 정상수익률을 산출한 다음 이를 기초로 추정한 '사건기간 중의 일자별 정상주가', '사건기간 중의 일자별 실제주가'를 비교하여 그 차이가 통계적으로 의미가 있는 경우에 한하여 시세조

손해액의 산정에 대해서는 대법원[398]은 차액설의 입장에 따라 "허위사실 유포 등의 행위로 인하여 형성된 가격으로 발행시장 또는 유통시장에서 주식을 취득한 투자자가 그러한 불법행위를 이유로 민법상 손해배상청구를 하는 경우, 투자자가 입은 손해는 그와 같은 위법행위가 없었더라면 취득 당시 형성되었으리라고 인정되는 정상주가와 위법행위로 인하여 형성된 주가로서 그 투자자가 주식 취득을 위하여 실제 지급한 금액과의 차액 상당(투자자가 정상주가 이상의 가격으로 매도한 경우에는 실제 지급한 금액과 그 매도주가와의 차액 상당)으로 볼 수 있다"고 판시하고 있다. 그리고 정상주가를 산정하는 방법에 대해서는, "전문가의 감정을 통하여 그와 같은 위법행위의 영향을 받은 기간(사건기간) 중의 주가동향과 그 위법행위가 없었더라면 진행되었을 주가동향을 비교하여 그 차이가 통계적으로 의미가 있는 경우 위법행위의 영향으로 주가가 변동되었다고 보고, 사건기간 이전 또는 이후 일정 기간의 종합주가지수, 업종지수 및 동종업체의 주가 등 공개된 지표 중 가장 적절한 것을 바탕으로 도출한 회귀방정식을 이용하여 사건기간 동안의 정상수익률을 산출한 다음 이를 기초로 사건기간 중의 정상주가를 추정하는 금융경제학적 방식 등의 합리적인 방법에 의할 수 있다(대법원 2004.5. 28. 선고 2003다69607, 69614 판결 참조)"고 하였다.

자본시장법 제177조 제1항에 따른 손해배상청구권은 청구권자가

종행위의 영향으로 인하여 주가가 변동되었다고 보아 상당인과관계가 존재한다는 판단을 하게 되는 것이므로 사건기간과 추정기간을 정확히 설정하는 것이 무엇보다 중요하다 할 것인바, 사건기간의 설정과 관련하여서는 달리 특별한 사정이 없는 한 시세조종행위가 시작된 날을 사건기간의 개시일로 삼음이 상당하고, 다른 한편 사건기간 이전의 특정 기간을 추정기간으로 설정함에 있어서는 정상주가의 산정을 위한 회귀방정식의 신뢰도에 결정적인 문제가 생길 정도로 사건기간으로부터 멀리 떨어진 기간을 추정기간으로 설정하거나 주가의 기대수익률에 큰 영향을 미칠 수 있는 구조적 변화가 일어나기 이전의 기간까지 추정기간에 포함해서는 아니 될 것이다."

398) 대법원 2015.5.14. 선고 2013다11621 판결.

제176조를 위반한 행위가 있었던 사실을 안 때부터 1년간, 그 행위가 있었던 때부터 3년간 이를 행사하지 아니한 경우에는 시효로 인하여 소멸한다(동법 제177조 제2항).

3. 판례연구

가. 델타헤지거래에 대해 중도상환조건 성취 방해행위로 인정한 대우증권 ELS 사건[399)]

아래에서는 민법 제2조 및 제150조 제1항, 자본시장법 제176조 제4항 제3호 및 제177조 제1항 제3호, 제178조 제1항·제2항과 관련하여 주가연계증권(Equity Linked Security: ELS)[400)]의 중도상환조건 성취 방해행위에 대한 대법원 판결들을 정리하여 살펴보기로 한다.

(1) 사건개요

원고 1과 원고 2는 개인투자자로서 피고 대우증권이 발행한 'C 대우증권 공모 ELS 삼성SDI 신(新) 조기상환형' 주가연계증권(이하 '이 사건 주가연계증권'이라 한다)을 매입한 투자자들이다. 원고들은 자신들이 이 사건 주가연계증권을 매입한 이후 중도상환 중간평가일의 장 종료 직전에 피고가 기초자산인 삼성SDI 보통주 종가를 108,500원 이상으로 설정된 중도상환조건 기준가격 밑으로 의도적으로 하락시킴으로써 조건성취를 방해하였으므로 민법 제150조 제1항에 따라 중도상환조건이 성취되었음을 주장하며 중도상환금의 지급을 청구하였다.[401)] 이에 따

---

399) 대법원 2015.5.14. 선고 2013다3811 판결.
400) ELS는 파생결합증권의 한 종류로서 전통적인 유가증권의 분류에는 어느 것에도 포함되기 힘든 맞춤형 신종증권이라고 할 수 있으며, 조기상환(step-down)형과 녹아웃(knock-out)형이 있다[김병연·권재열·양기진, 「자본시장법(제2판)」 (박영사, 2015.2), 43~44면].

라 제1심인 서울중앙지방법원 2010.7.1. 선고 2009가합90394 판결에서
는 원고의 청구를 인용하였으나ㅡ정확히는 원고일부승소이나 당초 원
고측의 청구금액의 계산오류가 없었다면 원고전부승소가 되었을 것이
다ㅡ제2심인 환송 전 서울고등법원 2012.12.14. 선고 2010나71761 판
결에서는 이를 뒤집어 원고패소 판결을 내렸다.

그러나 원고 측의 상고로 진행된 상고심에서는 대법원 2015.5.14.
선고 2013다3811 판결로 다시 원고승소의 취지로 파기환송하였으며,
환송 후 계속된 제2심 서울고등법원 2016.1.22. 선고 2015나14640 판결
에서는 결국 원고의 청구를 인용하였고, 피고 측의 상고에 따른 2차 상
고심(사건번호: 대법원 2016다8602)에서 2016년 4월 4일 최종적으로 상
고이유서 부제출로 상고기각되었다.

(2) 사실관계

원고들이 매입한 이 사건 주가연계증권의 주요 내용은 다음과 같
다.[402]

가. 피고가 2005년 3월 16일 발행한 이 사건 주가연계증권은 1매의
액면가가 10,000원으로 한국증권선물거래소에 상장된 삼성SDI 보통주
를 기초자산으로 하고, 같은 날의 삼성SDI 보통주 종가인 108,500원을
기준가격으로, 중간평가일 및 만기평가일의 삼성SDI 보통주 종가를 그
평가가격으로 하며, 중간평가일은 2005년 7월 18일(1차), 2005년 11월

---

401) 그 밖에 원고들은 예비적으로 구 증권거래법 제188조의4 제3항 및 제4항의 시
　　세조정행위 또는 사기적 부정거래행위에 따른 민법 제750조 불법행위책임임을 주
　　장하였으나 파기환송 전 원심인 서울고등법원 2012.12.14. 선고 2010나71761
　　판결에서 제188조의4 제3항은 이미 헌법재판소 2005.5.26. 2003헌가17 결정으
　　로 위헌결정을 받아 본 사안에는 적용되지 않는 것으로 확인되었다.
402) 이하 지면관계상 대법원 2015.5.14. 선고 2013다3811 판결 내용을 전재인용하
　　며, 해당 주가연계증권의 자세한 발행 및 상환 조건은 서울고등법원 2016.1.22.
　　선고 2015나14640 판결 참조.

16일(2차), 2006년 3월 16일(3차), 2006년 7월 18일(4차), 2006년 11월 16일(5차), 2007년 3월 16일(6차), 2007년 7월 16일(7차), 2007년 11월 16일(8차)로 총 8차에 걸쳐 있고, 만기평가일은 2008년 3월 17일이다. 피고는 이 사건 주가연계증권의 투자자에게, ① 각 중간평가일에 삼성SDI 보통주 중간평가가격이 기준가격보다 높거나 같을 때 또는 기준가격 결정일 다음 날인 2005년 3월 17일부터 해당 중간평가일까지 삼성SDI 보통주 가격이 장중가를 포함하여 한 번이라도 기준가격의 110% 이상 상승한 적이 있는 경우에는 이 사건 주가연계증권의 액면금에 각 차수가 도래할 때마다 액면금의 3%씩 증액된 수익금(연 9%의 수익금)을 더하여 중도상환금으로 지급하고, ② 중도상환이 이루어지지 아니하고 만기에 이른 경우 만기평가가격이 기준가격보다 높거나 같은 경우 또는 8차 중간평가일 다음 날부터 만기평가일까지 삼성SDI 보통주의 가격이 장중가를 포함하여 한 번이라도 기준가격의 110% 이상 상승한 적이 있는 경우에는 이 사건 주가연계증권 액면금액의 127%를, 위 조건이 충족되지 아니한 상태에서 삼성SDI 보통주 가격이 2005년 3월 17일부터 만기평가일까지 한 번도 기준가격 대비 40% 이상 하락한 적이 없는 경우에는 액면금액을, 위 두 조건이 모두 충족되지 아니한 경우에는 '액면금액 × (만기평가가격/기준가격)'으로 계산한 금액을 만기상환금으로 지급한다. 이 사건 주가연계증권의 보유자는 일정한 경우 이 사건 주가연계증권의 재매입을 피고에 신청할 수 있고, 피고는 재매입 신청일 다음 날의 헤지거래에 대한 청산가치를 기준으로 산출한 금액으로 이를 재매입할 수 있다.

나. 원고 1은 피고로부터 이 사건 주가연계증권 42,000매를 420,000,000원에, 원고 2는 이 사건 주가연계증권 7,000매를 70,000,000원에 각 매입하였다. 그 후 이 사건 중도상환조건 2차 중간평가일인 2005년 11월 16일 당일 피고는 삼성SDI 보통주에 관하여 단일매매시간대 10분동안 집중적으로 126,000주(중도 매도주문을 취소한 8,000주 제외)의 매도주문

을 냈고,[403] 그 결과 종가는 기준가격인 108,500원을 하회한 108,000원
으로 결정되어 이 사건 주가연계증권 중도상환조건이 성취되지 않았다.

한편, 원고 1은 이 사건 주가연계증권의 만기일인 2008년 3월 19일
피고로부터 만기상환금으로 280,645,161원을 지급받았고, 원고 2는 2008
년 1월 23일 재매입금으로 39,901,372원을 지급받아 당초 투자금과의
차액에 해당하는 손해를 입게 되었다.

(3) 주요 쟁점 및 법원의 판단

1) 델타헤지거래의 중도상환조건 성취방해 행위 해당 여부

원고는 삼성SDI 보통주의 대량매도가 신의칙에 반하는 중도상환조
건 성취방해행위에 해당하여 민법 제150조 제1항에 따라 조건이 성취되
었음을 주장하였다. 이에 대해 피고는 이 사건의 대량매도행위는 주가
연계증권과 관련하여 노출된 기초자산의 가격변동에 따른 위험을 회피
하기 위한 "델타헤지거래(기초자산의 가격변동에 따른 위험을 회피하기 위
하여 기초자산 자체를 보유한 다음 기초자산의 가격 변화에 연동하여 일정
수량의 기초자산을 다시 매매함으로써 현물의 손익과 이 사건 주가연계증권
상의 손익이 서로 상쇄되도록 하여 위험을 조정하는 방식)"에 따른 것으로
시세를 인위적으로 변동시킨 것이 아니라 정상적인 수요·공급에 따른
매매였고, 시세를 고정시키거나 안정시킨 행위도 아니며, 이에 따라 신
의성실에 반하는 조건성취 방해 행위라고 할 수 없다고 주장하였다.[404]

이러한 당사자의 주장에 대해 파기환송 전 제2심인 서울고등법원
은 "(피고의 헤지거래행위는) 정당한 델타헤지거래행위로서 이 사건과
같은 주가연계증권을 발행한 금융기관이 위험을 관리하기 위해서 반드

---

403) 동 매도주문 수량은 전체의 약 79%, 계약체결률도 약 95%에 달하였다.
404) 서울중앙지방법원 2010.7.1. 선고 2009가합90394 판결; 서울고등법원 2012.
12.14. 선고 2010나71761 판결.

시 수행하여야 하는 것이므로 비록 피고의 헤지거래행위가 삼성SDI 보통주의 가격형성에 영향을 미쳐 결과적으로 중도상환조건이 성취되지 못하였다고 하더라도 이를 신의성실에 반하여 조건의 성취를 방해한 것으로 볼 수 없다"고 하여 원고의 청구를 기각하였다.

그러나 대법원은, 피고는 중도상환조건의 성취 여부에 따라 투자자와의 사이에 이해관계가 상충되는 관계에 있어 "투자자의 신뢰를 저버리는 내용 또는 방법으로 헤지거래를 하여서는 아니되고 중도상환조건의 성취 여부에 최소한의 영향을 미치는 방법으로 헤지거래를 하여 투자자를 보호할 주의의무가 있다"는 전제하에 이 사건에서 피고의 대량매도행위는 "원고들에 대한 투자자보호의무를 소홀히 한 것으로 신의성실에 반하여 이 사건 주가연계증권의 중도상환조건 성취를 방해한 것이라고 볼 여지가 충분하다"는 취지로 파기환송하였고,[405] 환송 후 제2심인 서울고등법원은 대법원의 취지에 따라 "약정 평가기준일의 기초자산 가격 또는 지수에 따라 투자자와 증권회사 사이의 이해상충이 발생하는 경우에는 그 기초자산과 관련된 증권회사의 위험회피거래는 그 시기, 방법 등에 비추어 경제적 합리성이 인정되어야 하고, 그 과정에서 기초자산의 공정한 가격형성에 영향을 주어 투자자의 이익과 신뢰를 부당하게 훼손하여서는 아니 된다"는 전제하에, 이 사건 주식 대량매도행위는 원고들에 대한 투자자보호의무를 소홀히 하여 신의성실에 반하여 중도상환조건 성취를 방해한 것으로 보아 원고들의 주장대로 조건성취를 인정하였다.[406]

2) 피고가 조건성취로 불이익을 받을 당사자인지 여부

민법 제150조 제1항에서는 조건의 성취로 인하여 '불이익을 받을 당사자'가 신의성실에 반하여 조건의 성취를 방해한 때에는 상대방은 그 조건이 성취한 것으로 주장할 수 있다고 규정하고 있다. 이와 관련하

---

405) 대법원 2015.5.14. 선고 2013다3811 판결.
406) 서울고등법원 2016.1.22. 선고 2015나14640 판결.

여 피고는 "주가연계증권의 기초자산의 가격변동에 따른 위험을 회피하기 위하여 기초자산을 매입하거나 매도하는 이른바 델타헤지거래를 해왔으므로, 중도상환조건이 성취되어 중도상환의무를 부담하게 되더라도 불이익을 입지 않는다"고 주장하였다.[407] 이에 대해 제1심 서울중앙지방법원과 환송 후 제2심인 서울고등법원은 피고가 중도상환조건의 성취에 따라 중도금반환의무를 부담함으로써 법률상 불이익을 받는 당사자의 지위에 있다고 하여 피고의 주장을 배척하였다.[408]

3) 피고의 상환금 경감 가능성

피고는 원고들에게 지급해야 할 중도상환금은 공평의 관념에 입각하여 신의성실의 원칙상 제한되어야 한다고 주장하였으나 법원은 피고가 지급하는 중도상환금은 손해배상이 아니라 주가연계증권의 발행·판매계약에 따른 채무라고 보아 이를 받아들이지 않았다.[409]

[표 4] ELS 기초자산유형별 발행 현황[410]

(억 원)

연 도	국내지수형	국내종목형	해외지수형	해외종목형	혼합형	합 계
2010	74,114	79,685	79,087	398	19,427	252,711
2011	121,428	83,987	129,081	75	9,132	343,703
2012	200,831	61,111	187,109	1,182	11,666	461,899
2013	148,837	39,472	222,493	2,634	14,165	427,601
2014	183,395	30,634	419,297	9,833	20,376	663,535

407) 서울중앙지방법원 2010.7.1. 선고 2009가합90394 판결.
408) 서울중앙지방법원 2010.7.1. 선고 2009가합90394 판결; 서울고등법원 2016.1. 22. 선고 2015나14640 판결.
409) 서울고등법원 2016.1.22. 선고 2015나14640 판결.
410) 한국금융투자협회, 「2015년 금융투자 Fact Book」(2015.5), 85면.

(4) 참고판례

1) 델타헤지거래에 대해 중도상환조건 성취 방해행위로 인정한 대우
증권 ELS 사건[411]

위 대법원 2015.5.14. 선고 2013다3811 판결과 동일한 피고 대우증
권이 발행한 동일한 ELS 상품과 관련하여 피고의 기초자산 대량매도행
위에 의해 손해를 입은 투자자가 중도상환금의 지급을 구한 사건이다.
위 2013다3811 판결의 제1심과는 달리 이 소송에서는 제1심[412]과 제2
심[413]에서 모두 원고패소하였으나 대법원 상고심[414]에서 원고승소 취
지로 파기환송함에 따라 2차 제2심인 서울고등법원 2016.1.22. 선고
2015나14633 판결에서 원고승소하였고, 피고의 2차 상고로 진행된 상
고심(사건번호: 2016다8565)에서 상고이유서 부제출로 2016년 4월 7일
상고기각되었다. 위 2013다3811 판결과 이 사건 2013다2757 판결의 대
법원 재판부 구성은 달랐으나 환송 후 제2심인 서울고등법원의 재판부
는 동일하여 판결결과가 같게 되었다. 주요 쟁점과 법원의 설시 내용은
위 2013다3811 판결 사건과 대동소이하다.

2) 델타헤지거래에 대해 중도상환조건 성취 방해 주장을 배척한 비엔
피파리바은행 ELS 사건[415]

이 사건은 하이닉스 보통주와 기아자동차 보통주를 기초자산으로
한 '신영증권 제136회 주가연계증권(원금비보장형)'과 관련하여 비엔피
파리바은행이 기아자동차 보통주의 대량매도행위로 1차 조기상환조건

---

411) 대법원 2015.5.14. 선고 2013다2757 판결.
412) 서울중앙지방법원 2010.5.28. 선고 2009가합116043 판결.
413) 서울고등법원 2012.12.14. 선고 2010나58607 판결.
414) 대법원 2015.5.14. 선고 2013다2757 판결.
415) 대법원 2016.3.10. 선고 2013다7264 판결.

이 무산됨에 따라 투자자가 비엔피파리바은행의 시세조종으로 입은 손해에 대해 증권발행인인 신영증권과 비엔피파리바은행을 상대로 공동불법행위에 기한 손해배상을 구하는 소송이다. 이 사건에서는 제1심,[416] 제2심,[417] 상고심[418] 모두 원고패소 판결을 하였다. 주요 쟁점은 역시 기초자산 주식의 대량매도행위가 델타헤지거래에 해당하여 조기상환조건 성취방해행위가 되지 않는가 하는 것이었다. 이 사건에서 델타헤지거래와 시세조종행위의 관계에 관하여 대법원은 "금융투자업자가 파생상품의 거래로 인한 위험을 관리하기 위하여 시장에서 주식 등 그 기초자산을 매매하는 방식으로 수행하는 헤지(hedge)거래가 시기, 수량 및 방법 등의 면에서 헤지 목적에 부합한다면 이는 경제적 합리성이 인정되는 행위라고 할 것이므로, 헤지거래로 인하여 기초자산의 시세에 영향을 주었더라도 파생상품의 계약 조건에 영향을 줄 목적으로 인위적으로 가격을 조작하는 등 거래의 공정성이 훼손되었다고 볼 만한 특별한 사정이 없는 한 이를 시세조종행위라고 할 수는 없다"고 전제한 다음 이 사건의 주식 대량매도행위는 "시장요인에 의한 정상적인 수요 · 공급으로 볼 수 있는 델타헤지를 위한 주식 매매에 해당한다"고 보아 원고의 청구를 배척하였다.

3) Back to Back hedge 거래 당사자의 델타헤지거래에 대해 중도상환조건 성취 방해 주장을 배척한 비엔피파리바은행 ELS 사건[419]

이 사건은 삼성전자 보통주와 신한지주 보통주를 기초자산으로 한 '현대증권 제2007-576회 사모 주가연계증권'과 관련하여 발행인인 현대증권이 이 사건 주가연계증권의 위험을 이전할 목적으로 비엔피파리바

---

416) 서울중앙지방법원 2011.11.24. 선고 2011가합46604 판결.
417) 서울고등법원 2012.12.14. 선고 2011나102884 판결.
418) 대법원 2016.3.10. 선고 2013다7264 판결.
419) 대법원 2016.3.24. 선고 2012다108320 판결.

은행과 백투백 헤지(Back to Back hedge)를 위한 스왑계약을 체결하였고, 비엔피파리바은행은 이 사건 주가연계증권의 만기상환일에 대우증권과 비엔피파리바증권으로 하여금 신한지주 보통주를 대량매도하도록 의뢰하여 원고(삼성새마을금고)의 만기상환조건 충족을 무산시킨 사건이다. 이에 따라 원고는 피고의 행위는 자본시장법 제176조 제4항 제3호의 시세조종행위 또는 제178조 제1항 제1호의 사기적 부정거래행위에 해당하거나, 제3자의 만기상환조건 성취방해에 의한 '제3자 채권침해행위'에 해당한다고 주장하며 손해배상을 청구하였고, 제1심,[420] 제2심,[421] 상고심[422] 모두 이 사건의 대량매도행위는 피고가 델타헤지거래의 수행과정에서 불가피하게 기초자산에 영향을 준 것으로 보아 원고의 청구를 기각하였다.

4) Back to Back hedge 거래 당사자의 델타헤지거래에 대해 중도상환조건 성취 방해행위를 긍정하는 취지로 파기환송한 도이치은행 ELS 사건[423]

이 사건은 삼성전자 보통주와 국민은행 보통주를 기초자산으로 한 '한국투자증권 부자아빠 주가연계증권 제289회'를 발행한 한국투자증권이 이 사건 주가연계증권의 상환의무를 이행할 위험을 이전할 목적으로 피고인 도이치은행과 '주식연계 달러화 스왑계약'을 체결하였고, 도이치은행은 만기상환조건의 성취여부와 직결된 국민은행 보통주를 만기상환일 단일가매매시간대에 대량매도함으로써 만기상환조건 충족이 무산되도록 하였다. 이에 원고들(개인투자자 20명, 새마을금고 등 6개 기관)은 피고의 행위가 자본시장법 제176조 제4항 제3호의 시세조종행위 또는

---

420) 서울중앙지방법원 2011.11.24. 선고 2010가합51302 판결.
421) 서울고등법원 2012.11.1. 선고 2011나104712 판결.
422) 대법원 2016.3.24. 선고 2012다108320 판결.
423) 대법원 2016.3.24. 선고 2013다2740 판결.

제178조 제1항 제1호의 부정거래행위에 해당한다는 이유로 손해배상
(민법 제750조, 자본시장법 제179조)을 청구하였다. 이에 대해 제1심인
서울중앙지방법원은 델타헤지원리에 따라 위험회피거래를 한 사정만으
로 이 사건 주식 대량매도행위가 정당화될 수 없다는 이유로 원고승소
의 판결을 내렸으나,[424] 항소심은 이 사건 주식매도행위는 델타헤지거
래일 뿐 시세조종의 목적도 인정하기 어렵다는 이유로 원고패소 판결을
하였다.[425]

그러나 상고심인 대법원에서는 자본시장법 제178조 제1항 제1호,
제179조 제1항에 따라 손해배상책임을 지는 자에는 "발행인과 스와프
계약 등 금융투자상품과 연계된 다른 금융투자상품을 거래하여 권리행
사나 조건성취와 관련하여 투자자와 대립되는 이해관계를 가지게 된 자
도 포함된다"고 설시하는 한편, "금융투자업자가 델타헤지의 수행이라
는 사정을 내세워 특정한 주식거래행위를 하더라도, 그것이 자본시장법
에서 금지하고 있는 시세조종행위 내지 부정거래행위인지는 앞에서 본
법리를 기초로 다시 따져보아야 한다"고 하여, 델타헤지거래의 경우라
도 반드시 정당화되지는 않는다는 취지로 판시하였다(원고승소 취지로
파기환송).[426]

(5) 본 판결의 의의

본 판결의 주요 쟁점은 민법 제2조 및 제150조 제1항과 관련되어
있고 직접적으로 현행 자본시장법의 관련 규정을 적용한 판결은 아니
다. 그럼에도 불구하고 구 증권거래법 제188조의4 제4항의 사기적 부정
거래행위 해당 여부가 쟁점이 되었기 때문에 이 부분에 있어서는 현행

---

424) 서울중앙지방법원 2012.1.12. 선고 2010가합27835 판결.
425) 서울고등법원 2012.12.14. 선고 2012나12360 판결.
426) 이 사건의 환송 후 2차 제2심은 서울고등법원 2016.10.24. 선고 2016나5926 판
    결로 원고일부승소 판결을 하였고, 2016년 11월 16일 피고가 상고하였다.

자본시장법 제178조 제1항 제1호의 해석에도 참고가 될 만하다.

본 판결은 ELS 상환조건 성취방해와 관련한 여러 소송에서 델타헤지거래에 대한 각 심급별 판결의 입장이 일관성 있게 정리되지 않고 있는 가운데 '이해상충관계하에서 투자자보호의무의 위반'을 인정하여 원고의 청구를 인용하였다는 점에서 적용법리에 특이한 면이 있다. 이와 대비되는 대법원 2016.3.24. 선고 2013다2740 판결(도이치은행 ELS 사건)에서는 원고의 주장을 인정하는 입장에 서면서도 투자자보호의무 위반의 일반불법행위법 논리는 언급하지 않고 포괄적 사기거래 금지 규정인 자본시장법 제178조 제1항 제1호, 시세고정행위 금지를 규정한 자본시장법 제176조 제3항과 이에 따른 손해배상청구 근거규정인 자본시장법 제179조 제1항만을 언급하고 있다.

나. 현·선연계 시세조종행위를 인정한 도이치은행 및 도이치증권의 옵션만기일 시세조종 사건[427]

(1) 사실관계[428]

원고 국민은행은 2010년 4월 13일경 설정된 플러스멀티스타일사모증권투자신탁 39호(이하 '이 사건 펀드'라 한다)의 자산운용사인 플러스자산운용 주식회사와 사이에 투자신탁 기본약정을 체결한 수탁자 자격으로 이 사건 손해배상청구소송을 제기하였다. 피고 도이치은행과 도이치증권(이하 각각 '피고은행', '피고증권사'라고 한다)은 그 소속 직원들이 공모하여 코스피200 주가지수옵션거래에서 이득을 얻을 목적으로 2010년 11월 11일 옵션만기일에 코스피200주가지수 구성종목의 대량 매도를 통해 가격하락을 유도하여 당시 풋옵션을 보유하고 있던 원고에게 손해를 입힘으로써 사용자로서 구 자본시장법 제177조 제1항 또는

---

427) 서울중앙지방법원 2015.11.26. 선고 2011가합102702 판결.
428) 서울중앙지방법원 2015.11.26. 선고 2011가합102702 판결 요약.

민법 제756조에 따른 사용자책임 당사자가 된 자들이다.

피고은행은 자기자본 운용상에 제약이 생겨 자기자본으로 투자 중인 투자규모를 축소할 필요가 있던 상황에서 투자자산의 성과 또한 저조하여 이를 한꺼번에 타개할 필요가 있었다. 이에 따라 피고은행 홍콩지점 차익거래팀은 2010년 11월 8일부터 11월 11일까지 사이에 2010년 11월물 옵션만기일인 2010년 11월 11일에 코스피200주가지수 차익거래를 일시 청산하여 투자자산 규모를 축소시킴과 동시에 주식의 대량매도에 따른 주가지수 하락 시 수익이 발생하는 투기적 포지션을 구축하여 팀의 실적을 올리기로 하는 계획을 세웠다. 이 과정에서 피고은행 홍콩지점 차익거래팀장 겸 상무 A, 뉴욕 도이치은행증권 글로벌 차익거래 부분 총책임자 B, 피고은행 홍콩지점 주식영업 부분 리스크 총책임자 C, 피고증권사 주식파생상품팀 팀장 겸 상무 D 등은 관련 정보를 사전 보고 또는 공유하고 필요한 조언을 제공하는 등 공모하였다.[429]

2010년 11월 11일 옵션만기일 당일 델타 중립 포지션(delta neutral position) 상태에 있었음에도 불구하고 피고은행은 14:19:56부터 14:49:58까지 사이에 2010년 11월물의 행사가격 255.0 합성선물 19,595계약을 매도하고, 14:21:24부터 14:42:48까지 사이에 행사가격 255.0 풋옵션 21,007계약과 외가격 옵션인 행사가격 252.5 풋옵션 30,000계약을 매수하여 코스피200주가지수가 하락할 경우 수익이 발생할 수 있는 투기적 포지션을 구축하였다. 피고증권사는 13:04:00부터 14:41:00까지 사이에 2010년 11월물 행사가격 255.0 풋옵션 2,000계약을 매수한 후 14:49:22부터 14:49:29까지 사이에 그중 400계약을 매도하는 한편, 시세하락을 위한 매도행위의 시장영향력을 극대화하기 위하여 한국거래소에 대한 주식종목명, 호가수량 등의 사전보고의무를 의도적으로 지체하였다.

한편, 장 마감 동시호가 시간대 즈음에 코스피200주가지수가 254.62

---

429) 금융위원회·금융감독원, 옵션만기일(2010.11.11) 주가급락 관련 불공정거래혐의 조사결과 조치(2011.2.23.자 보도자료) 참조.

포인트를 기록하는 가운데 주가지수가 급락할 만한 별다른 악재가 없는 상황에서 피고들은 장 마감 동시호가 시간대에 총 2,442,478,387,300원 상당의 주식에 관하여 대량 매도주문을 제출하였다. 이에 따라 코스피 200주가지수가 247.51포인트로 급락·마감하였고 그 결과 행사가격 252.50 풋옵션매도 1,360계약, 행사가격 250 풋옵션매도 160계약을 보유하고 있던 이 사건 펀드는 총 718,480,000원의 손해를 입게 되었다.

(2) 주요 쟁점 및 법원의 판단

1) 시세조종 성립 여부 및 인정근거

시세조종 성립 여부와 관련하여 재판부는 (ⅰ) 장 마감 동시호가 시간대 전체 체결금액의 92%, 수량기준으로는 91.3%에 달하고 전체 주문 대비 호가관여율이 70.0%에 이르는 주식 약 2조 4,000억 원 상당 전량을 옵션만기일 장 마감 동시호가 시간대에 일시 대량 매도하면서 한국거래소에 사전보고의무를 의도적으로 지연하고, 예상체결주가지수가 반등하려고 할 때마다 낮은 가격에 대량의 매도주문을 내어 매수세를 꺾는 방식으로 의도적으로 주가를 하락시킨 점, (ⅱ) 델타 중립 포지션을 이탈하여 변동성 및 방향성 모두에 있어 투기적 포지션을 구축하고 있었던 점, (ⅲ) 스프레드상 당연히 롤 오버할 것으로 예상되는 상황에서 차익거래 전량을 일시 청산한 점 등 거래행위 의도와 그 태양에 비추어 시세조종행위가 인정된다고 판시하였다.

2) 손해액 산정 방법

시세조종에 따른 손해액의 산정 방법에 대해 재판부는 "시세조종행위가 없었더라면 장 마감 당시 형성되었으리라고 인정되는 정상주가지수와 시세조종행위로 인하여 형성된 주가지수의 차이를 기초로 산정한 금액 상당으로 볼 수 있다(대법원 2004.5.28. 선고 2003다69607 판결, 대법원 2015.5.14. 선고 2013다11621 판결 등 참조)"고 하여, 종전 대법원의 입장을 따랐다.

정상주가지수의 산정방법으로는 시장충격함수 모형에 의한 감정인의 감정결과를 받아들였는데 지수차익거래물량과 지수비차익거래물량 모두를 포함하는 전체 프로그램물량을 이용하여 정상주가지수를 252.55포인트로 추정한 모형에 따라 최종 손해액을 718,480,000원으로 산정하였다.

(3) 본 판결의 의의

본 판결은 현·선연계 시세조종행위를 인정하고 그에 따른 손해액의 산정기준을 제시한 판결로서 부정거래행위에 따른 손해액 산정에 참고할 만하다. 본 판결과 동일한 논거로 원고의 청구를 인용한 판결로는 서울중앙지방법원 2015.11.26. 선고 2011가합77219 판결이 있다.

도이치은행 및 도이치증권의 이른바 '11·11 옵션만기일 옵션쇼크' 시세조종으로 인해 코스피200 주가지수옵션거래로 피해를 입게 된 투자자는 옵션만기일 당시 코스피200 주가지수 급락에 따라 권리행사가 불가능해진 콜옵션매수 투자자와, 뜻하지 않게 옵션권리행사 상대방이 된 풋옵션매도 투자자들이다. 이 중에서 본 사안은 풋옵션매도 투자자가 정상주가지수에서는 외가격에 있어서 행사될 수 없었던 풋옵션의 매수인으로부터 권리행사가 되어 입게 된 손해의 배상을 청구한 사안이다. 대법원의 관련 판례에 따르면 주가지수옵션 시세조종의 경우 손해액 산정에는 시세조종행위로 형성된 주가지수 외에 정상주가지수의 산정이 필요한데 이의 산정에는 특수한 통계기법에 의존할 수밖에 없다. 본 판결에서는 기본적으로 서울중앙지방법원 2011가합17965 사건(2015.11.25. 화해권고결정)의 감정인의 감정결과를 인정하는 전제에서 판결을 내리고 있으나 세부적인 추정모형의 적합성과 타당성 여부에 대해서 당사자 간의 주장이 엇갈리고 있으므로[430] 이와 관련된 쟁점에 대해서는 법원의 보다 설득력 있는 논거 제시가 필요할 것으로 생각된다. 즉, 시세조종에 따른 손해액은 결정적으로 추정모형에 좌우될 수밖에 없으므로 당사자들이 납득할 수 있는 판결을 위해서는 적합도가 높은 모형에 대한 기준을 정립하고 그 이론적인 근거를 명확히 제시할 필요가 있다고 본다.

4. 소 결

국내의 주가연계증권(ELS)과 관련한 각급 법원 및 대법원의 판결들의 입장은 아직까지 어느 하나의 방향으로 정리되어 있지 않다. 그 중심에는 델타헤지거래라는 이유로 기초자산에 대한 대량매도행위에 대해 면죄부를 줄 수 있을 것인가 여부에 대한 견해 대립이 자리 잡고 있다.

주가연계증권의 상환조건 성취방해 행위에 대해 델타헤지거래라는 이유만으로 면책을 준다는 것은 주가연계증권에 내재된 묵시적 합의 내용을 위반하는 것을 용인하는 것이다. 이 점에서 델타헤지거래의 경우에도 신의칙 위반의 조건성취 방해행위가 될 수 있다는 대법원 2015.

---

430) 본 판결에서는 "… 각 변수의 t값(변수의 통계적 설명력을 나타내는 지표)이 1.96 이상이면 변수로 선정하고 1.96 미만이면 반드시 변수 선정에서 제외하여야 한다거나, 일단 선정된 변수들 중에서 어떤 변수를 포함시켰을 때와 제외하였을 때의 모든 경우의 수에 대한 모형을 만들어 그 중 조정된 결정계수(adjusted-R2)값이 가장 높은 모형 하나만이 가장 우월한 모형이고 그 외의 모형은 타당성이 없다고 단정하기 어렵다"고 언급하여 피고측의 주장을 배척하고 있다.
다중회귀모형에서 적합한 독립변수를 선택하는 방법에는 전방선택방법(적합한 변수를 하나씩 추가시키는 방법), 후방제거방법(부적합한 변수를 하나씩 제거해 가는 방법), 이를 혼합한 단계별 선택방법 등이 있으나 이 중 어느 것이 최선의 방법이라고 단정할 수는 없다[이필영, 「이야기로 배우는 계량경제학」(교우사, 2003), 232~234면 참조].
한편, 회귀모형의 적합도(goodness of fit)를 나타내는 기준으로는 AIC, BIC, adjusted-R2 등이 있는데 이 중 AIC, BIC는 수치가 작을수록, adjusted-R2는 1에 근접하여 클수록 모형의 설명력이 뛰어난 것으로 평가된다[김동일, 「Stata를 이용한 계량경제분석」(Philosophy & Art, 2011), 69~71면 참조].

5.14. 선고 2013다3811 판결의 결론은 타당하다고 생각된다.[431] 즉, 주가연계증권거래에서 상환조건의 성취 여부에 대해서는 양 거래당사자의 관리통제권 밖에서 시장에 의해 결정하기로 하는 암묵적인 합의가 있다고 보아야 하는데 어느 일방이 이를 어기고 조건성취 여부를 마음대로 조작하는 것은 신의성실의 원칙상의 '선행행위와 모순되는 거동금지'에 위반되는 행위로 평가될 수 있다. 또한 주가연계증권에 설정되어 있는 조기상환 또는 만기상환의 '조건(條件)'은 당사자 간에 그 성취 여부가 불확실한 사정에 의존되어야 하는데, 발행인이나 그로부터 상환의무의 위험을 인수한 헤지거래 당사자가 임의로 해당 조건을 성취하거나 그 성취를 방해할 수 있다면 이는 무효가 되는 '수의조건(隨意條件)'이 되는 것이어서 주가연계증권의 상환조건 설정 자체가 성립될 수 없는 것이다.

한편, 2013다2740 판결(도이치은행 ELS 사건)을 필두로 ELS 연계시세조종행위에 대해 현행 자본시장법상의 포괄적 사기거래 금지(제178조 제1항 제1호), 시세고정행위 금지(제176조 제3항) 등에 관한 법리가 본격적으로 검토되기 시작하고 있다는 점은 고무적이라 할 수 있다. 최근 들어 2012다108320 판결(비엔피파리바은행 ELS 사건), 2013다2740 판결(도이치은행 ELS 사건) 사안들과 같이 발행인뿐만 아니라 발행인과 Back-to-Back 스왑거래를 한 외국계 은행들의 연계시세조종행위가 사회적으로 문제되고 있는데, 발행인과는 달리 외부로 드러나지 않는 거래주체들의 연계시세조종행위에 대해 금융감독당국은 모니터링과 조사를 강화하고, 법원에서도 투자자보호에 보다 적극적인 태도를 보여 주기를

---

431) 同旨: 시세에 영향을 미치는 한 기초자산의 대량매도의 동기가 델타헤지거래라는 이유만으로 정당화될 수는 없다는 견해로는 옥선기, 전게서(註 17), 193면; ELS 상환일의 대량매도행위를 정당한 헤지거래로 보기는 무리라는 취지의 견해로는 성희활, "자본시장법상 연계 불공정거래의 규제현황과 개선방향—주가연계증권(ELS) 연계거래를 중심으로—,"「금융법연구」(한국금융법학회), 제6권 제2호(2009.12), 73~75면.

기대한다.[432]

VIII. 부정거래행위 금지

부정거래행위 금지 조항은 장내·장외 파생상품을 모두 포함한「금융투자상품」전반에 적용되는 포괄적인 조항이다. 특히, 자본시장법 제178조 제1항의 '부정한 수단, 계획 또는 기교의 사용'과 관련하여 ELS, ELW 관련 판례가 축적되고 있어 파생상품거래 법리로서 주목할 필요가 있다.

1. 개 념

누구든지 금융투자상품의 매매, 그 밖의 거래와 관련하여 (i) 부정한 수단, 계획 또는 기교의 사용, (ii) 중요사항에 관한 허위표시의 사용, (iii) 거래를 유인할 목적의 허위시세 이용 등의 행위를 하여서는 아니 되며, (iv) 금융투자상품의 매매, 그 밖의 거래를 할 목적이나 그 시세의 변동을 도모할 목적으로 풍문의 유포, 위계(僞計)의 사용, 폭행 또는 협박을 하여서는 아니 된다(자본시장법 제178조).[433]

---

432) 상환평가일에 기초자산의 대량매도행위가 발생하고 그로 인해 기초자산의 가격하락과 주가연계증권의 상환금액의 감소가 발생하였다면 특별한 사정이 없는 한 시세조종행위가 추정되고, 이에 대한 증명책임은 발행자가 져야 한다는 견해로는 김창희, "주가연계증권 연계 불공정거래행위─상환평가일에 이루어진 기초자산 대량매각행위의 위법성을 중심으로─,"「저스티스」(한국법학원), 통권 제137호(2013.8), 270면.

433) 부정거래행위를 금지하는 것은 "금융투자상품의 거래와 관련한 부정행위는 다수의 시장참여자에게 영향을 미치고 자본시장 전체를 불건전하게 할 수 있기 때문에 그러한 부정거래행위를 규제함으로써 개개 투자자의 이익을 보호함과 아울러 자본시장의 공정성과 신뢰성을 높이기 위한 것이다"(대법원 2015.4.9.자 2013

부정거래행위 금지에 관한 자본시장법 제178조 제1항은 미국 SEC Rule 10b-5의 anti-fraud 조항을 도입한 포괄적 사기금지조항이다.[434]

'부정거래행위'의 개념과 관련하여 대법원은 "어느 행위가 금융투자상품의 거래와 관련하여 자본시장법 제178조에서 금지하고 있는 부정행위에 해당하는지 여부는, 해당 금융투자상품의 구조와 거래방식 및 거래경위, 그 금융투자상품이 거래되는 시장의 특성, 그 금융투자상품으로부터 발생하는 투자자의 권리·의무 및 그 종료 시기, 투자자와 행위자의 관계, 행위 전후의 제반 사정 등을 종합적으로 고려하여 판단하여야 한다"[435]고 판시한 바 있다.

2. 내 용

가. 부정한 수단, 계획 또는 기교를 사용하는 행위

누구든지 금융투자상품의 매매, 그 밖의 거래와 관련하여 '부정한 수단, 계획 또는 기교를 사용하는 행위'를 하여서는 아니 된다(자본시장법 제178조 제1항 제1호). 여기서 '부정한 수단, 계획 또는 기교'란 "사회통념상 부정하다고 인정되는 일체의 수단, 계획 또는 기교"를 말한다.[436][437] 동 조항은 내부자거래나 시세조종과 같은 특별규정이 있는 불공정거래행위 유형에 해당하지 않는 유형의 불공정거래행위를 모두 포함하는 것으로, 특히 자본시장법 제178조 제1항 제2호와 제3호에 대

마1052 결정).

434) 김용재, 전게서(註 197), 670면 註 56).

435) 대법원 2015.4.9.자 2013마1052 결정.

436) 대법원 2011.10.27. 선고 2011도8109 판결.

437) 부정한 계획, 기교, 수단의 의미에 관하여 비교법적으로 의미를 규명하고 있는 논문으로는 최승재, "자본시장법 제178조 제1항 제1호에 대한 연구," 「금융법연구」(한국금융법학회), 제6권 제2호(2009.12), 34~43면 참조.

해 보충적으로 적용되는 포괄적 사기적 부정거래행위에 관한 규정이다.[438)439)]

대법원 판례에 따르면 "특정 시점의 기초자산 가격 또는 그와 관련된 수치에 따라 권리행사 또는 조건성취의 여부가 결정되거나 금전 등이 결제되는 구조로 되어 있는 금융투자상품의 경우에 사회통념상 부정하다고 인정되는 수단이나 기교 등을 사용하여 그 금융투자상품에서 정한 권리행사나 조건성취에 영향을 주는 행위를 한" 경우[440)]에 대해서는 동 호에 해당한다는 취지의 판결이 있는가 하면, 일부투자자들에게만 주문 처리 속도를 높이는 DMA(Direct Market Access) 서비스를 통해 ELW를 거래하도록 한 행위[441)]에 대해서는 동 호에 해당하는 것으로 보기는 어렵다고 판단하였다.

나. 그 밖의 부정거래행위

자본시장법 제178조 제1항 제2호에서는 중요사항에 관한 허위표시의 사용을 금지한다. 이에 따라 "누구든지 금융투자상품의 매매, 그 밖의 거래와 관련하여 중요사항에 관하여 거짓의 기재 또는 표시를 하거나, 타인에게 오해를 유발시키지 아니하기 위하여 필요한 중요사항의

---

438) 김용재, 전게서(註 197), 672~673면.
439) 참고판례: 서울고등법원 2013.7.26. 선고 2013노71 판결(자본시장법 제178조에서 규정하고 있는 부정거래행위의 한 유형인 제1항 제1호의 '부정한 수단, 계획 또는 기교'를 사용하는 행위는 적어도 자본시장법 제178조 제1항 제2호, 제3호 및 제2항에서 구체화된 부정거래행위의 내용과 동등하거나 그에 준하는 정도의 불법성을 지닌 것이어야 한다).
440) 대법원 2015.4.9.자 2013마1052 결정(한화증권 '한화스마트 주가연계증권 제10호' 관련 증권집단소송 허가신청 사건).
441) 대법원 2014.2.13. 선고 2013도1206 판결(대신증권의 일명 '스캘퍼' 사례). 同旨: 대법원 2014.1.16. 선고 2013도4538 판결; 대법원 2014.1.16. 선고 2013도4064 판결.

기재 또는 표시가 누락된 문서, 그 밖의 기재 또는 표시를 사용하여 금전, 그 밖의 재산상의 이익을 얻고자 하는 행위를 하여서는 아니 된다." 동 호에서의 '중요사항'이란 "미공개정보 이용행위 금지조항인 구 증권거래법 제188조의2 제2항에서 정한 '일반인에게 공개되지 아니한 중요한 정보'와 궤를 같이하는 것으로서, 당해 법인의 재산·경영에 관하여 중대한 영향을 미치거나 유가증권의 공정거래와 투자자 보호를 위하여 필요한 사항으로서 투자자의 투자판단에 영향을 미칠 수 있는 사항"[442]을 말한다. "타인에게 오해를 유발시키지 아니하기 위하여 필요한 중요 사항의 기재 또는 표시가 누락된 문서, 그 밖의 기재 또는 표시를 사용"한다는 것은 "거짓의 기재 또는 표시"보다는 넓은 개념으로 이해된다.[443][444] "금전, 그 밖의 재산상의 이익을 얻고자 하는"이라는 문언을 고려해 볼 때 실제로 금전, 그 밖의 재산상의 이익을 얻었을 것을 요구하지는 아니한다.[445]

또한 부정거래행위 유형으로 금융투자상품의 매매 및 그 밖의 거래를 유인할 목적으로 허위시세를 이용하는 행위도 금지된다(자본시장법 제178조 제1항 제2호). 여기서 '매매거래를 유인할 목적'이란 "인위적인 조작을 가하여 시세를 변동시킴에도 불구하고 투자자에게는 그 시세가 유가증권시장에서의 자연적인 수요·공급의 원칙에 의하여 형성된 것

---

442) 대법원 2009.7.9. 선고 2009도1374 판결.

443) 임재연, 전게서(註 201), 1006면.

444) 대법원 2009.7.9. 선고 2009도1374 판결(중요한 사항에 관하여 허위 또는 부실 표시된 문서를 증권선물거래소를 통하여 이미 공시한 상태에서 이를 단순히 시정하지 않고 방치하는 데 그치는 것이 아니라, 구체적인 상황에서 그 문서가 투자자의 투자판단에 영향을 미칠 수 있는 사항에 관하여 오해를 유발할 수 있는 상황임을 알면서도, 이를 금전 기타 재산상의 이익을 얻는 기회로 삼기 위해서 유사한 취지의 허위 또는 부실 표시 문서를 계속 증권선물거래소에 보고하는 등의 방법으로 적극적으로 활용하는 행위는 위 조항에서 정한 문서의 이용행위에 포함될 수 있다).

445) 대법원 2006.4.14. 선고 2003도6759 판결.

으로 오인시켜 유가증권의 매매거래에 끌어들이려는 목적"을 말한다.[446)]

그리고 자본시장법은 금융투자상품 거래와 관련하여 풍문의 유포, 위계(僞計)의 사용, 폭행 또는 협박 행위를 금지한다(자본시장법 제178조 제2항). 풍문의 유포는 불특정 다수인을 상대로 근거 없는 낭설을 널리 퍼뜨리는 것을 말한다. '풍문'이란 종전 증권거래법 제188조의4 제4항 제1호의 '풍설'과 동일한 의미로서 허위사실을 의미한다.[447)] 단순히 실제 사실에 근거한 소문의 유포행위는 사기적 거래행위를 규율하기 위한 본 조항의 규정 취지와 자본시장법 제178조에서 규율하는 다른 유형 행위의 불법성과 비교해 볼 때 이에 포함되지 않는다고 본다. 동 조는 '매매, 그 밖의 거래를 할 목적' 또는 '그 시세의 변동을 도모할 목적'을 요한다.

다. 손해배상의 특칙

자본시장법 제178조의 부정거래금지규정을 위반한 자는 제179조 제1항에 따라 그 위반행위로 인하여 금융투자상품의 매매, 그 밖의 거래를 한 자가 그 매매, 그 밖의 거래와 관련하여 입은 손해를 배상할 책임을 진다(자본시장법 제179조 제1항). 동 손해배상청구권은 민법 제750조 불법행위에 기한 손해배상청구권의 특칙으로서 청구권경합관계에 있다.

---

446) 대법원 2005.11.10. 선고 2004도1164 판결(구 증권거래법 제188조의4 제2항 관련 판결이다).

447) 종전 증권거래법 제188조의4 제4항 제1호에서는 "부당한 이득을 얻기 위하여 고의로 허위의 시세 또는 허위의 사실 기타 풍설을 유포하거나 위계를 쓰는 행위"를 규정하고 있었는데, 이에 대해 대법원은 "사기적 부정거래" 또는 "위계사용 및 허위사실 유포"의 표현을 사용함으로써, '풍설'의 의미를 허위사실과 동일한 의미로 설시하고 있다(대법원 2010.12.9. 선고 2009도6411 판결 참조).

손해배상청구의 상대방이 되는 부정거래행위자에는, "금융투자상품의 거래에 관여한 발행인이나 판매인뿐 아니라, 발행인과 스왑계약 등 금융투자상품과 연계된 다른 금융투자상품을 거래하여 권리행사나 조건성취와 관련하여 투자자와 대립되는 이해관계를 가지게 된 자도 포함된다."[448]

손해배상청구권자는 직접적인 거래상대방, 동종의 금융투자상품 거래자, 그 외에 매매·교환하거나 담보로 제공하는 등 적극적으로 거래한 사실 없이 소극적·수동적으로 보유만 하고 있는 자라도 손해가 인정되는 경우 손해배상청구권자가 될 수 있다.[449]

손해배상청구권자는 고의, 과실을 증명할 필요 없이 부정거래행위 및 손해의 관련성과 손해액만을 증명하면 된다.

자본시장법 제179조 제1항에 따른 손해배상청구권은 청구권자가 제178조를 위반한 행위가 있었던 사실을 안 때부터 1년간, 그 행위가 있었던 때부터 3년간 이를 행사하지 아니한 경우에는 시효로 인하여 소멸한다(동법 제179조 제2항).

3. 판례연구 — 자본시장법 제178조 제1항 제1호의 '부정한 수단, 계획 또는 기교를 사용하는 행위'에 해당되지 아니한다고 본 대신증권 ELW 스캘퍼 사건[450]

본 판결은 자본시장법 제178조 제1항 제1호의 '부정한 수단, 계획 또는 기교를 사용하는 행위'의 개념과 관련된 형사사건이다. 따라서 여기서는 직접적으로 투자자가 원용할 수 있는 민사적 법리를 다루지는 않고 있으나 포괄적 사기적 부정거래행위에 관하여 해석기준이 될 수

---

448) 대법원 2016.3.24. 선고 2013다2740 판결.
449) 同旨: 대법원 2015.4.9.자 2013마1052 결정.
450) 대법원 2014.2.13. 선고 2013도1206 판결.

있는 판결이다.

가. 사실관계[451]

피고인 B는 D증권사의 대표이사로서 경영전반을 총괄하면서 임직원을 지휘·감독하는 사람이며, 피고인 A는 동사의 IT본부장으로서 D증권사의 고객들이 주식워런트증권(Equity Linked Warrant: ELW)을 거래할 때 투자자의 주문을 BU로 전달하는 D증권사의 자동주문 시스템의 개발·운영·관리를 총괄하는 사람이다.

피고인 B와 A는, ELW 거래시장에서는 호가를 제공하는 유동성공급자(Liquidity Provider: LP)의 주도로 가격이 형성되는데, LP가 블랙-숄즈모형 등을 기초로 하여 수시로 산정된 ELW 호가를 변경·제시하기 전에 이 호가를 예측하여 매매주문을 자동으로 전송하는 알고리즘 매매기법을 이용하는 초단타 매매거래자 일명 '스캘퍼'인 R, S, T, U, W에게 일반투자자에 비해 처리속도가 빠른 자동주문 전산시스템 및 거래소의 가격정보를 제공함으로써 자본시장법 제178조를 위반하여 부정한 수단 및 특혜[452]를 제공한 혐의로 기소되었다.

---

451) 서울중앙지방법원 2011.11.28. 선고 2011고합600판결.
452) 1심 판결에서 요약한 공소사실을 인용하면, "2010.5.3. IT비즈니스 개발부 부장 Q는 스캘퍼 R, S, T, U로부터 ① 자신들의 주문속도를 빠르게 해 줄 것, ② 자신들만의 VIP 전용서버를 통해 원장처리를 해 줄 것, ③ FEP(front end processor)에서 바로 시세를 수신받을 수 있도록 해 줄 것, ④ 본인과 동일한 서비스를 다른 고객에게 제공하지 말 것 등을 요청받고, 그 무렵 이를 피고인 A에게 보고하였고, 이후 수차례 S와 매매 알고리즘 프로그램 탑재 등에 대하여 협의하였고, 금융추진부 V 팀장은 2010.7.8.경 시스템트레이딩을 통한 ELW매매 고객을 대상으로 주문속도 개선을 통한 영업력 강화, 시스템 트레이딩 고객 유치를 통하여 시장점유율 향상, 예상비용 약 1.7억원~2억원 등을 주요 내용으로 한 '주문속도 개선을 통한 점유율 향상 방안'을 피고인 B에게 보고하였고 피고인 B는 위 문서에 결재함으로써 이를 승낙하였다." 이렇게 피고인들의 결재를 받은 Q는 'ELW VIP 시스템'을 구축하여 다른 스캘퍼보다 처리속도를 빠르게 할 수 있도록

나. 법원의 판단

대법원은 스캘퍼에게 일반투자자보다 빠른 자동주문 시스템 등을 제공한 행위가 자본시장법 제178조 제1항 제1호의 '부정한 수단, 계획 또는 기교를 사용하는 행위'에 해당하지 아니한다는 원심[453]의 판단이 정당하며, 다음과 같은 설시로 피고인들의 무죄를 선고하였다.

"원심판결 이유에 의하면, 원심은 ① 증권회사가 고객의 주문을 접수하는 방식은 주문전표 접수방식, 전화·전보·모사전송 등의 방식, 전자통신 방식 및 고객이 자신의 주문을 직접 통제하면서 증권사 전산 시스템을 이용하여 거래소에 주문을 전송하여 주문 처리 속도를 높이는 DMA(Direct Market Access, 이하 'DMA'라고 한다) 방식 등으로 다양한데, 각각의 주문 접수 방식마다 그 특성으로 인하여 필연적으로 주문 처리 속도에 차이가 나게 되어 있음에도 서로 다른 방식으로 접수된 주문들 사이의 접수시점을 언제로 볼 것인지에 관한 명확한 기준이 없고, 각수단 사이의 시계 일치에 필요한 기술적 한계를 극복할 방법 또한 없어서 접수 순서대로 주문이 체결되도록 하는 것은 사실상 불가능한 점, ② 유가증권시장 업무규정 시행세칙 제123조 및 금융위원회, 한국거래소, 금융감독원의 각종 행정지도 공문 등에는 주문접수시점에 관한 기준이나 DMA 방식의 주문접수를 허용할 것인지에 관한 명확한 언급이 없어위 규정 및 공문을 근거로 증권회사가 고객의 주문 정보를 처리하는 과정에서 속도의 차이가 없도록 할 법률상 의무가 있다고 보기도 어려운

증권회사 내부 전산망 이용(스캘퍼 매매알고리즘 탑재), 스캘퍼 전용 증권회사 서버 이용, 스캘퍼 DB 구축, 가원장 확인, 시세정보우선제공 등의 이 사건 5가지 속도 관련 서비스를 제공하였다. 이에 따라 스캘퍼들은 거래대금 합계 21조 2,330원 상당의 ELW 매매거래로 약 21억 4,531만원 상당의 수익을 취득하였다.
453) 서울고등법원 2013.1.17. 선고 2011노3527 판결.

점, ③ 한국거래소 시장감시본부 팀장인 소외 1, 금융감독원 선임조사역 소외 2는 제1심 법정에서 DMA 서비스의 제공에 관한 감독규정이나 감독기관의 공문들에 관하여, 유가증권의 거래에는 원칙적으로 시간 우선의 원칙이 적용되는 것이지만 접수순서에 관한 특별한 기준이 정해져 있지 않을 뿐만 아니라 거래 수단이 다양하여 현실적으로 모든 주문에 대하여 시간 우선의 원칙을 그대로 적용할 수는 없고, 그러한 이유로 감독기관에서는 거래소와 직접 연결된 증권회사의 대외계 서버(일명 FEP 서버)에서 거래소에 이르기까지의 주문프로세스를 부당하게 배정하여 발생하는 속도 차이만을 감독할 뿐 그 이전 단계에서는 증권회사가 자율적으로 주문을 처리할 수 있으며, 감독기관도 DMA 방식의 주문접수를 허용하고 있었다는 취지로 진술한 점, ④ 2009년 7월경부터 여러 증권회사에서 ELW(주식워런트증권, Equity Linked Warrant, 이하 'ELW'라고 한다) 매매 주문의 속도를 높이기 위한 전용 전산 시스템을 개발한 후 고객 유치를 위하여 이를 광고하여 왔으므로, 피고인들이 소외 3 등 일부 투자자에 대하여만 배타적으로 대신증권 주식회사의 내부 전산망 및 전용서버 이용, 별도의 데이터베이스 구축, 가원장확인, 시세정보 우선제공과 같은 DMA 서비스를 제공하였다고 볼 수 없고, DMA 서비스를 제공받은 투자자와 그렇지 못한 투자자 사이에 이해충돌의 가능성이 작고 DMA 서비스의 공시에 관한 규정이나 감독기관의 행정지도가 없었던 점에서 대신증권이 이 사건 속도 관련 서비스를 공시할 의무가 있다고 보기 어려운 점, ⑤ ELW 시장은 투자자와 유동성 공급자인 LP (Liquidity Provider, 이하 'LP'라고 한다) 사이에 대향적 관계가 형성되어 있어 대부분의 거래가 양자 사이에서 이루어지는 특수한 구조이고, 일반투자자들은 개인용 컴퓨터에 설치된 전산주문프로그램으로 인터넷을 통하여 ELW를 매매하는데 LP는 자동화된 알고리즘 매매프로그램을 이용하여 DMA 방식을 통하여 그보다 훨씬 빠른 속도로 ELW를 거래하므로, 일반투자자들이 기초자산의 가격변동 이후 LP가 ELW의 호가를 변경하기에 앞서 변경 전의 가격으로 ELW를 매매하려고 시도하더라도 그러한 거래가 성공할 가능성이 거의 없었고, 그 결과 DMA 방식으로 LP와 비슷하거나 더 빠른 속도로 ELW를 거래하는 일부 투자자들과 일반투자자는 예외적인 경우를 제외하고는 직접적인 이해충돌의 문제가 발생하지 아니하는 점 등에 비추어 피고인들이 소외 3 등 일부 투자자들에게 이 사건 속도 관련 서비스를 제공하여 ELW를 거래하도록 한 것이 자본시장법 제178조 제1항 제1호의 '부정한 수단, 계획 또는 기교를 사용하는 행위'에 해당한다고 보기 어렵다고 판단하였다. 앞에서 본 법리와 기록에 비추어 살펴보면, 원심의 위와 같은 판단은 정당한 것으로 수긍할 수 있고, 거기에 상고이유 주장과 같이 자본시장법 제178조 제1항 제1호의 '부정한 수단, 계획 또는 기교를 사용하는 행위'에 관한 법리를 오해하거나 논리와 경험법칙을 위반하여 자유심증주의의 한계를 벗어난 등의 위법이 없다."

한편 본 사안에서 대법원은 "(자본시장법 제178조 제1항 제1호의) '부정한 수단, 계획 또는 기교'란 사회통념상 부정하다고 인정되는 일체의 수단, 계획 또는 기교를 말한다(대법원 2011.10.27. 선고 2011도8109 판결 등 참조)"고 하고, '부정성'에 대해 판단하기 위해서는 "그 행위가 법령 등에서 금지된 것인지, 다른 투자자들로 하여금 잘못된 판단을 하게 함으로써 공정한 경쟁을 해치고 선의의 투자자에게 손해를 전가하여 자본시장의 공정성, 신뢰성 및 효율성을 해칠 위험이 있는지를 고려해야 할 것"이라고 판시하였다.

다. 본 판결의 의의

본 판결은 <u>관련 증권사 임직원들이 ELW 스캘퍼들에게 일반투자자보다 현저히 빠른 처리속도를 가진 매매시스템("ELW VIP 시스템")을 사</u>

용하도록 특별히 제공한 행위가 자본시장법 제178조 제1항 제1호의 '부정한 수단, 계획 또는 기교를 사용하는 행위'에 해당하지 아니한다고 인정하여 무죄를 인정한 판결이다.

이와 관련하여 대법원 2014.1.16. 선고 2013도9933 판결(현대증권 ELW 스캘퍼 사건)에서 대법원은 스캘퍼들이 사용하는 일반투자자보다 현저히 빠른 처리속도를 가진 매매시스템이 '부정한 수단'에 해당하지 아니한다는 전제하에 ELW 스캘퍼들의 관련 시스템 이용행위에 대해서도 무죄를 선고하였다.[454]

생각건대, 대법원은 자본시장법 제178조 제1항 제1호의 포괄적이며 다소 불명확한 규정의 특성을 감안해 볼 때 본 사안과 같이 스캘퍼에게 부당한 특혜를 제공하거나 스캘퍼들이 이를 이용하는 행위에 대해 형벌을 가하는 것은 죄형법정주의 원칙에 반할 수 있다는 점을 고려한 것으로 보인다. 즉, 현대증권 ELW 스캘퍼 사건의 원심인 서울고등법원 2013.7.26. 선고 2013노71 판결에서는 "그런데 스캘퍼들이 일반 투자자와 달리 증권회사로부터 속도 편의 제공 서비스를 제공받아 ELW 거래를 함으로써 막대한 수익을 올린 행위에 대하여 형평에 어긋남을 이유로 형사처벌의 필요성을 논할 여지는 충분하지만, 앞서 본 사정에 비추어 볼 때 자본시장법 등 법률이 스캘퍼로 하여금 속도 편의 제공 서비스를 제공받아 ELW 거래를 하는 행위가 형사처벌의 대상이 된다는 예측가능성을 제공하였다고 볼 수 없으므로 피고인들에 대하여 자본시장법 위반의 죄책을 묻기는 어렵다"고 판시하고 있다.

---

454) 동 판결에 반대하여 DMA를 비공개적이고 배타적으로 일부 고객에게만 제공한 행위는 고객에 대한 신의성실의 원칙에 반하며, 자본시장법 제178조 제1항 제1호의 '부정한 수단, 계획, 기교'에 해당한다는 견해로는 우정석 · 이정민, "ELW 시장의 공정성과 금융기관의 고객에 대한 신의성실 의무," 「기업법연구」(한국기업법학회), 제29권 제1호(통권 제60호)(2015.3), 349~350면.

[표 5] ELW와 옵션의 비교[455]

구 분		ELW	옵 션
법적 구조	규제법	자본시장법	
	상품특성	고도의 유통성을 가진 유가증권	옵션매도자와 옵션매수자 사이의 옵션거래
	거래시장	유가증권시장	파생상품시장
	발행주체	금융투자업자	옵션매도자(불특정 다수의 투자자, 일반투자자 가능)

시장
구조
	의무이행과
	위험관리
		- 발행자(금융기관)가 단독
		  으로 옵션매도자의 의무를
		  이행할 책임 부담
		- 감독기관이 발행자의 신용
		  위험 규제
			- 옵션매도자의 계약이행을
			  BU가 옵션매수자에 대하여
			  보증하는 형태

	매매대금
	결제방식
		- ELW 매수일로부터 2거래일
		  에 매수대금 결제
		- 결제이후의 가격변동에
		  따른 추가납입 없음
			- 보증인인 BU가 요구하는
			  증거금 납부
			- BU가 요구하는 증거금
			  액수는 옵션매매 이후
			  기초자산의 가격변동에 따라
			  계속 변동
			- 증거금 액수가 증가하는
			  경우 계속하여 추가 납부

	유동성 제공	유동성공급자(LP)가 매도·매수 호가 제시하여 유동성 공급	유동성 공급자가 없으며 시장수급에 의존
	권리행사일 까지의 기간	장기(3월~3년)	단기(6개월 이하)

---

455) 서울중앙지방법원 2011.11.28. 선고 2011고합600 판결(대신증권 ELW 스캘퍼
  사건).

그렇다고 해서 일반투자자가 스캘퍼나 관련 증권사 및 임직원을 상대로 민사상 손해배상청구를 하는 경우에 긍정적인 결과를 예상하기도 어려울 것으로 보인다. 왜냐하면 대법원은 스캘퍼와 일반투자자는 시간적으로 거래대상(목적물)이 달라 이해상충의 여지가 거의 없는 것으로 판시하고 있기 때문이다.456) 이와 같은 대법원의 입장을 고려해 보면 원고가 민사상 손해배상청구에 있어서 자본시장법 제179조 제1항에 따라 거래인과관계와 손해액만을 주장·증명할 수 있다 하더라도 극히 짧은 시간동안에 존재할 거래인과관계나,457) 스캘퍼의 이익과 일반투자자자들의 손해 간의 상당인과관계가 인정되기는 쉽지 않을 것으로 예상된다.

456) 현대증권 ELW 스캘퍼 사건의 1심인 서울중앙지방법원 2012.12.14. 선고 2011 고합569, 606, 610(병합) 판결에서도 "ELW 기초자산가격이 변동됨에 따라 이를 반영한 새로운 호가를 LP가 거래소에 제출하기까지는 0.01초 내지 0.05초의 매우 짧은 시간적 틈새밖에 없는데, 스캘퍼들이 거래대상으로 목적한 것은 기초자산 가격변동과 LP의 호가변동 사이의 이 순간적인 틈새에 있는 ELW 거래물량이고 기초자산 가격변동 이전의 ELW 거래물량이 아니므로, 기초자산 가격변동 이전에 일반투자자들이 낸 주문과 스캘퍼들의 주문 사이에는 이해충돌의 문제가 발생하기 어렵고, 스캘퍼는 LP와의 거래에서 이익을 보고 일반투자자들은 LP와의 거래에서 손해를 보기 때문에 스캘퍼들의 이익과 일반투자자들의 손해 사이에 인과관계가 있다고 보기 어렵다"고 판시하였다.

457) 반면, 현대증권 ELW 스캘퍼 사건의 원심인 서울고등법원 2013.7.26. 선고 2013노71 판결에서 검사는 "스캘퍼의 주문과 LP의 호가 변동 주문 사이의 시차 중 평균적으로 원심에서 인정한 0.016초 이내인 경우는 전체의 6.63%에 불과하고 0.2초 이상인 경우가 52.26%, 1초 이상인 경우도 13.21%에 이르며, LP의 호가 변동 주문 전에 주문이 도달하였지만 스캘퍼의 물량선점으로 거래가 체결되지 아니하여 피해를 입은 주문 건수도 원심이 인정한 0.0045%~0.008%보다 훨씬 많으므로, 스캘퍼의 주문 때문에 거래기회를 상실한 일반투자자의 주문에 대하여 의도적으로 작성된 허위의 통계자료에 기초하여 스캘퍼와 일반투자자 사이에 이해충돌이 없다고 판단한 것은 잘못이라고 주장하였으나," 서울고등법원은 "이를 들어 스캘퍼에 대한 속도 편의의 제공이 일반투자자들의 거래를 불가능하거나 현저히 곤란하게 할 정도의 위험성을 초래하였다고 인정하기에 부족하다"고 결론을 내렸다.

4. 소 결

자본시장법 제178조 제1항은 미국 SEC Rule 10b-5의 anti-fraud 조항, 일본 금융상품거래법 제157조 제1호와 유사한 조항이다.

내부자거래, 미공개중요정보 이용행위, 시세조종행위 등에 대한 개별적·구체적인 규제조항에도 불구하고 규율되지 않는 입법공백의 미비점을 보완할 수 있도록 보충적이고 포괄적인 부정거래금지 규정을 두게 된 것이다.

포괄적인 일반규정의 특성상 문언이 불명확하고 추상적인 한계가 있으나 이는 입법기술상 부득이한 측면이 있다. 죄형법정주의 원칙과의 관계에서 엄격한 해석을 통해 규정의 의미를 정립해 감으로써 예측가능성과 명확성을 확보해 나갈 필요가 있다. 또한 형사처벌 법규로서 다른 불공정거래 금지조항 및 자본시장법 제178조 내의 다른 규정들과의 경합관계 및 죄수관계에 대해서도 논의할 필요가 있다.[458]

한편, 대법원 2014.2.13. 선고 2013도1206 판결(대신증권 ELW 스캘퍼 사건)을 비롯하여 이전 판례에서 대법원은 자본시장법 제178조 제1항에서 규정한 '부정한 수단, 계획 또는 기교'에 대해 "사회통념상 부정하다고 인정되는 일체의 수단, 계획 또는 기교"라고 판시하고 있다. 이는 일본 最高裁判所昭和40年(1965년)5月25日第三小法庭判決의 판시 내용과 같이 그 적용범위를 한정적으로 제한하기 위한 것이다.[459] 그러나 동 조항은 결국 '사회통념'의 기준에 따라 그 의미가 판단되게 되었는데, 이 '사회통념'이라는 불명확한 용어가 추가됨으로써 어떻게 보면 본래의 조항보다도 더 추상적이고 불명확하게 되었다. 즉, 이 '사회통념'이

---

458) 이에 관한 자세한 내용은 박임출, "자본시장법 제178조의 '부정거래'에 관한 연구―대법원 2011.10.27. 선고 2011도8109판결을 중심으로―",「증권법연구」(한국증권법학회), 제14권 제2호(2013), 368~369면, 376~378면 참조.

459) 이에 관한 자세한 내용은 한국증권법학회, 전게서(註 11), 1153~1154면 참조.

라는 것이 법원의 판결에 의해 확인될 수밖에 없기 때문이다.

|제4절| 증권관련 집단소송법상 투자자보호의 법리

I. 개 관

2004년 1월 20일 제정되고 2005년 1월 1일부터 시행된 「증권관련 집단소송법」은 증권의 거래과정에서 발생한 집단적인 피해를 효율적으로 구제하기 위한 목적으로 증권관련 집단소송에 관하여 「민사소송법」에 대한 특례를 정하고 있는 법률이다. 「증권관련 집단소송법」에서는 '증권관련 집단소송'을 "증권의 매매 또는 그 밖의 거래과정에서 다수인에게 피해가 발생한 경우 그중의 1인 또는 수인(數人)이 대표당사자가 되어 수행하는 손해배상청구소송"으로 정의하고 있다(증권관련 집단소송법 제2조 제1호).

동법은 미국의 Class Action 관련 법령, 특히 Private Securities Litigation Reform Act of 1995를 입법모델로 제정되었는데,[460] 동법이 시행된 이후 증권관련 집단소송이 허가된 건수가 5건에 불과할 정도로 투자자보호 제도로서는 그다지 큰 기능을 발휘하지는 못하고 있다. 이는 「증권관련 집단소송법」이 당초 남소(濫訴)를 방지할 목적으로 소제기 요건 등을 엄격히 규정한 데서 그 원인을 찾을 수도 있지만, 실무상

---

460) 최진이, "증권관련 집단소송법의 문제점과 개선방안에 관한 연구," 「기업법연구」(한국기업법학회), 제23권 제1호(통권 제36호)(2009.3), 299면. 미국의 증권집단소송제도 및 남소방지를 위한 입법에 관하여는 손영화, "증권집단소송제도의 개선방안에 관한 고찰," 「상사판례연구」(한국상사법학회), 제24집 제4권(2011. 12), 48~64면 참조.

법원이 집단소송의 허가를 결정하는 데 장기간 지체함으로써, 개별소송에 비해 권리구제에 실질적인 도움을 주지 못하고 있는 것도 주요 원인의 하나로 지적된다.

「증권관련 집단소송법」은 자본시장법 제4조의 '증권'의 매매 그 밖의 거래과정에서 발생한 손해의 배상을 그 적용대상으로 하고 있기 때문에 이 책에서 논의하는 '파생상품'과는 직접적인 연관은 없다고 볼 수 있으나, 특정 파생상품의 기초자산이 증권 또는 주가지수인 경우와, 자본시장법상 '증권'으로 분류되고 있으나 파생상품과 동일한 규율이 필요하다고 보는 파생결합증권의 매매 또는 그 밖의 거래의 경우에 적용될 여지가 있어 검토할 필요가 인정된다.

이하에서는 「증권관련 집단소송법」상의 집단소송의 적용대상, 소제기 및 소송허가절차, 소송진행절차, 분배절차를 간략히 살펴보고, 마지막으로 소송절차 종결 절차로서 소송상화해 및 기판력의 특수한 효력 범위에 대해 살펴보기로 한다.

II. 내　용

「증권관련 집단소송법」은 법률 그 자체만으로도 내용과 쟁점이 많으나[461] 이하에서는 파생상품거래와 관련된 특별한 이슈가 있지 않으면 전체적인 내용을 개관하는 의미에서 집단소송의 전체 흐름에 따라 그 골자만을 정리하고 파생상품거래의 투자자보호와 관련된 내용에 대해서는 해당 부분에서 언급하여 설명하기로 한다.

---

461) 현행 「증권관련 집단소송법」의 문제점 및 개정사항에 관하여는 최승재 외 3인, 「증권관련집단소송법 개정론」(법률신문사, 2014.7) 참조.

1. 소송대상

가. '증권' 거래 관련 '손해배상청구소송'

「증권관련 집단소송법」은 자본시장법 제4조에서 규정한 '증권'의 매매 및 그 밖의 거래와 관련된 다수 피해자가 수행하는 손해배상청구 소송에 적용된다(동법 제2조 제1호·제6호). 따라서 자본시장법 제9조 제15항 제3호에 따른 주권상장법인이 발행한 '증권'과 관련되지 아니하고 상품파생상품과 같이 '파생상품'에만 관련된 손해배상청구는 해당되지 않는다(동법 제3조 제2항). 또한, 손해배상청구권이 아닌 다른 권리관계 분쟁이나 민법상 불법행위에 기한 손해배상청구권에 대해서는 대상 적격이 인정되지 않는다.

나. 손해배상청구소송의 적용범위 제한

「증권관련 집단소송법」은 손해배상청구인 경우에도 증권과 관련된 청구로서 '동법 제3조 제1항 각 호에 규정한 손해배상청구'에 대해서만 한정적으로 적용된다. 여기에 포함되는 손해배상청구의 유형은 자본시장법 제125조(증권신고서 및 투자설명서 거짓 기재), 제162조(사업보고서 등의 거짓 기재. 다만, 제161조에 따른 주요사항보고서의 경우는 제외한다), 제175조(미공개중요정보이용), 제177조(시세조종행위), 제179조(부정거래행위), 제170조(회계감사인의 부실보고서 작성) 등이다.

다. 파생상품거래의 적용 가능성

「증권관련 집단소송법」이 적용되는 손해배상청구 유형 중에서 명시적으로 '파생상품' 거래상에 발생하는 손해배상청구가 포함될 수 있는 조항으로는 제175조 미공개중요정보이용, 제177조 시세조종행위, 제179조 부정거래행위 이 세 가지뿐이다. 즉, 미공개중요정보이용의 경우 '(특정) 주권상장법인이 발행한 증권·증권예탁증권·교환사채권을 기초자산으로 하는 금융투자상품'을 적용대상으로 하고 있고, 시세조종행위의 경우에는 '장내파생상품'을, 부정거래행위의 경우에는 '금융투자상품'을 각각 그 적용대상으로 명시하고 있는 반면, 나머지는 모두 증권과 관련되었거나 일반적인 보고서의 거짓 기재 등으로 인한 경우이다. 그러나 「증권관련 집단소송법」 제3조 제2항은 '주권상장법인이 발행한 증권'의 매매나 그 밖의 거래로 인한 손해의 배상청구에 적용범위를 한정하고 있기 때문에 파생상품과 관련해서는 자본시장법 제4조의 증권에 포함되는 파생결합증권(동법 제4조 제2항 제5호, 제7항) 외에는 직접적으로 적용될 여지는 없는 것처럼 보여 진다. 이제까지 법원이 증권관련 집단소송을 허가한 5건의 사례 중에서 파생결합증권과 관련한 증권관련 집단소송을 허가한 사례도 대법원 2015.4.9.자 2013마1052 결정(파기환송) 및 2016.3.28.자 2015마2056 결정(최종)(피고 로얄 뱅크 오브 캐나다, 한화스마트 주가연계증권 제10호 사건), 대법원 2015.4.9.자 2014마188 결정(피고 도이치방크 아게, 한화투자증권 부자아빠 주가연계증권 제289회 사건) 두 건밖에 없었다.[462]

　　그렇다면 「증권관련 집단소송법」은 파생상품거래에는 전혀 적용되지 않는 것일까?

　　생각건대, 「증권관련 집단소송법」 제3조 제2항의 문언상으로는 '주권상장법인이 발행한 증권의 매매 또는 그 밖의 거래'에 파생결합증권 외에 자본시장법 제5조의 파생상품이 포함되지 않는 것은 명백하다. 그

---

[462] 증권관련 집단소송이 허가된 5건 중 이 두 건을 제외한 나머지 세 사건은 수원지방법원 2010.1.21.자 2009카기1048 결정 및 2009가합8829 사건(2010.4.30. 화해 종결)[진성티이씨 사건], 대법원 2016.11.4.자 2015마4027 결정[씨모텍 사건], 대법원 2016.6.10.자 2013가합74313 결정[지에스건설 사건] 등이다.

러나 직접적인 파생상품의 매매나 그 밖의 거래로 인해 손해가 발생한 것이 아니라, 자본시장법 제4조의 증권을 기초자산으로 한 파생상품의 경우에도 그 기초자산인 증권에 대한 시세조종행위 등으로 손해를 입었다면 동법이 적용된다고 보아야 할 것이다. 즉,「증권관련 집단소송법」 제2조 제1호의 '증권'은 직접적으로 보유하거나 거래대상이 되는 경우에 국한되지 않고 기초자산으로 연계되어 있으면 이에 해당한다고 보며, '그 밖의 거래'에는 파생상품거래가 포함되는 것으로 해석될 수 있는 것이다.

요약하자면, 특정 파생상품의 기초자산이 증권이거나 증권을 기초자산으로 한 지수인 경우에는 그 파생상품거래로 인해 손해를 입고 그 밖에 다른 집단소송 허가요건이 충족되는 한 현행법 하에서도 증권관련 집단소송의 대상이 된다고 본다.

그 외에도 입법정책적으로 장내파생상품의 경우에는 직접적으로 해당 파생상품의 거래와 관련하여 다수의 피해자가 집단적으로 발생할 가능성이 있으므로, 이 역시 증권관련 집단소송의 대상이 될 수 있도록 「증권관련 집단소송법」의 개정이 필요하다고 생각된다.[463]

2. 소제기 및 소송허가절차

가. 소제기 및 공고

증권관련 집단소송의 대표당사자가 되기 위하여 소를 제기하는 자

---

463) 현행「증권관련 집단소송법」에서는 파생상품인 옵션 관련 집단소송은 허용되지 않는다는 취지에서 동법 제3조의 제한 조항을 삭제하여야 한다는 견해로는 김주영, "증권관련 집단소송법제 개선방안," 경제적 약자보호를 위한 소송제도 개선방안에 관한 세미나 발표자료(이종걸 의원, 국회 경제민주화포럼 공동주최)(2015.6.4), 3~4면.

는 소장과 소송허가신청서를 법원에 제출하여야 한다(증권관련 집단소송법 제7조 제1항). 이때 관할은 피고의 보통재판적 소재지를 관할하는 지방법원 본원 합의부의 전속관할로 하며, 원고와 피고는 변호사를 소송대리인으로 선임하여야 한다(증권관련 집단소송법 제4조·제5조).

소가 제기되면 법원은 소장과 소송허가신청서가 제출된 사실을 지정거래소에 즉시 통보하여야 하며, 지정거래소는 그 사실을 일반인에게 공시하여야 한다(증권관련 집단소송법 제7조 제4항). 또한 법원은 소장 및 소송허가신청서를 접수한 날부터 10일 이내에 (i) 증권관련 집단소송의 소가 제기되었다는 사실, (ii) 총원의 범위, (iii) 청구의 취지 및 원인의 요지, (iv) 대표당사자가 되기를 원하는 구성원은 공고가 있는 날부터 30일 이내에 법원에 신청서를 제출하여야 한다는 사실 등을 일간 신문 등에 공고하여야 한다(증권관련 집단소송법 제10조).

나. 대표당사자 선임 및 소송허가

법원은 공고를 한 날부터 50일 이내에 총원의 이익을 대표하기에 가장 적합한 자를 대표당사자로 선임하여야 하는데(증권관련 집단소송법 제10조 제4항). 대표당사자는 구성원 중 해당 증권관련 집단소송으로 얻을 수 있는 경제적 이익이 가장 큰 자 등 총원의 이익을 공정하고 적절하게 대표할 수 있는 자이어야 한다(증권관련 집단소송법 제11조 제1항). 또한 원고측 소송대리인도 총원의 이익을 공정하고 적절하게 대리할 수 있는 자이어야 하며(증권관련 집단소송법 제11조 제2항), 원칙적으로 최근 3년간 3건 이상의 증권관련 집단소송에 대표당사자 또는 대표당사자의 소송대리인으로 관여하였던 자는 증권관련 집단소송의 대표당사자 또는 원고측 소송대리인이 될 수 없다(증권관련 집단소송법 제11조 제3항).

증권관련 집단소송이 허가되기 위해서는 소송허가신청서의 기재

사항 및 첨부서류가 적법해야 하는 외에 다음과 같은 요건을 갖추어야
한다(증권관련 집단소송법 제12조).[464]

(ⅰ) 구성원이 50인 이상이고, 청구의 원인이 된 행위 당시를 기준으로
그 구성원이 보유하고 있는 증권의 합계가 피고 회사의 발행 증권 총수
의 1만분의 1 이상일 것 (다수성)
(ⅱ) 제3조 제1항 각 호의 손해배상청구로서 법률상 또는 사실상의 중
요한 쟁점이 모든 구성원에게 공통될 것 (공통성)
(ⅲ) 증권관련 집단소송이 총원의 권리 실현이나 이익 보호에 적합하고
효율적인 수단일 것 (효율성)

파생상품과 관련한 집단소송이 인정된다고 보는 필자의 견해에 의
할 때 동일한 증권과 관련한 부정거래행위 등으로 다수의 투자자들이
손해를 입은 경우에 해당 증권의 보유자와 그 증권을 기초자산으로 한
파생상품의 보유자 간에 법률상 또는 사실상의 중요한 쟁점이 모든 구
성원에게 공통된다고 볼 수 있을 것인지 문제된다. 생각건대, 동일한 증
권에 대한 매매, 그 밖의 거래로 인해 손해를 입은 자들은 원증권의 보
유자든 그 증권을 기초자산으로 한 파생상품의 보유자든 가리지 않고
사실상 동일한 자본시장법 위반행위로 인하여 손해를 입은 경우라면 이
러한 공통성이 인정된다고 해야 할 것이다. 이에 따라 원증권 보유자와
이를 기초로 한 파생상품 보유자는 동일한 집단소송절차에 참가할 수
있다고 보아야 한다.

---

464) 미국의 연방민사소송규칙(Federal Rules of Civil Procedure) 제23조(a)에서는
집단소송의 성립요건으로 다수성(numerosity), 공통성(commonality), 전형성
(typicality), 대표당사자의 전문성(adequacy of representation)을 규정하고 있
다. See Paul Hastings, Janofsky & Walker, LLP, *Securities Law Claims: A
Practical Guide* (Oceana Publications, 2004), pp.159~161.

한편, 소송허가 결정이 확정되면 법원은 원고와 피고, 총원의 범위, 청구의 취지 및 원인의 요지, 제외신고의 기간과 방법, 제외신고를 한 자는 개별적으로 소를 제기할 수 있다는 사실 등 동법 제18조의 사항들을 구성원에게 고지하고 일간신문 등에도 게재하여야 한다(증권관련 집단소송법 제18조).

3. 소송의 진행

가. 총원 범위의 변경 및 제외신고

법원은 필요하다고 인정할 때에는 직권 또는 신청에 의하여 결정으로 총원의 범위를 변경할 수 있다(증권관련 집단소송법 제27조 제1항). 구성원은 고지된 제외신고 기간 내에 서면으로 법원에 제외신고를 할 수 있고, 소 취하의 경우가 아니면 제외신고 기간이 끝나기 전에 증권관련 집단소송의 목적으로 된 권리와 동일한 권리에 대하여 개별적으로 소를 제기하는 자는 제외신고를 한 것으로 본다(증권관련 집단소송법 제28조).

나. 증거조사 및 손해배상액 산정

법원은 직권으로 증거조사를 할 수 있고 구성원과 대표당사자를 신문(訊問)할 수도 있으며, 증거보전이나 문서제출명령을 할 수도 있다(증권관련 집단소송법 제30조~제33조).

손해배상액을 산정할 때에는 자본시장법이나 그 밖의 다른 법률에 규정이 있는 경우에는 그에 따르고 증거조사를 통하여도 정확한 손해액을 산정하기 곤란한 경우에는 여러 사정을 고려하여 표본적·평균적·통계적 방법 또는 그 밖의 합리적인 방법으로 손해액을 정할 수 있다(증권관련 집단소송법 제34조).

전술한 바와 같이 원증권의 보유자와 그 증권을 기초자산으로 한 파생상품의 보유자 간에 공통성이 인정된다고 보는 경우 양 보유자들은 동일한 집단소송절차에 참가할 수 있게 된다. 이러한 경우 원증권 보유자와 그 증권을 기초자산으로 한 파생상품 보유자의 손해배상액은 부득이 별도로 산정될 수밖에 없을 것이다.

4. 분배절차

법원이 직권으로 또는 대표당사자의 신청에 의하여 선임한 분배관리인은 전속관할인 1심 수소법원의 감독하에 권리실행으로 취득한 금전 등의 분배업무를 수행한다(증권관련 집단소송법 제39조, 제41조). 분배관리인은 법원이 정한 기간 이내에 분배계획안을 작성하여 법원에 제출하여야 하며, 법원은 결정으로 이를 인가한다(증권관련 집단소송법 제42조~제46조).

분배의 기준은 판결 이유 중의 판단이나 화해조서 또는 인낙조서(認諾調書)의 기재내용에 따르며, 권리신고 기간 내에 신고하여 확인된 권리의 총액이 분배할 금액을 초과하는 경우에는 안분비례(按分比例)의 방법으로 분배한다(증권관련 집단소송법 제43조).

구성원은 분배계획에서 정하는 바에 따라 권리신고 기간 내에 분배관리인에게 권리를 신고하여야 한다(증권관련 집단소송법 제49조 제1항). 분배관리인은 분배금의 수령기간이 지난 후 남은 금액에 대해서는 공탁을 하고, 분배금의 수령기간이 지난 후 분배보고서를 법원에 제출하며, 공탁금의 출급청구 기간이 끝나면 지체 없이 법원에 분배종료보고서를 제출하여야 한다(증권관련 집단소송법 제51조~제54조).

5. 소송절차 종결

증권관련 집단소송의 경우 소의 취하, 소송상의 화해 또는 청구의 포기는 법원의 허가를 받지 아니하면 그 효력이 없고, 상소의 취하 또는 상소권의 포기에 관하여도 마찬가지이다(증권관련 집단소송법 제35조 제1항, 제38조 제1항).

증권관련 집단소송의 확정판결의 기판력은 제외신고를 하지 아니한 구성원에 대하여도 그 효력이 미친다(증권관련 집단소송법 제37조).

6. 판례연구 — ELS 시세조종행위와 관련하여 증권관련 집단소송을 허가한 로얄 뱅크 오브 캐나다 사건[465]

2005년 1월 이후 「증권관련 집단소송법」이 시행된 이래 집단소송 허가신청이 제기된 사례도 많지 않을뿐더러 이를 받아들인 사례가 이제까지 5건에 불과하다고 하는 점은 앞에서 언급한 바와 같다. 이 중에서도 '파생상품' 거래가 증권관련 집단소송의 대상이 되는지 여부에 대해 쟁점이 된 사례는 없고 다만, 파생결합증권인 ELS의 시세조종행위와 관련한 손해배상청구소송은 2건이 있다. 아래에서는 「증권관련 집단소송법」상의 투자자보호와 관련된 쟁점을 ELS 관련 손해배상청구소송을 통해 살펴보기로 한다.

가. 사실관계[466]

한화증권 주식회사(이하 '한화증권'이라 한다)는 2008년 4월 22일 주

---

465) 대법원 2015.4.9.자 2013마1052, 1053 결정.
466) 대법원 2015.4.9.자 2013마1052, 1053 결정[피고 로얄 뱅크 오브 캐나다, 한화증권 한화스마트 주가연계증권 제10호 사건]의 판결 내용을 전재한다.

식회사 포스코(이하 '포스코'라 한다) 보통주와 에스케이 주식회사(이하 '에스케이'라 한다) 보통주를 기초자산으로 한 '한화스마트 주가연계증권 제10호'(이하 '이 사건 주가연계증권'이라 한다)를 발행하였다. 이 사건 주가연계증권은 3개월 단위의 조기 및 만기 상환기준일에 두 기초자산 모두의 종가가 상환기준가격(포스코 보통주는 494,000원, 에스케이 보통주는 159,500원을 기준가격으로 하여 3개월 단위로 기준가격의 90%, 85%, 80%, 75%에 해당하는 금액) 이상으로 결정되면 액면금에 연 22%의 수익금을 더하여 상환하고, 두 종목 중 하나라도 만기 상환기준일의 종가가 만기 상환기준가격 미만에서 결정되는 경우에는 원금손실을 보게 설계된 상품이다. 한화증권은 2008년 4월 25일 이 사건 주가연계증권의 상환조건이 성취될 경우 투자자들에게 일정한 상환금을 지급해야 하는 위험을 회피하기 위하여 상대방과 이 사건 주가연계증권과 동일한 구조의 파생상품을 매매하는 내용의 스왑(Swap) 계약을 체결하였다. 재항고인들을 포함한 구성원들은 이 사건 주가연계증권의 발행일 무렵에 한화증권으로부터 이를 매입하였다. 이 사건 주가연계증권의 만기 상환기준일인 2009년 4월 22일 에스케이 보통주는 만기 상환기준가격(기준가격의 75%인 119,625원) 이상인 120,000원에서 124,000원 정도의 가격으로 거래되고 있었는데, 상대방은 장 종료 무렵에 보유하고 있던 에스케이 보통주를 대량으로 매도하였고, 그 결과 에스케이 보통주의 종가는 119,000원으로 결정되어 이 사건 주가연계증권의 상환조건이 성취되지 아니하였다. 이 사건 주가연계증권의 투자자들은 만기일인 2009년 4월 27일 이후 한화증권으로부터 만기상환금으로 투자금의 약 74.6%에 해당하는 금액을 지급받았다. 재항고인들은 상대방이 만기 상환기준일에 에스케이 보통주를 대량으로 매도한 것이 기초자산의 주가를 인위적으로 하락시켜 이 사건 주가연계증권의 상환조건 성취를 방해한 것이어서 자본시장법 제178조 제1항 제1호 위반행위에 해당한다는 이유로 상대방에 대하여 자본시장법 제179조에 따른 손해배상을 구하는 소송을 제기하면서 증권관련 집단소송의 허가를 구하고 있다.

나. 소송경과 및 의의

이 사건은 「증권관련 집단소송법」이 시행된 이후 수원지방법원 2010.1.21.자 2009카기1048 결정[진성티이씨 사건], 대법원 2015.4.9.자 2014마188 결정[도이치방크 아게 한화투자증권 부자아빠 주가연계증권 제289회 사건]에 이어 세 번째로 증권관련 집단소송이 허가된 사례이다. 또한 위 대법원 2015.4.9.자 2014마188 결정과 동일한 취지에서 증권 발행사뿐만 아니라 스왑계약 상대방의 경우에도 증권관련 집단소송의 피고가 될 수 있음을 재확인한 판결이다.

'한화스마트 주가연계증권 제10호' ELS 발행사인 한화증권은 ELS 상환조건이 성취될 경우에 투자자들에게 상환금을 지급하게 될 위험을 헤지하기 위하여 외국계은행인 로얄 뱅크 오브 캐나다와 스왑계약을 체결하였는데, 스왑계약 당사자가 상환조건 성취 평가일에 기초자산을 대량 매도하여 상환조건이 불성취됨에 따라 이로 인해 투자자인 원고들 (양△△ 외 413명)이 손해배상을 청구(본안소송 사건번호: 서울중앙지방법원 2010가합1604)하면서 증권관련 집단소송의 허가를 신청하였다.

원심인 서울고등법원 2013.5.31.자 2012라764, 2012라765(병합) 결정에서는 1심인 서울중앙지방법원 2012.5.1.자 2010카기9474, 2012카기2082(병합) 결정과 마찬가지로 대표당사자들(양△△, 최○○)의 증권관련 집단소송 허가 신청을 기각하였다. 이에 대해 원고측이 재항고를 하자 대법원은 2015.4.9.자 2013마1052, 1053 결정을 통해 집단소송을 허가하는 취지로 파기환송하였고, 환송심인 서울고등법원은 2015.11.16.자 2015라656 결정으로 집단소송을 허가하는 결정을 하였다. 이에 대해 피고의 재항고가 있었으나 대법원은 2016년 3월 28일자로 심리불속행기각결정(사건번호: 2015마2058)을 하여 최종적으로 증권관련 집단소송이 허가되었다.

다. 주요 쟁점 및 법원의 판단

원심은 "대표당사자들을 비롯한 원고들이 피고를 상대로 하여 자본시장법 제179조에 따른 손해배상청구를 할 수 있으려면, ① 피고가 이 사건 주가연계증권 매매 기타 거래와 관련하여 부정한 수단, 계획 또는 기교를 사용하는 행위를 하였어야 하고, ② 원고들이 이러한 부정거래 행위로 인하여 이 사건 주가연계증권 매매 기타 거래를 하였고 그 매매 기타 거래와 관련하여 손해를 입었어야 한다(자본시장법 제179조 제1항, 제178조 제1항 제1호 참조)"고 전제한 다음, "피고가 만기평가일인 2009년 4월 22일 기초자산 중 하나인 에스케이(SK) 보통주를 대량으로 매도한 행위(대표당사자들이 부정거래행위라고 주장하는 피고 행위이다)로 인하여 원고들이 이 사건 주가연계증권을 매매, 교환, 담보제공 등 적극적으로 거래한 바가 전혀 없고, 원고들은 취득일(발행일)인 2008년 4월 25일부터 만기일인 2009년 4월 27일까지 계속해서 이 사건 주가연계증권을 소극적·수동적으로 보유하고 있었을 뿐이다. 따라서 원고들이 자본시장법 제179조에서 정하는 손해배상청구권을 행사하지 못하므로 이 사건 소송허가신청은 집단소송법 제3조 요건을 갖추지 못하였다"고 판시하였다.

이에 대해 대법원은 "(피고들이) 기초자산인 에스케이 보통주의 주가를 인위적으로 하락시킴으로써 이 사건 주가연계증권의 상환조건 성취가 무산되었고 그로 인하여 이 사건 주가연계증권을 보유한 투자자들이 만기에 투자금 중 일부만 상환받아 손해를 입었다고 주장하며 손해배상을 구하는 재항고인들의 청구는 자본시장법 제179조 제1항에 따른 손해배상청구에 해당하여" 집단소송허가신청 요건을 충족한 것으로 판시하였다.

생각건대, 이 사건에서 원심과 대법원의 결론이 다른 것은 자본시장법 제179조 제1항 "제178조를 위반한 자는 그 위반행위로 인하여 금융투자상품의 매매, 그 밖의 거래를 한 자가 그 매매, 그 밖의 거래와 관련하여 입은 손해를 배상할 책임을 진다"는 조문의 구조를 달리 이해하고 있는 데 기인한 것으로 보인다. 즉, 원심의 경우 '그 위반행위로 인하여 (금융투자상품의) 매매, 그 밖의 거래를 한 자가~'로 이해한 반면, 대법원은 '그 위반행위로 인하여 (그 매매, 그 밖의 거래와 관련하여) 입은 손해를 배상할 책임을 진다'고 조문을 파악한 것으로 이해된다.

라. 참고판례

'한화투자증권 부자아빠 주가연계증권 제289회'와 관련된 증권관련 집단소송 허가신청사건인 대법원 2015.4.9.자 2014마188 결정(피고 도이치방크 아게)에서도 위 판결과 동일한 판시내용으로 대표당사자들의 집단소송을 허가하는 취지의 파기환송 판결을 하였다.[467) 그 밖에 스왑계약 상대방에 대해 집단소송 피고적격을 인정한 동 사건과 유사하게 증권발행사가 아닌 증권회사를 상대로 한 증권관련 집단소송의 허가결정을 한 사례로는 대법원 2016.11.4.자 2015마4027 결정[피고 동부증권, 씨모텍 사건]이 있다.[468)

---

467) 동 사건은 1심 서울중앙지방법원 2013.9.3.자 2012카기1273 결정(집단소송허가), 서울고등법원 2014.1.13.자 2013라1426 결정(집단소송허가신청기각), 대법원 2015.4.9.자 2014마188 결정(집단소송허가신청기각결정 파기환송), 서울고등법원 2016.1.29.자 2015라619 결정(항고기각-집단소송허가), 대법원 2016.5.27.자 2016마251 결정(심리불속행기각) 등의 절차를 거쳐 본안 사건에서는 서울중앙지방법원 2017.1.20. 선고 2012가합17061 판결로 원고가 승소하였고 이에 대해 피고가 항소하여 현재 서울고등법원 2017나9123 사건으로 계류중에 있다.
468) 본안사건은 서울남부지방법원 2011가합19387 사건으로 계류중에 있다.

III. 소 결

증권관련 집단소송에서 특별히 파생상품 투자자의 보호와 관련된 쟁점은 파생상품 보유자도 증권관련 집단소송의 청구주체로 인정될 수 있을 것인지, 원증권 보유자와 파생상품 보유자 간에 집단소송 허가요 건으로서의 공통성이 인정될 수 있을 것인지, 각각의 거래주체별로 손해배상액을 별도로 산출하는 것이 허용될 것인지 등이 문제될 수 있으며, 이에 대해서는 긍정적으로 보아야 할 것임은 앞에서 논의한 바와 같다. 특히 장내파생상품의 경우에는 다수의 피해자가 발생할 수 있고 이에 대해 집단소송을 통한 구제의 필요성이 인정된다고 보이므로, 법개정을 통하여 장내파생상품 투자자도 집단소송이 허용될 수 있도록 할 필요가 있다.

대법원 2015.4.9.자 2013마1052, 1053 결정(피고 로얄 뱅크 오브 캐나다, 한화증권 한화스마트 주가연계증권 제10호 사건)에서 증권관련 집단소송의 청구인적격으로 자본시장법 제179조에 따른 손해배상청구권자에 한하여 인정된다는 점은 원심과 대법원의 입장이 동일한 것으로 생각된다. 다만 동 조항의 손해배상청구권자의 범위에 대해서는 '그 위반행위로 인하여' 증권의 매매 등의 거래를 한 자가 아니라 그로 인해 손해를 입은 자이면 기존에 보유하던 증권을 단순 보유하기만 하고 있더라도 이에 해당한다고 보아야 한다는 점에서 대법원의 결정이 타당하다고 생각된다. 그러나 한편으로는 「증권관련 집단소송법」 제3조 제2항에서는 "주권상장법인이 발행한 증권의 매매 또는 그 밖의 거래"로 인한 손해에 대해 증권관련 집단소송이 인정된다고 명시적으로 규정하고 있으므로, 비록 자본시장법 제179조와 실질적으로 내용이 동일하다 하더라도 동 조항에서 근거를 찾을 것이 아니라, 「증권관련 집단소송법」 제3조 제2항에 따라 집단소송청구권자로 인정된다고 판시했어야 할 것으로 생각된다. 즉, 소송법상 원고적격이 인정되는 경우에는 일단 소송을 허가하고 실체적 권리 유무는 본안에서 다투도록 하는 것이 피해자들의 권리구제에 효과적이고, 법원의 장기간의 심리지연을 이유로 개별소송을 선호하고 있는 현실적인 문제를 다소나마 해소할 수 있다는 측면에서, 증권관련 집단소송 허가신청사건의 경우 「증권관련 집단소송법」 제3조의 요건을 충족하는 한 우선 이를 근거로 원고적격이 인정되어야 하는 것이다.

한편, 국내 증권관련 집단소송은 엄격한 허가신청요건, 법원의 심리지연 등으로 인해 실효적인 권리구제 수단이 되지 못하고 있는 실정이다.[469] 특히 '다수성' 요건인 "청구의 원인이 된 행위 당시를 기준으로 그 구성원이 보유하고 있는 증권의 합계가 피고 회사의 발행 증권 총수의 1만분의 1 이상일 것"의 요건은 피고는 반드시 해당 증권의 발행회사이어야 하는 것으로 해석되므로, 이에 국한하지 않고 증권회사, 스왑거래 당사자 등도 피고로 인정하고 있는 최근 대법원의 판례를 반영하여, 이를 삭제할 필요가 있다.[470] 또한 과거 3년간 3건 이상 집단소송을 수행한 경우에는 원고 소송대리인이 될 수 없도록 한 제한도 철폐하여, 법원의 판단에 따라 집단소송에 전문적인 소송대리인을 원고 소송대리인으로 선임할 수 있게 함으로써 실질적으로 투자자들의 권리구제를 강화할 필요가 있다.[471] 아울러 법원은 증권관련 집단소송 원고들의 신속한 권리구제를 위하여 집단소송허가 여부를 신속하고 적극적으로 결정할

---

469) 김광록, "증권집단소송의 최근 동향으로 본 증권관련 집단소송법의 발전적 개선을 위한 제언," 「상사판례연구」(한국상사판례학회), 제26집 제3권(2013.9), 349면 참조.

470) 同旨: 김주영, 전게자료(註 463), 9~10면; 손영화, 전게논문(註 460), 76면.

471) 同旨: 최정식, "증권집단소송제도의 활성화를 위한 제안," 「법학연구」(한국법학회), 제53집(2014.3), 313~324면; 김성태, "증권관련 집단소송법에 있어서 대표당사자에 대한 연구―2009가합8829 증권관련 집단소송 사건을 중심으로―," 「법학논총」(숭실대학교 법학연구소), 제24집(2010.7), 206면.

필요가 있다.

|제5절| 약관법상 투자자보호의 법리

I. 서 설

국내 「약관의 규제에 관한 법률」[472](이하 '약관법'이라 한다)에 따르면 약관은 "그 명칭이나 형태 또는 범위에 상관없이 계약의 한쪽 당사자가 여러 명의 상대방과 계약을 체결하기 위하여 일정한 형식으로 미리 마련한 계약의 내용"을 말한다. 동법에서는 '계약의 한쪽 당사자'로서 '사업자'에 대해 "계약의 한쪽 당사자로서 상대 당사자에게 약관을 계약의 내용으로 할 것을 제안하는 자"로, 그리고 '고객'에 대해서는 "계약의 한쪽 당사자로서 사업자로부터 약관을 계약의 내용으로 할 것을 제안받은 자"로 각각 정의하고 있다(약관법 제2조). 약관을 사용한 계약(부합계약)은 당사자의 명시적인 합의절차가 없다 하더라도 당사자 간에 효력이 인정되며 상호 구속력을 가지게 되는데 그 근거와 관련하여 약관의 법원성(法源性)의 인정 여부에 대해 학설의 견해가 나뉘고 있다.[473] 국내 약관법은 당사자의 의사에 의해 약관내용을 계약내용에 포함시키기로 한 합의를 그 근거로 보는 법률행위설을 따르고 있으며,[474] 대법원의 입장도 이와 같다고 볼 수 있다.[475][476]

---

472) 법률 제14141호, 2016.3.29. 일부개정, 2016.3.29. 시행.

473) 학설의 내용에 대해서는 정찬형, 전게서(註 190), 43~44면; 정경영, 전게서(註 193), 19~21면; 지원림, 전게서(註 86), 1307면 참조.

474) 同旨: 정찬형, 전게서(註 190), 44면.

475) 대법원 2004.11.11. 선고 2003다30807 판결; 대법원 1986.10.14. 선고 84다카 122 판결.

약관에 의한 계약은 거래의 신속성과 통일성 유지, 계약조건 합의의 간명성, 계약상대방 리스크의 예방, 국제적 거래관행의 준수가 용이한 점 등의 장점이 인정된다. 이에 따라 장내파생상품거래에서는 물론 장외파생상품거래에서도 표준계약서인 약관을 사용하는 것이 일반화되어 있다. 반면, 약관의 사용을 사실상 강제하는 사업자와 그 계약상대방인 고객 간에는 현실적으로 경제적 지위나 교섭력에 격차가 존재할 수밖에 없는데, 이러한 힘의 불균형이 반영된 약관내용은 불공정성을 내포할 가능성이 높고, 실제 계약이행과정에서도 고객에게 불리하게 해석하여 불리한 내용으로 계약이행을 강제할 우려가 있다.[477] 따라서 이러한 약관내용의 불공정성과 불명확성을 해소하여 거래상대방을 보호할 필요가 있는데, 이것이 약관통제의 법리이다. 그런데 약관통제의 법리가 적용되기 위해서는 우선적으로 해당 계약형식이 「약관」에 해당되어야 하는데 KIKO 소송에서 보듯 약관인지 여부가 선결적인 쟁점이 되고 있다. 특히 장외파생상품거래의 경우에는 상품구조가 정형화되지 않고 거래조건도 개별적인 교섭이나 흥정을 거쳐야 하는 것으로 보여질 수 있어, 거래당사자 간의 합의내용에 약관성을 인정할 수 있는지 여부에 대해 논란이 되고 있다.

이하에서는 약관법이 적용될 대상으로서 「약관」의 개념요소를 분석하고, 약관에 의한 투자자보호의 법리로서 약관법상의 약관통제에 대해 살펴보기로 한다.

---

476) 일본 판례는 당사자가 특별히 약관에 의하지 않는다는 의사표시를 하지 않는 한 약관에 나타난 의사로 계약을 체결하는 것으로 추정된다는 의사추정설을 따르고 있다는 견해로는 後藤巻則, 「契約法講義」(東京: 弘文堂, 2013.3), 132면.

477) 현행 약관법에서도 "사업자가 그 거래상의 지위를 남용하여 불공정한 내용의 약관(約款)을 작성하여 거래에 사용하는 것을 방지하고 불공정한 내용의 약관을 규제함으로써 건전한 거래질서를 확립하고, 이를 통하여 소비자를 보호하고 국민생활을 균형 있게 향상시키는 것"으로 그 목적을 명시하고 있다(약관법 제1조).

Ⅱ. 약관의 개념요소와 적용한계

1. 약관의 개념요소

약관법 제2조 제1호의 약관의 개념을 다시 인용하면 약관이란 "그 명칭이나 형태 또는 범위에 상관없이 계약의 한쪽 당사자가 여러 명의 상대방과 계약을 체결하기 위하여 일정한 형식으로 미리 마련한 계약의 내용"으로 정의되고 있다.

학설에 따르면 약관의 개념요소로 (ⅰ) 약관의 내용은 당사자의 권리·의무에 관하여 계약을 형성하는 내용일 것, (ⅱ) 다수의 상대방과의 계약 체결을 예정하고 있을 것, (ⅲ) 일방당사자가 일방적으로 작성한 것일 것, (ⅳ) 계약 체결 전에 미리 작성될 것(사전성), (ⅴ) 일정한 형식에 의해 외부로 표현될 것, (ⅵ) 명칭·형태·범위에 제약이 없을 것 등을 들고 있다.[478]

이에 대해 다수의 상대방이 아니라 동일한 상대방과 반복적으로 사용되는 계약 내용도 약관으로 보아야 하며[(ⅱ)와 관련], 반드시 물질적인 매개를 요하지 않고 정형화된 약관 내용이 구두로 표현되는 경우도 약관에 해당한다[(ⅴ)와 관련]는 견해[479]가 있다.

생각건대, 다수의 상대방과 체결할 것으로 제한하지 않고 동일한 상대방이라 하더라도 '수차 반복적'으로 체결할 것이 예정되어 있는 경우라면 특정한 상대방과 1회만 체결된 계약이라도 약관에 해당한다고 보아야 할 것이다. 이와 관련하여 약관법상의 '여러 명의 상대방'이란 그 동일성 여부와는 관계없이 각 계약체결 시기, 적용범위나 기간 등이 달

---

478) 김민중, 전게서(註 268), 397~398면 참조.
479) 김진우, "약관의 편입통제," 「동북아법연구」(전북대 동북아법연구소), 제8권 제3호(2015), 323~324면.

라서 상대방이 달라지는 경우도 포함한다고 본다. 예를 들어, 사업자가 공개입찰을 통한 계약체결을 예정하고 계약서(안)을 공고하였으나 종전과 동일한 업체가 다시 낙찰을 받아 계약을 체결한 경우 해당 계약의 약관성을 부정할 이유가 없다.

그리고 약관은 반드시 물질적인 매개를 요건으로 하는 것은 아니지만 외부로 표현되어 다수의 상대방과 동일한 내용이 반복적으로 적용될 가능성이 있어야 할 것이다. 따라서 구두로 가능하다고 하더라도 녹음파일과 같이 반복적으로 재생하는 것이 보장될 수 있는 경우라야 하며, 이와 같이 외형적으로 나타나지 아니한 약관의 경우 그 존재 여부에 대한 증명책임은 '약관내용을 계약으로 주장하는 자'가 진다고 볼 것이다.

2. 개별교섭 형식의 약관조항과 선택형 약관조항의 약관성

대법원은 종래 특정 조항에 관하여 상대방과 개별적인 교섭을 거침으로써 상대방이 자신의 이익을 조정할 기회를 가졌다면, 그 조항은 약관이 아니라 개별약정이 되어 약관법의 규제대상이 되지 않는다는 취지로 판시해 오고 있으며, KIKO 소송에서도 통화옵션상품 구조 자체는 약관에 해당하지 아니한다는 판결을 한 바 있다.[480] 이러한 판결의 취지에 따르면 실제로 약관에 유사한 정형화된 계약형식을 가지고 있으면서도 개별교섭의 형식을 거침으로써 약관통제의 대상에서 벗어날 우려가 있었다.

그런데 국민은행의 선택형 비용부담약정조항 사건[481][482]에서, 대

---

480) 대법원 2008.7.10. 선고 2008다16950 판결; 대법원 2013.9.26. 선고 2011다 53683, 53690 전원합의체 판결; 대법원 2013.9.26. 선고 2012다1146, 1153 전원합의체 판결; 대법원 2013.9.26. 선고 2012다13637 전원합의체 판결; 대법원 2013.9.26. 선고 2013다26746 전원합의체 판결.
481) 대법원 2014.7.24. 선고 2013다214871 판결(본 판결은 종전 보험 및 캐피털 업계의 선택형 약관에 대한 판결(대법원 2014.6.12. 선고 2013다214864 판결〈교

법원은 "개별약정으로 인정되기 위해서는, 이 사건 선택형 부담조항에서 정한 선택 항목에 따라 선택이 이루어졌다는 사정만으로는 부족하고, 위 원고들이 피고와 거의 대등한 지위에서 그 비용 부담자 및 부담 정도에 관하여 충분한 검토와 고려를 한 후 개별적인 교섭 또는 흥정을 거쳐 이 사건 선택형 부담조항에서 제시된 제한적인 선택 항목에 구속되지 아니하고 그 내용을 변경함으로써 위 원고들의 이익을 조정할 수 있는 기회를 가졌음에 관한 개별·구체적 사정이 있어야 하며, 그 사정

보생명 외))에 이어 은행권의 선택형 약관에 대한 판결로서, 선택형 약관조항이 언제나 개별약정으로 인정되는 것은 아니며, 개별적인 교섭이나 흥정의 과정에 대한 피고측의 증명이 없으면 원칙적으로 '약관'으로 인정된다는 점을 재확인한 판결이다).

482) 원고들은 피고 국민은행이 이 사건 표준약관을 통하여 인지세와 근저당권설정 비용(등록세, 교육세, 국민주택채권매입비), 법무사수수료, 말소비용(저당권해지), 감정평가수수료의 비용부담 주체를 각 항목별로 제시된 세 개의 난 중 하나에 체크표시(√)를 하는 방법으로 고객이 선택할 수 있도록 되어 있는 선택형 비용부담약정조항이 (고객에게 불리한) '약관조항'에 해당하여 구 약관법 제6조에 따라 무효라고 주장하였다.

[표 6] 국민은행의 선택형 비용부담약정 조항

〈근저당권설정계약서〉

제8조(제 절차이행과 비용부담)

② 채권자는 제1항의 절차에 드는 비용의 종류와 산출근거를 채무자와 설정자에게 설명하였고, 그 부담 주체를 정하기 위하여 "□" 내에 "√" 표시를 하고 그 정한 바를 따르기로 합니다.

구 분	부담주체		
	채무자	설정자	채권자
등록세	□	□	□
교육세	□	□	□
국민주택채권매입	□	□	□
법무사수수료	□	□	□
말소(저당권 해지)	□	□	□
감정평가수수료	□	□	□
	□	□	□

은 피고가 주장 · 증명하여야 한다"고 하고, 이 사건 선택형 비용부담약정조항은 개별약정이 아니라 약관에 해당하는 것으로 보인다고 판시하였다. 이 대법원 판시내용에 따르면 약관내용이 개별약정으로 인정되기 위해서는 실질적인 교섭과정에 따른 내용변경의 가능성이 인정되어야 하는데, 해당 사실에 대해서는 피고측이 주장 · 증명하도록 함으로써 증명책임이 전환되는 결과를 가져왔다.

결론적으로 위 양 사건에서의 대법원의 입장을 종합해 보면, 개별교섭의 형식을 취한 약정이라도 선택형 약정과 같이 정형화된 구조의 계약은 약관에 해당하는 것으로 볼 수 있다는 것이다.

3. 파생상품거래약관의 약관성과 약관통제 가능성

가. 장내파생상품거래 약관

통상적으로 장내파생상품거래는 약관의 적용을 예정하고 있다. 자본시장법에 따르면 개별 금융투자업자는 미리 금융위원회에 신고하거나 사안에 따라 사후보고를 이행하고 금융투자업의 영위와 관련한 약관을 제정 · 변경할 수 있고, 금융투자협회도 사전신고 또는 사후보고를 이행하여 표준약관을 제정 · 변경할 수 있다(자본시장법 제56조 제1항 · 제3항). 개별 금융투자업자나 금융투자협회가 약관의 제정 · 변경 내용을 금융위원회에 신고 또는 보고를 하는 경우 금융위원회는 이를 공정거래위원회에 통보하여야 하며, 이 경우 공정거래위원회는 약관법 제6조부터 제14조까지의 규정에 대한 위반 여부를 확인하고 필요시 금융위원회에 시정조치 등을 요청할 수 있다(자본시장법 제56조 제5항). 금융투자업자가 약관을 제정 또는 변경한 경우에는 인터넷 홈페이지 등을 이용하여 공시하여야 한다(자본시장법 제56조 제2항).

한국금융투자협회가 공시한 장내파생상품 관련 약관으로는 「파생상

품계좌설정약관」, 「해외파생상품시장거래중개계좌설정약관」, 「해외파생
상품시장거래총괄계좌설정약관」, 「유사해외통화선물(FX Margin Trading)
거래약관」 등이 있다. 2013년부터 2015년 9월까지의 공정거래위원회의
심사대상 장내파생상품거래 약관 중 「파생상품계좌설정약관」 제13조
고객의 위탁증거금 또는 결제대금 납입기간을 지나치게 짧게 규정하고
불이행시 연체료를 부담시키는 조항과, 제28조 및 제29조의 명확한 기
준 없이 고객의 권리를 제한하는 등 불이익을 제공하는 조항 등이 불공
정약관 조항으로 시정요청 대상이 된 바 있다.[483]

나. 장외파생상품거래 약관

금융감독당국이 장외파생상품거래기본계약서, ISDA Master Agree-
ment 등 일반적으로 통용되는 계약서의 이용을 권고[484]하는 외에 장외
파생상품거래에서 약관의 사용은 자율적 선택사항이다. 물론 약관의
제·개정에 대한 신고·사후보고에 관한 자본시장법 제56조의 조항들
은 장외파생상품거래의 경우에도 적용된다.
한국금융투자협회가 공고한 모범규준 성격의 「장외파생상품거래
한글약정서 권고안」(2016.2.22.)에서는 「장외파생상품거래 기본계약서」,
「장외파생상품거래 담보계약서」 등을 포함하고 있다. 이러한 기본계약
서의 내용은 원칙적으로 약관성이 인정될 것이지만 대법원의 판시와 같
이 당사자가 별도 교섭과정을 거친 조항의 경우에는 그 부분만 약관성
이 부정될 여지도 있다.

---

483) 한국금융투자협회, 금융투자약관 불공정성 관련 심사 의견, 불공정약관공시
(2016.1.21). ⟨http://www.kofia.or.kr/brd/m_57/view.do?seq=7&srchFr=& srch
To=&srchWord=&srchTp=&multi_itm_seq=0&itm_seq_1=0&itm_seq_2=
0&company_cd =&company_nm=&page=1⟩ (방문일: 2016.12.4) 참조.
484) 금융감독원, 파생상품 업무처리 모범규준(2016.6. 개정) 제8-4-2조 참조.

이와 같이 장외파생상품 기본계약서나 담보계약서와는 별도로 작성되는 특수한 장외파생상품거래 계약서의 경우 해당 장외파생상품의 기본구조를 바탕으로 일정한 형식으로 약관이 구성되어 있다. 그런데 장외파생상품 계약서의 경우 정형화되지 않는 계약 내용, 동일 명칭의 파생상품에 대해 각기 다른 사업자가 사용하는 계약서들 간의 내용상의 상이 등을 이유로 개별교섭의 결과로 보아 약관성이 부정될 가능성이 높다.

그러나 약관성 판단에 있어서 고려되어야 하는 것은, 약관은「특정의 사업자」를 기준으로 개별적으로 판단되어야 한다는 것이다. 이에 따라 특정 사업자가 개발하여 판매하는 금융상품이 다른 사업자의 동일 명칭의 상품과 세부내용에 있어서 달라 정형성을 찾기 어렵다 하더라도 그 특정 사업자가 자신의 다수의 고객에게 반복적으로 사용할 것을 예정으로 한 경우라면 해당 계약은 약관에 해당하는 것으로 볼 수 있다.

Ⅲ. 약관법상의 약관통제

약관에 대한 규제와 통제는 입법적 통제, 행정적 통제, 사법적 통제, 공정거래위원회에 의한 통제, 자율적 규제에 의한 통제 등으로 나눌 수 있는데,[485] 사법적 통제기관인 법원에서는 보통 단계적 통제과정으로서 편입통제, 해석통제, 불공정성통제의 과정을 거치고 있다.[486][487]

---

485) 자세한 내용은 정찬형, 전게서(註 190), 45~47면; 장덕조, 전게서(註 269), 8~9면 참조.

486) 대법원 2013.2.15. 선고 2011다69053 판결[법원이 구 약관의 규제에 관한 법률 (2010.3.22. 법률 제10169호로 개정되기 전의 것)에 근거하여 사업자가 미리 마련한 약관에 대하여 행하는 구체적 내용통제는 개별 계약관계에서 당사자의 권리·의무를 확정하기 위한 선결문제로서 약관조항의 효력 유무를 심사하는 것이다. 따라서 법원은 약관에 대한 단계적 통제과정, 즉 약관이 사업자와 고객 사이

이하 약관법상의 통제 법리를 대법원의 단계적 검토방법에 따라 편입통제, 해석통제, 불공정성통제의 순서로 설명하기로 한다.

1. 약관의 명시 · 설명의무

사업자는 고객이 약관의 내용을 쉽게 알 수 있도록 한글로 작성하고, 표준화 · 체계화된 용어를 사용하며, 약관의 중요한 내용을 부호, 색채, 굵고 큰 문자 등으로 명확하게 표시하여 알아보기 쉽게 약관을 작성하여야 한다(약관법 제3조 제1항). 이를 요약하면 약관은 이해하기 쉽고 명확하게 작성되어야 한다는 것이다. 이때 약관의 명칭은 어떠한 것이라도 무방하며, 실질적으로 약관으로서의 내용을 포함하고 계약에 편입될 것이 예정되어 있다면 약관으로 볼 수 있다.[488] 또한 사업자는 고객이 요구할 경우 그 약관의 사본을 고객에게 내주어 고객이 약관의 내용을 알 수 있게 하여야 한다(약관 명시의무)(약관법 제3조 제2항 본문 후단).[489]

그리고 사업자는 약관에 의한 계약체결 시 설명의무를 지는데, 고객에게 약관의 내용을 계약의 종류에 따라 일반적으로 예상되는 방법으

에 체결한 계약에 편입되었는지 여부를 심사하는 편입통제와 편입된 약관의 객관적 의미를 확정하는 해석통제 및 이러한 약관의 내용이 고객에게 부당하게 불이익을 주는 불공정한 것인지를 살펴보는 불공정성통제의 과정에서, 개별사안에 따른 당사자들의 구체적인 사정을 고려해야 한다].

487) 한편 김증한, 김학동 증보, 전게서(註 85), 399~410면에서는 편입통제, 해석통제, 효력통제로, 지원림, 전게서(註 86), 1307~1326면에서는 편입통제, 해석통제, 불공정성통제로 각각 나누어 설명하고 있다.

488) 보험회사가 보험영업지침의 명칭으로 수당환수 관련 규정을 서면으로 작성한 경우에 대해 약관에 해당한다고 본 판결로는 대법원 2013.10.11. 선고 2012다31468 판결.

489) 다만, 계약내용이 정형적이고 체결이 신속을 요하는 여객운송업, 전기 · 가스 및 수도사업, 우편업, 공중전화 서비스 제공 통신업의 약관에 대해서는 그러하지 아니하다(약관법 제3조 제2항 단서).

로 분명하게 밝히고, 약관에 대한 설명이 현저히 곤란하지 않는 한 약관에 정하여져 있는 중요한 내용을 고객이 이해할 수 있도록 설명하여야 한다(약관 설명의무)(약관법 제3조 제2항 본문 전단, 제3항).[490]

약관 명시의무 및 설명의무를 위반하는 경우에는 사업자는 해당 약관을 계약의 내용으로 주장할 수 없다(약관법 제3조 제4항). 반면 그 상대방인 고객은 자신의 이익을 위해 약관의 내용을 계약내용으로 주장할 수 있다.

약관 설명의무의 내용에 대해서는 '제3장 제3절 IV. 설명의무' 부분에서 설명하였으므로 여기서는 중복된 내용에 대한 설명은 생략한다.

약관의 명시·설명의무의 이행사실에 대한 증명책임과, 설명의무 대상이 아니라는 사실에 대한 증명책임은 사업자가 진다.[491] 특히 "중요한 내용에 해당하는 사항이라 하더라도 상대방이 그 내용을 충분히 잘 알고 있거나, 거래상 일반적이고 공통된 것이어서 별도의 설명 없이도 충분히 예상할 수 있었거나, 이미 법령에 의하여 정하여진 것을 되풀이하거나 부연하는 정도에 불과한 사항"이라면 사업자는 설명의무를 지지 않을 수 있으나 역시 이에 대한 증명책임은 사업자에게 있다.[492]

한편, 약관의 설명의무와 파생상품거래상의 설명의무의 관계가 문제된다.[493]

파생상품의 구조 및 당사자의 권리의무에 관한 중요사항 등은 양자

---

490) 대법원 2013.2.15. 선고 2011다69053 판결(여기서 설명의무의 대상이 되는 '중요한 내용'은 사회통념에 비추어 고객이 계약체결의 여부나 대가를 결정하는 데 직접적인 영향을 미칠 수 있는 사항을 말하고, 약관조항 중에서 무엇이 중요한 내용에 해당하는지에 관하여는 일률적으로 말할 수 없으며, 구체적인 사건에서 개별적 사정을 고려하여 판단하여야 한다).

491) 지원림, 전게서(註 86), 1308면.

492) 대법원 2010.5.27. 선고 2007다8044 판결; 대법원 2006.1.26. 선고 2005다60017 판결 참조.

493) 참고적으로 약관의 설명의무와 보험자의 설명의무의 관계에 관하여는 장덕조, 전게서(註 43), 165~167면 참조.

설명의무의 대상이 중첩되는 부분이 있으나, 그 밖에 분쟁해결방법, 계약이행강제 수단, 전속관할 등은 파생상품 자체와는 구별되는 부수적 약정사항이라 할 수 있고 따라서 이러한 사항들은 약관의 설명의무 대상에는 포함되지만 파생상품 설명의무의 대상에 반드시 포함된다고 볼 수는 없다.

2. 약관 해석의 원칙

약관법에서는 약관 해석의 원칙으로 객관적·통일적 해석의 원칙(동법 제5조 제1항), 고객에 유리한 해석의 원칙(동법 제5조 제2항), 개별약정 우선의 원칙(동법 제4조)을 규정하고 있다. 고객에 유리한 해석의 원칙과 개별약정 우선의 원칙은 파생상품거래에서도 중요한 해석 원칙이라 할 수 있다. 다만 파생상품거래와 관련하여 약관 해석의 원칙을 직접적으로 다룬 판례를 찾아보기 어려워 아래에서는 참고적으로 다른 보험약관 등에 관한 판례를 들어 설명하기로 한다.

가. 객관적·통일적 해석의 원칙

약관은 신의성실의 원칙에 따라 공정하게 해석되어야 하며 고객에 따라 다르게 해석되어서는 아니 된다(약관법 제5조 제1항).

이에 따라 대법원은 "보험약관은 신의성실의 원칙에 따라 약관의 목적과 취지를 고려하여 공정하고 합리적으로 해석하되, 개개 계약 당사자가 기도한 목적이나 의사를 참작하지 않고 평균적 고객의 이해가능성을 기준으로 보험단체 전체의 이해관계를 고려하여 객관적·획일적으로 해석하여야 한다"고 설시하면서, 그럼에도 불구하고 "약관조항이 객관적으로 다의적으로 해석되고 각각의 해석이 합리성이 있는 등 약관의 뜻이 명백하지 아니한 경우에는 고객에게 유리하게 해석하여야 한

다"고 판시한 바 있다.[494]

나. 고객에게 유리한 해석의 원칙

약관의 뜻이 명백하지 아니한 경우에는 고객에게 유리하게 해석되어야 한다(약관법 제5조 제2항). 이를 작성자 불이익 해석의 원칙이라고도 한다.

대법원은 객관적 · 통일적 해석의 원칙에 따른 해석을 거친 후에도 그 뜻이 명확하지 아니한 경우에는 고객에게 유리하게 해석하여야 하지만,[495] "당해 약관의 목적과 취지를 고려하여 공정하고 합리적으로, 그리고 평균적 고객의 이해가능성을 기준으로 객관적이고 획일적으로 해석한 결과 그 약관 조항이 일의적으로 해석된다면 그 약관 조항을 고객에게 유리하게 제한 해석할 여지가 없다"고 판시하고 있다.[496]

다. 개별 약정 우선의 원칙

약관에서 정하고 있는 사항에 관하여 사업자와 고객이 약관의 내용과 다르게 합의한 사항이 있을 때에는 그 합의 사항은 약관보다 우선한다(약관법 제4조).

이에 따라 약관내용과 달리 양 당사자가 계약조건에 대해 특별한 합의를 한 경우에는 고객에 대해 유 · 불리를 가리지 아니하고 해당 특별 합의내용이 우선 적용된다. 이때 개별교섭의 존재 여부는 원칙적으

---

494) 대법원 2016.5.12. 선고 2015다243347 판결; 대법원 2015.8.19. 선고 2015다15405 판결.
495) 대법원 2011.5.13. 선고 2011다15414 판결; 대법원 2011.4.28. 선고 2011다1118 판결; 대법원 2011.2.10. 선고 2010다93011 판결.
496) 대법원 2015.12.23. 선고 2015다228553 판결. 同旨: 대법원 2012.1.12. 선고 2010다92841 판결; 대법원 2010.9.9. 선고 2007다5120 판결.

로 개개의 조항별로 검토하는데, "약관 조항 중 일부 조항이 교섭되었음을 이유로 그 조항에 대해서는 약관법의 적용이 배제되더라도 교섭되지 아니한 나머지 조항들에 대해서는 여전히 약관법이 적용된다."[497]

한편, 개별 약정 우선의 원칙에 따른 개별적인 교섭의 존재를 인정하기 위한 요건과 그에 관한 증명책임에 대해 대법원은 '사업자 측'에 있다고 하고 있으나,[498] 고객에게 유리한 개별약정은 고객도 이를 주장하고 증명할 수도 있다고 볼 것이므로 사업자나 고객 어느 일방에게만 있는 것이 아니라 「개별약정의 존재를 주장하는 자」에게 증명책임이 있다고 할 것이다.

3. 불공정약관 조항에 대한 통제

약관법에서는 불공정한 내용의 약관에 대한 통제를 위해 해당 약관의 효력을 무효화하는 것을 원칙으로 일반적인 원칙조항(약관법 제6조)을 두는 외에 개별적인 무효사유를 열거하고 있다(약관법 제7조~제16조). 그 외에 불공정약관에 대한 행정적 규제로서 사업자의 불공정약관 조항의 사용금지(약관법 제17조), 공정거래위원회의 시정조치(약관법 제17조의2) 및 외부공표(약관법 제23조) 등의 규정들이 있으나 여기서는 이러한 행정적 규제에 대한 설명은 생략한다.

가. 일반원칙

신의성실의 원칙을 위반하여 공정성을 잃은 약관 조항은 무효이다(약관법 제6조 제1항). 판례에 따르면, "'신의성실의 원칙에 반하여 공정

---

497) 대법원 2012.6.28. 선고 2010다57466 판결.
498) 대법원 2014.6.12. 선고 2013다214864 판결; 대법원 2010.9.9. 선고 2009다105383 판결.

을 잃은 약관조항'이라는 이유로 무효라고 보기 위해서는, 그 약관조항이 고객에게 다소 불이익하다는 점만으로는 부족하고, 약관 작성자가 거래상의 지위를 남용하여 계약 상대방의 정당한 이익과 합리적인 기대에 반하여 형평에 어긋나는 약관 조항을 작성·사용함으로써 건전한 거래질서를 훼손하는 등 고객에게 부당하게 불이익을 주었다는 점이 인정되어야 한다. 그리고 이와 같이 약관조항의 무효 사유에 해당하는 '고객에게 부당하게 불리한 조항'인지 여부는 그 약관조항에 의하여 고객에게 생길 수 있는 불이익의 내용과 불이익 발생의 개연성, 당사자들 사이의 거래과정에 미치는 영향, 관계 법령의 규정 등 모든 사정을 종합하여 판단하여야 한다.'[499]

약관의 내용 중에서 (i) 고객에게 부당하게 불리한 조항, (ii) 고객이 계약의 거래형태 등 관련된 모든 사정에 비추어 예상하기 어려운 조항, (iii) 계약의 목적을 달성할 수 없을 정도로 계약에 따르는 본질적 권리를 제한하는 조항에 해당하는 내용을 정하고 있는 조항은 공정성을 잃은 것으로 추정된다(약관법 제6조 제2항).

구체적인 사례를 살펴보면, 주상복합건물의 공급계약서 제6조 제5항 단서의 "최종 건축 허가 시 계약면적이 변경될 수 있으며, 분양가에 포함되지 않은 지하주차장 면적의 증감에 대해서는 피고와 수분양자 상호 간에 정산을 요구하지 않기로 한다"라는 하자담보책임 면제약정에 대해 상당한 이유 없이 사업자의 담보책임을 배제하고, 고객에 대하여 부당하게 불리하여 공정을 잃은 조항으로서, 구 약관법 제7조 제3호, 제6조 제2항 제1호에 의하여 무효라고 본 판례가 있다.[500]

499) 대법원 2014.6.12. 선고 2013다214864 판결.
500) 대법원 2013.6.14. 선고 2011다23040 판결.

나. 개별적 불공정약관 조항 통제

부당한 면책조항(약관법 제7조),[501] 과중한 손해배상액의 예정 조항(약관법 제8조),[502] 고객의 계약해제·해지권을 제한·배제하거나 사업자의 관련 책임을 부당하게 경감하는 조항(약관법 제9조),[503] 사업자가 채무의 급부를 일방적으로 결정하거나 일방적으로 이행 조건을 부여할 수 있도록 하는 조항(약관법 제10조),[504] 고객의 권익을 부당하게 침해하거나 권리행사를 제한하는 조항(약관법 제11조),[505] 고객의 의사표시를 제한하거나 불리하게 의제하는 조항(약관법 제12조), 고객의 대리인에 대한 책임가중 조항(약관법 제13조), 고객에게 불리한 제소금지조항 또는 증명책임조항(약관법 제14조)[506] 등에 대해서는 무효로 본다.

4. 일부무효의 특칙

약관의 전부 또는 일부의 조항이 약관법 제3조 제4항에 따라 계약의 내용이 되지 못하는 경우나 제6조부터 제14조까지의 규정에 따라 무효인 경우 계약은 나머지 부분만으로 유효하게 존속한다. 다만, 유효한 부분만으로는 계약의 목적 달성이 불가능하거나 그 유효한 부분이 한쪽 당사자에게 부당하게 불리한 경우에는 그 계약은 무효로 한다(약관법 제16조).

---

501) 대법원 2013.6.14. 선고 2011다23040 판결 참조.
502) 대법원 2009.8.20. 선고 2009다20475 판결; 대법원 2008.7.10. 선고 2008다16950 판결; 대법원 2006.11.9. 선고 2006다27000 판결.
503) 대법원 2014.12.11. 선고 2014다39909 판결.
504) 대법원 2010.10.28. 선고 2010다9153 판결; 대법원 2005.2.18 선고 2003두3734 판결.
505) 대전지방법원 2000.6.9. 선고 99나8610 판결.
506) 대법원 1998.6.29.자 98마863 결정.

5. 판례연구 ― KIKO 통화옵션상품 구조에 관한 계약조항의 약관성 을 부정한 ㈜비엠씨어페럴 KIKO 사건

가. 사실관계[507]

원고 ㈜비엠씨어페럴은 2004년 3월 8일 설립되어 중국에서 제조한 의류의 수출이 매출의 대부분을 차지하는 직원 5명 내외의 기업으로, 대표이사의 남편 소외 1이 업무 전반을 총괄하고 있었다. 원고는 2005 년 10월경부터 피고 외환은행의 국제전자센터지점을 주거래은행 겸 유 일한 거래은행으로 하여 수입신용장 등 금융거래를 하여 왔는데, 이 사 건 통화옵션계약 체결 전까지 환위험 회피를 위한 통화옵션상품 등에 가 입한 경험은 없었고 별도의 환위험 관리부서도 없었다. 원고는 2007년 3 월경 피고에게 미국의 컬럼비아스포츠웨어사(이하 '소외 회사'라고 한다) 로부터 2007년 상반기에 600만 달러 상당의, 하반기에 400만 달러 상당 의 수주가 예상된다면서 수입신용장 발행 한도의 증액과 신규 여신을 요 청하였고, 피고의 위 지점 소외 2 차장은 2007년 11월 20일경 원고의 외 환·경리업무 담당자에게 키코 통화옵션계약의 체결을 제안하고, 이후 몇 차례 더 원고를 방문하여 키코 통화옵션계약의 구조 등을 설명하였 다. 그리고 피고는 2007년 12월 5일 이 사건 통화옵션계약과 유사한 구 조로서 구체적인 가격조건 등을 기재한 '통화옵션 Price Indication'을, 2007년 12월 6일 같은 구조로서 가격조건을 일부 달리 한 '거래제안서' 를 각 팩스로 송부하였는데, 여기에는 녹인, 녹아웃 조건 등에 관한 자 세한 설명이 기재되어 있었다. 결국 2007년 12월 10일 풋옵션 계약금액

---

507) 대법원 2013.11.28. 선고 2013다23891 판결, 서울고등법원 2013.2.7. 선고 2011나8470 판결, 서울중앙지방법원 2010.11.29. 선고 2009가합75678 판결의 사실관계를 기초로 약관성 여부와 관련된 계약체결과정과 결과만을 요약·전재 하였다.

월 30만 달러, 콜옵션 계약금액 월 60만 달러의 이 사건 통화옵션계약이 체결되었다. 이후 소외 회사에 대한 수출이 중단됨에 따라 원고는 2008년 상반기부터 수출실적이 급감하였고, 이 사건 통화옵션계약의 결제의무를 제대로 이행하지 못하였다. 이에 따라 원고가 결제의무를 부담하게 된 정산금은 1,478,646,000원에 이르렀고, 그중 631,657,000원을 원고가 결제하고 나머지 846,989,000원은 결제하지 못하였다. 이에 따라 원고는 민법상 불공정한 법률행위, 약관법 위반, 적합성 원칙 및 설명의무 위반, 고객보호의무 위반 등을 주장하며 피고를 상대로 부당이득반환청구 및 불법행위에 기한 손배배상(예비적)을 청구하였다. 1심 서울중앙지방법원 2010.11.29. 선고 2009가합75678 판결에서 피고의 적합성 원칙 및 설명의무 위반이 인정되었고(원고 일부승소) 서울고등법원 2013.2.7. 선고 2011나8470 판결과, 대법원에서도 지지되어 최종적으로 원고가 결제한 631,657,000원의 손해 중 30%를 피고가 부담할 손해배상금으로 인정되었다.

나. 약관법 위반 관련 쟁점 및 법원의 판단

본 판결에서는 다른 KIKO 소송의 경우와 마찬가지로 KIKO 통화옵션계약의 구조가 약관에 해당하여 약관법상의 약관통제를 받을 수 있을 것인가가 쟁점이 되었다.

(1) 원고의 주장

원고는 "이 사건 통화옵션거래확인서 등에 기재된 풋옵션, 콜옵션의 각 행사조건, 계약금액, 계약기간, 약정환율, 결제방법, 지급조건 등은 금융기관인 피고가 원고를 비롯한 다수의 수출기업을 대상으로 하여 기본적인 내용을 미리 정형화된 형태로 마련해 둔 것으로서 그 계약내용이 약관법에서 정한 약관에 해당하는데, 원고에게 부당하게 불리하거나 원고가 예상하기 어려운 조항, 상당한 이유 없이 피고가 부담하여야 할 위험을 원고에게 떠넘기거나 이 사건 통화옵션계약의 해제, 해지에 관하여 원고에게 부당하게 불이익을 줄 우려가 있는 조항 등을 포함하고 있어 약관법 제6, 7, 9조에 따라 무효이고, 피고는 이 사건 통화옵션계약의 구조와 위험성 등 중요한 내용을 원고가 이해할 수 있도록 설명하지 않아 약관법 제3조 제4항에 따라 이 사건 통화옵션계약의 내용으로 주장할 수 없으므로, 이러한 약관 조항을 주요 내용으로 하는 이 사건 통화옵션계약 역시 무효이다"라고 주장하였다.[508]

(2) 법원의 판단

이에 대해 대법원은 "원고와 피고는 용어의 정의, 옵션거래의 이행, 채무불이행, 계약해지, 해지 시의 정산, 양도 및 담보제공 금지, 약정통화, 통화옵션거래의 체결방식 등을 미리 포괄적으로 정하고 있는 통화옵션거래 약정서를 작성하였지만, 이 사건 통화옵션계약의 구체적 계약조건인 계약금액, 행사환율, 녹인·녹아웃 환율, 레버리지, 계약기간 등은 원고와 피고가 개별적 교섭에 따라 결정한 사실을 알 수 있다"고 사실관계를 확정한 다음, 개별교섭 과정을 거친 조항은 약관에 해당하지 않는다는 취지의 종전 대법원 판결(대법원 2008.7.10. 선고 2008다16950 판결)을 토대로 본 사건의 통화옵션계약의 그 구조 자체만으로는 약관으로 볼 수 없다는 취지로 다음과 같이 판시하였다.

> "사정이 이러하다면, 통화옵션거래 약정서 등에서 미리 포괄적으로 정하고 있는 일반적인 조항은 대체로 당사자 사이에 개별적인 교섭이나 선택의 여지가 없는 부분이어서 약관에 해당할 가능성이 클 것이나, 이 사건 통화옵션계약의 구조, 즉 녹인과 녹아웃 조건, 레버리지 구조, 은

---

508) 서울중앙지방법원 2010.11.29. 선고 2009가합75678 판결 전재.

행이 취득하는 콜옵션의 이론가를 기업이 취득하는 풋옵션의 이론가보다 크게 하여 그 차액을 수수료로서 수취하고 별도로 이를 지급받지 아니하는 구조 등은 다른 장외파생상품들의 경우와 마찬가지로 피고가 고객의 필요에 따라 그 구조나 조건을 적절히 변경하여 사용하기 편리하도록 표준화하여 미리 마련해 놓은 것으로서, 그 구조만으로는 거래당사자 사이에서 아무런 권리의무가 발생하지 아니하고 거기에 계약금액, 행사환율, 녹인·녹아웃 환율, 레버리지, 계약기간 등의 구체적 계약조건들이 결부됨으로써 비로소 전체 계약의 내용으로 완결되는 것이므로, 그 구조 자체만을 따로 약관에 해당한다고 볼 수는 없다고 할 것이다."

다. 참고판례

본 판결이 나오기 이전에 대법원이 KIKO 통화옵션계약에 대한 일선 법원의 판결 방향을 제시하기 위해 내린 전원합의체 판결[509] 모두는 KIKO 통화옵션계약 구조의 약관성을 부정하였다. 반면 이 전원합의체 판결들이 나오기 이전에는 서울고등법원 2009.8.21.자 2009라997 결정 등 일부 하급심에서는 KIKO 통화옵션계약 구조 자체도 약관으로 볼 수 있다는 취지의 판결이 있었고, 이에 대해 학설도 찬반의 견해가 엇갈리고 있었다.[510]

---

509) 대법원 2013.9.26. 선고 2011다53683, 53690 전원합의체 판결; 대법원 2013. 9.26. 선고 2013다26746 전원합의체 판결; 대법원 2013.9.26. 선고 2012다13637 전원합의체 판결; 대법원 2013.9.26. 선고 2012다1146, 1153 전원합의체 판결.
510) KIKO 통화옵션계약의 약관성에 관한 대립되는 취지의 판결들과 각 학설들의 동향에 대해서는 김진우, 전게논문(註 479), 345~347면; 박철우, 전게논문(註 22), 76면 참조.

라. 판결에 대한 검토

앞에서 언급한 국민은행의 선택형 비용부담약정조항 판결511)은 개별적인 교섭이나 흥정을 거친 것으로 보일 여지가 많은 선택형 계약조항을 약관으로 봄으로써 약관통제를 강화할 수 있게 되었다는 점에서 바람직한 판결 방향이라고 생각된다. 특히 개별교섭 과정의 존재에 대한 증명책임을 사업자가 부담하도록 함으로써 약관성 여부가 불명확한 경우에 그 판단 기준을 제시한 점은 고객보호 또는 투자자보호 측면에서 진일보한 판결로 평가할 수 있다.

그런데 이러한 선택형 약관조항은 개별적인 계약조건을 당사자가 선택하고 있다는 점에서 기본형 KIKO 통화옵션계약에서의 기본구조에 관한 거래상대방(기업)의 선택의 경우와 유사한 면이 있다. 특히 그 거래상대방이 대등한 교섭력을 가지지 못하고 KIKO 통화옵션계약의 기본구조에 대한 이해 없이 개별 조건(Knock-In 및 Knock-Out barrier, 행사환율, 레버리지 비율) 등을 선택하는 경우에는 형식적으로는 개별교섭이나 흥정을 거친 것으로 보일 수도 있으나 실질적으로는 판매자가 미리 정해 놓은 상품구조에다 정형적으로 제시된 정보 중에서 선택할 수밖에 없었을 것이라는 점에서, 본 판결의 취지와 같이 그 기본구조 또한 약관으로 보아 약관통제의 법리를 적용하였어야 할 것으로 생각된다.512)

물론 KIKO 통화옵션계약의 기본구조에 대해 약관통제의 법리를 적용한다 하더라도 민법상의 법리와 중첩되기 때문에 크게 달라질 것은 없겠으나 약관성에 대한 증명책임의 전환, 보다 엄격한 실정법상의 설

---

511) 대법원 2014.7.24. 선고 2013다214871 판결.

512) 同旨: 불균형적인 풋옵션 매수와 콜옵션 매도의 교환, Knock-In Knock-Out 조건과 레버리지 조건의 부과가 KIKO 통화옵션계약의 핵심인데, 이를 기초로 획일적인 pay-off 그래프 모습을 보이고 있는 것에서 약관성을 인정할 수 있다는 취지의 견해로는 김용재, 전게논문(註 220), 122면.

명의무, 고객에 유리한 해석의 원칙 적용, 완화된 불공정성 인정기준의 적용[513] 등에 의해 기업측에 유리한 결론이 도출될 수 있었을 것으로 생각된다.

IV. 소 결

파생상품거래에 대해 약관법에 따른 편입통제, 해석통제, 불공정성통제에 관한 각종 규정들을 적용할 수 있는지 여부는 특정 계약이 약관으로 인정될 수 있는지 여부에 달려 있다. 그런데 약관성 인정 여부는 '특정의 사업자'가 (1회적인 계약체결이 있더라도) '다수의 계약을 반복적으로' 체결할 예정이었는지 여부가 중요한 판단기준이 된다고 할 수 있다.

이에 따르면 금융투자협회 등의 표준계약서와 동일한 내용의 계약은 일응 약관으로 추정할 수 있겠지만, 특정 사업자가 다른 사업자가 사용하고 있는 표준계약서 양식을 일시 빌려 특정 계약상대방과 사용하는 경우에는 반드시 약관에 해당한다고 볼 수는 없다. 즉, 그 다른 사업자를 기준으로 볼 때에는 해당 계약은 약관에 해당하지만, 그 '특정 사업자'를 기준으로 볼 때에는 약관에 해당한다고 볼 수는 없는 것이다. 이와 반대로 특정 사업자가 계속적으로 '다수의 계약을 반복적으로' 체결할 예정이었다면 특정 고객과 1회 계약을 체결하였더라도 이는 약관에 해당하는 것이다.

이와 관련하여 대법원은 전원합의체 판결을 통하여 KIKO 통화옵션계약의 기본구조에 대해 약관성을 부정하였으나, KIKO 통화옵션계

---

513) 민법 제104조의 불공정한 법률행위는 당사자의 궁박 · 경솔 · 무경험과 "현저한 불공정성"의 요건이 인정되어야 하나, 약관법 제6조에 따르면 신의칙상 단순한 "불공정성"만 요건만 인정되면 된다.

약의 기본구조를 이루는 계약조건의 세부 환율이나 기간 등이 각 은행마다 다르고 계약상대방마다 다르다 하더라도 어느 '특정 은행'이 '다수의 상대방'을 상대로 판매하였거나 판매할 예정이었던 계약들의 기본구조가 일정한 패턴으로 유형화할 수 있고 개별 계약조건 등에서 유사성이 있다면 개별교섭의 존재를 부정하고 약관성을 인정할 수도 있었을 것인데, 이에 대한 심리가 제대로 이루어졌는지에 대해서는 의구심이 있다. 은행 측이 주장하는 바와 같이 콜옵션과 풋옵션의 이론가격의 차이로 고정적인 마진을 얻고자 하였다면 두 옵션을 동일한 가치로 교환하는 계약조건(행사환율, 상·하단 배리어 등)을 특정의 시장환율대에서 찾는 과정은 그 선택지가 한정되어 있을 수밖에 없고,514) 적어도 옵션가격산정 시뮬레이션을 위해서는 기본구조가 유형별로 정형화될 수밖에 없을 것이기 때문이다.515) 이렇게 선택지가 제한적인 경우의 정형화된 계약조건에 대해 대법원 2014.7.24. 선고 2013다214871 판결[국민은행의 선택형 비용부담약정조항 사건]에서는 약관으로 판단하였음은 본문에서 언급한 바와 같다.

---

514) 물론 콜옵션과 풋옵션을 동일 가치로 교환하는 것을 포기하거나, 정형화된 구조에 따른 옵션가격산정의 제약에서 벗어난다면 선택지는 무제한이며 개별교섭의 결과에 따라 결정될 수밖에 없다. 그러나 이 경우에는 KIKO 계약에서 콜옵션과 풋옵션이 등가교환이 이루어져 제로 코스트가 된다는 일반론적인 설명에 대해서는 현실적으로 영업현장에서 즉시 검증하기는 어렵게 된다.

515) 同旨: 윤성승, 전게논문(註 166), 137면(KIKO 계약체결 시 구체적인 수치나 금액만을 선택할 수 있도록 한 것은 키코계약의 구조에 해당하고 이는 보험이나 은행의 표준약관과 동일한 구조이기 때문에 키코계약도 약관으로 보는 것이 타당하다고 한다).

제4장

국제 파생상품거래와 투자자보호의 법리

|제1절| 개 관

이제까지 국제 파생상품거래는 영미법상의 법리를 토대로 한 일반 금융(conventional finance)의 한 섹터로서 연구와 논의가 이루어져 왔다. 국제적으로 파생상품시장과 거래규모가 확대되면서 국제스왑파생상품협회(ISDA)의 ISDA Master Agreement 등 관련 법리와 표준적인 업무관행이 정착되는 등 법제도적으로도 크게 발전되어 왔다. 그러나 글로벌 금융위기는 일반금융의 부정적인 면모를 드러내는 동시에 일반금융과는 달리 시스템적 리스크에 노출되지 않고 견실하게 성장해 가고 있는 이슬람금융(Islamic finance)에 대해 특별하게 주목하게 되는 계기가 되었다. 이슬람 고유율법에 기초한 이슬람금융은 서구의 일반적인 경제적 논리와는 달리 이자지급이나 불확실한 거래 등을 금지하고 있기 때문에 서구의 일반금융의 법리와 거래관행에 터잡아 바라보는 시선으로는 다소 생소하게 느껴질 수 있다. 그럼에도 불구하고 이슬람금융에서 거래당사자 간에 불확실한 정보를 상호 공개하여 정보비대칭을 해소하도록 하는 법리나 도박 등 과도한 이익추구를 금기시하는 법리는 자본시장법상의 적합성 원칙이나 설명의무와도 일맥상통하는 면이 있어 규제근거와 원리를 발견하는 데 시사점이 될 수 있을 것으로 본다.

이제까지 국내에서는 이슬람 채권인 수쿠크(Sukuk)나 이슬람 보험인 타카풀(Takaful) 등에 대한 연구는 있었으나, 이슬람 파생상품에 관한 연구는 전무하였다. 이에 따라 이 장 제3절에서는 영미법상 법리에 근거한 일반금융 파생상품과 대비될 수 있는 한 축으로 이슬람 파생상품거래의 법리를 살펴보기로 한다. 여기서는 이슬람금융의 일반적인 법리와 근거를 살펴보고, 이슬람 파생상품의 허용성, 신종 이슬람 파생상품에 대해서도 검토한다.

그에 앞서 제2절에서는 일반금융 장외파생상품거래에서 표준약관으로 사용되는 ISDA Master Agreement의 내용에 대해서 살펴보되, 동 내용에 대해서는 다른 논문이나 자료에서도 쉽게 확인할 수 있기 때문에 이 책에서는 상세한 검토는 생략하고, 개황과 최근의 동향에 대해서만 간단히 기술한다.

|제2절| ISDA Master Agreement와 투자자보호의 법리

I. 개 요

ISDA Master Agreement는 국제적인 장외파생상품거래에서 일반적으로 사용되고 있는 국제스왑파생상품협회(International Swaps and Derivatives Association, Inc.: ISDA)가 제정한 표준계약서이다.

ISDA Master Agreement는 1987년 ISDA Interest Rate and

Currency Exchange Agreement, 1992년 ISDA Master Agreement (Multicurrency—Cross Border), ISDA Master Agreement(Local Currency —Single Jurisdiction)에 이어 2003년 1월 공표된 2002 ISDA Master Agreement로 개정되어 오고 있다.[516]

ISDA Master Agreement를 체결하는 목적 내지 효용으로는 다양한 파생상품 유형에 따른 규정과 합의 내용을 담고 있으면서도 Schedule에 당사자 간의 별도 합의사항을 반영할 수 있고, 이를 통해 분쟁의 사전예방에도 기여할 수 있다는 점, 또한 디폴트 또는 불가항력적인 상황이 발생한 경우 기한의 이익 상실 조치 등 신속한 대응을 할 수 있고, 일괄청산 네팅(Close-Out netting)의 법적 효력이 보장될 수 있다는 점 등을 들고 있다.[517]

이 책에서는 ISDA Master Agreement의 개별 내용을 세부적으로 검토하는 것은 지면상의 제약도 있기 때문에 생략하고 전체적인 개황과, 최근 제정된 2013 Standard Credit Support Annex의 개정내용에 한정해서 살펴보기로 한다.

II. 2002 ISDA Master Agreement 주요 내용

1. Master Agreement의 구성

ISDA Master Agreement는 기본계약서로서 당사자가 통상 본문 내용을 그대로 계약조건으로 사용하는 Master Agreement, 당사자의 의사를 반영하여 변경·보완할 수 있는 부속서(Schedule), 유선상의 합의 등에 따른 개별 파생상품거래의 세부 계약조건을 확정하는 거래확인서

---

516) 황민택, 「장외 파생상품 계약 실무(제3판)」(탐진, 2008.2), 15~16면 참조.
517) 三菱東京UFJ銀行, 前揭書(註 5), 209면.

(Confirmations), 기본계약서·부속서 또는 거래확인서 등에 사용된 용어의 의미를 정의하는 용어집(Definition) 등 네 요소로 구성된다. 그 외에 Master Agreement의 이행을 담보하기 위한 신용보강서류인 Credit Support Annex(CSA)도 Master Agreement에 부속하여 하나의 계약을 구성하는데, 후술하는 바와 같이 그 준거법에 따라 별개의 약정으로 간주되기도 한다.

한편, Master Agreement를 구성하는 각 요소들 간에 내용이 서로 다른 경우에는 거래확인서 〉부속서 〉Master Agreement 등의 순서로 우선 적용되며, 거래확인서와 용어집 간에는 전자가 우선하여 적용된다.518)

[그림 3] ISDA Master Agreement Structure(2012)519)

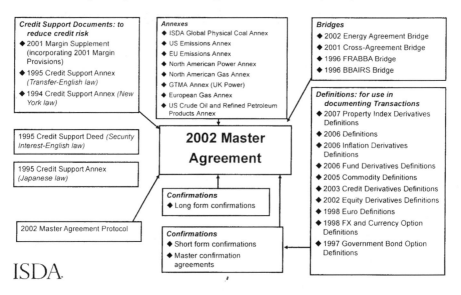

518) 三菱東京UFJ銀行, 前揭書(註 5), 311면.
519) Ian Cuiller *et al.*, "The 2002 ISDA Master Agreement," Materials of Understanding the ISDA Master Agreements Conference (September 23, 2013), p.3.

2. 주요 조항 내용

가. Master Agreement

2002 ISDA Master Agreement는 국내용 및 국제용 두 양식으로 나뉘었던 1992년 ISDA Master Agreement와는 달리 단일한 Multicurrency-Cross Border 양식만을 제공하고 있고,[520] 따라서 1992년 ISDA Master Agreement(Multicurrency-Cross Border)의 내용과 크게 다른 점은 없다.[521]

2002 ISDA Master Agreement의 주요 조항의 내용들을 표로 정리하면 [표 7]과 같다.[522]

나. Schedule

부속서(Schedule)에서는 Master Agreement의 개별 조항에서의 특정 용어의 의미상 포괄범위, 적용대상, 적용여부 등을 당사자들이 선택하여 지정할 수 있다. Schedule to the 2002 Master Agreement의 경우 Termination Provisions, Tax Representations, Agreement to Deliver Documents, Miscellaneous, Other Provisions 등의 5개 Part로 구성되어 있다.

---

520) ISDA, *User's Guide to the ISDA 2002 Master Agreement*, 2003 edition (New York: ISDA, 2003), p.1.

521) 1992년 ISDA Master Agreement와 다르게 개정된 사항에 대한 자세한 내용은 박준·정순섭 편저, 「파생금융거래와 법(제1권)」(소화, 2012.4), 117~144면; 한국산업은행 편집부, "2002년도 ISDA Master Agreement 해설," 「산업조사월보」(한국산업은행), 제614호(2007.1), 37~73면 참조.

522) *See also* Philip R. Wood, University ed., *Law and Practice of International Finance* (London: Sweet & Maxwell, 2008), pp.441~443.

[표 7] 2002 ISDA Master Agreement의 주요 조항

조 항	내 용
1. Interpretation 해석	
(a) Definitions 정의	
(b) Inconsistency 불일치	부속서와 Master Agreement, 거래확인서 와 Master Agreement 간에 불일치가 있 는 경우 각각 전자가 우선함
(c) Single Agreement 단일계약	Master Agreement와 거래확인서가 단일 의 계약을 구성함
2. Obligations 의무	
(b) Change of Account 계좌 변경	지급·인도 기일 현지 5영업일 전에 통지 후 변경할 수 있음
(c) Netting of Payments 지급액 네팅	
3. Representations 진술	계약체결 권리능력 등의 보유, 기한이익 상실 사유 등이나 소송의 부존재, 서면진 술내용의 정확성을 보증한다는 취지
4. Agreements 합의	합의된 정보 제공, 인허가 유지, 조세납부 여건 변동 시 통지, 인지세 납부에 관한 합의내용 확인
5. Events of Default and Termination Events 기한의 이익 상실사유 및 종료사유	(기한의 이익 상실 사유) 현지 1영업일 내 지급불이행, 약속 위반 및 이행 거절, 신 용보증 채무불이행, 교차디폴트, 파산, 면 책적 합병 등 (종료사유) 위법사유, 불가항력 사유 등
6. Early Termination; Close-Out Netting 조기종료; 일괄청산 네팅	어느 일방 당사자에게 채무불이행사유나 계약종료사유가 발생한 경우 타방 당사자 는 계약을 해지할 수 있음 비유책당사자는 조기해지정산금에 대해 다른 계약 외적인 금액으로 상계처리할 권리가 있음
7. Transfer 양도	권리 또는 의무를 상대방의 사전 서면동 의 없이 양도할 수 없음

8. Contractual Currency 계약상 통화	계약상의 모든 지급은 본 계약에 특정된 통화로 지급됨
9. Miscellaneous 잡칙	
(a) Entire Agreement 완전한 합의	이 계약은 당사자들의 계약목적물에 관한 완전한 합의와 이해로 구성되며, 그 외에 다른 약정의 근거자료에 의존하지 않고, 다만 당사자 사기(fraud)의 책임은 제한되거나 배제되지 아니함
(e) Counterparts and Confirmation 부본 및 거래확인서	부본은 정본으로 간주되며, 거래확인서는 부본, 텔렉스, 전자통신, 이메일 교환으로 작성할 수 있고 이 계약의 법적 구속력 있는 보충문서가 됨
10. Offices; Multi-branch Parties 영업소, 복수 지점	본점·본사가 아닌 영업소에서 체결한 거래도 원칙적으로 본점·본사에서 체결된 것으로 본다는 취지
11. Expenses 비용	채무불이행 당사자는 이 계약 및 신용보강서류에 따라 상대방이 자신의 권리를 보전하고 실행하는 데 소요되는 합리적인 범위 내의 비용을 부담한다는 취지
12. Notices 통지	개별 통지방법과 각각의 효력발생 시점을 열거
13. Governing Law and Jurisdiction 준거법 및 관할	
(a) Governing Law 준거법	부속서에 규정된 바에 따름
(b) Jurisdiction 관할	영국법을 준거법으로 지정한 경우 소송절차가 Convention Court[523]와 관계 없는 때에는 영국법원의 비전속관할로, 관계가 있는 때에는 영국법원의 전속관할로 함 뉴욕주법으로 준거법이 지정된 경우 뉴욕주 법원과 뉴욕시 맨하탄 소재 미연방지방법원의 비전속관할로 함
(d) Waiver of Immunities 면책특권의 포기	법률이 허용하는 범위에서 면책특권을 포기하는 데 동의한다는 취지
14. Definitions 정의	용어 정의

부속서는 정형화된 질문지 형태로 구성되어 있어 필요사항을 선택적으로 기재하거나 추가할 수 있는데,[524] 구체적인 내용들은 양 당사자 간에 서로 협의에 의해 정해지게 된다.

Part 1. Termination Provisions의 (c) Cross-Default를 예로 들어 설명하면, (ⅰ) Cross-Default 조항을 당사자 모두에게 적용할 것인지, 아니면 어느 한 당사자에게만 적용할 것인지, 모두 적용하지 않을 것인지, (ⅱ) Cross-Default와 관련하여 특정 당사자의 Affiliates를 "Specified Entities"에 포함할 것인지, 제외할 것인지, (ⅲ) 파생상품, 리스 관련 채무를 포함할 수 있도록 "Specified Indebtedness"의 개념을 확대할 것인지, 아니면 통상적인 은행예금은 제외하는 것으로 그 개념범위를 축소할 것인지, (ⅳ) "Threshold Amount"를 표시할 때에는 확정금액으로 할 것인지, 아니면 자산의 일정비율(%)로 할 것인지, 그 산출방법은 어떻게 할 것인지 등등에 대해 협상이 필요하다.[525]

다. Confirmations

거래확인서(Confirmations)는 특정 파생상품거래와 관련한 기본구조를 구성하는 계약조건과 결제조건 등을 규정하는 것이다. 거래확인서

---

523) 'Convention Court'는 1968 Brussels Convention on Jurisdiction and the Enforcement of Judgments in Civil and Commercial Matters (the "Brussels Convention") 제17조 또는 1988 Lugano Convention on Jurisdiction and the Enforcement of Judgments in Civil and Commercial Matters (the "Lugano Convention") 제17조의 어느 하나를 소송절차에 적용해야 하는 법원을 말한다 [Master Agreement 제14조(Definitions) 참조].

524) 자세한 작성방법에 대해서는 황민택, 전게서(註 516), 175~200면; 三菱東京UFJ 銀行, 前揭書(註 5), 320~327면 참조.

525) See Ilene K. Froom et al., "Negotiating the Schedule to the ISDA 2002 Master Agreement," Materials of Understanding the ISDA Master Agreements Conference (September 23, 2013), pp.11~12.

를 교환함으로써 양 당사자가 구두 또는 유선으로 합의한 거래조건을 확인하고 최종적으로 계약내용에 편입하게 된다.

A은행의 KIKO 통화옵션계약의 거래확인서의 항목을 살펴보면, 옵션형식, 각 기간별(window) 옵션 매입·매도의 내용(거래상대방 기준), 행사환율 및 barrier(Knock-In, Knock-Out 환율), Knock-Out 적용기간, 결제일, USD매도자, KRW매도자, 약정금액, 각 기간별 계약환율조건, 만기환율 등이 포함되어 있다. 국내 KIKO 소송에서는 이러한 거래확인서의 내용들을 약관으로 볼 수 있는지, 거래확인서 항목들 중에서 어느 범위와 정도로 거래상대방에 대해 설명의무를 이행할 것인가 등에 대해 논란이 된 바 있다.

라. Credit Support Annex (CSA)

신용보강서류인 Credit Support Annex(CSA)는 Master Agreement에 의해 체결되는 파생상품거래 계약의 익스포저에 대응하는 담보를 수수함으로써 신용위험을 최소화하고 안정적인 거래를 도모하기 위한 장치이다.

CSA의 기본구조는 Master Agreement가 포괄하는 각 거래를 시장가격으로 평가하여 산정한 Exposure와, CSA에 따라 제공한 담보의 담보가액을 시장가격으로 평가한 금액을 기준으로 Net Exposure를 산정하여 음(-)의 잔액을 가진 당사자가 양(+)의 당사자에게 수시로 담보를 제공하도록 하는 것이다.[526]

현재 사용되고 있는 CSA는 영국법을 준거법으로 하는 1995 ISDA Credit Support Annex(English Law)와 준거법이 미국 뉴욕주 법인 1994 ISDA Credit Support Annex(New York Law), 일본법을 준거법으로 하

---

526) 황민택, 전게서(註 516), 370면.

는 1995 ISDA Credit Support Annex(Japanese Law)가 있다.[527] 1995 ISDA Credit Support Annex(Japanese Law)는 2008년 10월 2008 ISDA Credit Support Annex(Loan/Japanese Pledge)로 개정되었다.

그 외에 ISDA가 제정한 담보계약서로 1995 ISDA Credit Support Deed(English Law), 2001 ISDA Margin Provisions(English Law, New York Law, Japanese Law)가 있으나 많이 사용되지는 않는 것으로 알려지고 있다.[528]

CSA가 ISDA Master Agreement의 일부를 구성하는지 양자의 관계를 정리하면 [표 8]과 같다.

[표 8] CSA와 Master Agreement의 관계[529]

구분	Master Agreement 와의 관계	변경 · 수정계약서 작성 필요 여부	신용보증서류로서 기입 필요 여부[530]
NY CSA	마스터의 일부	통상 작성	기입 필요
UK CSA	개별거래확인서로서 마스터의 일부	작성 불필요 (예외적 작성)	기입 불필요
1995 JP CSA	별도 계약서	작성 필요	기입 필요
2008 JP CSA	별도 계약서	작성 필요	기입 필요

---

527) 영국법 CSA는 담보권 취득을 소유권이전 방식에 따르고, 뉴욕주법 CSA는 뉴욕주 통일상법전에 따른 담보권(security interest)을 설정하여 제3자에 대한 대항요건을 필요로 하며, 일본법 CSA는 현금 · 증권의 경우 소비대차 방식을, 예금 · 증권은 근질권 설정방식에 따른다. 이에 관한 자세한 내용은 박준 · 정순섭 편저, 전게서(註 521), 246~251면 참조.
528) 신용진, 「장외파생상품 거래계약 해설」(형설출판사, 2013.11), 549~551면 참조.
529) 신용진, 상게서(註 528), 603면 수정인용.
530) 뉴욕주법 CSA에서는 Master Agreement의 Schedule Part 4(f)와 (g)에 Credit

III. 2013 Standard Credit Support Annex (SCSA)

1. 제정 배경

국제스왑파생상품협회(ISDA)는 2013년 6월 표준 CSA인 Standard Credit Support Annex(SCSA)를 발표하였다.[531] SCSA은 장외파생상품 거래에서의 담보관리에 관한 거래관행을 표준화함으로써 일관성과 투명성을 제고하기 위하여 제정되었다. 기존 CSA는 적격담보물(eligible collateral)이나 임계담보액(threshold) 등의 계약조건들이 다르고 평가결과가 달라 경개계약(novation)이나 계약양도 등에 의한 위험이전이 어려웠고, CSA 계약에서는 LIBOR가 아니라 OIS(Overnight Index Swap) rate로 할인하는 것이 관행화되고 있어서 이러한 현실을 반영할 필요가 있었다.[532]

이에 따라 SCSA에서는 추가증거금(variation margin)에 한하여[533] 적격담보물을 G7 국가 통화(USD, EUR, GBP, JPY, CHF, CAD, AUD)의

Support Document로서 기재하고, 이와 관련한 채무불이행이 발생한 경우에는 Credit Support Default[2002 ISDA Master Agreement Section 5(a)(iii)]로 인정되어 당사자가 모든 거래를 조기 종료할 수 있게 되는 반면, 영국법 CSA에서는 Credit Support Document로 보지 않으므로 이에 기재할 필요가 없고 이에 관한 채무불이행의 경우에도 Credit Support Default가 아닌 Failure to Pay or Deliver[2002 ISDA Master Agreement Section 5(a)(ⅰ)]의 채무불이행사유에 해당하게 된다[황민택, 전게서(註 516), 370면].

531) ISDA, "ISDA Publishes 2013 Standard Credit Support Annex (SCSA)," NEWS RELEASE, June 7, 2013 〈http://www2.isda.org/news/isda-publishes-2013-standard-credit-support-annex-scsa〉 (visited on December 4, 2016).

532) 三菱東京UFJ銀行, 前揭書(註 5), 342면.

533) 개시증거금(initial margin)에는 종전과 같이 증권도 허용된다. ISDA는 2016년 4월 중앙청산소를 통하지 아니한 장외파생상품거래의 추가증거금에 적용되는 "2016 Credit Support Annex for Variation Margin"을 발표하였다.

현금으로 한정하는 한편, 익스포저와 담보금액의 산정은 G17 통화 Silo 에서 각각 평가하여 산정하는 방식으로 변경되었다.[534][535]

최종 결제는 복수통화 리스크(cross-currency risk)에 대비하여 모든 통화를 G7 통화 중에서 선정된 하나의 운송통화(Transport Currency)에 의해 네팅된다. 이 과정에서 Implied Swap Adjustment(ISA) 기법이 동원되며, 기준 시장이자율인 OIS rate(Overnight Index Swap rate)와 SCSA rate(Bloomberg-ISDA SCSA rate for FX)가 사용된다.

SCSA의 사용 여부는 시장참가자들의 자율적인 선택에 맡겨져 있다. 그런데 2013년 9월 바젤은행감독위원회(BCBS) 및 국제증권위원회기구(ISOCO)가 공동으로 발표한 「Margin requirements for non-centrally cleared derivatives」 및 2015년 3월 18일 발표한 수정실행계획[536]에 따르면 중앙청산소를 통하지 아니한 장외파생상품거래 평균 명목잔액이 €3조를 초과하는 기관에 대해서는 2016년 9월 1일부터, 그 외 모든 대상기관에 대해서는 2017년 3월 1일부터 추가증거금 부과가 의무화되는

---

534) *Hereinafter see* Ilene K. Froom, "The Negative Interest Rate Protocol and the Standard CSA," Materials of Understanding the 1994 ISDA Credit Support Annex (Security Interest-New York Law) and Updates in Collateral Issues Conference (September 24, 2013), pp.5~10.
See also ISDA, "ISDA Publishes 2013 Standard Credit Support Annex (SCSA)," NEWS RELEASE, June 7, 2013. 〈http://www2.isda.org/news/isda-publishes-2013-standard-credit-support-annex-scsa〉 (visited on December 4, 2016).

535) 이에 따라 USD, EUR, GBP, JPY, CHF, CAD, AUD, SEK, CZK, DKK, HKD, HUF, NOK, NZD, PLN, SGD, ZAR의 G17 통화를 사용한 단일통화(single currency) 거래에서는 각각의 통화별 Silo에서 평가·산정되며, Non-G17 통화 중에서 BGN, HRK, ISK, LVL, LTL, MAD, RON, RSD, TRY를 사용한 단일통화 거래는 역사적으로 관련이 있는 EUR Silo에서, 이를 제외한 그 밖의 단일통화 거래와 복수통화(cross currency) 거래는 USD Silo에서 평가·산정된다.

536) BCBS-IOSCO, "Basel Committee and IOSCO issue revisions to implementation schedule of margin requirements for non-centrally cleared derivatives," Press release, March 18, 2015. 〈https://www.iosco.org/news/pdf/IOSCONEWS373.pdf〉 (visited on December 4, 2016).

등 규제가 강화되어 SCSA의 사용이 확대될 것으로 예상되고 있다.

[표 9] 기존 CSA와 2013 Standard CSA 비교[537]

	기존 CSA	2013 SCSA
적격담보물 (Eligible Collateral)	현금, 국채 등	- 현금만 가능(국채 불가)
필요담보금액 산정 및 결제	임의로 정한 통화로 산정·결제	- 17개 통화(Designated Collateral Currency: DCC) 별로 산정. 금리스왑은 통화별로 산정·결제 - 기타 통화의 금리스왑, 통화스왑은 원칙적으로 USD DCC로 산정·결제
임계담보액 (Threshold Amount)	임의로 설정 가능	제로(0)
최저이전금액 (Minimum Tansfer Amount)	〃	〃
독립담보금액 (Independent Amount)	〃	- 주요 시장참가자 간에는 제로(0) - 펀드 등에는 임의로 설정 가능
금리	〃	- FF, TONAT 등 DCC마다 지정

2. 주요 조항 내용

2013 Standard Credit Support Annex는 1994/1995 ISDA CSA와 기본 내용은 유사하다. 신설된 조항으로는 Paragraph 3(c) 자산반환

---

537) 三菱東京UFJ銀行, 前揭書(註 5), 342면.

(Return of Assets), Paragraph 4(d), (f), (g)에 각각 운송통화(Transport Currency), 긴급담보(Emergency Collateral), 관련 증권의 대체반환 및 지연반환(Alternative Returns and Delayed Returns of Relevant Securities), Paragraph 6(d) 배당 및 제공된 담보물의 조정(Distributions and Posted Collateral Adjustment), Paragraph 11(g), (h), (i), (j)에 각각 FX 정의(FX Definitions), FX 헤징(FX Hedging), 지급액 네팅(Payment Netting), 기존 CSA(Existing CSA) 조항 등이 있다.

[표 10] 2013 Standard CSA 조문 구성

조 항	

Paragraph 1. Interpretation 해석
  (a) Definitions and Inconsistency
    정의 및 불일치
  (b) Secured Party and Pledgor
    담보권자 및 담보권설정자
 Paragraph 2. Security Interest 담보권
 Paragraph 3. Credit Support Obligations
    담보제공의무
  (a) Delivery Amount 담보제공금액
  (b) Return Amount 반환담보금액
  (c) Return of Assets 자산의 반환
 Paragraph 4. Conditions Precedent,
    Transfer Timing,
    Calculations, Transport
    Currency, Substitutions
    and Emergency Collateral
    선행조건, 이전시한, 계산,
    운송통화, 교체 및 긴급담보
	(a) Conditions Precedent 선행조건
	 (b) Transfer Timing 이전시한
	 (c) Calculations and Adjustment
	    계산 및 조정
	 (d) Transport Currency 운송통화
	 (e) Substitutions 교체
	 (f) Emergency Collateral 긴급담보
	 (g) Alternative Returns and
	    Delayed Returns of Relevant
	    Securities 관련 증권의 대체
	    반환 및 지연반환
	 Paragraph 5. Dispute Resolution
	    분쟁 해결

Paragraph 6. Holding and Using Posted
Collateral
제공된 담보물의 보관 및
이용
(a) Care of Posted Collateral
제공된 담보물의 관리
(b) Eligibility to Hold Posted
Collateral; Custodians 제공된 담
보물에 대한 관리 자격; 위탁관리인
(c) Use of Posted Collateral
제공된 담보물의 이용
(d) Distributions and Posted
Collateral Adjustment 배당 및
제공된 담보물 조정
Paragraph 7. Event of Default
채무불이행사유
Paragraph 8. Certain Right and Remedies
특정 권리 및 구제수단
(a) Secured Party's Right and Remedies
담보권자의 권리 및 구제수단
(b) Pledgor's Right and Remedies
담보권설정자의 권리 및
구제수단
(c) Deficiencies and Excess Proceeds
담보과부족액의 처리
(d) Final Returns 최종 반환

Paragraph 9. Representations 진술
Paragraph 10. Expenses 비용
(a) General 총설
(b) Posted Credit Support
제공된 담보물의 관리비용
(c) Liquidation/Application of
Posted Credit Support 제공된
담보물의 청산/신청
Paragraph 11. Miscellaneous 잡칙
(a) Default Interest 지연이자율
(b) Further Assurances 추가적 보장
(c) Further Protection 추가적 보호
(방어)
(d) Good Faith and Commercially
Reasonable Manner 선의 및
상거래상의 합리적인 매너
(e) Demands and Notices 요구 및
통지
(f) Specifications of Certain Matters
개별 사항에 대한 특정
(g) FX Definitions FX의 정의
(h) FX Hedging FX의 헤징
(i) Payment Netting 지급액 네팅
(j) Existing CSA 기존 CSA
Paragraph 12. Definitions 정의
Paragraph 13. Elections and Variables
특약사항

IV. 판례연구 - ISDA Master Agreement Section 14의 "Loss" 정의에 따라 호가에 의한 대체거래를 기준으로 손실을 산정한 것에 대해 적절하다고 본 영국 *Enasarco v. Lehman Brothers Finance S. A.*538) 사건

　　본 판결은 파생상품과 연계된 구조화채권에 투자한 투자자가 글로 벌 금융위기로 인해 금융시장이 작동되지 않는 예외적인 상황에서 default가 발생한 계약상대방을 상대로 투자금을 회수하는 절차와 관련 된 특별한 판결로서, 구체적으로는 ISDA Master Agreement Section 14 와 Section 6(d)(i)의 해석과 관련된 사안이다.

가. 사실관계

　　원고인 Fondazione Enasarco(이하 'Enasarco'라 한다)는 이탈리아의 연금펀드인데, 2007년 12월 14일 원금보장과 헤지펀드에 대한 투자라 는 두 가지 투자목적 하에서 Lehman Brothers International Europe (LBIE)이 개발하고 Cayman Islands에 설립된 SPV(special purpose vehicle) Anthracite Rated Investments(Cayman) Limited(ARIC)가 발행 한 구조화채권인 2023년 만기의 Series 26 Principal Protected Notes (이하 'Series 26 Notes'라 한다)에 EUR780,470,000를 투자하였다. Series 26 Notes는, ARIC가 동 채권수익을 자회사 SPV인 Anthracite Balanced Company(R-26) Limited(Balco)의 상환우선주에 투자하여 동 SPV를 통 해 약 200개의 헤지펀드에 간접적으로 투자하고, 포트폴리오 투자수익

---

538) Fondazione Enasarco v. Lehman Brothers Finance S.A., Anthracite Rated Investments (Cayman) Limited [2015] EWHC 1307 (Ch).

이 일정 수준으로 하락하는 경우에는 안전자산으로 투자전환됨에 따라 Constant Proportion Portfolio Insurance(CPPI)로 분류되는 금융상품이었다. 한편, Enasarco의 투자원금은 스위스에 설립된 피고 Lehman Brothers Finance SA(LBF)가 ARIC에게 부여한 풋옵션으로 보장받고, 또한 동 풋옵션에 대해서는 LBF의 최종 지주회사인 Lehman Brothers Holdings Inc.(LBHI)의 보증을 받았다.

Enasarco가 투자원금을 확보할 수 있도록 LBF가 제공한 풋옵션은 2023년 만기도래시에 EUR780,470,000와 Balco의 우선주 상환으로 ARIC가 받게 될 금액 간의 차액에 해당하는 가격으로 ARIC가 해당 주식을 매도할 수 있는 권리이다.[539]

한편, 2008년 9월 15일 LBHI가 Chapter 11 파산보호신청을 함에 따라 LBF의 Event of Default[Master Agreement Section 5(a)(vii)] 사유가 발생하였고 동시에 풋옵션의 조기종료일(Early Termination Date: ETD)이 자동으로 도래하게 되었다. 이에 따라 Non-defaulting party인 ARIC은 1992 Master Agreement Section 6(d)(ⅰ)에 따라 Loss를 산정하여 산출내역서(calculation statement)를 Defaulting party인 LBF에 제출하여야 할 상황이 되었다. 그럼에도 불구하고 금융시장 붕괴에 따른 시장여건과 Loss 산정에 필요한 대체거래의 부재 등으로 이러한 업무들이 지체되고 있었다.

이윽고 2009년 5월 6일 Enasarco는 Credit Suisse와 동 은행이 Balco 주식에 관한 풋옵션(이하 'CS 옵션'이라 한다)을 Enasarco에 부여하는 약정[540]을 체결하였는데 ARIC은 동 약정을 대체거래(replacement

---

539) ARIC이 LBF에 매년 지급해야 하는 프리미엄은 첫 8년동안은 1.43%, 나머지 8년동안은 1.03%으로 약정되었다.

540) 동 약정은 2009년 5월 6일자로 1992 ISDA Master Agreement와 Schedule에 따른 계약조건으로 체결되었는데, 행사가격은 LBF 풋옵션과 동일하고, 만기는 2039년 30일로 하고, Enasarco가 지급할 프리미엄은 2011년 4월 29일까지는 연 1.8%, 그 이후로는 특정 사정에 따라 하향 조정될 수 있었다.

transaction)로 인정하고 그에 따른 CS 옵션 비용을 참조하여 LBF와의 약정상의 Loss를 USD61,507,902로 산정하였다. 2009년 9월 16일 ARIC 은 산출내역서(calculation statement)를 LBF에 제출하였고, 이 후 9월 18 일 Deed of Purchase and Cancellation에 의해 Balco 주식과 LBF에 대한 모든 청구권을 Enasarco에 적법하게 양도하였다.

2010년 7월 9일자로 Enasarco는 LBF에 대해 손실금액 및 이자의 지급을 청구하였고, 이에 대해 LBF는 오히려 ARIC이 Early Termination Cash Settlement Amount로 EUR43,740,000을 LBF에게 지급하여야 한 다고 주장하였다.

이에 따라 2013년 8월 29일 Enasarco는 영국 High Court에 LBF를 상대로 USD 1,507,902 및 이자의 지급과, 채무부존재 확인을 구하는 소를 제기하는 한편, 또한 동 절차를 이용하여 ARIC도 LBF에 대한 채무부존재 확인을 구하였다. 이에 대해 LBF는 Enasarco 및 ARIC을 상대로 각각 채무부존재 확인을 구하는 동시에 ARIC에 대해 USD41,781,880 또는 USD42,059,565와 해당 이자를 지급할 채무의 존재 및 그 지급명령을 구하는 반소를 제기하였다.

High Court of Justice Chancery Division의 David Richards 판사는 관련 쟁점에 대한 설시를 토대로 원고의 청구를 모두 인용하였고, 2016년 7월 5일 항소법원(Case number: 20152318)은 항소허가신청을 각하하였다.

나. 주요 쟁점 및 법원의 판단

본 사안에서는 ARIC의 Loss 산정방법이 1992 ISDA Master Agree-ment의 관련 조항에 따라 적정하게 이루어졌는지, Loss 산출내역서 작성이 적절한 시기에 작성되었는지 여부가 주요 쟁점으로 다투어졌다.

(1) Loss 산출 방법의 적정성

LBF는 (ⅰ) ARIC이 CS 옵션의 계약조건이 자신과의 풋옵션 계약조건과 많이 다르기 때문에 'Loss of bargain'의 산정에 CS 옵션가격이 사용되어서는 안 되며, (ⅱ) ARIC이 대체거래의 호가를 기초로 손실을 산정한 2009년 5월 6일은 "최초의 합리적으로 가능한 날"이 될 수 없기 때문에 Master Agreement에 따른 Loss 산정 방법으로 부적절하다는 취지로 주장하였다.

이에 대해 법원은 Master Agreement Section 14의 Definitions에 따르면 "Loss"[541]의 산정에서는 당사자가 선의로 전체 손실 또는 비용으로 합리적으로 결정하도록 규정하고 있기 때문에, Non-defaulting party가 손실을 합리적으로 결정하였는가 여부에 대해서는 "당사자는 과실(negligence)에 기한 청구에서와 같이 주의의무의 객관적 기준을 준수할 것이 요구되지는 않으며, 다만, 합리적이지 않은 당사자가 할 수 있는 결정에 이르지는 않아야 한다"[542]는 Wednesbury test에 따라 판단할 수 있다고 판시하였다.

---

541) 1992 ISDA Master Agreement Section 14. Definitions

"As used in this agreement "Loss" means ⋯ with respect to this Agreement or one or more Terminated Transactions, as the case may be, and a party, the Termination Currency Equivalent of an amount that party reasonably determines in good faith to be its total losses and costs (or gain, in which case expressed as a negative number) in connection with this Agreement or that Terminated Transaction or group of Terminated Transactions, as the case may be, including any loss of bargain, cost of funding or, at the election of such party but without duplication, loss or cost incurred as a result of its terminating, liquidating, obtaining or re-establishing any hedge or related trading position (or any gain resulting from any of them)."

542) 본 판결에서 인용하고 있는 판결은 다음과 같다. Associated Provincial Picture Houses Ltd v. Wednesbury Corporation [1948] 1 KB 223: see Australian & New Zealand Banking Group Ltd v. Societe Generale [2000] 1 All ER (Comm) 682, Peregrine Fixed Income Ltd v. Robinson Department Store Public Co Ltd [2000] CLC 1328.

이에 따라 본 사안에서 ARIC이 소위 "Convolution Model"이라는 금융모델을 사용하지 않고 Section 14의 "Loss" 정의[543)]에 따라 선도 딜러들의 호가에 의한 대체거래를 기준으로 Loss를 산정하는 방식이 타당하다고 결론을 내렸다. 다만 이때의 호가(quotation)는 호가 제시 당일에 실제 딜러가 약정을 체결하고자 하는 실제 offer이어야 한다고 언급하였다.[544)]

(2) Loss 산출내역서 작성 및 제출 시기의 적절성

1992 ISDA Master Agreement Section 6(d)(i)에 따르면, 각 당사자는 "On or as soon as reasonably practicable following the occurrence of an Early Termination Date"에 산출내역서(calculation statement)를 상대방에게 제출하도록 규정되어 있다. 또한, Section 14 "Loss"의 정의에서는 "as of the relevant Early Termination Date" 또는 이 때에 Loss 산정이 합리적으로 어려운 경우에는 "as of the earliest date thereafter as is reasonably practicable"에 산정하도록 하고 있다.

이와 관련하여 본 사안에서는 Non-defaulting party인 ARIC이 2008년 9월 15일 풋옵션의 조기종료일(ETD)로부터 7개월이 지난 2009년 9월 16일에서야 Loss를 확정하여 LBF에 제출하였는데 동 시기가 적절하였는지 여부가 피고에 의해 다투어졌다.

이에 대해 법원은 "reasonably practicable"을 "possible"과 동일하게 해석할 수는 없으며, ETD 이후 첫 번째 reasonably practicable date에 해당하는지 여부의 판단에는 그 당시 행위가 요구된 당사자의 특별

---

543) 1992 ISDA Master Agreement Section 14. Definitions
   "As used in this agreement "Loss" means … A party may (but need not) determine its Loss by reference to quotations of relevant rates or prices from one or more leading dealers in the relevant markets."
544) 같은 취지의 판결로 Lehman Brothers Finance SA v. Sal Oppenheim JR & Cie KGAA [2014] EWHC 2627 (Comm)을 소개하고 있다.

한 사정을 포함하여 모든 사정을 고려하여야 한다고 설시하였다. 본 사안에서는 대체거래가 체결되었던 2009년 5월 6일 이전에는 Loss 산정에 필요한 호가(quotation)가 없었기 때문에 Section 6(d)(i)에 따른 '합리적으로 실행가능한' 시기가 있을 수 없었으며, 결국 Section 14[545])에 따라 대체거래가 체결된 날의 호가를 참조하여 Loss를 산정하여 제출한 것을 지연으로 볼 수는 없고 2009년 이전에 작성이 가능했다 하더라도 Loss 산정에 영향을 주지는 못했을 것이라는 취지로 판시하였다.

다. 본 판결의 의의

본 사안의 판결은 금융시장이 제 기능을 제대로 하지 못하는 상황에서 ISDA Master Agreement의 Loss 산출에 관한 조항들을 어떻게 해석할 것인가 하는 데 대해 참고할 만한 판결이다. 본 법원은 대체적으로 Master Agreement의 문언에 충실하게 Non-defaulting party에게 합리적인 범위 내에서 Loss 산출의 시기와 방법에 있어서 많은 재량을 인정하고 있다. 그러면서도 본 판결에서는 Non-defaulting party인 ARIC이 Loss 산정을 사실상 지연하게 된 데 대해 그 당시의 특수한 사정을 검토하는 데 판결문의 상당 분량을 할애함으로써 합리적이면서 선의로("in good faith") 자신의 의무를 제대로 이행하였는지에 대한 상세한 심사과정을 거치고 있다.

특히 본 판결에 따르면 ISDA Master Agreement에 의한 Loss 산정

---

545) 1992 ISDA Master Agreement Section 14. Definitions

"As used in this agreement "Loss" means ⋯ A party will determine its Loss as of the relevant Early Termination Date, or, if that is not reasonably practicable, as of the earliest date thereafter as is reasonably practicable. A party may (but need not) determine its Loss by reference to quotations of relevant rates or prices from one or more leading dealers in the relevant markets."

에 Wednesbury test를 적용함에 따라 Loss 산정을 다투고자 하는 당사자가 Non-defaulting party의 비합리성을 증명할 필요가 있게 되었다.[546]

V. 소 결

2017년 3월 1일부터 중앙청산소를 통하지 아니한 장외파생상품거래 대상기관에 대해서 추가증거금 부과가 의무화됨에 따라 2013 Standard CSA 사용이 확대될 가능성이 있으므로, 동 내용에 대한 검토와 국제적인 거래관행의 동향을 점검할 필요가 있다. 영국 *Enasarco v. Lehman Brothers Finance S.A.* 사건의 판결에서는 즉시 호가에 의한 대체거래에 의한 손실을 산정하기가 어려운 금융시장 상황에서도 금융모델에 의해 손실을 산정할 것이 아니라 '합리적으로 가능한' 시기까지 기다렸다가 하는 것이 허용된다고 판시하였는데 ISDA Master Agreement의 문언에 충실한 해석으로 생각된다. 특히 손실산정 방법에 관하여 "합리적이지 않은 당사자가 할 수 있는 결정에 이르지는 않아야 한다"는 Wednesbury test에 따라 판단하여 합리성의 기준을 크게 완화하고 있다는 점에 주목할 필요가 있다.

한편, 대법원 2010.8.26. 선고 2010다28185 판결이나 대법원 2015. 3.20. 선고 2012다118846 판결에서는 "외국법을 준거법으로 정함으로써 현저하게 불합리하거나 불공정한 결과가 초래된다고 볼 근거가 없는

---

546) *See* Simon Fawell/John McGrath, "Fondazione Enasarco v. Lehman Brothers S.A.: English Court Rules on Calculation of Loss under the 1992 ISDA Master Agreement," *News & Insights*, May 12, 2015 〈http://www.sidley.com/news/05-12-2015-complex-commercial-litigation-global-finance-update〉 (visited on December 4, 2016).

한 그 준거법 약정은 유효하고, 또한 외국법을 준거법으로 하는 계약에 대해서는 우리나라 「약관의 규제에 관한 법률」이 적용될 여지가 없다"는 취지로 판시하고 있어, ISDA 약정서 사용 시 특별히 준거법을 국내 법으로 지정하지 아니할 경우 국내 약관법을 통한 투자자보호가 어렵게 될 수 있다는 점에 유의하여야 할 것이다.

|제3절| 이슬람 파생상품거래와 투자자보호의 법리

Ⅰ. 연구 필요성

글로벌 금융위기를 거치면서 일반금융(conventional finance) 부문의 무분별한 신용파생상품거래의 확대 등의 영업전략은 글로벌 금융위기의 근본원인이 되었거나 이를 증폭시킨 촉매제가 된 것으로 평가되고 있다.547) 그 와중에 이슬람금융(Islamic finance)은 투기적인 영업이나 현실적으로 존재하지 아니한 것을 대상으로 한 금융거래를 금지하는 등의 특유의 율법적 관행에 따른 영업으로 인해 글로벌 금융위기의 본류에서 벗어날 수 있었다는 점에서 특별한 주목을 받게 되었다.548) 특히 파생상품거래의 규모가 일반금융 부문에 비해 크게 적어 레버리지 등에

---

547) M. Kabir Hassan/Rasem N. Kayed, "The Global Financial Crisis, Risk Management and Social Justice in Islamic Finance," *ISRA International Journal of Islamic Finance*, Vol. 1 Issue 1, 2009, pp.36~38에서는 "복잡한 파생상품 및 과도한 레버리지, 자산-부채 mismatch, 시장규제실패, 사기·부패·탐욕, 위험전이(contagion), 통제되지 않은 통화공급(money supply) 등을 글로벌 금융위기의 원인으로 들고 있으며, 특히 이슬람금융 학자들은 글로벌 금융위기를 failed morality, ethical failure로 바라보고 있다"고 설명한다.

548) 손태우 외, "이슬람금융상품의 국내도입을 위한 이슬람은행에 관한 연구," 「법학연구」(부산대학교), 제54권 제2호(2013.5), 78면 참조.

의한 개별거래의 금융손실의 확대 및 세계 금융시장의 연쇄부도위험의 전이로부터 절연되었고, 이는 결국 현재의 안정적이고 견실한 이슬람금융의 성장기반이 된 것으로 평가된다.[549] 이슬람금융은 현재 전 세계적으로 약 75개국에서 이루어지고 있는데, 매년 15% 이상 성장하고 있고 향후 세계 인구의 28%인 이슬람교도와 오일머니로 그 성장세가 지속될 것으로 예상되고 있는 가운데[550] 전 세계 이슬람 금융자산은 2014년말 현재 2조 988억 USD를 기록하고 있다.[551]

여기서는 이 책의 주제인 파생상품거래에서의 투자자보호와 관련하여 이슬람금융, 특히 이슬람 파생상품에 대해 살펴본다.

이슬람금융은 일반적인 경제논리에 기반한 서구 일반금융과는 달리 이슬람 율법을 통해 정보비대칭의 해소 등 투자자보호에 관한 이상을 실현하고 있다는 점에서 비교법적으로 주목할 필요가 있다. 또한 이슬람 파생상품거래에서의 샤리아 리스크에 대한 이해는 법적 리스크를 축소함으로써 실질적으로 투자자보호에 기여하게 될 것이다.[552] 그리

---

549) 이슬람금융 원리에 입각하여 발행되는 채권의 일종인 수쿠크(sukuk)도 새로운 투자 및 자금조달의 수단으로 많은 관심을 받고 있으며, 특히 세계 금융위기 이후 중동지역 프로젝트 파이낸스 시장에서 유럽계 금융기관들이 투자 규모를 줄이고 있는 데 반해 이슬람금융기관들은 수쿠크 발행 등을 통해 투자규모를 확대하고 있고, 이에 따라 이슬람금융은 중동, 동남아시아의 이슬람 국가들뿐만 아니라 영국, 프랑스, 싱가포르 등 비이슬람 국가들에서도 활용되고 있다[대외경제정책연구원, 이슬람 금융의 개요 및 일반 금융과의 비교(2015.4), 1면].

550) 김정렬, "한국과 일본의 이슬람금융 도입에 관한 비교 연구,"「대한경영학회지」(대한경영학회), 제24권 제2호 · 통권 85호(2014.4), 1231~1233면.

551) INCEIF, 〈http://www.inceif.org/industry-growth/〉 (visited on December 4, 2016).

552) 물론, 이슬람 율법에 따라 금융거래를 하고자 하는 국내 내국인의 숫자는 많지 않아 실제적으로 내국 개인투자자 입장에서는 여기서 논하는 투자자보호의 의미가 크지는 않을 것이지만 국적을 떠나 일반적인 투자자보호의 측면에서 검토할 필요가 있으며, 향후 국내 금융기관이 이슬람 파생상품을 도입하거나 개별 기업 등이 이슬람금융을 기반으로 한 외국 금융기관을 상대로 거래를 할 때 이슬람 파생상품에 대해 이해할 필요가 있을 것으로 본다.

고 개별 이슬람 파생상품의 구조와 특성에 대한 내용은 투자자가 이슬람 파생상품거래를 자기책임 하에 수행하면서도 자신의 투자목적에 비추어 적합한 금융상품을 찾고, 국내 금융기관의 입장에서도 외국 이슬람금융기관, 글로벌 투자은행 등과의 거래에서 계약상대방이 될 경우에 투자자로서의 보호법리를 검토하거나, 이슬람 파생상품거래의 도입 및 영업과정에서 적합성 원칙, 설명의무 등 투자자보호를 위한 영업관행을 마련하는 데 기초자료로 활용할 수 있을 것이다.[553]

II. 이슬람금융 개요

1. 의 의

이슬람금융은 서구식 일반 금융기관의 지배구조 및 경제적 원리에 따른 금융영업의 관행을 따르지 않고 이슬람 율법을 준수하면서 수행하는 금융활동으로 정의할 수 있다. 이에 대해 종교적 법원(法源)으로서 꾸란(Qur'an)과 순나(Sunnah)를 준수하는 샤리아(Shari'ah) 율법에 의해 정의된 금지 및 허용의 규범(norms)을 따르는 둘 이상 계약당사자들에 의한 모든 거래를 포괄하는 개념으로 설명하는 견해[554]가 있다. 국내에서는 이슬람금융을, "이슬람법(shariah)에 의거하여 이자의 증식 대신

---

553) 일본의 Tokyo-Mitsubishi UFJ 은행은 2015년 7월 두바이 금융감독청(FSA)의 승인을 받고 중동지역에서 이슬람금융 영업을 개시하였는데, 국내 금융기관들도 이슬람금융을 도입하기 위해서는 이에 대한 이해와 사전 준비가 필요할 것이다. *See* "Bank of Tokyo-Mitsubishi UFJ opens Islamic finance business in Dubai," reuters (Article on Oct. 28, 2015) ⟨http://www.reuters.com/article/2015/0/29/bank-of-tm-ufj-emirates-islam-finance-idUSL8N12S06820151029#2pyRM5RmzlsUACmL.97⟩ (visited on December 4, 2016).

554) Andreas A. Jobst/Juan Solé, "Operative Principles of Islamic Derivatives — Towards a Coherent Theory"(IMF Working Paper WP/12/63, 2012), p.6.

역무의 제공이나 실물자산을 동반한 거래 대가로 수익을 창출하고 분배하는 메커니즘를 이용하는 금융상품 및 서비스",555) 또는 "이슬람 율법인 샤리아에서 정해진 각종 사회·경제적 제약조건에 따라 자금의 조달 및 운용이 이루어지는 금융"556)이라고 하거나, "이슬람 율법 혹은 샤리아에 맞추어 행해지는 금융"557)으로 간단히 정의하는 견해도 있다.

이슬람금융은 수익성보다는 사회 발전을 위한 도덕적, 사회적 역할을 강조하며,558) 또한 사회적·경제적 정의(justice)와 형평성(equality) 및 공정성(fairness)을 확립하고자 한다는 점559)에서 근본적으로 자유경쟁의 이윤추구를 우선으로 하는 비이슬람권의 일반금융과 다른 특성을 가지고 있다. 이와 같은 일반금융과 다른 이슬람금융의 차별화된 특성에 포커스를 둠으로써 이슬람금융의 보다 정확한 실체를 파악할 수 있을 것이며560) 이에 관한 자세한 내용은 후술하기로 한다.

2. 이슬람금융의 법원(法源)

가. 1차적 법원

이슬람금융이 준수하여야 하는 대상이 되는 규율로서 샤리아

---

555) 고용수·김진홍, "주요국의 이슬람금융 대응전략과 시사점," 한은조사연구 (2007-35)(한국은행 조사국, 2007.11), 2면. 同旨: 안수현, "최근 일본의 이슬람 금융 활성화를 위한 법제 정비와 국내 시사점," 「법학연구」(충남대학교), 제23권 제1호(2012.6), 175면.

556) 금융감독원, 최근 이슬람금융 동향 및 시사점(업무참고자료, 2006.9), 3면.

557) 이충렬 외, 「이슬람금융: 이론과 현실 및 활용방안」(대외경제정책연구원, 2011. 12), 47면.

558) 김중관·이승영, 「이슬람 금융의 도입 사례 분석 및 시사점」(한국금융연구원, 2011.4), 3면.

559) M. Kabir Hassan/Rasem N. Kayed, *supra* note 547, p.34.

560) *See* Brian Kettell, *Introduction to Islamic Banking and Finance* (John Wiley & Sons, 2001), pp.31~35.

(Shari'ah)[561])는 이슬람 국가에서는 종교의 교리를 넘어 법으로서 강제
성을 가지고 그 사회의 전반을 규율하는 일반원칙이 되어 있다.[562]) 샤
리아는 광의로는 이슬람 제정법(Islamic legislation)을 포함하는데[563]) 1
차적 법원으로는 꾸란과 순나가 있다.

　　꾸란은 예언자 모하메드에 의해 계시되고 지속적인 증언들에 의해
전해져 오는 신의 설교(speech of God)를 적은 경전으로 모하메드의 예
언에 대한 증거이자 가장 권위 있는 무슬림 안내서이며, 샤리아의 주된
법원이다.[564]) 꾸란에는 길이가 다른 114개의 수라(suras, chapter)와
6,235개의 아야트(ayat, verses)가 있고 가장 짧은 수라는 4개의 아야트
로, 가장 긴 수라는 286개의 아야트로 구성된다.[565]) 6,235개의 아야트
는 대부분 신앙과 도덕에 관한 사항들이며 법률에 관한 내용은 10분의
1도 되지 않는다.[566])

　　한편, 순나는 전승자들을 통하여 계승되어 내려오는 전통과 관련된
예언자의 행동방식, 발언 및 암묵적인 승인을 말하며, 경우에 따라서는
모하메드의 교우(companion)와 전승자들의 행동양식을 포함하는 넓은
의미로도 쓰인다.[567][568]) 예언자 모하메드가 죽은 후에 기록한 예언자의

---

561) '샤리아'는 아랍어로 '따르는 길'(path to be followed)을 뜻하며 문자대로는 '물
　　이 있는 곳으로 가는 길'(way to a watering place)을 의미한다. 이는 God을 의
　　미하는 창조자 Allah가 그의 메신저 예언자 모하메드(Prophet Mohammed)를
　　통하여 Muslim들에게 보여준 길이다[Brian Kettell, id., p.13].
562) 손태우 외, 전게논문(註 548), 79면.
563) Hans Visser, *Islamic Finance—Principles and Practice* (Edward Elgar
　　Publishing, 2009), p.11.
564) Brian Kettell, *supra* note 560, p.17.
565) Brian Kettell, *id.*, p.18.
566) Brian Kettell, *id.*, p.18.
567) Hans Visser, *supra* note 563, p.10.
568) 꾸란에서 순나를 따르도록 하는 내용은 다음과 같다: "There has certainly
　　been for you in the Messenger of Allāh an excellent pattern [an example to
　　be followed.] for anyone whose hope is in Allāh and the Last Day and [who]

행동에 관한 기술(narration)을 하디스(hadith)라고 하는데 순나는 이 하디스뿐만 아니라 공동체의 확립된 관행을 포함한다.[569] 꾸란과 순나의 관계에서 양자가 상충되는 경우에는 꾸란이 우선한다. 그 이유는 꾸란은 전적으로 명백한 계시로 구성된 반면 순나는 주로 도덕적인 계시로 구성되고 대부분 기술을 한 자(narrator)들의 언어로 전해 오기 때문이다. 또한 꾸란은 의심할 여지 없는 진정성(authenticity)이 있다는 점에서 순나보다 우선적으로 적용되는 정당성이 인정된다.[570]

나. 부차적 법원

부차적 법원으로는 이즈마(Ijma), 끼야스(Qiyas), 이즈티하드(Ijtihad) 가 있다. 19세기 초에 샤피이(Shafii) 학파의 창시자인 al-Shafii는 이즈마와 끼야스를 부차적 법원으로 분류한 반면 Abu Hamid al-Ghazali 이후 많은 학파들은 그 외에 이즈티하드를 세 번째 부차적 법원으로 보고 있다.[571]

이즈마는 예언자 모하메드 사후에 이루어진 이슬람 공동체인 움마(Ummah)의 율법학자 위원회인 울레마(Ulema)의 법적 견해에서의 컨센서스(consensus)를 말한다.[572] 이즈마가 부차적 법원으로 인정되는 정당성은 모하메드가 "나의 공동체는 결코 오류에 대해 합의하지 않을 것이다"라고 말했다고 하는 하디스에서 찾고 있다.[573] 또한 꾸란에서는

---

remembers Allāh often."(Qur'an 33:21)[The Saheeh International, *The Qur'ān English Meanings*, 2004, p.409].

569) Brian Kettell, *supra* note 560, p.19.
570) Brian Kettell, *id.*, p.20.
571) Hans Visser, *supra* note 563, pp.11~12.
572) Brian Kettell, *supra* note 560, p.20.
573) John L. Esposito ed., *The Oxford Dictionary of Islam* (Oxford University Press, 2003), p.134 [*Quoted in* Hans Visser, *supra* note 563, p.11].

예언자와 권위 있는 자를 따르라고 하는 명령(Qur'an 4:59, 4:83)[574])에서
그 간접적인 근거를 찾을 수 있다. 이즈마를 부차적 법원으로 인정하는
데 대해서는 후술하는 바와 같이 이슬람 학파에 따라 그 인정범위가 다
르다.[575])

　끼야스는 이슬람의 신학적 용어로서 유추(analogy) 또는 유추적 추
론으로 정의된다.[576]) 끼야스는 무슬림의 복리(welfare)와 관계된 특정
사안에서 특정한 법에 대한 논리적 결론을 도출하기 위해 도입된 주요
법리이며, 반드시 꾸란, 순나, 이즈마를 기초로 하여야 한다. 이 법리는
과도한 사고 및 엄격한 이슬람 원칙으로부터의 이탈을 방지하고 일관성
을 유지하기 위하여 이라크의 Hanafi 학파의 창시자인 Abu Hanafi에
의해 도입되었다.[577])

---

574) "O you who have believed, obey Allāh and obey the Messenger and those
in authority among you. And if you disagree over anything, refer it to Allāh
and the Messenger, if you should believe in Allāh and the Last Day. That is
the best [way] and best in result."(Qur'an 4:59); "And when there comes to
them something [i.e., information] about [public] security or fear, they spread
it around. But if they had referred it back to the Messenger or to those of
authority among them, then the ones who [can] draw correct conclusions
from it would have known about it. And if not for the favor of Allāh upon
you and His mercy, you would have followed Satan, except for a few."
(Qur'an 4:83) [The Saheeh International, *supra* note 568, p.78, p.81].
575) 순니학파의 4개 분파는 대체적으로 이즈마를 샤리아의 법원으로 인정하는 태
도를 보이고 있는데 하나피 학파와 샤피이 학파는 이를 폭넓게 인정하는 반면,
말리키 학파는 메디나 지역의 학자들의 이즈마만을 수용하고, 한발리 학파는 모
하메드의 교우인 사하바의 이즈마만을 인정한다. 이에 반해 시아파는 이즈마나
꾸란에 반대되는 순나에 대해서도 인정하지 않는다[손태우, "샤리아(이슬람법)의
법원에 관한 연구," 「법학연구」(부산대학교 법학연구소), 제54권 제1호(2013.
2), 16~17면 참조. II. 이슬람금융 개요 2. 이슬람금융의 법원(法源) 라. 이슬람
학파와 기본 태도 참조].
576) *Hereinafter* Brian Kettell, *supra* note 560, p.21.
577) "알라는 밤과 낮을 바꾼다. 참으로 이 점에 있어서 비전이 있는 자에게 교훈이
있다"(Allāh alternates the night and the day. Indeed in that is a lesson for

이즈티하드는 아랍어로 자기 자신의 판단에 도달하기 위한 노력 또는 훈련을 말한다.[578] 이는 인간의 이성을 사용하는 것으로서 끼야스는 이 이즈티하드의 특별한 유형이다. 이즈티하드는 꾸란, 순나 또는 이즈마를 기반으로 하여야 하며 이들과 배치되는 결론에 도달하기 위하여 사용될 수는 없다.

한편, 초기 이슬람 사회에서 이즈티하드의 특별한 경우로 레이(Ray)가 있다.[579] 레이는 전문적이고 사적인 해석 또는 개인적인 사유를 말한다. 이는 모하메드나 초기의 칼리프들이 점령지역의 법무행정을 담당한 사람들에게 내렸던 교시에 개입되었는데 적용할 룰이나 유추를 할 만한 선례가 없었기 때문에 끼야스를 사용할 수는 없었고 19세기에 이르러서는 더 이상 허용되지 않았다.

다. 기타 법원[580]

1차적 법원과 부차적 법원 외에도 이스티흐산(Istihsan), 이스티스라흐(Istislah), 이스티스하브(Istishab), 우르프(Urf), 사하바(Sahaba: 예언자 모하메드의 교우)들의 의견, 이슬람 이전의 법 등을 샤리아의 법원으로 드는 견해가 있다.[581] 또한, 율법학자가 끼야스로 해답을 얻기 부족

---

those who have vision.) (Qur'an 24:44)나 "참으로 이 점에 있어서 알라를 두려워하는 자에게 교훈이 있다"(Indeed in that is a lesson [i.e., warning] for whoever would fear Allāh.) (Qur'an 79:26)와 같이 먼저 일어났던 사례들로부터 인간 스스로 유추해서 똑같은 일이 일어나지 않도록 경고하고 있는 꾸란 내용을 근거로 끼야스가 법원으로 인정된다는 견해로는 손태우, 전게논문(註 575), 18면.

578) *See* Brian Kettell, *supra* note 560, pp.21~22.
579) *Hereinafter* Hans Visser, *supra* note 563, p.12.
580) 각 용어의 의미와 내용에 대해서는 특별히 달리 주석에서 설명하지 않는 경우 Hans Visser, *supra* note 563, pp.13~14을 인용하였다.
581) 손태우, 전게논문(註 575), 6~7면.

할 때 고려할 수 있는 것으로 이스티흐산, 이스티스라흐, 우르프, 다루라(darura)를 들어 설명하는 견해582)도 있다. 여기서는 이스티흐산, 이스티스라흐, 이스티스하브, 우르프, 다루라에 대하여 설명한다.

이스티흐산은 '법학적 선호'(juristic preference)를 의미하며 법률가가 법적 해석을 엄격히 또는 문언대로 해석할 수 있는 예외를 가리킨다. 이스티흐산은 끼야스나 다른 방법에 의하는 경우에도 명확한 해법을 주지 못하거나 끼야스에 따른 판단이 합리적이지 못한 부담을 주게 될 때 적용될 수 있다. 규범적 의미로는 무즈타히드(Mujtahid, 이슬람교의에 관한 판결을 할 수 있는 권위자 또는 이즈티하드를 행하는 자)가 '명백한 유추'의 요청을 피하고 '숨은 유추'의 요청을 채택하는 것 또는 변경을 선택시킬 만한 합리적인 근거에 기인해 일반적 판단을 피하고 예외적 판단을 채택하는 것을 의미한다.583) 후자의 예로, 아직 존재하지 않는 것을 매매하거나 그에 대해 계약을 체결하는 것이 샤리아에서는 금지되지만 선물매매, 제작물 공급계약 등의 경우에는 이스티흐산에 의해 허용된다고 보는 것이다. 이스티흐산은 형평성(equity)과 관계가 있다.

이스티스라흐는 선을 추구(seeking the good)하거나 공공의 이익(maslaha)를 고려하는 것이다.584) 이스티스라흐를 법원으로 인정할 것인가에 견해가 엇갈리고 있으며 꾸란이나 순나에 기반할 수 없는 경우에도 독립적인 법원으로 인정하는 견해가 있다. 이스티스라흐는 예를 들어, 수혈이나 조직이식과 같이 그 선례가 없는 경우에 적용될 수 있다.

이스티스하브는 어원적으로는 "병존한다"는 의미이나 법리론적 용어로서 상태변화를 가리키는 근거가 나타날 때까지는 전에 내린 판결이

---

582) Hans Visser, *supra* note 563, p.13.

583) 손태우, 전게논문(註 575), 6면 註 24).

584) 손태우, 상게논문(註 575), 6면 註 25)에서는 '무언의 복리(공익)' 또는 '무제약적인 복리(공익)'의 뜻으로 규범적 정의로서는 입법자가 그 실현을 위해 어떤 판단도 정하고 있지 않고, 또 그것에 대해 어떤 법적 근거에 의한 고려도 그 폐기의 지시도 하고 있지 않은 복리(공익)를 말한다고 설명하고 있다.

현재까지 상태의 변화 없이 그대로 존속되는 것을 의미한다.[585] 예를 들어 실종자에 관한 판결을 내릴 때 실종자의 사망이 증명될 때까지 그 자는 전에 있었던 상태가 지금도 병존한다고 보는 것이다.

우르프는 관습을 말한다. 우르프는 이스티흐산이나 이스티스라흐의 배후에서 주장될 수 있다. 또한 계약법에서는 보충적인 법원으로 기능할 수 있다.[586] 우르프는 사회 계층의 차이를 넘어 그 사회의 모든 사람들이 서로 인정함으로써 성립되는 것이며, 일반 시민들의 관여 없이 무즈타히드들만의 합의로 이루어지는 이즈마와 구별된다.[587]

한편, 다루라는 필요성(necessity)을 의미한다.[588] 필요성의 원칙은 법이나 규칙을 엄격히 준수하도록 요구하면 비합리적인 결과를 가져오게 될 경우에는 그 법을 따를 필요가 없다는 것이다. 비록 이 원칙은 법을 형성하기 위한 것이 아니라 어떤 법을 적용해서는 안 되는 경우를 판단하기 위해 사용되는 원칙이지만 하나의 법원으로 볼 수 있다. 꾸란에서도 환자나 여행자에 대해 라마단 금식을 지키지 못할 경우에 그 후에 동일한 기간 동안의 금식을 실행할 수 있도록 하는 등 이 다루라에 기반한 율법 적용의 예외를 인정하고 있다(Qur'an 2:185).[589]

라. 이슬람 학파와 기본 태도

이슬람 율법을 해석하는 데에는 그 기본적인 관점을 달리하는 순니

---

585) 이하 손태우, 상게논문(註 575), 7면 註 26).

586) Hans Visser, *supra* note 563, p.13.

587) 손태우, 전게논문(註 575), 7면 註 27).

588) *Hereinafter* Hans Visser, *supra* note 563, p.13.

589) "The month of Ramadhān [is that] in which was revealed the Qur'ān, a guidance for the people and clear proofs of guidance and criterion. So whoever sights [the new moon of] the month, let him fast it; and whoever is ill or on a journey—then an equal number of other days."[The Saheeh International, *supra* note 568, pp.25~26].

파와 시아파의 2개의 학파(madhalib, schools of law)가 있으며, 이 중에서 순니파는 다시 4대의 분파로 나뉜다. 각 학파별 태도에 따라 중시하는 법원이 달라 특정 금융상품이 샤리아에 부합하는지, 허용된다면 그 엄격성에 대한 법적 견해(fiqh)가 다르다. 순니파의 네 개의 분파로는 다음의 하나피(Hanafi), 말리키(Maliki), 샤피이(Shafii), 한발리(Hanbali) 학파가 있다.590)591)

하나피 학파는 Abu Hanifa를 중심으로 한 가장 오래된 학파이다. 이는 네 개의 학파 중에서 율법으로부터 가장 유연하며 개인적인 해석인 레이, 법적 해석인 이스티흐산, 유추해석인 끼야스를 강조한다. 지역적으로는 인도, 터키, 중앙아시아, 발칸, 이라크, 아프가니스탄, 파키스탄, 방글라데시 등에 분포한다.

말리키 학파는 Malik ibn Anas에 의해 창시된 학파이다. 말리키 학파는 전달자의 약한 고리가 존재하는 하디스보다도 끼야스를 우선시하며 이는 특히 다른 학파와 구별되는 태도이다. 그럼에도 불구하고 말리키 학파는 여전히 하디스와, 모하메드가 메카에서 탈출한 이래 살았던 메디나 소재 학파들의 이즈마에 의존한다. 우르프는 별도의 법원으로서 인정되지 않음에도 불구하고 말리키 학파는 빈번하게 이를 언급하며, 또한 공공복리 즉, 이스티스라흐 원칙을 받아들이는 데 다른 학파들에 비해 적극적이다. 말리키 학파가 집중적으로 분포되어 있는 지역은 이집트 북부, 튀니지, 알제리, 모로코, 모리타니, 리비아, 쿠웨이트, 바레인, 두바이, 아부다비 등지이다.

샤피이 학파는 Muhammad ibn Idris Al-Shafii에 의해 창시되었다. 이 학파는 레이 형태의 이스티하드, 이스티흐산, 공공복리인 이스티스

---

590) *Hereinafter summarized and quoted from* Hans Visser, *supra* note 563, pp.15~17.
591) 4대 학파 외에도 자히리(Zahiri) 학파가 있는데 이에 대한 자세한 내용은 Hans Visser, *id.*, p.17 참조.

라흐592)를 인정하지 않지만, 이즈마는 전적으로 인정한다. 샤피이 학파에 따르면 법적 사유는 이즈마와 끼야스에 기초하여야 한다. Al-Shafii는 최초로 하디스를 법원으로 중요시하였으나 이를 인정하는 데에 엄격하였고 그 전달자들의 연결고리를 확인하는 데 필요한 기준을 마련하기도 하였다. 샤피이 학파의 분포 지역은 인도네시아, 말레이시아, 동남아시아, 필리핀 등지와 그 외에 이집트 남부, 수단, 에티오피아, 소말리아, 예멘 등이다.

한발리 학파는 Ahmad Hanbal에 의해 창시된 학파로 꾸란과 순나에 기초하고, 이 학파가 유일하게 인정하는 이즈마로는 칼리프가 이끄는 Companions of Prophet의 합의가 있다. 한발리 학파는 사우디아라비아 반도, 카타르 등지에 분포하고 있다.

한편, 시아파는 예언자에 의해 선언된 진리를 이해하는 최상의 방법을 종교적 지도자인 이맘(Imams)을 따르는 것으로 믿는 그룹으로 이란, 레바논, 시리아, 예멘, 이라크, 파키스탄, 사우디아라비아 동부지역 등지에 분포한다. 시아파는 꾸란에 반대되는 어떠한 순나를 따르거나 제정하는 것을 반대하며, 신자들이 이슬람의 요구사항에 따라 꾸란을 해석할 수 있고 그런 능력이 있다면 특정문제를 자신의 판단과 노력으로 해결할 수 있다고 믿는다.593)

3. 이슬람금융의 특성

가. 기본 원칙

이슬람금융은 기본적으로 다음과 같은 6가지의 원칙을 따라야 한

---

592) 샤피이 학파가 이스티스라흐를 독립적인 법원으로 인정하지 않는 이유는 주관적이고 무제한적인 개인적 견해의 위험성을 고려하고 공공복리의 개념은 시간과 장소에 따라 달라지기 때문이다[Hans Visser, *supra* note 563, p.16].
593) 손태우, 전게논문(註 575), 162면, 163면 註 89).

다.594)

(1) 이자 지급 금지

이자 즉 리바(riba)로서 실제 원금 이상으로 미리 예정된 지급 (determined payment)을 하는 것은 금지된다. 이를 폭넓게 해석하여 금전대출과 관련하여 대부자가 얻게 되는 직·간접적인 어떠한 혜택이나 편익도 금지대상에 포함된다. 차용인의 노새를 타거나 차용인의 식탁에서 밥을 먹는 행위, 그의 담 옆의 그림자를 이용하는 것도 여기에 포함된다.

리바에는 두 가지가 있는데 (i) 차용금에 대한 이자를 말하는 Riba Al-Nasiah, (ii) 예를 들어, 열등한 품질의 대추야자를 주고 우등 품질의 대추야자를 받는 것과 같이 열등한 품질의 상품을 더 주는 대가로 그와 같은 종류 상품을 우등 품질로 받는 Riba Al-Fadl이 그것이다.595)

(2) 이익 – 손실 공유(profit – loss sharing)596)

이슬람금융에서는 자금의 공급자와 사용자가 서로 이익과 손실을 공유하도록 한다. 즉, 제공된 자금의 원본 상환이나 사전에 확정되는 수익을 보장하는 것을 금지하는데 이는 이슬람금융거래의 기본 구조가 원칙적으로 '공동투자'(partnership)를 근간으로 하고 있기 때문이다.597) 이에 따라 자금의 공급자는 채권자로서의 지위보다는 투자자로서의 지

---

594) *Hereinafter summarized* Brian Kettell, *supra* note 560, pp.33~35. 국내문헌으로 (i) 이자 수수 금지, (ii) 불확실성 및 도박 금지, (iii) 수익-손실 분담, (iv) 금지된(haram) 사업의 금지, (v) 금전 축적 및 퇴장 금지 등을 이슬람금융의 특징으로 소개하고 있는 논문으로는 손태우 외, 전게논문(註 548), 5~6면.

595) Brian Kettell, *id.*, p.37.

596) *See* Brian Kettell, *id.*, pp.33~34.

597) 안수현, 전게논문(註 555), 179면.

위를 갖게 된다. 서구 일반금융에서는 자금운용의 위험을 자금 사용자가 지고 사업의 성패와 관계 없이 약정된 이자를 지급하여야 하지만 이슬람금융에서는 실질적인 자금운용상 따르는 모든 위험은 모두 자금 공급자가 부담하고 이익은 공급자와 사용자가 미리 정해진 일정 비율로 공유하게 된다. 따라서 일반금융에서는 차입자의 신용도가 대출 실행 여부를 결정하는 가장 중요한 요소가 되지만 이슬람금융에서는 프로젝트의 건전성과 자금 사용자의 사업실행능력에 대한 평가가 중요하게 된다.

(3) 금전을 이용한 금전 창출 금지[598]

이슬람금융에서는 금전은 단지 교환의 매개수단일 뿐 그로부터 또 다른 금전을 창출하는 것은 허용되지 않는다. 따라서 예금을 통하여 이자를 수취하거나 이를 목적으로 자금을 대여하는 것은 허용되지 않는다. 이슬람금융에서 금전은 사업상 투자되어 있을 때에만 자본으로서 가치를 가지며 생산적인 투자를 통한 경상적인 거래활동만이 장려되고 금전을 축적하거나 퇴장하는 것은 용인되지 않는다.

(4) 불확실성 금지[599]

가라르(gharar, uncertainty), 즉 불확실성과 마이시르(maisir, gambling) 등의 리스크 요소들은 금지된다. 계약 당사자들은 계약상 주요 요소와 의미들을 완벽하게 이해할 수 있어야 하며, 계약 목적물은 계약체결 당시에 계약당사자가 보유하고 있어야 한다. 이슬람 율법에서도 불확실성은 계약을 무효로 한다.[600] 이에 따라 통화선도거래에서 선도환율이 이

---

598) *See* Brian Kettell, *supra* note 560, pp.34~35.

599) *See* Brian Kettell, *id.*, p.35.

600) Sidney Yankson, "Derivatives in Islamic finance—A case for Profit rate swaps," *Journal of Islamic Economics, Banking and Finance*, Vol. 7 No. 1, Jan-March 2011, p.42.

자율 차이에 의해 결정됨에 따라 금지되는 것과 같이 옵션이나 선물과 같은 파생상품은 이슬람금융에서는 원칙적으로 허용되지 않는다.[601] 다만 후술하는 바와 같이 일정한 파생상품이 이슬람금융에서도 허용된다는 견해와 그를 뒷받침하는 논리가 제시되고 있다.

이슬람금융에서 가라르 금지의 원칙은 약자에 대한 착취를 막고자 하는 데 있다.[602] 가라르 금지의 원칙은 일반금융에서 투자자보호의 목적이나 정보비대칭성을 해소하기 위한 설명의무 등과 제도적 취지를 같이하고 있다.

(5) 샤리아에 의해 승인된 계약만을 허용[603]

이슬람 시스템에서는 모든 경제주체들은 이슬람 윤리체계 내에서 활동하여야 하며 이슬람은행들도 마찬가지이다. 따라서 이슬람 도덕 가치와 상충되는 금융활동이나 자금조달은 금지된다. 예를 들어, 이슬람은행들은 양조공장, 카지노, 나이트클럽 또는 이슬람 율법에 금지되는 영업활동이나 사회에 해악이 되는 행위를 하여서는 아니 된다.

(6) 계약의 신성성(sanctity of contract)[604]

이슬람은 계약상의 의무와 정보공개를 신성한 의무로 여기는데 이는 정보의 비대칭성과 모럴해저드를 줄이기 위한 것이다.

일반적으로 물품의 판매자나 채권의 발행자가 보유하고 있는 정보와 그 거래상대방이 가지고 있는 정보는 비대칭적일 수밖에 없으며 금융상품의 경우에도 마찬가지이다. 그런데 계약과 관련된 정보비대칭의

---

601) 안수현, 전게논문(註 555), 178면; 김중관·이승영, 전게서(註 558), 5면; 금융감독원, 전게자료(註 556), 3면.
602) Brian Kettell, *supra* note 560, p.35.
603) *See* Brian Kettell, *id.*, p.35.
604) *See* Brian Kettell, *id.*, pp.35~36.

문제를 해소하지 아니하면 계약체결 이전에는 역선택의 문제를, 계약체결 이후에는 모럴해저드의 문제가 발생한다.[605]

따라서 이슬람금융에서는 계약상의 의무를 이행하는 데에 있어서 매도인에게 특별한 의무를 지우는 한편, 도덕적인 의무로서 공정하고 정직하게 거래에 임하도록 한다. 또한 이익-손실공유제를 통해 차입자의 신용도보다는 사업프로젝트의 수익성에 관심을 두고 감시를 하게 함으로써 모럴해저드 우려를 막고 있다.

나. 금지사항

이슬람 기관이나 투자 펀드들은 다음과 같은 상품을 거래하는 것은 금지되어 있다(haram).[606]

> (i) 알코올 음료 및 관련 영업활동
>
> (ii) 돼지고기, 햄, 베이컨 및 관련 부산물
>
> (iii) 죽은 동물(또는 샤리아 원칙에 따라 도살되지 아니한 동물)
>
> (iv) 게임머신과 같은 도박과 관련된 제품
>
> (v) 담배 및 기타 마약
>
> (vi) 포르노물과 관련된 영업활동
>
> (vii) 현금을 제외한 금과 은
>
> (viii) 군비 및 파괴적인 무기

---

605) 예를 들어, 저신용의 차입자가 대출을 신청하더라도 차입자의 신용도에 대한 정보를 정확히 가지고 있지 않은 대부자는 차입자별 신용도를 고려한 대출을 실행할 수 없고, 신용도가 좋은 차입자보다는 적극적인 차입노력을 한 저신용 차입자를 대출거래의 상대방으로 선택하게 되는 역선택을 하게 되는 것이다. 또한 대부자가 차입자의 신용도만을 고려할 경우에는 원금회수가능성 여부에만 관심을 기울일 뿐 사업프로젝트의 수익성에는 관심을 두지 않기 때문에 차입자에 대한 감시의 유인이 적어 차입자는 모럴해저드에 빠질 우려가 있다.

606) Brian Kettell, *supra* note 560, p.22.

또한 이와 같은 금지된 영업활동을 대상으로 하는 기업과의 거래도 금지된다. 거의 대부분의 기업들이 이러한 이자금지 또는 제한업종에 해당하는 거래를 하고 있기 때문에 샤리아위원회는 해당 이자나 제한업종으로부터 얻을 수 있는 수입의 한계를 정하고 있다.

[표 11] 샤리아법의 준수 체계[607]

단 계	내 용
Fard 또는 Wajib	강제적 의무. 위반시 이슬람 방식에 따른 처벌대상
Mandub 또는 Mustahab	이슬람 방식에 따라 보상이 이루어지나 회피하지 않더라도 처벌대상은 아님
Jaiz 또는 Mubah	허용되는 행위. 법은 무관심한 태도
Makruh	이슬람에서는 혐오하는 행위이지만 처벌대상은 아니며, 이를 회피하는 행위에 대해서는 보상
Haram	절대적으로 금지되는 행위로서 이슬람방식에 따라 처벌을 받음

다. 금융기관 지배구조의 특수성

이슬람금융기관은 이슬람금융과 관련된 서비스를 제공하기 위해서는 사전에 샤리아에 적합한지 여부를 이슬람 법학자로 구성된 샤리아위원회(Shari'ah Board, Committee of Shari'ah, Shariah Advisory Council)의 승인절차를 거쳐야 한다. 이를 위해 이슬람금융기관들은 샤리아위원회를 내부 감독기구로 설치하여야 한다.[608][609]

---

607) *See* Brian Kettell, *id.*, p. 22.
608) 김중관·이승영, 전게서(註 558), 5~6면.
609) 샤리아위원회의 설치에 관하여 Qur'an 3:191, Qur'an 51:56에서 그 근거를 찾고 있는 견해로는 Shamsher Mohamad *et al*, "Shariah Governance: Effectiveness

(1) 샤리아위원회의 구성[610]

샤리아위원회는 이슬람금융기관의 활동이 샤리아에 부합하는지 여부에 대한 지도·검토 및 감독을 하는 기구이기 때문에 이슬람금융에 대한 전문가로 구성되어야 한다. 이슬람금융기관회계및감사기구(Accounting & Auditing Organization for Islamic Financial Institutions: AAOIFI)에서는 샤리아위원회의 구성은 최소 3명 이상의 위원으로 하도록 하고 있으며 일반적으로 3~6명의 인원으로 구성하고 있다.

샤리아위원회는 (ⅰ) 이슬람 금융상품에 대한 니즈(needs)를 파악하고 검토하는 금융전문가 그룹, (ⅱ) 전통적인 샤리아 율법에 대한 전문지식을 제공하는 이슬람 법학자 그룹, (ⅲ) 이슬람 금융상품에 대한 정의와 내용 구성에 관여하고 관련 국내외 법제도에 대한 검토를 담당하는 변호사 그룹 등의 분야별 전문가들로 구성된다.[611]

샤리아위원회를 구성하는 위원의 자격요건은 보통 샤리아에 관한 이해, 금융 거래 구조·제도·시장 관행 등에 관한 금융 지식, 공통 언어인 영어 구사력 등을 요건으로 하고 있다.[612]

---

of Shariah Committees in Islamic Banks in Malaysia" (January 25, 2015), p.2. Available at SSRN ⟨http://ssrn.com/abstract=2555373⟩ (visited on December 4, 2016).

610) 이하 손태우 외, "이슬람 금융에서의 샤리아위원회에 대한 연구,"「한국중동학회논총」(한국중동학회), 제35권 제1호(2014.6), 65~66면 요약.

611) 샤리아위원회와는 달리 이슬람금융에 대한 수요자는 물론 공급자에게도 사업이나 상거래상 샤리아 적합성 여부에 대한 검토를 하며 계약서 또는 신고서의 구체적인 계약조건들을 검토하고 지도하는 역할을 하는 자를 샤리아 어드바이저라고 한다. 샤리아 어드바이저는 샤리아 율법뿐만 아니라 금융에 대한 전문지식을 겸비하고 있어야 하는데 2005년 바레인에서는 이슬람금융연구센터(Center for Islamic Finance Studies)를, 말레이시아에서는 이슬람 금융교육 국제센터(The International Center for Education in Islamic Finance: INCEIF)를 각각 설립하여 공인 이슬람금융 전문가를 양성하고 있으며, 싱가포르에서는 PERGAS (Persatuan Ulama & Guru-Guru-Agama Islam Singapura)라는 단체가 '샤리아 어드바이저 트레이닝 프로그램'을 제공하고 있다[손태우 외, 상게논문(註 610), 66~67면].

말레이시아 중앙은행법(Central Bank of Malaysia Act 2009: CBMA 2009)에서는 Shariah Advisory Council의 위원 자격으로 샤리아에 정통하거나, 샤리아·은행·금융·법 그 밖에 관련 분야에 학식과 경험을 갖출 것을 요건으로 하고 있다[CBMA 2009 Section 53(1)].[613] 나아가 금융기관의 Shariah Committee의 위원 자격에 관한 가이드라인(Shariah Governance Framework for Islamic Financial Institutions, BNM/H/GL_012_3, Page 30/48)에서는 다음과 같이 요건을 상세히 기술하고 있다.

(i) 무슬림으로 개인일 것

(ii) 위원 대다수는 승인된 대학에서 Usul Fiqh (원시 이슬람법) 또는 Fiqh Muamalat (이슬람 거래/상법)을 포함한 샤리아 전공의 학사 이상일 것

(iii) 위원 대다수는 아랍어를 읽고 쓰는 데 유창하고 조예가 있으며, 말레이시아어와 영어에 대해 깊은 이해를 가지고 있을 것으로 합리적으로 기대됨

(iv) 금융, 법 등 관련 분야에 학식을 가진 전문가를 포함할 수 있으나 위원 대다수를 차지하지 않도록 할 것

(v) 가급적 전문성, 경험, 지식 면에서 다양한 학식을 가진 위원을 포함할 것

---

612) 요시다 에츠야키, 이진원 譯, 「이슬람 금융이 뜬다」(예·지, 2008.6), 153면.
613) CBMA 2009 Section 53. (1) The Yang di-Pertuan Agong may, on the advice of the Minister after consultation with the Bank, appoint from amongst persons who are qualified in the Shariah or who have knowledge or experience in the Shariah and in banking, finance, law or such other related disciplines as members of the Shariah Advisory Council.

(2) 샤리아위원회의 기능과 책임[614)]

샤리아위원회는 (i) 금융기관 및 금융서비스, 투자 등이 샤리아에 부합하는지, 재무제표상 주주와 예금자 간의 이익배분이 샤리아 원칙에 적합한지 여부 등을 검토한다. 또한 (ii) 이슬람금융 전반에 대해 샤리아에 관한 교육과 조언을 하는 한편, (iii) 금융거래의 구조나 관련 문서가 샤리아를 준수하는지 여부를 판단하여 샤리아에 관한 공식적인 견해인 파트와(fatwa)를 공표한다. 그에 따라 해당 금융상품이나 거래는 샤리아에 부합한 것으로 인정되며, 다만 사후에 종전의 파트와와 반대되는 파트와가 있을 경우에는 새로운 파트와가 유효하게 된다.

참고적으로, 말레이시아 중앙은행법에서 정하고 있는 Shariah Advisory Council의 기능은 다음과 같다[CBMA 2009 Section 52(1)].[615)]

(a) 특정 금융 문제에 관한 이슬람법의 확인 및 의견조회에 대한 판단의 공표

(b) 이슬람금융, 말레이시아 중앙은행의 업무 또는 거래와 관련된 샤리아 이슈에 관한 말레이시아 중앙은행에 대한 조언

(c) 성문법 규정에 따라 특정 이슬람금융기관 또는 그 밖의 자에 대한

---

614) 이하 손태우 외, 전게논문(註 610), 68~70면 요약.
615) CBMA 2009 Section 52. (1) The Shariah Advisory Council shall have the following functions:
  (a) to ascertain the Islamic law on any financial matter and issue a ruling upon reference made to it in accordance with this Part;
  (b) to advise the Bank on any Shariah issue relating to Islamic financial business, the activities or transactions of the Bank;
  (c) to provide advice to any Islamic financial institution or any other person as may be provided under any written law; and
  (d) such other functions as may be determined by the Bank.
  (2) For the purposes of this Part, "ruling" means any ruling made by the Shariah Advisory Council for the ascertainment of Islamic law for the purposes of Islamic financial business.

[표 12] 말레이시아 금융기관 샤리아위원회의 의무와 책임[616]

Appendix 4: 샤리아위원회의 의무와 책임(Duties, Responsibilities & Accountability of the Shariah Committee)

샤리아위원회의 주요 의무와 책임은 다음과 같다.

1. 책임(Responsibility and accountability)
   샤리아위원회는 샤리아위원으로서 의무와 책임을 지는 과정에서 자신이 제공하는 모든 샤리아 판단, 의견, 견해에 대해 책임이 있다는 점을 이해하여야 한다.
2. 이사회와 이슬람금융기관에 대한 조언(Advise to the board and IFI)
   샤리아위원회는 항상 이슬람금융기관이 샤리아 원칙을 따르도록 샤리아 문제에 대해 의견을 제시하고 이사회에 조언하여야 한다.
3. 샤리아 정책 및 절차에 대한 승인
   (Endorse Shariah policies and procedures)
   샤리아위원회는 이슬람금융기관이 마련한 샤리아 정책 및 절차를 승인하고 샤리아에 부합하지 않는 요소를 포함하지 않도록 하여야 한다.
4. 관련 문서에 대한 승인 및 검증
   (Endorse and validate relevant documentations)
   이슬람금융기관의 상품이 샤리아 원칙을 따르도록 하기 위하여 샤리아위원회는 (ⅰ) 서식, 계약, 약정 또는 그 밖에 거래를 실행하는 데 사용되는 법률 문서상의 조건, (ⅱ) 상품을 설명하기 위하여 사용되는 상품 매뉴얼, 마케팅 광고, 삽화와 브로서에 대해 승인하여야 한다.

---

616) Bank Negara Malaysia, "Shariah Governance Framework for Islamic Financial Institutions," BNM/RH/GL_012_3, Page 34-35/48. Available at: ⟨http://www. bnm.gov.my/guidelines/05_shariah/02_Shariah_Governance_Framework_201 01026.pdf⟩ (visited on December 4, 2016).

5. 샤리아 검토 및 샤리아 감사 성과물에 대한 평가
   (Assess work carried out by Shariah review and Shariah audit)
   샤리아 준수에 대한 평가 및 연차보고서 내용에 대한 보증 의무를 구성
   하는 샤리아 문제에 대해 준수하도록 하기 위한 샤리아 검토 및 샤리아
   감사의 성과물에 대한 평가

6. 샤리아 문제에 대한 관련 당사자 지원
   (Assist related parties on Shariah matters)
   변호사, 회계사 또는 컨설턴트 등과 같은 이슬람금융기관의 관련 당사자
   들은 샤리아 문제에 대해 샤리아위원회의 조언을 구할 수 있으며, 샤리
   아위원회는 요청 당사자들에게 필요한 지원을 하여야 한다.

7. SAC가 참고할 만한 사항에 대한 조언
   (Advise on matters to be referred to the SAC)
   샤리아위원회는 해결될 수 없는 샤리아 문제에 대해 이슬람금융기관으
   로 하여금 SAC의 자문을 받도록 조언할 수 있다.

8. 서면의 샤리아 의견 제공(Provide written Shariah opinions)
   샤리아위원회는 이슬람금융기관이 보다 신중한 검토를 위하여 SAC에
   의견조회를 하는 경우 또는 이슬람금융기관이 말레이시아 중앙은행에
   새로운 상품에 대한 승인을 신청한 경우에 서면으로 샤리아 의견을 제공
   하여야 한다.

Ⅲ. 이슬람금융과 파생상품거래 허용성

1. 파생상품의 특성과 샤리아 부합성

가. 파생상품의 특성

선도 및 선물, 옵션, 스왑으로 대별되는 파생상품의 거래목적은 크
게 (ⅰ) 헤지(hedge) 목적 거래, (ⅱ) 투기(speculation) 목적 거래, (ⅲ)
무위험 차익(arbitrage) 목적 거래로 구분할 수 있다.[617]

파생상품은 기초자산의 가격변동으로부터 그 가치가 결정되는 것이 기본구조인데 기초자산의 가격변동위험을 회피하기 위한 거래가 헤지거래이다. 한편, 투기목적 거래는 레버리지를 이용하여 투하자본 대비 높은 수익을 얻고자 하는 거래를 말한다. 무위험 차익거래는 시장가격이 불균형한 특수한 상황을 이용하여 위험을 수반하지 않고 수익을 얻고자 하는 거래를 말한다.

　　파생상품거래에서는 기초자산의 가격과 파생상품 자체의 가치가 별도로 결정되고, 기본적으로 현물거래와 달리 계약체결 시점에 계약목적물의 인도와 대금결제가 즉시 이루어지지 않음에 따라 계약당사자는 계약체결 시에 향후 계약이행의 내용 또는 그 결과에 대해 불확실한 상황에 놓이게 된다. 이러한 파생상품의 특성을 살펴보면, 계약내용의 불확실성, 기대수익의 예측불가능성에 기한 투기 또는 도박성, 실물인도 대신 차액결제를 하는 경우 기초자산 실물의 불필요성 등을 들 수 있다. 이러한 특성들은 이슬람금융에서 일반금융 파생상품에 대해 샤리아 적격성이 부정되는 배경과 관련하여 검토되고 있는데 아래에서 차례로 살펴보기로 한다.

(1) 계약내용의 불확실성

　　선도계약 또는 선물거래에서는 기초자산의 가격변동의 방향에 따라 그 pay-off가 정(+)이 되거나 부(-)가 될 수가 있다. 옵션의 경우에는 기초자산의 가격변동에 따라 옵션 보유자가 권리를 행사할 수도 있고

---

617) *See* Jeffrey J. Haas, *Corporate Finance* (West Academic, 2014), p.119. 원재환, 「파생상품이론」(신론사, 2013.4), 23면에서는 파생상품의 경제적 기능으로 (i) 공정한 가격형성과 발견(formation and discovery of fair prices), (ii) 가격변동위험의 헤지(hedge over price changes), (iii) 레버리지 활용을 통한 유동성 증대 (increase in liquidity), (iv) 자본형성 촉진(promotion of capital accumulation), (v) 자본의 시차적 배분(time differential distribution of capital) 등을 들고 있다.

권리를 포기할 수도 있다. 특히 배리어 옵션(barrier option)과 같이 계약당사자의 의사와는 관계없이 기초자산의 가격변동 등의 외적 요인에 의해 권리의무가 새롭게 형성될 수도 있다.

이처럼 파생상품은 계약당사자 외에 계약이행의 내용, 시기, 방법 등이 계약당시에 확정되는 것이 아니라 계약이행기 또는 권리행사 시까지 유동적이라는 특성을 가진다. 다만 이러한 불확실성은 계약이행기에 이르러서는 그 계약 내용을 확정할 수가 있다는 점에서 계약이행이 원시적으로 불가능하거나 계약목적물이 부존재한 경우와는 구별된다.

(2) 도박성

파생상품거래는 기대수익에 대한 예측이 어렵고 외부적인 요인에 의해 그것이 결정된다는 점에서 도박(gaming & wagering)의 성격을 가지고 있다. 이에 따라 파생상품거래가 도박에 해당하는지 여부가 문제될 수 있다. 도박을 규제하는 입법에서는 도박거래를 위한 계약 자체가 무효가 되므로 도박의 정의를 어떻게 하는가에 따라 파생상품거래도 무효가 될 여지가 있다.

영미법상 도박의 개념요소로서는 보통 (ⅰ) 양 당사자 모두 이기거나 질 가능성이 있을 것, (ⅱ) 해당 계약에서 양 당사자 모두 다른 이익(other interest)을 갖지 않을 것 등을 들고 있다.[618]

우선 양 당사자 모두에게 승패의 가능성이 주어지는 것이 아니라 어느 한 당사자만이 필연적으로 이기거나 질 수밖에 없는 경우는 도박에 해당하지 않는다(상호성).[619] 이러한 '상호성' 요건에 따라 선물거래

---

618) Simon James, *supra* note 191, p.23.

618) Simon James, *supra* note 191, p.23.

619) 영국 Tote Investors Ltd. v. Smoker [1968] 1 QB 509. 참조[원고 Tote Investors Ltd가 자신의 고객인 피고 Barbara Mary Smoker가 경마투전기(horse totalisator board)를 이용한 신용 베팅거래를 하여 손실을 입고 상환하지 못한 약 £23 상당의 금액의 지급을 청구하여 승소하였고, 이에 피고가 동 거래는 도박에 해당하여 무효라는 취지로 항소하였으나 항소심은 해당 사안의 거래는 도

와 같이 거래소에서 거래되는 파생상품의 경우에는 도박으로 보기는 어렵게 된다.[620]

한편, 도박거래와 구별되는 '다른 이익'의 존재가 무엇을 의미하는가에 대해서는 판례에서도 일관성을 찾기는 어려우나 최근은 도박보다는 금융거래로 보는 경향이 강하다.[621] 판례에 따르면, 경상거래 또는 상거래 목적의 거래인지 여부에 따라 이것이 인정되지 않으면 도박으로 보는 견해,[622] 거래의 동기 또는 의도에 따라 도박의 의도가 아닌 자금조달 등의 별개의 거래동기가 인정되는 경우에는 도박으로 볼 수 없다는 견해[623] 등이 있다.

한편, 국내 자본시장법 제10조 제2항("금융투자업자가 금융투자업을 영위하는 경우에는 「형법」 제246조를 적용하지 아니한다")에서는 금융투자업자의 파생상품거래에 대해 도박성의 인정 여부와 관계없이 합법적인 거래임을 입법적으로 명시함으로써 법적 리스크 문제를 해결하고 있다.

박에 해당하지 않는다는 이유로 피고의 항소를 기각한 사례].

620) 즉, 거래소 거래에서는 청산소가 양 당사자의 계약상대방이 되는데 이때 청산소는 이자율 변동이나 기초자산으로부터 이익을 얻거나 이를 의도하지 않으며 증거금을 수취함으로써 신용 리스크로부터 자신을 보호함에 따라 거래과정에서 손실을 입게 되는 것은 아니기 때문이다[Simon James, *supra* note 191, pp.23~24].

621) Simon James, *supra* note 191, p.24.

622) 영국 City Index v. Leslie [1992] 1 QB 98, 112[주가지수 스프레드 거래(Contract for differences)로 £34,500의 손실을 입은 피고에 대해 투자업자인 원고가 이의 지급을 구하는 약식판결을 청구하자 피고가 해당 거래는 도박에 해당하여 집행할 수 없다고 주장하여 패소한 후 항소하였으나 역시 항소 기각된 사례].

623) 영국 Morgan Grenfell v. Welwyn Hatfield District Council [1995] 1 All ER 1, 10 (자본시장 및 대출거래와 관련된 거래 당사자 간의 이자율 스왑계약은 다른 고려사항이 없다면 상거래 또는 금융거래로 볼 것이지 도박거래로 볼 수는 없다는 판결).

(3) 실물자산의 불필요성

선도계약의 경우 계약체결 당시에는 기초자산이 존재하지 않고, 어느 계약당사자도 기초자산에 대한 소유권을 가지고 있지 않을 수 있다. 특히 기초자산의 실물을 인도받을 것을 계약내용으로 하지 않고 이행기에 차액결제를 하기로 하는 경우에는 기초자산은 실물로서는 의미가 없고 단지 기준(reference)으로서의 기능만을 수행한다. 이러한 점은 옵션이나 스왑의 경우에도 마찬가지이다. 파생상품거래에서 기초자산인 실물을 계약목적물로 하지 않는 이상 계약체결 시에 기초자산 실물이 존재하지 않더라도 계약은 유효한 것이 원칙이다.

나. 일반금융 파생상품의 샤리아 부합성[624)

(1) 선도 및 선물

우선 일반 파생상품 중의 하나인 선도계약에 대해 살펴보면, 모든 이슬람 학파가 선도계약은 가라르 금지의 원칙에 따라 샤리아에 위배된 것으로 본다. 즉, 선도계약의 경우 장래 지급될 대가는 비록 알려져 있지만, 매매목적물의 질(quality)은 알려져 있지 않아 무지와 불확실성으로 인해 결국 논란의 근원이 된다는 것이다.[625) 또한 전통적으로 샤리아에 부합한 것으로 인정되어 온 Salam 거래에서와 같이 대가의 선지급은 전액 이루어져야 하지만 선도계약의 경우 대가지급이 없고, 대가의 이연 지급(deferment of the price)은 이슬람 율법에서 금지하는 이연부채의 교환(bayʿ al-kaliʿi bi-l-kaliʿ)에 해당한다는 점 등을 들어 샤리아에

---

624) *Hereinafter* Ali Alshamrani, "A Critical Evaluation of the Regulatory Framework for the Application of Islamic Financial Derivatives in the Kingdom of Saudi Arabia," *Journal of Islamic Banking and Finance*, Vol. 2, No. 1, March 2014, pp. 273~275.

625) Mahmoud A. EL-Gamal, *Islamic Finance—Law, Economics and Practice* (Cambridge University Press, 2006), p. 86.

부합하지 않는 것으로 본다.[626] 그리고 실물자산과 대가 모두를 장래
시점에 지급하기로 하는 것은 "소유하지 않는 것은 매도하지 말라"라는
하디스에 위배되는 것으로 인정된다.[627]

선도 및 선물거래의 샤리아 부합성에 관하여 대표적인 이슬람 율법
학자인 Mufti Taqi Usmani는 매매가 미래의 날짜에 의해 영향을 받게
할 수는 없다는 점, 대부분의 선도, 선물거래에서 물품인도는 의도되지
않으며 결국 차액 결제가 이루어진다는 점 등에서 샤리아에 부합하지
않아 무효라고 본다.[628]

한편 1984년 세계무슬림연맹(Muslim World League)[629] 이슬람피
끄위원회(Islamic Fiqh Council)에서는 1월 15일부터 20일까지 개최된
제7차 회의의 결과 "Stock Market"에 관한 첫 번째 Resolution[630]을 발
표하면서 다음과 같은 내용을 확인하였다.

(ⅰ) 불법적인 방법에 의한 타인 금전의 착취 또는 도박에 기초한 거래
는 금지된다.
(ⅱ) 매도물품에 대한 소유권이 매도인에게 있지 않은 경우는 Salam 거
래의 요건을 충족하지 않는 한 거래가 허용되지 않는다. 즉, 원칙적으로

---

626) Mahmoud A. EL-Gamal, *id.*, p.87.

627) Ali Alshamrani, *supra* note 624, p.274.

628) Mufti Taqi Usmani, "What Shariah Experts Say: Futures, Options and
Swaps," *International Journal of Islamic Financial Services*, Vol. 1 No. 1,
April-June 1999, pp.35~36. Available at: 〈http://www.iefpedia.com/english/
wp-content/uploads/2011/03/what_shariah_experts_say.pdf〉 (visited on December
4, 2016).

629) *See* Muslim World League 〈http://en.themwl.org/taxonomy/term/19〉 (visited
on December 4, 2016).

630) Muslim World League Islamic Fiqh Council, Resolutions of Islamic Fiqh
Council From 1st to 18th Sessions, pp.167~173.
Available at: 〈http://en.themwl.org/content/resolutions-islamic-fiqh-council-
1st-18th-sessions-book-12〉 (visited on December 4, 2016).

선도거래는 금지된다.

(iii) 주식시장에서 일반적인 거래형태인 매도인의 소유에 속하지 아니한 주식 또는 상품에 대한 거래는 "소유하지 않는 것은 매도하지 말라"라는 하디스에 위배되어 금지된다.

1992년 5월 이슬람협력기구(Organisation of Islamic Cooperation: OIC)[631]의 국제이슬람피끄아카데미(International Islamic Fiqh Academy: IIFA)는 Resolution No. 63(1/7)을 통하여 "Financial Markets"에 관한 공식견해를 밝혔는데,[632] 상품매매와 통화매매에 있어서 대금지급과 실물 인도 모두 즉시 이행되는 현물거래(First mode)나 시장감독기구가 이를 보장하는 거래 유형(Second mode)의 경우는 샤리아에 부합한 거래로 인정되지만, 대금지급과 실물의 인도 모두를 장래에 이행하기로 하는 거래의 유형(Third mode), 대금지급과 실물인도가 실제로 이루어지지 않고 반대거래를 통해 청산하기로 하는 거래의 유형(Fourth mode) 등은 허용되지 않음을 명확히 하였다. 특히 이 Resolution에서는 지수를 기초자산으로 하는 파생상품 거래는 도박에 해당함을 물론 실재하지 않는 가상의 매매거래에 해당하여 금지되는 것으로 판단하였다.[633]

한편, 2004년 5월 이슬람금융기관회계및감사기구(AAOIFI)[634]는

---

631) *See* OIC web site 〈http://www.oic-oci.org/home/?lan=en〉 (visited on December 4, 2016).

632) Islamic Research and Training Institute/Islamic Fiqh Academy, *Resolutions and Recommendations of the Council of the Islamic Fiqh Academy 1985-2000* (First Edition), Islamic Research and Training Institute of Islamic Development Bank, 1421H (2000), pp.127~134.

633) Ehab M. M. INJADAT, "Futures and Forwards Contracts from Perspective of Islamic Law," *Journal of Economics and Political Economy*, Volume 1, Issue 2, Dec. 2014, p.245; *See also* Ali Alshamrani, *supra* note 624, p.275.

634) *See* AAOIFI web site 〈http://aaoifi.com/?lang=en〉 (visited on December 4, 2016).

"Sale of Commodities in Organised Markets"에 관한 Shari'a Standards (No. 20)을 공표하여 선물거래는 샤리아에 부합하지 않는다는 것을 공식적으로 확인하였다.[635]

(2) 옵 션

일반 파생상품 유형으로서 옵션거래가 샤리아 원칙에서 허용될 수 있는지 여부에 대해서 학설이나 이슬람국제기구의 공식적인 견해에 따르면 대체로 부정적이다.

Mufti Taqi Usmani에 따르면 옵션은 특정 기간 내에 특정 가격으로 어떤 것을 사거나 팔기로 하는 약속(promise)인데, 이러한 약속은 사거나 팔 수 있는 것이 아니며 이를 기초로 옵션매도인(promisor)이 옵션매수인(promisee)에 대해 프리미엄을 요구할 수는 없고 이를 위배하는 경우 샤리아에 반한다.[636]

1992년 5월 국제이슬람피끄아카데미(IIFA)의 Resolution No. 63 (1/7)에서도 옵션거래는 특정된 가격에 정해진 기간 또는 정해진 시간에 직접적으로 또는 양 계약당사자의 권리를 보증하는 조직을 통하여 특정의 무엇을 매수하거나 매도하기로 하는 약정을 철회하는 것을 허용하는 것을 목적으로 하는 계약으로서, 동 계약의 목적물이 금전이나 서비스도 아니며, 무효가 될 수 있는 재무적 권리이어서 샤리아에 비춰 허용될 수 없다고 본다.[637][638]

2004년 5월 이슬람금융기관회계및감사기구(AAOIFI) 또한 "Sale of

---

635) AAOIFI, *Shari'a Standards for Islamic Financial Institutions*, 2010, p.367.

636) Mufti Taqi Usmani, *supra* note 628, p.36.

637) Islamic Research and Training Institute/Islamic Fiqh Academy, *supra* note 632, p.131.

638) Ali Alshamrani, *supra* note 624, p.276에서는 옵션거래가 샤리아에 부합하지 않는 이유로 이자 개입, 도박 및 우연성(maysir), 가라르, 부채 교환 등의 특성을 들고 있다.

Commodities in Organised Markets"에 관한 Shari'a Standards(No. 20)에서 옵션거래는 샤리아 원칙에 따르면 허용되지 않음을 명백히 하였다.[639]

(3) 스 왑

2004년 5월 이슬람금융기관회계및감사기구(AAOIFI)의 "Sale of Commodities in Organised Markets"에 관한 Shari'a Standards(No. 20)에 따르면 스왑은 특정 금융자산, 유형자산, 금리의 일시적 교환을 위한 양 당사자 간의 약정으로서 샤리아 원칙에 부합되지 않는다고 확인하였다.[640]

이처럼 일반 스왑거래가 샤리아 원칙에서 허용되지 않는 이유로는 첫째, 스왑거래는 이자 지급 금지의 원칙에 위배되기 때문이다.[641] 다만, 이슬람 수익률 스왑(Islamic Profit Rate Swap)과 같이 일부 샤리아 원칙에 부합된다고 인정되는 스왑거래 유형도 있다.[642]

또한 Mufti Taqi Usmani는 예를 들어 통화스왑거래의 경우 양 거래당사자 간에 서로 교환되는 이종(異種)의 통화는 서로 간의 대출실행에 따른 담보금의 역할을 하는 것으로서 어느 한 통화를 지급받는 거래는 이와 교환되는 다른 통화를 지급하는 거래의 전제조건인 관계에 서게 되므로, 이는 '두 금융거래는 연계해서는 안 된다'는 샤리아 원칙에 반한다는 의견을 제시한 바 있다.[643]

---

639) AAOIFI, *supra* note 635, p.367.

640) AAOIFI, *id.*, p.368.

641) Ali Alshamrani, *supra* note 624, p.277.

642) Ali Alshamrani, *id.*, p.278.

643) Mufti Taqi Usmani, *supra* note 628, p.38(Usmani는 1996년 1월 1일에 당시 시장환율로 Bank A가 Bank B로부터 100만 달러를 받고 이와 교환으로 3천만 루피를 지급한 후 스왑기간이 만료되는 6개월 후에 다시 당시 시장환율과 관계 없이 원금을 교환하기로 하는 스왑거래에서 양 거래당사자가 교환한 원금은 상대방에 대한 대출 담보의 일종으로 보았다).

2. 전통적 이슬람 파생상품[644]

가. 개 관

앞에서 살펴본 바와 같이 이슬람 율법에 따르면 일반금융에서의 파생상품의 경우 가라르 금지, 실물자산의 현존성, 이자지급 금지 등의 조건에 위배되어 적법한 거래로 인정될 수 없다. 그럼에도 불구하고 일반 파생상품과 유사한 기능을 하는 일부 금융거래에 대해서는 거래상의 필요성 또는 하디스에 의한 예외적 허용 등을 이유로 그 유효성을 인정하고 있다.

전통적 이슬람 파생상품으로는 바이 살람(Bay' Salam 또는 Bai Salam), 바이 우르분(Bay' Urbun 또는 Bai Urban), 키야르(Khiyar 또는 Khiyarat), 와드(Wa'd 또는 Wa'ad), 이슬람 수익률 스왑(Islamic Profit Swap) 등의 거래를 들 수 있는데,[645] 이러한 전통적 이슬람 파생상품들에 대해서도 과연 샤리아에 부합하는지 여부에 대해서는 여전히 논란은 있다. 이에 대한 결론은 이미 앞에서 살펴본 이슬람 학파의 기본 태도에 따라 또는 이슬람 학자의 개인적 견해에 따라 달라진다.

---

644) David M. Eisenberg, Craig R. Nethercott *et al.* ed., "Derivatives and Islamic Finance," *Islamic Finance—Law and Practice* (Oxford University Press, 2012), pp. 209~232.

645) Ali Alshamrani, *supra* note 624, p. 278. 한편, 1992년 5월 국제이슬람피끄아카데미(IIFA)의 Resolution No. 63(1/7)에서는 샤리아에 기초한 거래유형으로 "bay as-salam"(advance payment sale), "as Sarf" (exchange), "wa'd bill bay" (commitment to sell at a future date), "istisna" (industrial production order) 등을 들고 있다.
See Islamic Research and Training Institute/Islamic Fiqh Academy, "Resolutions No. 63/1/7 Concerning Financial Market," Resolutions and Recommendations of the Council of the Islamic Fiqh Academy 1985-2000 (First Edition) (Islamic Research and Training Institute of Islamic Development Bank, 1421H, 2000), p. 133.

이하에서는 전통적 이슬람 파생상품의 개념 및 구조, 이슬람 율법상 허용될 수 있는지 여부에 관한 각 견해들의 입장을 기술하기로 한다.

나. Bay' Salam

(1) 개념 및 구조

살람(Salam 또는 Salaf)[646]은 대금 선급 및 장래 목적물 인도를 조건으로 한 매매거래를 말한다.[647] 살람 계약은 영세한 농부들이 농작물을 재배하기 위해 필요한 자금을 조달하고 수확기까지 가족들을 부양하고자 하는 현실적 필요를 충족하기 위하여 이루어져 오던 거래로서 매수인은 Muslam, 매도인은 Muslam ileihi, 대금은 Ras ul Mall, 거래목적물은 Al-Muslam fihi라고 한다.[648] 이 거래에서는 매도인은 매매목적물을 장래 특정일에 인도하기로 하고 매수인은 계약체결 시점에 매매대금 전액을 지급하게 된다.

따라서 매매목적물의 인도시점의 가격이 선지급 당시보다 오르거나 떨어지는 경우 어느 계약당사자가 이익이나 손실을 볼 수 있다는 점에서, 일반 파생상품의 선도거래 또는 선물거래와 같은 구조를 가지고 있다. 특히 살람 거래에서는 선지급하는 대금에 대해서는 인도시점에 예상되는 가격을, 인도시점까지의 기간 동안 할인계산해서 당초 매매대금보다 적은 금액을 지급함으로써 실질적으로 매도인은 매매대금에 대한 이자를 지급하게 된다.[649]

---

646) Salam은 서아랍 Hijaz 지역에서, Salaf는 이라크 지역에서 사용되는 용어로 모두 '선지급(prepayment)거래'를 의미한다[Muhammad Ayub, *Understanding Islamic Finance* (John Wiley & Sons, 2007), p.81].

647) *Hereinafter* David M. Eisenberg, Craig R. Nethercott *et al.* ed., *supra* note 644, p.210.

648) Brian Kettell, *supra* note 560, p.117.

649) *See* Mahmoud A. EL-Gamal, *supra* note 625, p.82.

[그림 4] Salam 계약의 구조

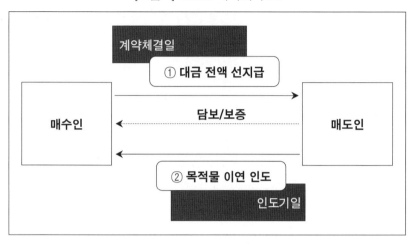

(2) 허용성

살람은 계약체결 당시에 계약목적물이 매도인의 소유에 있지 않고 장래에 인도될 것을 예정하고 있다는 점(실물자산의 부재) 및 계약목적물의 가격이 인도시점보다 높거나 낮아질 수 있다는 점(불확실성), 대금 지급 시 기간할인을 함으로써 실질적으로 이자를 지급하는 것이 된다는 점(이자지급) 등과 관련하여, 가라르 금지, 이자 지급 금지의 이슬람 율법에 위배되는 요소를 가지고 있다.[650] 그럼에도 불구하고 이슬람 율법학자들은 Salam 거래를 현실적인 필요성(practical necessity)과 공공의 이익(public interest)을 들어 예외적으로 이를 인정하고 있다.[651] 그 근거로는 모하메드의 교우인 Ibn 'Abbas가 전한 하디스를 들고 있는데, 그 내용은 다음과 같다:

---

650) *See* Mahmoud A. EL-Gamal, *id.*, p.82.

651) *Hereinafter* David M. Eisenberg, Craig R. Nethercott *et al.* ed., *supra* note 644, pp.211~212. *See also* Muhammad Ayub, *supra* note 646, p.241.

> "예언자 모하메드가 메디나로 왔을 때 현지인들은 2~3년의 기한 내로 정한 인도일의 대금을 미리 선지급하는 관행이 있었다. 그는 사람들에게 다음과 같이 설파하였다. "장래에 인도될 것에 대한 대가를 선지급하는 자는 특정된 척도, 특정된 중량, 특정된 기간 내에 지급하여야 한다"(The Prophet came to Medina and the people used to pay in advance the price of dates to be delivered within two or three years. He said (to them), "Whoever pays in advance the price of a thing to be delivered later should pay it for a specified measure at specified weight for a specified period.").652)

1992년 5월 국제이슬람피끄아카데미(IIFA)의 Resolution No. 63 (1/7)에서도 Salam 거래가 허용됨을 확인한 바 있는데, 다만 이 선지급 조건의 Salam 거래에 의해 매입한 상품을 실제로 인도받기 전에 다시 매도하는 것은 허용되지 않는다.653)

또한 2001년 5월 이슬람금융기관회계및감사기구(AAOIFI)는 Shari'a Standards(No. 10)를 통해 "Salam and Parallel salam"의 샤리아 부합성을 확인하는 한편 그 세부 조건을 제시한 바 있는데, 이에 관하여는 아래에서 자세히 살펴보기로 한다.

(3) 특별조건

살람은 샤리아 원칙에서의 예외로 인정되는 거래이므로 가격, 계약 목적물, 인도 등에 관한 특별한 조건을 충족할 것이 요구된다.654)

---

652) Sahih al-Bukhari, Mika'il al-Almany ed., M. Muhsin Khan trans., *Sahih Bukhari* (2009), Volume 3, Book 35, Number 443.
    Available at: 〈http://d1.islamhouse.com/data/en/ih_books/single/en_Sahih_Al-Bukhari.pdf〉 (visited on December 4, 2016).
653) Islamic Research and Training Institute/Islamic Fiqh Academy, *supra* note 645, p.132.

아래에서는 2001년 5월 이슬람금융기관회계및감사기구(AAOIFI)의 "Salam and Parallel salam"에 관한 Shari'a Standards(No. 10)에서 밝히고 있는 살람의 특별조건을 설명하고, 개별 조건에 대한 관련 학파의 입장을 설명한다.655)

1) 대금(ra's al-mal, capital of Salam contract)

살람 계약에서의 대금은 계약이 체결되는 장소에서 즉시 지급되어야 한다.656) 이에 대한 예외로 최대 2~3일 기간동안의 지연은 허용될 수 있다. 대금의 지연 지급에 대한 내용이 미리 규정된 경우 그 기간이 계약목적물 인도기간 이후가 아니라면 유효하다(3/1/3). 원칙적으로 대금은 현금이어야 하며, 유형물일 경우 종류, 유형, 사양 및 양 등이 명확히 정의되어야 한다(3/1/2).657) 과거의 거래로 인해 매도인이 금융기관으로부터의 대출 또는 그에 부담하는 채무로 대금을 지급하는 것은 허용되지 않는다(3/1/4).

2) 계약목적물(Al-Muslam fihi)

살람 계약에서의 계약목적물은 무게를 재거나 측정하거나 셀 수 있는 유형물이어야 한다(3/2/1). 이렇게 계약목적물을 특정할 때에는 사소

---

654) David M. Eisenberg, Craig R. Nethercott *et al.* ed., *supra* note 644, p.212.
655) AAOIFI, *supra* note 635, pp.165~169.
656) 살람 계약에서 대금은 전액 선지급되어야 하고 일부만 지급되는 경우에는 미지급된 부분에 한하여 무효가 된다. 이에 대해서는 학파별로 견해가 다른데 말리키 학파의 경우 2~3일 정도 후일에 대금을 지급하기로 약정하는 것은 그 지연이 무시할 만한 수준이기 때문에 허용된다고 본다[David M. Eisenberg, Craig R. Nethercott *et al.* ed., *supra* note 644, p.215].
657) 살람 계약의 대금을 유동적으로 정할 수 있는지에 대해 1984년 제2차 Al-Baraka Symposium에서도 장래 시장가격으로 대금을 지급하기로 하는 모든 거래가 허용되지 않는다는 견해를 밝혔다[David M. Eisenberg, Craig R. Nethercott *et al.* ed., *supra* note 644, p.215].

한 불일치를 제외하고 불확실성을 제거하는 방법으로 하여야 한다(3/2/5). 즉, 살람 계약에서는 "이 차(car)"와 같이 특정하는 방식은 허용되지 않으며 토지, 건물, 수목과 같이 매도인이 책임질 수 없는 것이거나 보석이나 고가구 같이 주관적인 평가에 의해 가치가 달라지는 것도 허용되지 않는다. 대금이 통화, 금, 은과 같은 형태인 경우, 역시 통화, 금, 은 등은 계약목적물이 될 수 없다(3/2/3).[658] 이는 지연에 의한 부당이득(riba al-nasi'a)을 방지하기 위한 것으로 해당 품목에 대한 거래는 현실매매 형태로 'hand to hand'로 이루어져야 한다는 데 있다.[659]

3) 목적물 인도(Delivery of al-Muslam fihi)

살람 계약에서 목적물 인도일은 불확실성이나 모호함이 없도록 명확하여야 한다.[660] 계약체결 시에 미리 대금을 선지급한 경우에는 분할

---

658) 이에 관한 근거로는 *See* Sahih al-Bukhari, Mika'il al-Almany ed., M. Muhsin Khan trans., *supra* note 652, Volume 3, Book 34, Number 383:
"Abu Bakra가 전하는 하디스: 알라의 사도가 이르기를 "무게가 다르거든 금을 받고 금을 팔지 말고 무게가 다르거든 은을 받고 은을 팔지 말라. 그러나 은을 받고 금을 팔거나 금을 받고 은을 파는 것은 네 뜻대로 가능하다"(Narrated Abu Bakra: Allah's Apostle said, "Don't sell gold for gold unless equal in weight, nor silver for silver unless equal in weight, but you could sell gold for silver or silver for gold as you like.").
Available at: 〈http://d1.islamhouse.com/data/en/ih_books/single/en_Sahih_Al-Bukhari.pdf〉 (visited on December 4, 2016).
See also Sahih Muslim Book 22 Hadith no 3853: "Ubida b. al-Simit (Allah be pleased with him) reported Allah's Messenger (PBUH) as saying: Gold is to be paid for by gold, silver by silver, wheat by wheat, barley by barley, dates by dates, and salt by salt, like for like and equal for equal, payment being made hand to hand. If these classes differ, then sell as you wish if payment is made hand to hand."
Available at: 〈http://pdf9.com/search-muslim-number-3853-english-b.html〉 (visited on December 4, 2016).
659) David M. Eisenberg, Craig R. Nethercott *et al.* ed., *supra* note 644, p.213.
660) 목적물 인도시기는 이연되는 것이 Salam 계약의 정의상 부합하나 사피이 학파

급부를 위하여 여러 인도일을 지정하는 것도 허용된다(3/2/9).

인도장소는 양 당사자가 지정할 수 있으나, 만약 지정되지 않은 경우에는 그 계약체결 장소에서 인도가 어려운 경우가 아니면 계약체결장소가 인도장소로 간주된다. 계약체결장소에서 인도가 어려울 경우에는 일반적인 관행에 따라 인도장소가 결정된다(3/2/10).

매도인이 약정상의 계약목적물 사양보다 상등품질을 제공하는 경우에는 매도인이 대금을 더 요구하지 않는 한 매수인은 인수하여야 하는데, 다만 하등품질의 사양이 계약에 있어서 특별히 중요한 경우에는 그러하지 아니하다(5/2). 계약목적물의 사양이 당사자의 합의내용과 일치하는 한 매도인은 기일 전에 계약목적물을 인도할 수 있고 매수인은 이를 인수하여야 하지만, 매수인에게 특별한 이유가 있는 경우에는 매수인은 거절할 수 있다(5/5).

한편, 매수인이 계약이행을 담보하기 위해 담보물이나 보증을 받는 것은 허용되지만(3/3), 인도지연에 대한 위약금 약정조항은 허용되지 않는다(5/7).[661]

(4) 'Parallel' Salam

2001년 5월 이슬람금융기관회계및감사기구(AAOIFI)의 "Salam and Parallel salam"에 관한 Shari'a Standards(No. 10)에서의 Parallel Salam 의 샤리아 부합 계약조건은 다음과 같다.[662]

살람 계약(Salam 1)에 의해 계약목적물을 매도한 매도인은 해당 목

는 즉시인도도 허용한다[David M. Eisenberg, Craig R. Nethercott et al. ed., *supra* note 644, p.216].

661) 이에 반하여 Mufti Taqi Usmani는 Salam 계약에서 계약목적물의 인도 지연에 대해 위약금 부과 약정을 할 수 있으나, 그 위약금은 자선단체에 기부되어야 한다고 한다. 그 밖에 Mufti Taqi Usmani가 제시한 Salam 계약이 유효하기 위한 특별조건에 대한 설명에 대해서는 Brian Kettell, *supra* note 560, pp.119~120.

662) AAOIFI, *supra* note 635, p.169.

적물과 유사한 목적물을 조달하기 위하여 Salam 1과 독립적이고 병행적인(parallel) 별개의 살람 계약(Salam 2)을 제3자와 체결할 수 있다. 이에 따라 Salam 1에서의 매도인은 Salam 2에서는 매수인의 지위에 놓이게 된다(6/1).

또한 이와 반대로 살람 계약(Salam 1)에서 계약목적물을 매입한 매수인은 인도일에 해당 목적물을 제3자에게 매도하는 살람 계약(Salam 2)을 체결할 수 있다(6/2).

이때 Salam 1과 Salam 2는 독립적이고 별개의 계약이어야 하기 때문에 Salam 1과 Salam 2가 서로 연계하여 다른 계약의 이행을 전제조건으로 하는 것은 허용되지 않는다.

따라서 Salam 1 계약이 불이행되어 손해를 입은 경우라도 채무불이행을 당한 계약상대방은 이와 연계하여 Salam 2 계약을 종료하거나 그 이행을 지연할 수는 없다(6/3).

[그림 5] Parallel Salam 계약의 구조[663]

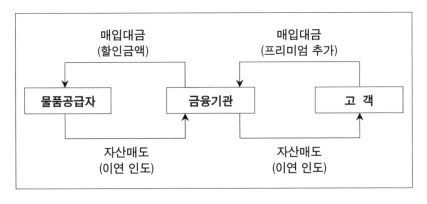

한편, 매수인이 계약목적물 인도 전에 자신의 권리를 매도하는 것

---

663) David M. Eisenberg, Craig R. Nethercott *et al.* ed., *supra* note 644, p.218.

이 허용되는지에 대해서는 견해의 대립이 있다.

지배적인 견해는 매수인이 계약목적물의 인도 전에 그에 대한 권리를 제3자에게 매도하거나 매도인이 자신의 인도의무를 제3자에게 인수하게 하는 것이 샤리아에 부합하지 않는 것으로 본다.[664] 반면, 한발리 학파의 Ibn al-Qayyim과 Ibn Taymiyya는 계약목적물 인도 전이라도 이를 매도하는 것에 대해 긍정적인 입장을 견지하고 있으며, 말리키 학파는 지급되는 대가가 목적물과 같은 종류의 것이 아닌 한, 식료품을 제외하고 매수인이 매도인에게 당초 처음 지급했던 대금보다 같거나 적은 금액을 받고 재매도(환매)하는 경우, 그리고 제3자에게는 그 대금 다소를 불문하고 매도(전매)하는 것을 각각 허용한다.[665]

이에 대해 Brian Kettell은 Parallel Salam은 제3자와 체결하는 것만이 허용되기 때문에 매도인을 상대로 매수인이 되파는 형태(buy-back)의 Parallel Salam 계약은 매도 시 수수한 대금과 동일한 대금을 약정한 경우라도 샤리아 원칙에 부합하지 않는다고 본다.[666]

다. Bay' Urbun

(1) 개념 및 구조

우르분(Bay' Urbun,[667] bai urban, bay⌣ al-⌣urban, arbun)은 매수인이 대금의 일부로서 매도인에게 계약금(earnest money)을 지급하기로 하는 매매계약을 말한다.[668] 우르분 거래에서 계약이 정해진 기일 내에

---

664) David M. Eisenberg, Craig R. Nethercott *et al.* ed., *id.*, p.217.

665) David M. Eisenberg, Craig R. Nethercott *et al.* ed., *id.*, p.217, footnote 45.

666) Brian Kettell, *supra* note 560, p.121.

667) 'Urbun'은 매매대금의 일부인 계약금이 개재되는 'down payment sale' 또는 'earnest sale'로 번역된다[David M. Eisenberg, Craig R. Nethercott *et al.* ed., *supra* note 644, p.219].

668) Ali Alshamrani, *supra* note 624, p.280.

이행되는 경우 계약금은 매매대금의 일부가 되지만, 매수인이 계약을 이행하지 않는 경우에는 매도인에게 희사물(hibah, gift)로서 귀속된다.[669]

동 거래는 일반금융에서 콜옵션과 유사한 것으로 평가되는데, 매수인은 자신의 선택에 따라 계약의 이행을 선택하여 향후 매매목적물에 대한 계약상 권리를 주장하거나, 아니면 계약금을 포기하고 매매목적물에 대한 계약을 파기할 수 있다. 다만 옵션거래에서 프리미엄은 옵션이 행사되는 경우 매매대금에서 차감되지 않고 추가로 지출되는 비용으로 간주되지만, 우르분 계약에서는 계약금은 매매대금의 일부가 된다는 점에 양자의 차이가 있다.[670]

[그림 6] Bay' Urbun의 구조

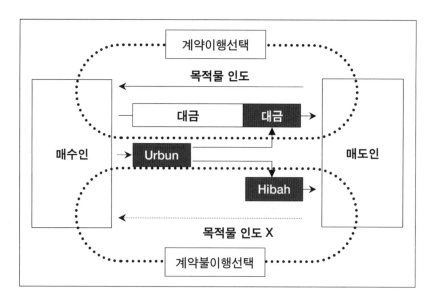

---

669) Mahmoud A. EL-Gamal, *supra* note 625, p.91.
670) Ali Alshamrani, *supra* note 624, p.281.

(2) 허용성[671]

대부분의 전통적인 이슬람 학파들은 가라르 금지의 원칙과, 옵션행사와 같은 권리 정도로는 계약목적물로 인정될 수 없다는 점에서 일반금융의 Option 거래는 금지된 것으로 본다.[672] 그런데 우르분 거래와같은 내재된 옵션(embedded option)에 대해서는 충분한 보상이 이루어져야 할 것이지만, 특히 매도인의 경우 매수인이 계약불이행을 선택할경우에만 보상을 받을 수 있고, 매도인은 매수인의 옵션행사기간 동안계약목적물을 매도하거나 대금을 활용하여 수익을 얻을 수도 없어 충분한 보상을 받지 못한다는 점 등이 우르분 거래의 문제점으로 지적되고있다.

우르분 거래의 샤리아 적합성에 관한 논의를 살펴보면, 말리키 학파의 창시자인 Maliki ibn Anas의 하디스에 따르면 모하메드는 우르분을 금지한 것으로 전하고 있으며, 순니파의 대부분은 우르분 거래가 가라르 금지, 리바 금지, 마이시르 금지 등과 관련하여 샤리아에 부합되지않는 무효의 거래로 인정하고 있다.[673]

이에 반해 Ahmad ibn Hanbal의 경우 우르분 거래를 샤리아에 따른 적법한 거래로 인정하는 입장인데, 이는 "알라의 사도가 al-ˇurban에관한 견해를 묻자 이를 허용하였다"("The Messenger of God was askedabout downpayment sale (al-ˇurban), and permitted it.")[674]라는 하디스를 근거로 한다.

이처럼 우르분 거래의 샤리아 부합성을 부정하는 근거가 되는 하디스나 이를 인정하는 근거가 되는 하디스 모두 그 전달고리가 약하다는

---

671) 우르분 거래가 샤리아 기준에 따라 허용될 수 있는지 여부에 대한 이슬람 학파들 간의 견해 대립에 대해서는 Ali Alshamrani, *id.*, pp.281~282를 요약하였다.

672) *Hereinafter* Mahmoud A. EL-Gamal, *supra* note 625, pp.91~92.

673) David M. Eisenberg, Craig R. Nethercott *et al.* ed., *supra* note 644, p.220.

674) Reported by ˇAbdulrazzaq in his Musannaf on the authority of Zayd ibn Aslam [Mahmoud A. EL-Gamal, *supra* note 625, pp.92, 205, footnote 19].

문제점이 있다. 그럼에도 불구하고 한발리 학파와 최근 대부분의 학파의 율법학자들은 우르분 거래가 매우 일반적인 것으로 받아들이고 있다고 한다.[675]

한편, 1993년 6월 국제이슬람피끄아카데미(IIFA)는 "Concerning Down Payment Sale(Earnest Sale)"에 관한 Resolution No. 72(3/8)을 통해 우르분 거래가 허용됨을 공식 인정하였다. 이에 따르면 우르분 거래의 원칙은 서비스 계약에도 적용되며, 계약에 따른 기일이 명확히 특정되는 경우에 허용될 수 있다.[676]

2004년 5월 이슬람금융기관회계및감사기구(AAOIFI)의 "Sale of Commodities in Organised Markets"에 관한 Shari'a Standards(No. 20)에서는 계약금 지급과 관련하여 특정된 기간 안에 매수인이 우르분 거래를 무효화할 수 있는 권리를 부여하는 것은 허용됨을 명확히 하고, 다만 계약금과 관련한 권리를 거래하는 것은 허용되지 않는다고 선언하였다.[677]

라. Khiyar

(1) 개념 및 구조

키야르(Khiyar 또는 Khiyarat)는 일종의 계약해지권 또는 철회권으로서 매매계약에서 매매목적물에 대한 사전 정보와의 불일치가 확인되는 경우 등에 일정한 기간 내에 해당 계약을 무효화할 수 있는 옵션을 말한다. 예를 들어 계약당사자가 주식매매약정을 할 때에 주식 실물은

---

675) Mahmoud A. EL-Gamal, *id.*, p.92.
676) Islamic Research and Training Institute/Islamic Fiqh Academy, *supra* note 632, p.156.
677) Islamic Research and Training Institute/Islamic Fiqh Academy, *supra* note 645, p.368.

만기 1개월 후에 인도하기로 하면서 약정에 의한 키야르의 일종인 Khiyar al-Shart를 부여하는 규정을 두는 경우 해당 권리자는 당초 정한 주식매매가격보다 주식시장가격이 오른 경우에 이의 인도를 요구하지만 주식시장가격이 더 낮은 경우에는 계약의 무효를 주장할 수 있어 실질적으로 일반금융에서의 콜옵션을 보유하는 효과를 가지게 된다. 그 외에도 샤리아에서는 매도인에게 매매대상에 관한 모든 흠결을 공개하도록 하면서 이를 이행하지 않은 경우에는 상대방 당사자는 해당 매매계약의 무효를 주장할 수 있는 키야르가 인정된다.[678]

이렇게 키야르는 거래상의 위험이나 객관적인 사실에 대한 설명 부족, 정보 은닉, 부실표시(misrepresenting) 등으로부터 계약상대방의 이익을 보호할 수 있는 효과적인 수단이 될 수 있다.[679]

키야르와 일반금융에서의 Option의 차이점은, 키야르는 본질적으로 윤리적이며, 일반금융에서의 Option이 금융적 의미의 의무는 없는 모든 종류의 권리가 해당될 수 있는 반면, 키야르는 '계약을 승인하거나 거절할 수 있는 권리'를 어느 한 당사자 또는 양 당사자 모두에게 부여하는 것이다.[680] 특히 Khiyar al-Shart와 같이 약정상의 키야르를 규정하는 경우에는 권리자는 상대방 당사자의 희생으로 특별한 이익을 얻을 기회를 부여하게 되는 점을 반영하여 상대적으로 매매가격이 높게 형성되며, 별도 프리미엄을 지급할 필요가 없다는 점에서 일반금융에서의 Option과 차이가 있다.[681]

키야르에는 다양한 유형이 있다. Khiyar al-majlis는 계약당사자들이 계약체결 장소를 떠나지 않고 있는 시간동안 양 계약당사자에게는 계약해제를 할 수 있는 옵션이다. 그리고 Khiyar al-tayeen는 동일한 소

---

678) Muhammad Ayub, *supra* note 646, p.150.
679) Ali Alshamrani, *supra* note 624, p.282.
680) Ali Alshamrani, *id.*, p.283.
681) Ali Alshamrani, *id.*, p.285.

유자의 여러 자동차들 중에서 매수인이 그 어느 하나를 골라서 살 수 있는 옵션과 같이 계약당사자가 질, 디자인 소재 등이 다른 여러 대상품목 중에서 어느 하나를 매매목적물로 특정할 수 있는 옵션을 말한다.[682]

이 외에 Khiyar의 주요 유형을 살펴보면 [표 13]과 같다.

[표 13] Khiyar의 유형[683]

Khiyar al-Shart (Bai' al Khiyar)	약정에 따라 계약당사자가 정해진 기일 내에 계약을 철회할 수 있는 옵션
Khiyar al Ro'yat	계약물품에 대한 검사결과에 따라 약정내용과 부합하지 아니할 경우 물품을 반환할 수 있는 옵션
Khiyar al 'Aib	계약물품에 결함이 있는 경우 해당 물품을 반환할 수 있는 옵션
Khiyar al Wasf	계약물품이 특정 품질을 기준으로 매매된 경우 합의한 품질에 결여된 때 해당 물품을 반환할 수 있는 옵션
Khiyar-e-Ghaban	계약물품이 특정 가격을 기준으로 매매된 경우 가격이 시장가격과 현격히 높게 차이가 나고 고객이 시장가격으로 거래되는 것으로 들었거나 그러한 인상을 받은 때에 해당 물품을 반환할 수 있는 옵션
Khiyar-e-Naqad	약정에 따라 특정된 기간 내에 지급하기로 한 대금이 지급되지 않은 경우 계약을 무효화할 수 있는 옵션

(2) 허용성

키야르는 Ibn 'Umar와 Abu Huraira의 하디스에서 각각 언급되고 있다.

---

682) Ali Alshamrani, *supra* note 624, p.285.
683) Muhammad Ayub, *supra* note 646, p.151.

"Ibn 'Umar가 전하는 하디스: 모하메드가 이르기를 "매수인과 매도인은 서로 헤어지기 전이거나 조건부인 경우 거래흥정을 취소하거나 승인할 수 있는 옵션을 가진다." Nafi는 "Ibn 'Umar는 통상 자신이 좋아하는 것을 산 경우에는 신속히 매도인과 헤어졌다"고 말했다"(Narrated Ibn 'Umar: The Prophet said, "The buyer and the seller have the option to cancel or confirm the bargain before they separate from each other or if the sale is optional." Nafi said, "Ibn 'Umar used to separate quickly from the seller if he had bought a thing which he liked.").[684]

"Abu Huraira가 전하는 하디스: 모하메드가 이르기를 "낙타나 양을 오랫동안 채유를 하지 않은 채로 두지 말라. 왜냐하면 그런 동물을 산 사람은 채유를 하여 본인이 가지거나 대추 한 Sa [약 3리터에 해당하는 계량단위—저자 註]와 함께 원래 소유자에게 반환할 수 있다." 누군가가 (모하메드가 말했다는) Ibn Sirin의 말을 전하기를 "밀 한 Sa와 함께 반환해야 하며 그는 이 옵션을 3일 동안 행사할 수 있다." 또한 누군가가 Ibn Sirin의 말을 전하기를 3일 동안의 옵션에 대해서는 언급하지 않고 "대추 한 Sa"까지만 언급했다. 그러나 대부분의 하디스에서는 "a Sa of dates"가 언급된다" (Narrated Abu Huraira: The Prophet said, "Don't keep camels and sheep unmilked for a long time, for whoever buys such an animal has the option to milk it and then either to keep it or return it to the owner along with one Sa of dates." Some narrated from Ibn Sirin (that the Prophet had said), "One Sa of wheat, and he has the option for three days." And some narrated from Ibn Sirin, "⋯ a Sa of dates" not mentioning the option for three days. But a Sa of dates is mentioned in most narrations.).[685]

---

684) Sahih al-Bukhari, Mika'il al-Almany ed., M. Muhsin Khan trans., *supra* note 652, Volume 3, Book 34, Number 320.

키야르 중에서 Khiyar al-Shart에 대해 대부분의 순니파는 이즈마를 근거로 샤리아에 부합하는 것으로 인정하고 있지만, 키야르를 일반적으로 인정하거나 예외적으로 인정하는 데 대해서는 견해가 엇갈리고 있다.[686] Khiyar al-tayeen의 샤리아 부합성에 대해서는 견해의 대립이 있는데, 하나피 학파의 경우 '법학적 선호'(juristic preference)에 해당하는 이스티흐산을 근거로 유효한 것으로 보지만, 샤피이 학파나 한발리 학파는 가라르를 금지한 하디스 등을 근거로 무효로 본다.[687]

한편, 키야르의 개시 시기는 계약이 체결되는 즉시부터 개시하는데 그 행사기간에 대해 견해의 대립이 있다. 한발리 학파는 하디스를 근거로 3일 이내에 행사되어야 한다고 하는 반면, 하나피 학파와 샤피이 학파는 계약체결 당시에 명확히 한 경우라면 무제한 기간 동안 허용된다고 한다.[688]

마. Wa'd

(1) 개념 및 구조

샤리아 원칙에 부합하는 와드(Wa'd 또는 Wa'ad)는 법적 강제력이 없는 단순한 약속(promise)으로서 이는 본질적으로 도덕적 약속인 선서(oath)와 유사하다.[689] 그런데 와드는 약속을 하는 당사자(promisor)에게 일방적인 구속력을 인정함으로써 그 상대방(promisee)에게는 약속의 이행을 요구하거나 요구하지 않을 수 있는 옵션을 부여하는 효과를 가져온다.

---

685) Sahih al-Bukhari, Mika'il al-Almany ed., M. Muhsin Khan trans., *id.*, Volume 3, Book 34, Number 358.

686) David M. Eisenberg, Craig R. Nethercott *et al.* ed., *supra* note 644, p.223.

687) Ali Alshamrani, *supra* note 624, p.286.

688) Ali Alshamrani, *id.*, p.284.

689) David M. Eisenberg, Craig R. Nethercott *et al.* ed., *supra* note 644, p.226.

일부 이슬람금융기관의 샤리아위원회에서 승인한 와드 거래의 기본구조에서는 양 당사자가 서로 약속은 하지만 상호 구속력은 인정되지 않으며,[690] 다만 일방 거래당사자의 와드에 대해서는 법적 구속력을 인정하는 경우가 있다.

와드는 다양한 구조화 상품이나 이슬람 파생상품의 개발에 널리 활용되어 오고 있는데,[691] 신종 이슬람 파생상품의 하나인 이슬람 TRS 거래 등에서 와드가 활용되는 모습에 대해서는 후술하기로 한다.

(2) 허용성

1988년 12월 국제이슬람피끄아카데미(IIFA)는 "Concerning Discharging of Promise and Murabaha for the Orderer of Purchase"에 관한 Resolution No. 40-41(2/5 & 3/5)에서는 일반적인 샤리아에서의 Promise는 일방당사자에게 도덕적인 구속력만이 인정되지만, 이 Promise가 채무이행의 조건이 될 때에는 이행이 강제되거나 손해배상 책임을 지는 법적 구속력이 인정된다는 점을 언급하면서, 무라바하 거래에서 양 당사자가 법적 구속력이 없는 약속을 함으로써 일방 또는 양 당사자에게 옵션을 부여하는 거래는 허용되는 반면, 양 당사자에게 법적 구속력이 인정되는 형태의 거래는 허용되지 않는다고 결정하였다.[692]

2000년 5월 이슬람금융기관회계및감사기구(AAOIFI)의 "Trading in Currencies"에 관한 Shari'a Standards(No. 1)에서도 와드가 기본적으로 양 거래당사자에게 법적 구속력이 없다는 점에 기초하여 그의 샤리아 부합성을 인정하였으며, 특히 한쪽 당사자만의 약속의 경우에는 그 구

---

690) David M. Eisenberg, Craig R. Nethercott et al. ed., id., p.227.
691) Ali Alshamrani, supra note 624, p.287.
692) Islamic Research and Training Institute/Islamic Fiqh Academy, supra note 632, pp.86~87.

속력을 인정할 수도 있다는 견해를 밝혔다.[693]

한편, 2000년 4월 말레이시아 중앙은행 샤리아위원회(Shariah Advisory Council of Bank Negara Malaysia)는 환매(Ropo)거래에서의 와드가 해당 환매거래의 전제조건이 아니라면 허용된다는 결정을 하였고, 2002년 2월에는 채권이 발행될 것을 조건으로 채권을 매도하거나 매수할 것을 약속하는 "When Issue"거래가 유효함을 확인하였다. 또한 2005년 4월 헤지목적에 한하여 통화선도거래에서 약속을 하는 일방당사자(promisor)에게만 구속력을 인정하는 와드가 허용됨을 인정하였다.[694]

대체적으로 어느 일방에게만 법적 구속력이 인정되거나 양 당사자에게 구속력이 인정되지 않는 형태의 와드는 샤리아에 부합한 것으로 인정되며, 이를 기초로 한 신종 이슬람 파생상품의 개발이 이루어지고 있다.

3. 신종 이슬람 파생상품[695]

가. 개 관

일반금융에서의 선도, 옵션, 스왑 등 기본적인 파생상품은 모두 샤리아에 부합하지 않는 것으로 평가된다. 그럼에도 불구하고 이슬람금융에서도 현실 거래상의 필요성 또는 공공의 이익 등을 들어 샤리아에 부합하는 구조화 파생상품을 개발하는 데 노력을 기울이고 있다. 이러한

---

693) Islamic Research and Training Institute/Islamic Fiqh Academy, *supra* note 645, pp.7~8.

694) Shariah Advisory Council of Bank Negara Malaysia, "Resolutions of Shariah Advisory Council of Bank Negara Malaysia," BNM/RH/GL/012-2, pp.33~36.

695) 신종 이슬람 파생상품의 거래구조와 내용은 주로 Andreas A. Jobst/Juan Solé, *supra* note 554, pp.20~23을 요약 · 전재하였다.

이슬람 파생상품들은 일반금융 파생상품의 구조를 바탕으로 동일한 기능과 효과를 얻을 수 있도록 주로 살람, 우르분, 와드 등의 이슬람 전통적인 법리를 활용하고 있다. 이들 신종 이슬람 파생상품들은, 특히 금융거래에 있어서는 이자지급 금지 또는 가라르 금지 등의 샤리아 원칙에 위배될 위험이 많기 때문에, 이에 대한 논란을 회피하기 위하여 기본적으로 실물자산을 매입·이전하는 형태를 가지고 있는 경우가 많으며, 여기에는 전통적인 이슬람 금융거래인 무라바하 거래가 함께 사용되고 있다.

아래에서는 신종 이슬람 파생상품으로서 이슬람 통화스왑, 이슬람 수익률 스왑, 이슬람 TRS에 대해 그 구조와 업무흐름을 중심으로 살펴보기로 한다. 이들 신종 이슬람 파생상품은 공통적으로 무라바하 거래 구조를 기본으로 하고 있는데, 무라바하 계약의 기본구조에 대해서는 이슬람 통화스왑을 설명하면서 함께 살펴보기로 한다.

나. 이슬람 통화스왑[Islamic Cross-Currency Swap(ICCS)]

(1) 개념 및 구조

이슬람 통화스왑(Islamic Cross-Currency Swap: ICCS)은 기본적으로 스왑거래 당사자가 각각 자국통화표시 자산을 매입하여 거래상대방에게 후불(이연)로 매도하는 무라바하(Murabaha) 계약을 병렬적으로 체결하고 이윤(profit)에 해당하는 할부금(installment)을 계약기간 중에 정기적으로 외국통화표시로 계약상대방에게 이연지급한 후 만기에 외국통화표시의 구입원가(cost price)를 최종 지급함으로써 종결하는 계약이다.

이슬람 통화스왑에 사용되는 무라바하 계약은, 매수인의 요청으로 매도인이 특정자산을 구입하여 공개된 구입원가(cost price)에 일정한 이윤(profit)을 더하여 매수인에게 매도하기로 하는 계약이다.[696] 이 무라바하 계약의 특징이자 핵심은 매도인이 계약당사자 간에 공개된 구입원가에 당사자가 합의한 이윤을 더하여 대가를 수취하는 것인데, 이러한 계약구조를 빌어 통상 매도인이 되는 금융기관이 샤리아에 위배되지 않고 투자자금에 대해 이자에 해당하는 초과수익을 얻을 수 있게 된다.

[그림 7] Islamic Cross Currency Swap의 구조

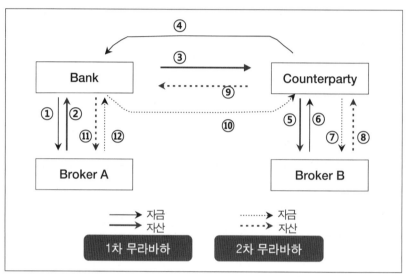

① cost price 지급 (A통화)
② 자산매입 (A통화)
③ 자산매도 및 즉시 인도 (A통화)
④ 할부금 및 cost price 이연지급 (A통화)
⑤ 자산매도 (A통화)
⑥ cost price 회수 (B통화)
⑦ cost price 지급 (B통화)
⑧ 자산매입 (B통화)
⑨ 자산매도 및 즉시 인도 (B통화)
⑩ 할부금 및 cost price 이연지급 (B통화)
⑪ 자산매도 (B통화)
⑫ cost price 회수 (A통화)

이슬람 통화스왑과 일반금융 통화스왑의 구조를 비교해 보면, 무라바하 계약 두 개가 서로 반대방향으로 병렬적으로 체결되며, 양 계약당

---

696) Brian Kettell, *supra* note 560, p.43.

사자가 각각 외국통화표시 자금유입을 예정하고 있는 가운데 서로 자국통화표시 자산을 계약상대방에게 이전함과 동시에 외국통화표시 대가 (profit+cost price) 지급의 채무를 짐으로써 일반금융의 통화스왑에서의 최초 원금교환(initial exchange)이 이루어진 상태가 된다. 또한 양 계약당사자가 정기적으로 외국통화표시 할부금(installment)을 상대방에게 지급하는 현금흐름은 일반금융 통화스왑에서의 스왑기간 중의 이자지급에 해당하고, 만기일에 계약당사자가 최종적으로 외국통화표시 구입대가(cost price)를 상호 지급하는 것은 최종 원본 반환에 해당한다고 할 수 있다.[697]

이슬람 통화스왑의 기본 구조와 거래 흐름을 살펴보면 [그림 7]과 같다.[698]

Bank가 통화스왑 만기 시점에 B통화표시 자금유입이 예상되는 상황에서 시장환율을 반영하여 A통화표시 현금흐름(profit+cost price)으로 고정시키고자 할 경우 통화스왑을 체결함으로써 스왑기간동안 헤지 효과를 얻는 한편 스왑만기에는 당초 유입이 예상된 B통화표시 유입자금을 counterparty에 지급하여 통화스왑을 종결할 수 있게 된다. 계약당사자들이 상호 지급하는 할부금은 주기적으로 정해진 지급일(deferred payment date)에 계약상대방에게 지급되며, 스왑만기일에 해당하는 cost price의 반환기일(이연지급일)은 1차 무라바하 계약과 2차 무라바하 계약이 동일하여야 한다.

---

697) Richard Tredgett/Priya Uberoi, "Cross Currency Swap," Allen & Overy, October 2008.
    Available at: 〈http://www.allenovery.com/SiteCollectionDocuments/45568. pdf〉(visited on December 4, 2016).

698) *Hereinafter summarized* Humayon Dar/Mufti Talha Ahmad Azami ed., *Global Islamic Finance Report (GIFR) 2010*, Edbiz Consulting, 2010, pp.136~137. *see also* Martin Foster-Jones, "The evolution of Islamic derivatives," *Islamic Finance News*, Volume 9 Issue 8, February 29, 2012, p.26.

(2) 허용성

무라바하 계약을 이용한 이슬람 통화스왑은 일반금융에서의 통화스왑과 유사한 현금흐름을 가지는 이슬람 파생상품으로 2006년 10월 Citigroup이 Dubai Investment Group의 Bank Islam Malaysia에 대한 투자에 따른 리스크 헤지 목적으로 개발하였으며, Standard Chartered Saadiq, Al Hilal Bank, Calyon 등도 이슬람 통화스왑을 운용하고 있다.[699] 일반금융의 스왑계약은 이자지급 금지, 가라르 금지, 마이시르 금지, 거래시 실물자산의 현존 및 소유권 보유의 샤리아 원칙에 위배되는 것으로 보는 것이 일반적이나, 이슬람 통화스왑에서는 실물자산을 매입·매도하는 구조를 차용함으로써 이러한 논란으로부터 벗어나게 되었다.

다. 이슬람 수익률 스왑[Islamic Profit Rate Swap(IPRS)]

(1) 개념 및 구조

이슬람 수익률 스왑(Islamic Profit Rate Swap: IPRS)은 일반금융에서의 이자율 스왑과 유사한 현금흐름을 구현하기 위한 이슬람 파생상품으로서 이자지급 금지의 샤리아 원칙에 따라 이자율 개념 대신에 실물자산의 매매에 따른 수익률의 개념을 사용하여 고정수익률과 변동수익률을 교환하기 위한 스왑이다. 이슬람 수익률 스왑은 변동수익률을 주고 고정수익률을 받음으로써 안정적인 수익수취를 희망하는 변동수익률 지급인(floating rate payer)과, 고정수익률을 주고 변동수익률을 받음으로써 수익률 차이에 따른 마진을 얻고자 하는 고정수익률 지급인(fixed rate payer) 간에 고정수익률과 변동수익률을 교환하는 점은 일반금융의 이자율 스왑과 동일하나 LIBOR와 같이 변동금리에 연동하는 이자율 지

---

699) *See* Humayon Dar/Mufti Talha Ahmad Azami ed., *supra* note 698, p.137.

급 약정은 리바 금지에 관한 샤리아 원칙에 위배되므로 이를 피하기 위하여 변동적인 실물자산 및 변동적인 수익과 연계한 무라바하 계약을 체결하는 점이 특징이다.

이슬람 수익률 스왑에서는 이슬람 통화스왑과 마찬가지로 병렬적인 두 개의 무라바하 계약이 체결된다. 1차 무라바하 계약에서는 변동수익률 지급인이 실물자산의 전부를 고정수익률 지급인에게 매도하여 즉시 인도하고, 고정수익률 지급인은 이에 대한 대금을 이연지급하되 전체 cost price에 해당하는 금액과 계약상대방인 변동수익률 지급인의 수익분(profit)을 주기적(예를 들면, 3개월 단위)으로 정해진 이연지급일(deferred payment date)마다 균분하여 고정금액으로 지급하게 된다.

2차 무라바하 계약에서는 고정수익률 지급인이 1차 무라바하 계약에 따른 최근 이연지급일 전에 전체 실물자산을 이연지급횟수로 나눈 각 분할부분을 변동수익률 지급인에게 매도하여 즉시 인도하고, 변동수익률 지급인은 분할자산부분에 해당하는 대금을 최근 이연지급일에 이연하여 지급하되 각 분할부분에 해당하는 cost price와 계약상대방인 고정수익률 지급인의 수익분(profit)(LIBOR와 같은 변동지표에 연계하여 산정된다)을 합한 금액을 주기적으로 정해진 각각의 이연지급일마다 지급하게 된다.

1차 무라바하 계약과 2차 무라바하 계약에서의 고정수익률과 변동수익률의 이연지급일이 동일한 점은 이슬람 통화스왑에서 양 무라바하 계약의 이연지급일이 동일한 것과 같다.

이슬람 수익률 스왑에서 1차 무라바하 계약과 2차 무라바하 계약의 큰 차이점은, 1차 무라바하 계약에서는 변동수익률 지급인이 고정수익률 지급인에게 실물자산을 매도할 때에는 전체 실물자산을 한꺼번에 인도하지만, 2차 무라바하 계약에서는 고정수익률 지급인은 변동수익률 지급인에게 이연지급횟수에 따라 분할된 부분만을 매도·인도한다는 것이다. 또한 각 이연금액에서의 차이점은 1차 무라바하 계약에 따

[그림 8] Islamic Profit Rate Swap의 구조

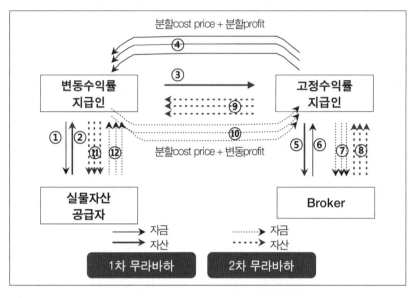

① cost price 지급　　　　　　⑦ 분할cost price 지급
② 자산매입　　　　　　　　　⑧ 분할자산매입
③ 자산매도 및 즉시 인도　　　⑨ 분할자산매도 및 즉시 인도
④ 분할cost price + 분할profit 순차　⑩ 분할cost price + 변동profit 순차
　　이연지급　　　　　　　　　　이연지급
⑤ 자산매도　　　　　　　　　⑪ 분할자산매도
⑥ cost price 회수　　　　　　⑫ 분할cost price 회수

라 고정수익률 지급인이 변동수익률 지급인에게 지급할 이연금액의 구성은 전체 cost price의 일정비율로 고정된 분할cost price와, 변동수익률 지급인의 전체 수익분의 일정비율로 고정된 분할profit의 합계인 반면, 2차 무라바하 계약에 따라 변동수익률 지급인이 고정수익률 지급인에게 지급할 이연금액의 구성은 전체 cost price의 일정비율로 고정된 분할cost price(순차적으로 매도되는 분할 실물자산에 대응하는 cost price)와 고정수익률 지급인의 수익분(LIBOR와 같은 변동지표에 연계하여 산정

된다)의 합계이다.

이슬람 수익률 스왑의 기본 구조와 거래 흐름을 살펴보면 [그림 8]
과 같다.[700]

(2) 허용성

무라바하에 기초한 이슬람 수익률 스왑은 2006년 10월 Standard
Chartered Saadiq가 쿠웨이트 소재 Aref Investment Group과 3년 만기
1억 5천만 US$의 계약을 체결한 바 있고, BNP Paribas, Al Hilal Bank,
Calyon 등도 샤리아에 부합한 수익률 스왑 상품을 개발한 것으로 알려
지고 있다.[701][702]

한편, 이슬람 수익률 스왑에서도 LIBOR와 같은 변동지표와 연계하
여 Profit이 결정됨으로써 일반금융에서의 변동금리의 현금흐름을 가져
오게 되는데, 이와 같이 변동지표를 벤치마크로 사용하는 것은 단지 수
익률을 산정하기 위한 레퍼런스 역할만 하는 것으로서 허용된다고 보는
견해[703]가 있는 반면, 변동수익율의 결정에 불확실성이 있어서 가라르
금지에 관한 샤리아 원칙에 위배된다는 견해[704]도 있다.

---

700) *See* Andreas A. Jobst/Juan Solé, *supra* note 554, pp.21~22. *See also* Priya
　　Uberoi/Nick Evans, "Profit Rate Swap," Allen & Overy, October 2008.
　　Available at: 〈http://www.allenovery.com/archive/Documents/Legacy/47753.
　　pdf〉(visited on December 4, 2016).
701) *See* Humayon Dar/Mufti Talha Ahmad Azami ed., *supra* note 698, p.138.
702) 2005년 10월 말레이시아 중앙은행 샤리아위원회(Shariah Advisory Council)는
　　Bai` `Inah (기초자산을 낮은 가격에 사서 높은 가격에 이연 매도하는 방식의 대
　　출)에 기초한 이슬람 수익률 스왑을 최종 승인하였다[Bank Negara Malaysia,
　　Shariah Resolutions in Islamic Finance, Second Edition (October 2010),
　　pp.139~143].
703) Yusuf Talal DeLorenzo, "The Total Returns Swap and the 'Shariah
　　Conversion Technology' Stratagem," 2007, pp.4~5.
　　Available at: 〈https://uaelaws.files.wordpress.com/2012/06/delorenzo-copy.
　　pdf〉(visited on December 4, 2016); Priya Uberoi/Nick Evans, *supra* note 700.

라. 이슬람 TRS[Islamic Total Return Swap(ITRS)]

(1) 개념 및 구조[705]

이슬람 TRS(Islamic Total Return Swap: ITRS)는 전통적인 이슬람 파생상품에 해당하는 와드를 사용하여 기초자산으로 평가된 총수익과 샤리아에 부합하는 투자자산(Shari'ah-compliant Assets)에 대한 투자액의 총수익을 서로 교환할 수 있도록 옵션을 부여함으로써 샤리아 원칙을 준수하면서도 투자자에게 안정적인 수익을 보장해 줄 수 있도록 설계된 이슬람 파생상품이다.

이슬람 TRS는 투자자로 하여금 샤리아에 부합하는 투자자산(샤리아 투자자산)에 대한 익스포저를 보유하게 하는 한편 두 개의 와드를 사용하여 투자자와 금융기관에 각각 샤리아 투자자산에 대한 put option과 call option을 부여하는 것을 기본 구조로 하고 있는데, 그 거래 흐름을 살펴보면 [그림 9]와 같다.

금융기관(Bank)은 SPV(Special Purpose Vehicle)인 Issuer를 통해 투자자(investor)로부터 투자자금을 모집하고 이에 대해 투자증서(certificate)를 발행한 후, 모집된 투자자금은 샤리아 투자자산에 투자한다.[706] 그리고 Issuer와 금융기관은 각각 와드 약정을 하는데, Issuer는 기초자산에 연동된 특정 가격(Wa'd Sale Price)에 샤리아 투자자산을 매도하겠다는 와드(promise)를 금융기관에게 하고[Wa'd 1], 이와 반대로 금융기관은 Wa'd Sale Price 가격으로 샤리아 투자자산을 매입하겠다는 와드(promise)를 Issuer에게 한다[Wa'd 2].

---

704) Sidney Yankson, *supra* note 600, p.48.

705) Humayon Dar/Mufti Talha Ahmad Azami ed., *supra* note 698, pp.139~140.

706) *Hereinafter summarized* Humayon Dar/Mufti Talha Ahmad Azami ed., *supra* note 698, pp.139~141.

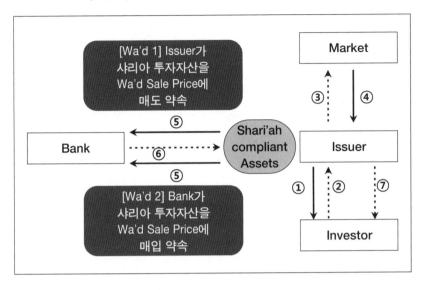

[그림 9] Islamic Total Return Swap의 구조[707]

① 투자증서(certificate) 발행
② 투자원금 지급
③ 샤리아 투자자산 매입대금 지급
④ 샤리아 투자자산 매입
⑤ Wa'd에 따른 샤리아 투자자산 매입·매도
⑥ 샤리아 투자자산 대금 지급 (Wa'd Sale Price)
⑦ 총투자수익(Wa'd Sale Price) 회수

　　이슬람 TRS의 만기에 이르러 샤리아 투자자산의 시장가격이 Wa'd Sale Price보다 낮은 경우에는 Issuer는 금융기관에 대해 해당 샤리아 투자자산을 Wa'd Sale Price에 매입하도록 할 수 있고(put option 행사), 이와 반대로 샤리아 투자자산의 시장가격이 Wa'd Sale Price보다 높은 경우에는 금융기관은 Issuer에 대해 해당 샤리아 투자자산을 Wa'd Sale Price에 매도하도록 할 수 있다(call option 행사).

707) *See* Humayon Dar/Mufti Talha Ahmad Azami ed., *id.*, p.140.

결국 이슬람 TRS를 통하여 투자자는 샤리아 투자자산의 가격변동과 관계없이 Wa'd Sale Price를 보장받게 되며, 금융기관의 경우 샤리아 투자자산의 시장가격이 Wa'd Sale Price보다 낮은 때에는 손실을, 높은 때에는 양 가격 차이만큼 수익을 얻을 수 있게 된다.

이슬람 TRS가 일반금융의 TRS와 다른 점은, 일반금융 TRS의 경우 만기에 양 거래당사자가 모두 투자자산의 가격변동에 따른 이득과 손실 여부에 관계없이 정산을 하여야 하지만, 이슬람 TRS에서는 자신에게 유리한 거래당사자의 옵션 행사에 따라 정산이 이루어지게 된다는 점이다.

(2) 허용성

이슬람 TRS에서의 pay-off는 샤리아 투자자산의 시장가격과 기초자산에 연동된 특정 가격 즉, Wa'd Sale Price의 변동 방향에 따라 그 결과가 달라진다. 그런데 샤리아 투자자산의 시장가격이 Wa'd Sale Price보다 높은 경우에 금융기관이 해당 샤리아 투자자산을 Wa'd Sale Price에 매도하도록 하는 데에 대해서는 별다른 문제가 없으나, 샤리아 투자자산의 시장가격이 Wa'd Sale Price보다 낮은 경우에는 Issuer가 금융기관에 대해 해당 샤리아 투자자산을 Wa'd Sale Price에 매입하도록 요구함에 따라 금융기관이 손실을 보전하게 되는 한편, 샤리아 투자자산의 총수익과 샤리아에 부합하지 아니한 투자자산을 포함한 지수 또는 바스켓으로 산정되는 Wa'd Sale Price의 총수익 간에 스왑거래가 발생하게 되어 투자자 입장에서는 샤리아에 부합하지 아니한 투자자산을 통하여 이익을 얻는 것으로 평가될 여지가 있다.

이와 같은 이유로 와드 법리를 이용한 이슬람 TRS가 샤리아에 부합되지 않는다고 보는 견해[708]가 있는 반면, Wa'd Sale Price를 산정하는 기초자산 지수는 반드시 샤리아에 부합할 필요가 없다고 하거나, 샤리

---

708) Yusuf Talal DeLorenzo, *supra* note 703, p.5.

아에 부합하는 것으로 인정되어 온 LIBOR를 벤치마킹 지표로 사용하는 것과 동일하다는 것을 근거로 문제되지 않는다는 견해[709]가 대립한다.

한편, 와드를 이용한 이슬람 TRS는 Deutsche Bank에서 샤리아위원회의 승인을 거쳐 이용되고 있다.[710]

마. 판례연구 — 역전된 형태의 무라바하 계약을 활용한 대출구조가 샤리아 원칙에 위배된다고 본 말레이시아 *Maybank Islamic Berhad v. M-10 Builders Sdn Bhd & Anor*[711] 사건

앞에서 살펴본 바와 같이 신종 이슬람 파생상품은 주로 무라바하 계약을 응용하여 구성되어 있는데, 아래에서 소개하는 말레이시아 판례는 외견상 무라바하 계약에 해당하는 것으로 당사자가 의도한 계약이 샤리아 원칙에 위배되는 것으로 인정되어 무효가 된 사례이다. 그 밖에 동 판례에서 검토된 일반적인 샤리아 원칙과 관련된 쟁점과 그에 대한 법원의 판단 결과를 함께 살펴보기로 한다.

(1) 사실관계

원고 Maybank Islamic Berhad는 피고1과 2003년 12월 15일자 기본대출약정(Master Facility Agreement) 및 2003년 7월 31일자 대출의향서(Letter of Offer, 이하 '1차LO'라 한다)에 의해 무라바하 당좌대월약정(Murabahah Overdraft Facility: MOD)을 체결하고 RM 3,000,000.00의 대출을 실행하였다.[712] 1차LO에 따르면 MOD의 연 수익률은 8%, 상환기

---

709) Muhammad Ayub, "Use of W'ad and Tawarruq for Swaps in the framework of Islamic Finance," Materials of the 8th International Conference on Islamic Economics and Finance, Faculty of Islamic Studies (December 2011), p.8. *See also* Humayon Dar/Mufti Talha, Ahmad Azami ed., *supra* note 698, p.140.

710) Humayon Dar/Mufti Talha Ahmad Azami ed., *id.*, p.141.

711) [2015] AMEJ 665.

간은 1년 단위로 재연장하기로 하며, 무라바하 계약구조를 만들기 위해 2003년 12월 15일 1차 Asset Sale Agreement(ASA)와 Asset Purchase Agreement(APA)를 체결하였다. 1차 ASA와 APA에 따르면 원고은행이 제공하는 MOD 한도는 RM 3,000,000.00, 매입가(purchase price) RM 8,000,000.00, 매도가(selling price) RM 8,640,000.00, 대출기간은 첫 번째 인출일로부터 1년으로 설정되었다. 1년 후 2004년 12월 8일 원고은행은 2차LO에 의해 MOD 한도를 RM 5,000,000.00으로 증액하는 한편, 2004년 12월 23일 2차 ASA와 APA를 체결하여 은행 매입가와 은행 매도가를 각각 RM 5,000,000.00과 RM 5,400,000.00로 설정하였다. 원고와 피고1의 주장에 따르면 1차LO와 2차LO, 그에 따른 ASA 및 APA는 1년 단위로 재연장하기로 한 점에는 이견이 없으나, 원고는 2차LO와 2차 ASA 및 APA는 1차LO와 1차 ASA 및 APA를 각각 대체(supersede)하기로 한 것으로 이해하여, 본 사안의 경우 MOD가 2차 약정이 종료된 이후에 재연장이 되지 아니하였으므로, 2005년 12월 22일 최종 종료되었다는 전제하에 피고1의 부도발생일인 2006년 5월 6일부터 샤리아 율법에 따라 허용되는 지연이자 성격의 타위드흐(Ta'widh)의 지급을 청구하였다. 이에 대해 피고1은, 2차LO와 2차 ASA 및 APA는 1차 약정을 대체하는 것이 아니라 1차LO와 더불어 2003년 12월 15일자 Master Facility Agreement를 보충하는 것이어서, 이 Master Facility Agreement에 따라 10년의 대출기간이 적용되므로 원고은행이 청구한 타위드흐는 근거가 없는 것이라고 주장하였다.

한편 원고은행은 2005년 5월 14일 MOD를 재구조화하여 MOD 한도가 RM 3,000,000.00이 될 때까지 매년 RM 5,000,000.00씩 감액한다

---

712) 그 밖에 Islamic Term Loan (BBA) RM 2,000,000.00, Islamic Bank Guarantee (IBG) RM 4,000,000.00, Murabahah Overdraft Against Progress Claim (MOD/PC) RM 5,000,000.00의 여신을 제공하였으나 피고1이 모두 변제하여 본 판례의 쟁점과 직접적으로 관련되지는 않는다.

고 결정하여 피고1에게 일방적으로 통보하였다. 또한 원고은행은 2006년 8월 16일 위 재구조화 MOD를 새로 변경하여 연 2회 RM 500,000.00씩 감액하는 것으로 다시 통보하였다.

2006년 5월 6일 피고1의 부도발생으로 2013년 4월 25일 원고은행은 피고1과 그의 보증인인 피고2를 상대로 MOD 대출에 기한 2013년 2월 28일까지의 대출채권 RM 4,599,016.37, 지연이자 산정 기준원금 RM 3,857,201.38에 대한 완제시까지의 지연배상인 타위드흐 및 관련 비용의 지급을 청구하였다. 이에 대해 피고들은 원고은행의 일방적인 MOD 한도 감축으로 입은 손해의 배상을 구하는 반소를 제기하였다.

(2) 소송경과

샤리아 원칙과 관련한 본 사안에서의 주요 쟁점은 (ⅰ) 당사자가 무라바하 계약으로 인식한 본 사안의 대출구조가 샤리아 원칙에 위배되어 무효가 될 것인지, (ⅱ) 원고은행의 일방적인 MOD 대출한도 감액이 샤리아 원칙에 위배되는지, (ⅲ) 타위드흐의 지급을 구하는 원고의 청구가 샤리아 원칙에 부합하는지 여부 등이었으며, 그 외에 원고청구의 소멸시효 경과 여부가 검토되었다.

담당법원인 Kuala Lumpur High Court는 (ⅰ)과 (ⅱ)의 쟁점에 대해서는 각각 샤리아 원칙에 위배됨을 인정하는 가운데, 원고의 청구에 대해서는 6년의 소멸시효기간이 경과되었음을 이유로 기각하는 한편, 원고의 타위드흐 지급 청구와 피고측의 반소에 대해서도 각각 증명불충분을 이유로 청구를 기각하였다.

(3) 주요 쟁점 및 법원의 판단

1) 무라바하 대출구조의 샤리아 부합성

피고 측은 본 사안의 거래는 원고가 소유한 자산의 매각이 아니라 피고1이 소유한 자산의 환매일 뿐이며, 1차 2차 ASA와 APA에서는 동일한 자산의 매각이 이루어지는데 이는 이슬람 율법에서 금지된다고 주장하였다. 이에 대해 원고는 바이 이나(Bai' Inah 또는 Bai al-inah)(금융제공자가 고객의 자산을 낮은 가격으로 현금구매하여 고객에게 다시 높은 가격으로 매도하여 이연 상환하도록 하는 형태의 대출)와 같이 이슬람금융에서도 동일 자산의 매매가 인정될 수 있다고 주장하였다.713)

법원은 무라바하 계약에 대해 "그 인수비용과 보상(mark-up)이 구매자에게 공개가 되는 자산의 매입매도 약정"이라고 언급하면서, 무라바하 계약이 샤리아 원칙에 부합하기 위해서는 (ⅰ) 자산의 매매가 이루어지기 전에 대상 자산이 현존하고 매도인이 보유하고 있을 것, (ⅱ) 매입약속이 허용되는 매입주문자 무라바하(Murabahah to the purchase Orderer: MPO)의 경우 외에 통상적인 무라바하 계약에서는 매도자는 사전의 매입 약속이나 매도 약속 없이 또는 매입 책임이나 매도 책임을 부담하지 않고 해당 자산을 매입할 것 등의 조건을 충족하여야 한다고 하였다.714)

그리고 법원은 본 사안의 거래에 대해 피고1이 자신의 자산을 매도하고 바로 그 자산을 보상가격으로 되사는 구조의 역전된 형태의 무라바하 계약에 해당한다고 보았다. 이에 따라 다음과 같은 이유에서 원고가 무라바하 계약의 개념을 준수하지 못한 것으로 결론을 내렸다.715)

첫째, 동 거래에서는 매도인으로부터 매수인으로의 자산의 소유권의 이전이 개입되지 아니하였다.

둘째, 동 거래는 자산은 이미 현존한 것이어야 하며, 매도인이 소유

---

713) 말레이시아 CIMB Islamic Bank Berhad v. LCL Corporation Berhad & Anor [2014] AMEJ 0959, para. 86, 95 참조.
714) 말레이시아 Maybank Islamic Berhad v. M-10 Builders Sdn Bhd & Anor [2015] AMEJ 665, para. 74.
715) 말레이시아 Maybank Islamic Berhad v. M-10 Builders Sdn Bhd & Anor [2015] AMEJ 665, para. 75.

한 것이어야 한다는 특성을 결여하고 있었다.

셋째, 매도인으로부터 매수인으로의 무라바하 자산의 실제적인 이전이 없었다.

넷째, 인수비용의 공개가 없었다.

다섯째, 1차 및 2차 ASA, APA 조항에 자산의 재판매에 대한 책임 규정이 있었다.

또한 동 법원은 2004년 12월 23일자 2차 MOD 대출약정에서도 1차 ASA 및 APA의 자산과 동일한 자산이 거래되었고, 동 자산은 피고1이 이미 소유한 자산이었으며, 피고1이 매입하고 되파는 자산 역시 1차 MOD 대출약정과 동일한 자산이었다는 점에서 무라바하 금융 개념에 위배된 것으로 판단하였다.716)

종합적으로, 법원은 본 사안의 무라바하 계약은 샤리아 원칙에 위배되어 무효이며, 이러한 불법을 공유한 원고 및 피고의 주장 모두 clean hand 원칙에 반하므로 법원은 이에 조력하지 않는다는 취지로 판시하였다(원고청구 · 피고반소 기각).

2) 상호 합의(mutual consent) 부재의 샤리아 부합성

법원은 본 사안에서 2004년 12월 23일자 MOD 대출약정이 만료된 2005년 12월 22일 다음 날부터 2009년 5월 28일까지는 피고1의 명시적인 동의 없이 원고의 일방적인 결정에 의해 MOD 한도가 결정되었고, ASA와 APA가 거래당사자 간의 합의에 의해 체결된 것도 아니어서 이슬람금융의 개념에 위배된다고 판시하였다. 동 법원은 상호 합의는 이슬람금융의 기본적인 교의라고 언급하면서 그 근거로서 Qur'an Surah An-Nisa' 4:29717)와 Abu Hurayrah Hadith718) 등을 인용하였다.

---

716) 말레이시아 Maybank Islamic Berhad v. M-10 Builders Sdn Bhd & Anor [2015] AMEJ 665, para. 76.

717) "O you who believe! Eat not up your property among yourselves unjustly

3) 지연배상 청구의 증명책임

법원은 원고가 본 사안에서 타위드흐를 피고 측에 부과하기 위해서는 다음과 같은 사항에 대해 증명을 할 필요가 있다고 판시하였다.[719]

첫째, 타위드흐의 금액은 대부자, 즉 원고가 입은 실제적인 손실을 초과하여서는 아니 된다.

둘째, 타위드흐의 판단은 제3자가 하여야 한다.

셋째, 채무불이행 또는 지급지체는 고객 즉 피고1의 과실에 기인한 것이다.

(4) 참고판례

2009년 10월 14일 선고된 *Arab-Malaysian Merchant Bank Berhad v. Silver Concept Sdn Bhd*[720] 사건에서는 Al-Bai Bithaman Ajil facility 또는 이연 지급(deferred payment) 매매에 기초한 중기(short to medium term) 한도대출(fluctuating facility)의 일종인 리볼빙 Al-Wujuh financing facility[721]의 샤리아 부합성 여부가 문제되었는데, 담당법원

---

except it be a trade amongst you, by mutual consent. And do not kill yourselves (nor kill one another). Surely, Allah is Most Merciful to you." [Maybank Islamic Berhad v. M-10 Builders Sdn Bhd & Anor [2015] AMEJ 665].

718) The Hadith narrated by Abu Hurayrah: "When Abu Zuhrah made a business transaction with a man, he gave him the right of option. He then would tell him: Give me the right of option (to annul the bargain). He said: I heard Abu Hurayrah say: The Apostle of Allah (PBUH) said two people must separate only by mutual consent."[Maybank Islamic Berhad v. M-10 Builders Sdn Bhd & Anor [2015] AMEJ 665].

719) 말레이시아 Maybank Islamic Berhad v. M-10 Builders Sdn Bhd & Anor [2015] AMEJ 665, para. 98.

720) [2010] 7 AMR 576.

721) 이 사건의 Al-Wujuh financing facility에서는 Al-Bai Bithaman Ajil (BBA) 계약의 구조에 따라 원고인 은행컨소시엄이 피고로부터 대상토지를 매입가 RM 60,000,000.00로 매입한 즉시 다시 피고에게 연 8.625%의 수익률을 반영한 RM 96,225,000으로 매각하여 7년간 분할상환하기로 하였다. 동 대출의 실행은 은행

인 Kuala Lumpur High Court는 피고 측의 주장을 배척하고 샤리아 원칙에 위배되지 않는다고 판시하였다.

또한 동 판결에서 법원은 Al-Wujuh financing facility가 기반한 Al-Bai Bithaman Ajil의 샤리아 부합성 여부에 대해서도 *Bank Islam Malaysia Bhd v. Lim Kok Hoe & Anor(and 8 Other Appeals)* [2010] 2 AMR 647; [2009] 6 CLJ 22 판결을 인용하면서 그 유효성을 인정하였다. 여기서 Al-Bai Bithaman Ajil은 일반금융의 할부금융과 유사한 계약으로서, 금융제공자가 고객이 요청한 물품을 구입한 후 물품구입대금에 사전에 합의된 금융제공자의 수익을 가산한 금액으로 고객에게 판매한 다음 해당 대금은 고객으로부터 일정한 기간 동안 이연하여 할부형식이나 일시불로 상환받는 계약을 말한다.[722]

(5) 본 판결의 의의

본 판결에서는 신종 이슬람 파생상품거래의 기본구조에 자주 활용되는 무라바하 계약의 유효 요건을 재확인하고, 이와 역전된 형태의 거래유형에 대해서는 샤리아 원칙에 위배됨을 명확히 하였다는 점에서, 향후 이슬람 파생상품의 샤리아 부합성 판단에 있어서 하나의 판단기준을 제공해 주고 있다. 또한 동 판결에서는 샤리아 원칙 관련 쟁점들에 대해 이슬람계 법원이 검토해 나가는 틀을 제시하고 있는데, 향후 이슬람 파생상품거래와 관련된 법적 분쟁 시에도 꾸란이나 하디스 등 쟁점 관련 법원(法源)을 상세히 확인하고 검토할 필요성이 있음을 확인할 수 있다.

이에 따라 이슬람 파생상품거래에서 예상되는 샤리아 원칙 관련 쟁

컨소시엄의 주간사인 Arab-Malaysian Merchant Bank Berhad에 개설된 Marginal Deposit Account(MDA)를 통하여 사전 대출약정에 따라 제공되는 대출과, 피고의 수시 인출요구에 의한 대출의 두 트랙으로 이루어지는 구조였다.

722) *See* Brian Kettell, *supra* note 560, p.151.

점에 대한 이슬람 법원(法源)에 대해 다음에 이어지는 'Ⅳ. 이슬람 파생
상품거래와 투자자보호의 법리'에서 다시 상세히 정리하기로 한다.

Ⅳ. 이슬람 파생상품거래와 투자자보호의 법리

이하에서는 이제까지 논의된 내용을 바탕으로 이슬람금융 및 이슬
람 파생상품 거래와 관련하여 샤리아 원칙에 기반하여 투자자가 주장할
수 있는 법리와 내용, 그 법적 근거로서 관련 법원(法源) 등을 종합적으
로 정리하기로 한다. 투자자보호의 시각에서 볼 때 투자자들은 파생상
품거래가 부당하다고 판단될 경우나 그 거래로부터 예상치 못한 손실을
입게 된 경우에는 해당 계약을 파기하거나 손해를 전보할 필요가 있는
데, 일반적인 계약법리는 제외하고 샤리아 원칙 중에서 특별히 관련 법
리만을 중점적으로 설명한다.

국내 금융기관이 글로벌 금융기관이 주도하는 국제금융시장에서
이슬람 파생상품거래를 하게 되는 경우에도 역시 투자자 입장에서 이러
한 법리를 검토하고 활용할 수 있을 것으로 본다.

1. 리바(riba) 금지

가. 의　의

이슬람금융에서 리바(riba), 즉 이자는 엄격히 금지된다. 이자가 샤
리아에 위배된다는 점에 대해서는 모든 이슬람 학파나 학자들의 견해가
일치하지만, 이자의 개념과 범위에 대해서는 견해 차이가 있다.[723] 이

---

723) Muhammad Ayub, *supra* note 646, p.44.

슬람금융과 일반금융의 가장 큰 차이점이라고 할 수 있는 것이 이 리바 금지의 원칙라고 할 수 있다. 이슬람 율법에서는 자본거래 또는 자금융 통 과정에서의 금전수익의 창출을 금지하고 있기 때문에, 이슬람금융은 원칙적으로는 일반금융과는 전혀 조화될 수 없는 법리에 기초하고 있다. 다만 이슬람금융에서는 이익-손실공유 또는 경상거래 구조를 통한 투자수익의 보장 등을 통해 실질적으로 자본투입에 따른 수익을 얻는 것을 인정하고 있고, 그 외의 경우에는 이슬람 율법에서 장려하고 있는 '회사'(hibah)로 간주함으로써 샤리아 원칙과의 조화를 꾀하고 있다.

나. 근 거

리바를 금지하는 명시적인 근거는 꾸란의 sura 2 al-Baqarah와 sura 3 Āli 'Imrān에서 찾아볼 수 있다.

> "이자를 소비하는 자는 사탄에게 물려 미치게 되는 사람이 일어서는 것 과 같은 경우를 제외하고 [부활의 날에] 일어설 수가 없다. 그것은 그들 이 "무역은 바로 이자와 같은 것이다"라고 말하기 때문이다. 그러나 알 라는 무역은 허용하고 이자는 금지하였다. 따라서 알라로부터 질책을 받고 그만둔 자는 과거의 것은 보유할 수 있고, 그가 한 일은 알라와 함 께 하게 된다. 그러나 이자나 고리대금을 다시 받는 자는 불의 동반자가 될 것이며 영원히 그 안에 갇히게 될 것이다"(Qur'an 2:275).[724]

---

724) "Those who consume interest cannot stand [on the Day of Resurrection] except as one stands who is being beaten by Satan into insanity. That is because they say, "Trade is [just] like interest." But Allāh has permitted trade and has forbidden interest. So whoever has received an admonition from his Lord and desists may have what is past, and his affair rests with Allāh. But whoever returns [to dealing in interest or usury], those are the companions of the Fire; they will abide eternally therein."[The Saheeh International, *supra*

"알라는 이자를 파괴하고 자선을 늘린다. 그리고 알라는 모든 죄짓는 불신자들을 꺼린다"(Qur'an 2:276).[725]

"믿는 자여! 신자가 되고자 한다면 알라를 두려워하고 너로 인해 남아 있는 이자를 포기하라"(Qur'an 2:278).[726]

"만일 그리 하지 않는다면 알라와 그의 사자(His Messenger)로부터 전쟁포고를 받게 될 것이다. 그러나 네가 회개한다면 너는 원금을 가져도 좋고 따라서 너는 어떠한 잘못을 행하는 것도 아니며 잘못되지도 않을 것이다"(Qur'an 2:279).[727]

"믿는 자여! 두 배 수 배의 고리대금을 이용하지 말고 알라를 두려워하라. 그러면 성공할 수 있을 것이다"(Qur'an 3:130).[728]

한편, 꾸란 외에 리바를 금지하는 내용의 법원으로는 'Aun bin Abu Juhaifa가 전하는 하디스,[729] Samura bin Jundab가 전하는 하디스,[730] Abdur-Rahman bin 'Abdullah bin Mas'ud가 전하는 하디스[731] 등 다수

---

note 568, pp.41~42].

725) "Allāh destroys interest and gives increase for charities. And Allāh does not like every sinning disbeliever."[The Saheeh International, id., p.42].

726) "O you who have believed, fear Allāh and give up what remains [due to you] of interest, if you should be believers."[The Saheeh International, id., p.42].

727) "And if you do not, then be informed of a war [against you] from Allāh and His Messenger. But if you repent, you may have your principal. [thus] you do no wrong, nor are you wronged."[The Saheeh International, id., p.42].

728) "O you who have believed, do not consume usury, doubled and multiplied, but fear Allāh that you may be successful."[The Saheeh International, id., p.60].

729) Sahih Bukhari, Mika'il al-Almany ed., M. Muhsin Khan trans., *supra* note 652, Volume 3, Book 34, Number 299, Number 440.

730) Sahih Bukhari, Mika'il al-Almany ed., M. Muhsin Khan trans., *id.*, Volume 3, Book 34, Number 298.

731) Sunan Abu Dawud, Huda Khattab ed., Nasiruddin al-Khattab trans., *Sunan*

의 하디스가 존재한다.

리바를 금지하는 것은 종교적 이유에 근거하고 있으나, 그 이론적 근거에 대해서 이슬람 학자들은 다음과 같은 다섯 가지를 제시하였다.[732]

(i) 리바는 부당하다.
(ii) 리바는 사회를 부패시킨다.
(iii) 리바는 타인의 재산을 부도덕하게 도용하는 것을 의미한다.
(iv) 리바는 마이너스 경제성장을 초래한다.
(v) 리바는 인격을 훼손한다.

다. 개별 파생상품에 대한 적용

일반금융의 선도 또는 선물거래, 옵션거래의 경우 직접적으로 리바 금지의 원칙에 위배되는 것으로 보기는 어렵고, 다만 금전으로 이익을 창출하여서는 안 된다는 이슬람 율법과 관련하여 논란의 소지는 있다. 한편 옵션거래에 대해서는 프리미엄의 지급이 리바 금지의 원칙에 저촉되는 것으로 보는 견해도 있다. 또한 LIBOR와 같은 Reference 지수를 기초로 한 파생상품에 대해 리바 금지의 원칙 위배 여부가 논란이 되고 있으나, 가라르 금지의 원칙 위배 여부는 별론으로 하고 부정적으로 보는 것이 타당함은 앞에서 살펴본 바와 같다.

일반금융의 파생상품 중에서 리바 금지의 원칙에 정면으로 저촉되는 것으로 인정되는 것이 스왑이다. 실물자산의 인도 없이 교환원금을 기초로 차액결제가 이루어지는 측면에서 보면 리바 금지의 원칙에 위배된다는 주장이 설득력이 있어 보인다. 이러한 논란에 대응하기 위해 실

Abu Dawud (2008), Volum 4, Book 22, Chapter 4, Number 3333.
732) *See* Brian Kettell, *supra* note 560, pp.39~42.

물자산의 거래구조를 이용한 이슬람 수익률 스왑, 이슬람 TRS 등이 개
발되어 거래되고 있으며, 이의 자세한 구조와 법리 논쟁에 대해서는 신
종 이슬람 파생상품을 소개하면서 설명하였다.

2. 가라르(gharar) 금지

가. 의 의

가라르(gharar)는 계약이나 거래에 있어서 계약목적물이나 가격이
명확하지 않은 데 따른 불확실성 또는 위험을 말하며, 이슬람금융에서
이를 포함한 매매 또는 거래는 금지된다.[733] 가라르는 상품 자체 또는
가격에 대한 무지에서 비롯되거나 상품에 대한 불완전한 설명 등에 의
한 기망적 행위의 한 요소이며, 도박도 이 가라르의 한 유형에 속한
다.[734] 다만, 경영상의 판단에 따른 특정 사업 프로젝트의 성공여부는
가라르에 해당하지 아니한다.[735]

가라르 금지의 원칙에 따라 계약을 체결할 때에는 계약목적물, 당
사자, 금액 등의 계약조건을 모호하지 않고 명확하게 하여야 한다.[736]
이에 따라 미래의 현금흐름이 계약 당시에 명확히 규정되어 있지 않고
우발적인 사항에 따라 그 수익이 달라지는 파생상품거래 또는 우발적
채무거래는 원칙적으로 허용되지 않는다.[737]

---

733) Muhammad Ayub, *supra* note 646, p.57.
734) 브라이언 케텔, 김두윤·김윤경 譯, 「꼭 알아야 할 이슬람 금융」(해남, 2014.
    2), 231~232면.
735) 말레이시아 United Trade Arena(m) Sdn Bhd & 2 Ors v. Bank Pertanian
    Malaysia Berhad [2016] AMEJ 0027, para.26 참조.
736) 손승호·양동철, "이슬람 금융에서 샤리아위험의 이해와 국내참여자를 위한 시
    사점," 「국제지역연구」(한국외국어대학교 국제지역연구센터), 제16권 제1호(2012.
    4), 80면.
737) 김중관·이승영, 전게서(註 558), 5면.

가라르는 모두 금지되는 하람(haram)에 해당하며, 그 구체적인 사례를 들자면 다음과 같다.[738]

(i) 판매자가 인도할 수 없는 물건을 판매하는 것

(ii) 가격 미정으로 특정 또는 불특정 상품을 판매하는 것

(iii) 적절한 설명 없이 상품을 판매하는 것

(iv) 가격을 명시하지 않고 상품을 판매하는 것

(v) 불확실한 사건에 기초하여 조건부 계약을 하는 것

(vi) 거짓된 설명을 바탕으로 상품을 판매하는 것

(vii) 구매자가 상품을 제대로 살펴보지 못하게 하면서 판매하는 것

이 중에서 (i), (ii), (v)의 사례는 파생상품의 기본구조와 관련된 가라르 유형이며, 나머지 사례들은 파생상품거래를 포함한 통상의 금융거래에서 당사자의 거래행태에 따라 발생하는 가라르 유형이라고 할 수 있다.

나. 근　거

꾸란에서는 직접적으로 가라르를 언급하고 있는 것은 아니지만, 이와 관련되는 것으로 해석되고 있는 내용으로는 도박을 금지하는 Qur'an 2:219와 Qur'an 5:90를 들 수 있는데, 이에 관해서는 이어서 도박 금지에 관한 부분에서 기술하기로 한다.

그 외에 다음과 같은 하디스들에서 명시적으로 가라르를 금지하고 있는데, 그 내용을 살펴보면 다음과 같다.

---

738) 이하 브라이언 케텔, 김두윤·김윤경 譯, 전게서(註 734), 232면.

"Abu Huraira가 전하는 하디스: 모하메드는 돌을 던져서 결정되는 거래와 불확실성이 개입된 거래를 금지하였다"(Abu Huraira (Allah be pleased with him) reported that Allah's Messenger(may peace be upon him) forbade a transaction determined by throwing stones, and the type which involves some uncertainty.).[739]
"Ibn 'Elsa가 전하는 하디스: 모하메드는 강요된 매매, 불확실한 거래, 익지 아니한 농작물의 매매를 금지하였다"(The Prophet forbade forced sales, transactions of ambiguity, and selling crops before they have ripened.).[740][741]

다. 실물자산의 현존성

샤리아에 부합하는 거래를 위해서는 계약체결 당시에 매도인은 계약목적물에 대한 소유권과 점유권을 보유하여야 하며, 계약이행기에는 실물자산을 인도할 수 있어야 한다.[742] 이렇게 어느 한 당사자가 계약목적물을 보유하지 않고 있으며 장래에도 그 보유 여부가 불확실한 경우에 대해 가라르 금지의 원칙이 적용된다고 보는 견해[743]가 있다.

---

739) Sahih Muslim, Mika'il al-Almany ed., Abd-al-Hamid Siddiqui trans., *Sahih Muslim* (2009), Book 10, Chapter 2, Number 3614.

740) Sunan Abu Dawud, Huda Khattab ed., Nasiruddin al-Khattab trans., *supra* note 731, Volum 4, Book 22, Chapter 25, Number 3382.

741) Ali ibn AbuTalib이 전하는 하디스로 보는 자료로는 Sunan Abudawud (Translated Hadith Book (English Language)), Book 22, Number 3376. Available at: 〈http://www.biharanjuman.org/hadith/sunan-abu-dawud-english. pdf〉(visited on December 4, 2016).

742) Sherif Ayoub, *Derivatives in Islamic Finance: Examing the Market Risk Management Framework* (Edinburgh University Press, 2014), p.110.

743) Andreas A. Jobst/Juan Solé, *supra* note 554, p.9; Muhammad Ayub, *supra* note 646, p.137.

이슬람 율법에서 실물자산의 현존성을 요구하는 것은, 논리적으로는 매매계약의 목적 자체가 매매목적물의 소유권을 매수인에게 이전하고 그 대가에 대한 권리를 매도인에게 이전하고자 하는 데 있기 때문이다.[744]

실물자산의 현존을 요구하는 근거로는 다음과 같은 하디스를 들 수 있다.

"Hakim ibn Hizam이 전하는 하디스: "알라의 사도여, 누군가가 제게 와서 제가 소유하지 아니한 것을 팔 것을 원합니다. 저는 그를 위해 시장에서 그것을 매수해야 할까요?" 모하메드는 다음과 같이 응답하였다: "네가 소유하지 아니한 것은 매도하지 말라"(It was narrated that Hakim ibn Hizam said: "O Messenger of Allah, people come to me wanting to buy something that I do not possess; should I buy it for them from the marketplace?" He said: "Do not sell that which you do not possess.").[745]

라. 개별 파생상품에 대한 적용

역시 실물자산의 부재가 가라르의 한 유형에 해당한다고 보는 견해에 따르면, 선도, 선물 그 밖의 파생상품의 경우 거래를 실행할 당시에

---

744) Asyraf Wajdi Dusuki/Abdelazeem Abozaid, "Fiqh Issues in Short Selling as Implemented in the Islamic Capital Market in Malaysia," *Islamic Econ*, Vol. 21 No. 2, 2008, p.69, note 9.

745) Sunan Abu Dawud, Huda Khattab ed., Nasiruddin al-Khattab trans., *supra* note 731, Volum 4, Book 22, Chapter 68, Number 3503. *See also* Jami Tirmidhi Book 14 Hadith no 1232; Sunan Nasai Book 44 Hadith no 4613. Available at: 〈http://pdf9.com/search-abudaud-number-3503-english-b.html〉 (visited on December 4, 2016).

매매 목적물이 존재할 것이라는 것이 확실하지 않기 때문에 가라르에 해당하여 무효라고 본다.[746] 다만 실물자산의 부재에 따른 가라르 위험에 대응하여 실물자산 매매 형식을 따르는 무라바하 형 이슬람 파생상품의 경우 이에 대한 논란에서 벗어날 수 있는 것으로 보이지만, 여전히 이슬람 학파 간의 견해차에 따라 논란의 여지가 있다. 파생상품의 샤리아 부합성 여부와 관련하여 일반 상거래에 있어서 가라르의 정도에 따라 그 허용 여부가 인정될 수 있다는 일반적인 견해는 향후 그 논의 여하에 따라 파생상품이 이슬람금융에서도 좀더 적극적으로 받아들여질 수도 있다는 기대를 갖게 한다. 이에 대해서는 현실적인 필요성(darura) 및 공공이익(maslaha)이라는 샤리아 법리를 적극 고려하여 판단하여야 할 것이다.

3. 마이시르(maisir, maysir) 금지

가. 의　의

마이시르(maisir 또는 maysir)는 도박, 즉 예측할 수 없는 일의 결과에 돈이나 물건을 거는 행위이다.[747] 내기를 건 사람이 그 결과를 예측할 수 없고 내기의 상대방이 내기에 건 돈을 가져가는 경우 이는 몰수되며, 샤리아는 이를 금지한다. 이에 따라 장래 발생하는 수익이나 손실이 확률과 운에 의존하는 거래를 하여서는 아니 된다.[748] 이는 샤리아에서 경제적 원칙의 한 축으로 간주되고 있다.[749] 이를 금지하는 이유는 도

---

746) Hans Visser, *supra* note 563, p.46; Mahmoud, A. El-Gamal, "A basic guide to contemporary Islamic banking and finance," 2000, p.8. Available at 〈http://www.nubank.com/islamic/primer.pdf〉 (visited on December 4, 2016).
747) 이하 브라이언 케텔, 김두윤·김윤경 譯, 전게서(註 734), 244면.
748) 손승호·양동철, 전게논문(註 736), 80면.
749) Sherif Ayoub, *supra* note 742, p.188.

박은 불로소득과 반사회적 행위 등과 관련되어 있기 때문이다.[750]

그럼에도 불구하고 통상 상거래상의 위험을 인수하는 행위는 샤리아에 부합하는 것으로 보지만,[751] 해당 거래가, 첫째 거래나 투자를 하기 위한 매개수단으로서가 아니라 가치저장의 수단으로서 화폐로부터 수익을 창출하고, 둘째 주된 또는 유일한 목적에 따라 리스크를 조작하는 경우에 마이시르 금지의 대상인 도박 또는 투기에 해당된다.[752]

나. 근 거

꾸란에서는 도박을 직접적으로 언급하며 이를 금지하는 구절을 찾아볼 수 있다.

꾸란 verse 2:219에서는 "술과 도박에 관해서 네게 묻거든 "그 안에는 크나큰 죄악이 있는 반면, 또한 사람들에게 약간의 이익이 있다. 그러나 그들의 죄는 그들의 이익보다 더 크다" 그리고 무엇을 소비하여야 할 것인가에 대해 네게 묻거든 "[필요하고 남는] 잉여분"이라고 말하라. 따라서 알라는 네가 생각해 보았을 관련 구절을 명백하게 설명하고 있다"("They ask you about wine and gambling. Say, "In them is great sin and [yet, some] benefit for people. But their sin is greater than their benefit." And they ask you what they should spend. Say, "The excess [beyond needs]." Thus Allāh makes clear to you the verses [of revelation] that you might give thought.")(Qur'an 2:219)[753]라고 기술하고 있다.

또한 꾸란 verse 5:90에서는 "믿는 자여, 참으로 음주, 도박, 알라가 아닌 대상을 향한 돌 제단에 헌신하는 것과 화살 점(占)은 사탄의 사역에

---

750) Sherif Ayoub, *id.*, p.189.

751) Sidney Yankson, *supra* note 600, p.42.

752) Andreas A. Jobst/Juan Solé, *supra* note 554, p.9.

753) The Saheeh International, *supra* note 568, p.31.

의한 모독이며, 따라서 성공하기 위해서는 그것을 회피하라"("O you who have believed, indeed, intoxicants, gambling, [sacrificing on] stone alters [to other than Allāh], and divining arrows are but defilement from the work of Satan, so avoid it that you may be successful.")(Qur'an 5:90)[754]라고 도박을 금기대상으로 명시하여 금지하고 있다.

다. 개별 파생상품에 대한 적용

파생상품은 기본적으로 기초자산의 변동에 따라 pay-off가 결정되는 구조를 가지고 있어, 필연적으로 수익구조에 불확실성과 투기성을 내재하고 있다. 따라서 도박을 금지하는 샤리아 원칙에 따른다면, 일반 금융에서의 선도 · 선물, 옵션, 스왑 기타 신용파생상품[755] 모두 허용되지 않는다고 볼 수 있다. 다만 상거래상의 위험에 대한 인수는 허용된다는 점과, 파생상품은 투기목적이 아니라 시장위험으로부터 리스크를 헤지하기 위한 목적으로도 이용된다는 점에서는 그 도박성 또는 투기성과는 별개로 샤리아에 부합되는 것으로 볼 여지도 있다. 따라서 현재 이슬람 파생상품거래의 허용에 적극적인 입장은 대부분 파생상품의 리스크 헤지 기능을 강조하면서, 도박 금지의 샤리아 원칙 위배 주장에 대항하고 있다.[756] 다만, 1992년 5월 이슬람협력기구(OIC)의 국제이슬람피끄 아카데미(IIFA)가 Resolution No. 63(1/7)을 통하여 지수를 기초자산으

---

754) The Saheeh International, *id.*, p.109.

755) *See* Moorad Choudhry, *An Introduction to Credit Derivatives*, second edition (Elsevier, 2013).

756) Muslima Zahan/Ron S. Kenett, "Hedging Instruments in Conventional and Islamic Finance," *EJASA:DSS*, Vol 3, Issue 1, 2012, p.73; Mohammad Mahdi Hajian/Dr Mohammad Issaei Tafreshi, "Gambling and Futures Contracts: Comparative Study between English and Islamic Law" 〈http://www. academia.edu/978006/Gambling_and_Futures_Contracts_Comparative_Study_between_English_and_Islamic_Law〉 (visited on December 4, 2016).

로 하는 선물·옵션 등의 파생상품 거래는 도박에 해당하는 것으로 판단하였음은 앞에서 설명한 바와 같다.

한편, 일반금융에서는 파생상품거래의 도박성에 대해 예외적으로 법적 평가를 면제하는 규정을 입법적으로 마련함으로써 이에 대한 논란에서 전면 벗어날 수 있다. 그러나 이슬람 율법에서는 가장 최상위 법원(法源)인 꾸란에서 도박을 금지 대상으로 명시하고 있는데, 이에 상응하는 법원으로 파생상품거래가 도박에 해당되지 않아 허용된다는 명시적인 근거를 마련할 수 없고 해석에 의해 운용될 수밖에 없기 때문에, 현실적으로 이에 대한 논란이 완전 종식되기는 어려운 한계가 있다.

4. 샤리아위원회의 승인을 받을 것

가. 의 의

샤리아위원회는 직접적으로 꾸란이나 그 밖의 법원에 근거하여 운영되는 조직은 아니다. 이는 1970년대에 이슬람금융기관이 풍부한 석유자본을 이용하여 금융투자를 확대할 목적으로 샤리아에 적합한 새로운 금융상품을 개발하기 위해 저명한 이슬람 학자 및 지도자에게 그 임무를 맡기던 것에서 출발하여 점차 그 샤리아 적격성 평가조직의 판단에 관행적으로 구속되면서 제도적으로 정착되었다.757)

말레이시아 중앙은행과 같이 법적으로 샤리아위원회의 운영을 강제하여 이의 판단에 구속되도록 하기도 하고, 그렇지 않더라도 이슬람

---

757) 손태우 외, 전게논문(註 610), 63~64면. 동 논문에서는 이라크 파이살 왕자가 Dar Al-Maal Al Islami 금융그룹을 경영하면서 이집트의 세이크 무하마드 카드를 위원장으로 하는 위원회를 구성하였고, 사우디아라비아의 세이크 살레 카말이 자신이 설립한 Dallah Al Baraka Group을 경영하면서 최고 종교기관 그룹을 임명한 연력을 소개하고 있다.

금융을 취급하는 금융기관은 샤리아위원회를 통하여 샤리아에 적합하도록 내부통제체계를 마련하고 있어 사실상 샤리아위원회의 판단에 부합할 경우에만 해당 이슬람금융상품이 적법하게 거래될 수 있다. 이에 따라 특정 이슬람 파생상품이 개발되는 경우 샤리아위원회의 승인 여부, 나아가 샤리아위원회의 적법한 운영 여부 등이 새로운 이슬람 파생상품의 적법성 여부 판단에 영향을 줄 수가 있다.

나. 근 거

샤리아위원회는 이슬람금융기관의 관행적인 조직이기 때문에 꾸란이나 그 밖의 법원(法源)에서 그 설립근거를 찾을 수는 없다. 다만 이슬람 율법에서 그 운영의 정당성을 부여할 수 있다면 샤리아위원회의 판단과 결정을 따르는 것이 샤리아를 준수하는 과정이 되고, 개별 금융상품의 적법성 여부에 대한 불필요한 논란을 줄일 수가 있게 될 것이다.

샤리아위원회를 포함한 지배구조에 관하여 이슬람 율법상 근거를 Qur'an 3:191[758])과 Qur'an 51:56[759])에서 찾고 있는 견해[760])가 있다. 이에 따르면 샤리아위원회 또한 Allāh가 의도한 목적에 따라 만들어졌으며, 또 그의 뜻에 따라서 운영되어야 할 필요가 있다. 이렇게 샤리아위원회가 샤리아에 부합하게 운영되는 경우 금융거래 당사자가 샤리아위원회의 결정과 판단을 기초로 금융거래를 하는 것이 일견 정당화될 수

---

758) "Who remember Allāh while standing or sitting or [lying] on their sides and give thought to the creation of the heavens and the earth, [saying], "Our Lord, You did not create this aimlessly; exalted are You [above such a thing]; then protect us from the punishment of the Fire."[The Saheeh International, *supra* note 568, p.67].

759) "And I did not create the jinn and mankind except to worship Me."[The Saheeh International, *id.*, p.528].

760) Shamsher Mohamad *et al*, *supra* note 609, p.2.

있는 것이다.

다. 개별 파생상품에 대한 적용

샤리아위원회와 같은 내부통제제도의 운영과 관련하여 개별 금융상품의 샤리아 적격 여부가 문제될 경우에는 해당 금융상품의 적법성 여부에 대한 검토 과정에서 위원회 구성, 의결과정 등의 형식적 절차가 문제될 여지가 있다. 원칙적으로 이러한 형식적 절차를 제대로 거치지 아니한 경우에는 특정 금융상품의 샤리아 적격성 여부에 대해 실질적인 검토과정이 필요할 것이다. 이에 반해 샤리아위원회의 구성 등의 형식적 절차에 문제가 없는 경우라면 1차적으로 샤리아위원회의 판단은 존중되어야 할 것이다. 그럼에도 불구하고 개별 이슬람금융기관의 샤리아위원회마다 견해가 다를 수 있기 때문에 특정한 샤리아위원회의 견해에 전적으로 의존할 수도 없다.

라. 샤리아위원회 판단과 일반법원 판단의 상충 가능성

논리적으로 샤리아위원회의 판단과 일반법원의 판단 결과가 상충될 가능성이 상존한다.

샤리아위원회가 해당 금융상품이 적법하다고 승인하였음에도 불구하고 일반법원은 금융투자자 보호의 관점에서 제정법에 위배된 것으로 판단할 수가 있고, 역으로 샤리아에 부합하지 아니한 금융상품의 경우라도 일반법원의 시각에서는 문제가 없는 것으로 판단할 수가 있는 것이다. 이렇게 샤리아위원회의 판단과 일반법원 판단이 달라질 수 있다는 점은 이슬람 금융상품거래에서 법적 리스크를 키우는 요인이 된다는 점에서 이슬람금융의 가장 큰 문제점으로 지적된다.

이와 관련하여 말레이시아 중앙은행법(Central Bank of Malaysia Act

2009)은 샤리아위원회(Shariah Advisory Council: SAC)의 판단에 이슬람 금융기관, 법원, 중재기관 등이 구속된다는 내용을 명시함으로써, 입법적으로 해결하고 있다.761) 이에 따라 말레이시아 중앙은행법이 개정된 2009년 11월 25일 전에는 말레이시아 법원은 말레이시아중앙은행의 판단을 고려할 수 있는 재량이 인정되었으나, 개정법이 시행된 이후부터는 금융 분야에서의 이슬람 율법의 확인에 관한 한 SAC의 판단에 따라야 한다.762)

말레이시아 항소법원의 *FLH LCT Services Sdn Bhd & Anor v. Malaysian Debt Ventures Bhd* [2016] 1 AMCR 17 판결 내용을 살펴보면, '바이 이나'의 샤리아 부합 조건에 대한 샤리아위원회의 결정 내용과는 별도로 담당법원이 '바이 이나'의 유효 조건에 대해 검토를 하고, 해당 거래의 경우 매매대상 자산의 현존성이 인정되지 않는다는 이유로 '바이 이나'에 해당하지 않으며 샤리아에 부합하지도 않는 거래로 보아 금융제공자(피항소인, 1심 원고)인 Malaysian Debt Ventures Sdn Berhad의 청구를 기각하고 있다.

일반적으로는 샤리아 문제를 전문적으로 다루는 샤리아법원을 별도로 설치하여 운영하는 것이 바람직할 것이나,763) 그렇지 않는다면 샤리아위원회의 판단과 일반법원 판단이 다른 경우에는 실체적 판단과 법집행에 일관성을 기할 수 있다는 점에서 일반법원의 판단이 우선한다고 보아야 할 것이다.

---

761) Central Bank of Malaysia Act 2009, Section 57: Any ruling made by the Shariah Advisory Council pursuant to a reference made under this Part shall be binding on the Islamic financial institutions under section 55 and the court or arbitrator making a reference under section 56.

762) 말레이시아 Tan Sri Abdul Khalid bin Ibrahim v. Bank IslamMalaysia Bhd [2012] 7 MLJ, para. 45.

763) 말레이시아 Tan Sri Abdul Khalid bin Ibrahim v. Bank IslamMalaysia Bhd [2012] 7 MLJ, para. 55 참조.

V. 소 결

이 절에서는 이슬람금융에 관한 일반적인 배경과 이슬람 파생상품의 구조 및 관련 이슬람 율법에 관하여 살펴보았다. 이를 토대로 'IV. 이슬람 파생상품거래와 투자자보호의 법리' 부분에서 투자자로서 활용할 수 있는 법리를 결론삼아 종합적으로 정리하였다. 아래에서는 관련 보충내용으로 향후 이슬람 파생상품거래에 대한 연구와 실제 거래상의 유의점을 살펴보기로 한다.

1. 이슬람 파생상품거래 관련 투자자보호 법리의 활용

이슬람금융은 서구 일반금융과는 달리 불공정 거래, 투기적 거래 등을 배격하고 수익성보다는 사회적·경제적 정의와 형평성 및 공정성을 확립하고자 한다는 점에서, 근본적으로 일반금융과 다른 특성을 가지고 있음은 앞에서 살펴본 바와 같다. 종교적 율법을 통하여 정보비대칭성 해소, 불확실·불투명한 거래의 금지 등의 이상을 현실에서 구현하고 있는 점은 설명의무, 적합성 원칙 등의 투자자보호의 제도적 틀을 마련해 가고 있는 우리에게 좋은 시사점을 준다고 하겠다. 또한 리바 금지의 율법은 민법이나 약관법의 불공정한 법률행위 법리와도 기초적인 관념이 맞닿아 있다. 이슬람금융에 대한 기초적인 이해를 통해 서구의 자유경쟁의 경제논리에 치우친 일반금융의 사고에서 탈피하여 투자자보호 강화에 대한 사회적 공감대와 합의를 이끌어 내고 건전한 금융영업의 관행을 제도적으로 실현해 나가야 한다는 당위와 명분이 재확인되었다고 하겠다.

한편, 'IV. 이슬람 파생상품거래와 투자자보호의 법리' 부분에서 기술한 이슬람 파생상품 관련 리바 금지, 가라르 금지, 마이시르 금지, 샤리아위원회의 승인 필요성 등의 투자자보호 법리의 특별한 의의는, 이러한 법리를 당장 국내 개인투자자가 활용할 수 있도록 하고자 한 것이 아니라, 1차적으로 이슬람 파생상품에 대한 대응준비가 미비한 국내 금융기관들이 글로벌 금융기관들을 상대방으로 한 국제거래에서 투자자로 나설 때 일반금융과는 법리가 크게 다른 이슬람 파생상품거래에 무분별하게 접근하지 말고 이러한 법리들에 대한 신중하고 면밀한 검토를 거쳐야 한다는 메시지를 주는 데 있다. 또한 일본의 경우와 같이 직접 이슬람권 국가에 진출하여 이슬람금융 영업을 개시하고자 하는 경우에도 투자자 입장에서 관련 법리를 검토하고 분석함으로써 법적 분쟁을 예방하고, 특히 설명의무, 적합성 원칙 등 투자자보호의 영업관행을 현지 이슬람금융 실정에 맞게 정립해 가는 데 기여할 수 있을 것으로 생각된다.

2. 이슬람 율법에 기초한 파생상품거래 법리 이해 필요

국제이슬람피끄아카데미(IIFA), 이슬람금융기관회계및감사기구(AAOIFI) 등 유력한 이슬람 율법 판단 기구들은 기본적으로 파생상품거래가 샤리아에 부합하지 않는 것으로 보고 있고, 다만 말레이시아의 경우 말레이시아 중앙은행을 중심으로 이슬람금융의 활성화를 위해 법제도적으로 적극 지원을 하고 있는 형세에 있다. 따라서 이슬람 파생상품거래는 원칙적으로는 허용되지 않으나, 이슬람 율법에 부합하는 한도에서 예외적으로 허용되는 거래로 이해하는 것이 안전할 것으로 보인다. 말레이시아, 인도네시아 등 일부 이슬람국가 등의 노력으로 향후 이슬람 파생상품거래가 더욱 확대될 것으로 보이지만, 여전히 법적 분쟁 발생 시 법원의 판단의 방향은 예단하기 어렵다. 향후 기본적인 이슬람 율법을 기초로 전통적인 이슬람 파생상품은 물론, 신종 이슬람 파생상품 관련 법리에 대한 연구를 확대해 나갈 필요가 있다. 특히 신종 이슬람 파생상품의 경우 전통적인 이슬람 금융상품을 기초로 구조화하는 형태를 띠고 있기 때문에 전통적인 이슬람 금융상품에 대한 이해가 선결적이다. 이 책에서는 지면관계상 기본적인 이슬람 율법과 이슬람 파생상품에 대한 간단한 소개에 그치고 그 밖의 이슬람 금융상품들에 대한 상세한 설명은 생략하였으나, 이에 대한 심도 있는 이해가 필수적임은 두말할 필요가 없다.

한편 신종 이슬람 파생상품의 경우에는 샤리아에 부합하기 위해서는 실물과 연계한 거래 형태를 구조화하여야 하기 때문에 그 구조와 거래 프로세스가 복잡할 수밖에 없다. 따라서 이슬람 파생상품을 세부적으로 분해하고 각각의 거래단계에서 샤리아와 연계하여 평가를 할 수 있는 유기적인 분석능력이 더욱 요구된다고 하겠다. 이슬람 파생상품을 제대로 이해하기 위해서는 일반금융 파생상품에 대한 이해 외에, 금융거래 관련 이슬람 율법, 기본적인 이슬람 금융상품, 전통적 이슬람 파생상품, 신종 이슬람 파생상품의 구조 등을 모두 복합적으로 이해할 수 있어야 할 것이다.

3. 법적 리스크 검토의 중요성

이슬람 파생상품거래의 가장 큰 장애요소는 법적 리스크라고 생각된다. 동일한 파생상품을 놓고도 각 학파마다 허용되는 것으로 보는 범위가 다를 뿐만 아니라, 샤리아위원회의 율법적인 평가도 달라질 가능성이 상존해 있다. 나아가 샤리아위원회의 율법적 평가와 법원의 판단 또한 불일치할 여지가 있기 때문에 법적 리스크가 일반금융 거래에서보다 훨씬 크다고 할 수 있다. 2010년 3월 1일 국제스왑파생상품협회(ISDA)와 International Islamic Financial Market(IIFM)이 공동으로 공표한 이슬람 파생상품거래 표준계약서인 "ISDA/IIFM Tahawwut(Hedging) Master Agreement"[764]에서조차도 동 계약서 사용에 따른 샤리아 준수(Shari'ah compliance) 책임은 당사자에게 있고, IIFM Shari'ah Advisory

Panel의 샤리아 승인을 보장하지는 않는 것으로 설명하고 있다.

따라서 이슬람 파생상품 관련 법리에 대한 학파별 견해(fiqh), 샤리아위원회의 결정, 법원의 판결 등에 대한 동향 파악과 이에 대한 이해가 무엇보다도 중요하다. 그렇지 않으면 파생상품거래 자체가 뜻하지 않게 무효가 됨으로써 소기의 거래목적을 달성하지 못하게 될 수도 있고, 불필요한 법적 분쟁에 휘말릴 우려가 있다.

또한 이슬람 파생상품거래와 관련한 법적 리스크 검토에서는 샤리아위원회의 적법한 구성 및 운영에 대한 검토, 샤리아위원회의 계층적 구조, 샤리아위원회의 결정에 대한 법원의 구속 여부, 그 밖에 중앙은행, 금융감독기관 등과의 관계 등에 대한 검토가 필요할 것으로 보인다.

그럼에도 불구하고 법적 리스크 검토에서는 이슬람 율법의 근거와 법적 판단에 대해 일반 법률이론으로 해결할 수 없는 본질적 한계가 있고, 이슬람 율법학자의 조력이 반드시 필요하다는 점은 일반금융과 다른 점이다.

---

764) 동 표준계약서의 주요 내용에 대해서는 *See* Fagerer, Richard/Pikiel, Michael E./McMillen, Michael J. T., "The 2010 Tahawwut Master Agreement: Paving the Way for Shari'ah-Compliant Hedging" (April 25, 2012). Available at: 〈http://dx.doi.org/10.2139/ssrn.1670118〉 or 〈https:// papers.ssrn.com/sol3/papers.cfm?abstract_id=1670118〉 (visited on December 4, 2016).

제5장

결 론

1. 이 책에서는 파생상품거래에서의 투자자보호의 법리를 집중적으로 검토하였다. 파생상품과 일반 금융상품의 경계에서 이를 구분하여 전자의 경우에 투자자보호를 강화할 수 있도록 하기 위해 파생상품의 개념과 특성을 규명하고자 하였고, 국내 민법·자본시장법·「증권관련 집단소송법」·약관법 등에 산재되어 있는 파생상품거래 관련 투자자보호의 법리를 외국의 입법례와 국내외 판례를 참고하여 분석하고 사례연구를 진행하는 한편, 필요한 곳에서는 입법론을 제시하였다. 또한 국제 파생상품거래의 투자자보호 법리와 관련하여 국내에 아직 소개가 되지 않은 이슬람 파생상품거래에서의 거래당사자들의 권리의무와 관련 법적 이슈, 이슬람 율법상의 근거 및 시사점 등을 살펴보았다.

아래에서는 이 책의 각 장에서 살펴본 내용을 요약·정리하는 것으로 결론을 대신하기로 한다.

2. 제2장에서는 파생상품의 개념과 특성을 규명함으로써 파생상품과 관련한 투자자보호의 법리가 적용될 수 있는 영역을 확정하여 법적

리스크를 줄일 수 있는 방안을 모색하고자 하였다. 그 결과 파생상품의 본질적 특성은 자본시장법에서 정의한 '추가지급의무'와 같은 사후적인 평가를 거쳐야만 확인될 수 있는 개념요소가 아니라, 그 경제적 특성에 따라 '기초변수와 구별되지만 연계하여' 그 이행내용이 결정되는 점과, 그 외에 '약정일 이후에 계약만기일 또는 이행일이 도래하는 점'을 부차적으로 고려하는 것이 타당하며, 이러한 개념요소에 따르면 파생상품과 파생결합증권은 동일 유형의 금융투자상품으로 분류되므로 동일하게 규율되어야 한다는 점을 지적하였다. 아울러 변액보험이나 불법FX마진 거래와 같이 파생상품의 특성과 개념요소를 보유한 금융투자상품에 대해서는 투자자에 대한 사전경고 및 교육·홍보를 강화할 것을 주장하는 한편, 변액보험과 관련하여 보험업법에 규정된 적합성 원칙 규정을 대신하여 설명의무 위반에 대한 손해배상의 특칙 등을 활용할 수 있도록 자본시장법 제46조와 관련 규정을 준용하도록 하는 것이 바람직하다는 점을 입법론으로 제시하였다.

제3장에서는 국내 파생상품거래와 관련한 투자자보호의 법리를 고찰하기 위해 국내외 법령 및 최신 판례 등을 정리하고, 각각의 법리와 관련한 사례연구를 진행하였다. 민법상 투자자보호의 법리로는 사기, 착오, 불공정한 법률행위, 사정변경의 원칙 등에 대해 파생상품과 관련된 내용을 중심으로 살펴보고, 국내외 판례를 검토하였다. 그 결과 파생상품 관련 법적 분쟁에서 사기·착오의 법리를 적극적으로 인정한 미국 SEC 등이나 일본 법원과는 달리 국내 대법원의 판결은 그 인정에 소극적인 것으로 평가되어 입장변화가 요청되었다.

자본시장법상 투자자보호의 법리로는 적합성 원칙, 적정성 원칙, 설명의무, 부당권유 및 부당광고 금지, 내부자거래 금지, 시세조종 금지, 부정거래행위 금지 등에 대해 살펴보았다. 적합성 원칙과 관련해서는 증명책임을 일반투자자에서 금융투자업자에게로 전환하여 운용하는 것이 바람직함을 지적하고, 조사의무대상에는 투자목적 및 투자경험 외에 투자자의 연령, 투자상품에 대한 이해능력, 투자금의 용도 및 회수기간, 투자손실 감수범위 등이 고려되어야 함을 주장하였다. 또한 적합성 원칙 적용의 전제가 되는 투자권유 유무를 판단할 때에는 투자자보호를 강화할 수 있도록 적극적인 입장을 견지할 필요가 있고, 영국의 Conduct of Business Sourcebook과 같이 투자권유유무에 대한 판단기준을 법령에 명시할 필요가 있음을 입법론으로 제시하였다.

적정성의 원칙과 관련해서는 영국의 Conduct of Business Sourcebook을 참고하여 적정성의 의미를 규명하고자 시도하였고, 그 결과 '적정성'의 의미를, "금융투자업자가 파악한 투자대상 파생상품 등에 내재된 리스크와, 고객이 자신의 모든 경험과 지식을 기초로 이해 가능한 투자대상 파생상품 등의 전체 리스크의 수준이 상응한지 여부"로 파악하였다. 이에 따라 심사대상을 기준으로 적합성 원칙과의 구별을 모색하였는데, 적정성은 '금융투자상품 리스크에 대한 고객의 이해가능성'에, 적합성은 '금융투자상품 리스크에 대한 고객의 수인(受忍)가능 범위 및 이를 고려한 금융투자상품의 투자권유 대상 적격성'에 있다는 견해를 피력하였다. 아울러 적정성의 원칙을 파생상품 판매자가 아닌 파생상품 개발자에 대한 책임추궁의 법리로 확장 적용할 수 있도록 하는 방안을 연구·검토할 필요가 있음을 지적하였다.

설명의무와 적합성 원칙과의 관계에서 적합성 원칙 위반의 경우에 독자적으로 손해배상책임을 인정하기보다는 설명의무 위반 여부를 다시 검토하여 최종적으로 손해배상책임을 인정하는 순차적인 검토방식을 거치는 것이 자본시장법 제48조의 특칙조항을 살리는 방안으로 제시하였으며, 설명의무 대상과 정도에 대해서도 금융투자업자에게 보다 상세하고 엄격한 설명의무를 인정할 필요가 있음을 주장하여 이에 대해 다소 소극적인 현행 대법원 판례에 문제가 있음을 지적하였다.

부당권유 및 부당광고 금지 규정과 관련하여 부당광고 금지 규정도 강행규정으로 해석하여 투자자보호를 강화할 수 있도록 할 필요가 있음을 주장하였고, 내부자거래 금지와 관련해서는 자본시장법 제175조의 손해배상 특칙이 인정되는 내부자거래 행위에 제174조뿐만 아니라 제173조의2 제2항도 적용될 수 있도록 개정하는 것이 바람직하다는 점을 입법론으로 제시하였다.

시세조종 금지와 관련하여 최근의 ELS 상환조건 성취 방해 관련 판례와 도이치은행 옵션만기일 시세조종 관련 판례를 검토·분석하였다. 그 결과 주가연계증권 거래에서 상환조건의 성취 여부에 대해서는 양 거래당사자의 관리통제권 밖에서 시장에 의해 결정하기로 하는 암묵적인 합의가 있다고 보아야 하는데, 어느 일방이 이를 어기고 조건성취 여부를 마음대로 조작하는 것은 신의성실의 원칙상의 '선행행위와 모순되는 거동 금지'에 위반되는 행위로 평가될 수 있고, 주가연계증권에 설정되어 있는 조기상환 또는 만기상환의 '조건(條件)'은 당사자 간에 그 성취 여부가 불확실한 사정에 의존되어야 하는데, 발행인이나 그로부터 상환의무의 위험을 인수한 헤지거래 당사자가 임의로 해당 조건을 성취하거나 그 성취를 방해할 수 있다면 이는 무효가 되는 '수의조건(隨意條件)'이 되는 것이어서 주가연계증권의 상환조건 설정 자체가 성립될 수 없는 것이므로, 델타헤지거래라는 이유만으로 시세조종행위에 대해 면책을 주어서는 안 된다는 의견을 제시하였다.

마지막으로 부당거래 금지와 관련해서는 대법원은 자본시장법 제178조 제1항에서 규정한 '부정한 수단, 계획 또는 기교'에 대해 "사회통념상 부정하다고 인정되는 일체의 수단, 계획 또는 기교"라고 판시하고 있는데, '사회통념'이라는 불명확한 용어가 추가됨으로써 본래의 조항보다도 더 추상적이고 불명확하게 되어 해석기준으로 활용하기에는 곤란하다는 점을 지적하였다.

한편, 「증권관련 집단소송법」에서는 파생상품거래도 증권관련 집단소송의 대상에 포함될 수 있도록 적용범위, 공통성 요건 등의 현행 법 조항을 적극적으로 해석할 필요가 있고, 특히 장내파생상품거래의 경우 이를 증권관련 집단소송 대상에 포함하도록 법개정이 필요함을 주장하였다. 아울러 원고 소송대리인의 자격의 제한을 철폐하여 집단소송에 전문적인 소송대리인을 활용할 수 있도록 하는 한편, 법원의 해석으로 증권회사, 스왑거래 상대방 등에 대한 집단소송이 허용되고 있는 점을 반영하여 관련 법조항을 삭제하는 등 소송허가요건을 정비할 필요가 있다는 점을 입법론으로 제시하였다.

약관법상 투자자보호의 법리와 관련하여 약관성 인정 여부에는 '특정의 사업자'가 (1회적인 계약체결이 있더라도) '다수의 계약을 반복적으로' 체결할 예정이었는지 여부가 중요한 판단기준이 되며, KIKO 계약서에 대해 약관성을 인정하여 약관통제 법리로 투자자보호를 강화할 여지도 있었으나, 이와 달리 약관성을 부인한 대법원 판례가 문제가 있음을 지적하였다.

제5장에서는 국제 파생상품거래의 투자자보호 법리를 검토하였다.

서구 일반금융 파생상품거래에서 표준약관으로 통용되는 ISDA Master Agreement의 주요 골자와 2013 Standard Credit Support Annex (SCSA)의 주요 내용을 살펴보았다. 또한 ISDA 약정서 사용 시 특별히 준거법을 국내법으로 지정하지 아니할 경우 국내 약관법을 통한 투자자보호가 어렵게 될 수 있다는 점을 강조하였다.

아울러 이슬람 파생상품거래에 따른 투자자보호의 법리를 중점적으로 검토하였다. 이슬람금융의 법원(法源)과 특성, 파생상품거래의 허용성 등의 일반론을 고찰한 다음, 전통적 이슬람 파생상품과 신종 이슬람 파생상품의 개념과 구조를 살펴보았다. 그리고 이슬람 파생상품거래와 관련한 투자자보호의 법리로 리바 금지, 가라르 금지, 마이시르 금지, 샤리아위원회의 승인 필요성 등의 의의 및 근거, 개별 파생상품에 대한 적용 가능성 및 문제점 등을 요약적으로 설명하였다. 마지막으로 이슬람 파생상품거래 관련 투자자보호 법리의 활용 방향, 이슬람 율법에 기초한 파생상품거래 법리에 대한 이해 필요성, 법적 리스크 검토의 중요성 등을 소결론으로 제시하였다.

　　3. 이 책에서는 국제 파생상품거래와 관련하여 영미법상의 파생상품거래 법리에 대해서는 일부 판례연구에서 검토된 내용 외에 상세한 설명은 생략하였다. 이는 본문의 국내 민법 및 자본시장법의 해당 부분에서 입법례나 판례법으로 언급되어 있고, 보다 자세한 내용은 다른 국내외 문헌에서도 쉽게 확인할 수 있는 법리라고 생각하였기 때문이다. 대신 국내에는 잘 소개되어 있지 않은 이슬람 파생상품에 관한 법리에 대해서 많은 지면을 할애하여 소개하고자 하였으나, 그나마 책자 분량의 제약으로 이슬람금융의 기본 금융거래에 대한 설명이 자세히 되지 못하였다. 이슬람 파생상품거래에 사용될 ISDA/IIFM Tahawwut(Hedging) Master Agreement에 대한 분석과 연구도 필요하다고 생각된다. 이 책에서 제대로 다루지 못하였거나 미비된 부분에 대해서는 향후 이어질 학계의 연구성과에 기대해 본다.

참고문헌

■ 국내문헌

1. 단행본

곽윤직, 「채권각론(제6판)」, 박영사, 2003.

곽윤직 · 김재형, 「민법총칙[민법강의 I I(제9판)」, 박영사, 2016.7.

금융감독원, 「외국환거래 위반사례집」, 2015.7.

김건식 · 정순섭, 「자본시장법(2판)」, 두성사, 2010.10.

김동일, 「Stata를 이용한 계량경제분석」, Philosophy & Art, 2011.

김민중, 「계약법」, 신론사, 2015.3.

김병연 · 권재열 · 양기진, 「자본시장법(제2판)」, 박영사, 2015.2.

김상용, 「채권각론(상)」, 법문사, 1999.

김용재, 「자본시장과 법(개정판)」, 고려대학교출판문화원, 2016.10.

김욱곤, 「주석채권각칙(I)」, 한국사법행정학회, 1985.

김주수, 「채권각론」, 삼영사, 1997.

김준호, 「민법총칙(제7판)」, 법문사, 2013.1.

김중관 · 이승영, 「이슬람 금융의 도입 사례 분석 및 시사점」, 한국금융연구
    원, 2011.4.

김증한, 김학동 증보, 「민법총칙(제10판)」, 박영사, 2013.6.

김증한, 「채권각론」, 박영사, 1988.

김택주, 「자본시장법」, 국민대학교출판부, 2015.2.

김형배 · 김규완 · 김명숙, 「민법학강의(제13판)」, 신조사, 2014.2.

김화진, 「자본시장법 이론」, 박영사, 2014.

박 준 · 정순섭 편저, 「파생금융거래와 법(제1권)」, 소화, 2012.4.

브라이언 케텔, 김두윤·김윤경 譯, 「꼭 알아야 할 이슬람 금융」, 해남, 2014.2.

생명보험협회, 「변액보험의 이해와 판매」, 지원출판사, 2016.8.

송덕수, 「민법총칙(제2판)」, 박영사, 2013.1.

신용진, 「장외파생상품 거래계약 해설」, 형설출판사, 2013.11.

오세경·박선종, 「키코사태의 진실을 찾다」, 북마크, 2013.7.

옥선기, 「금융투자상품의 연계불공정거래에 대한 이해─사례 분석 및 규제 입법론─」, 세창출판사, 2014.9.

요시다 에츠야키, 이진원 譯, 「이슬람 금융이 뜬다」, 예·지, 2008.6.

원재환, 「파생상품이론」, 신론사, 2013.4.

이은영, 「채권각론(제5판보정)」, 박영사, 2007.

이재목, 「계약법 I 」, 진원사, 2013.6.

이충렬·이영수·제상영, 「이슬람금융: 이론과 현실 및 활용방안」, 대외경제정책연구원, 2011.12.

이필영, 「이야기로 배우는 계량경제학」, 교우사, 2003.

임재연, 「자본시장법(2015년판)」, 박영사, 2015.2.

_____, 「자본시장법과 불공정거래─내부자거래·시세조종·부정거래행위─」, 박영사, 2014.11.

장덕조, 「보험법(제3판)」, 법문사, 2016.1.

_____, 「상법강의」, 법문사, 2016.1.

_____, 「회사법(제2판)」, 법문사, 2015.3.

정경영, 「상법학강의(개정판)」, 박영사, 2009.9.

_____, 「상법학쟁점」, 박영사, 2016.8.

정광수, 「계약법」, 법영사, 2015.1.

정찬형 편집대표, 「주석 금융법(III) [자본시장법 I]」, 한국사법행정학회, 2013.4.

정찬형, 「상법강의(상)(제19판)」, 박영사, 2016.3.

_____, 「상법강의(하)(제18판)」, 박영사, 2016.3.

정찬형 · 최동준 · 김용재, 「로스쿨 금융법」, 박영사, 2009.

정찬형 · 최동준 · 도제문, 「은행법강의(제3판)」, 박영사, 2015.9.

지원림, 「민법강의(제13판)」, 홍문사, 2015.1.

최승재 · 나지수 · 변환봉 · 최광선, 「증권관련집단소송법 개정론」, 법률신문
사, 2014.7.

한국금융투자협회, 「2015년 금융투자 Fact Book」, 2015.

한국증권법학회, 「자본시장법[주석서 I](개정판)」, 박영사, 2015.8.

황민택, 「장외 파생상품 계약 실무(제3판)」, 탐진, 2008.2.

2. 논문 및 기타자료

강효빈, "장외파생상품 거래를 위한 ISDA 기본계약서 체결 관련 법적 쟁점,"
「증권법연구」제14권 제1호, 한국증권법학회, 2013.4.

고동원, "키코(KIKO) 파생상품 계약의 구조와 적합성 원칙에 관한 법적 검
토,"「저스티스」통권 119호, 한국법학원, 2010.10.

고용수 · 김진홍, "주요국의 이슬람금융 대응전략과 시사점,"「한은조사연구
(2007-35)」, 한국은행 조사국, 2007.11.

권순규 · 정상현, "키코(KIKO)통화옵션계약에 있어서 사정변경 법리에 의한
해지권의 인정여부—관련 가처분 결정을 중심으로—,"「성균관법학」제
21권 제3호, 성균관대학교, 2009.12.

금융감독원, FX마진거래 위규사례 및 유의사항, 업무자료, 2013.12.

_____, FX마진거래(해외통화선물거래)를 통한 투자자모집 사기 주의!,
2008.5.6.자 보도자료.

_____, 최근 이슬람금융 동향 및 시사점, 2006.9.

금융감독원 · 금융투자협회, FX마진 등의 불법 거래 실태점검 및 투자자 유
의사항, 2010.9.3.자 보도자료.

금융위원회 · 금융감독원, 옵션만기일(2010.11.11) 주가급락 관련 불공정거
래 혐의 조사결과 조치, 2011.2.23.자 보도자료.

김광록, "증권집단소송의 최근 동향으로 본 증권관련 집단소송법의 발전적
개선을 위한 제언,"「상사판례연구」제26집 제3권, 한국상사판례학회,
2013.9.

김대규, "변액보험의 설명의무와 적합성의 원칙－서울고등법원 2010.3.31.
선고 2009나97606 판결을 중심으로－,"「법학연구」통권 제39집, 전북대
법학연구소, 2013.9.

김상만, "키코(KIKO) 통화옵션계약에 대한 최근 대법원 판결의 고찰－대법
원 2013.9.26. 선고 4건의 판결－,"「법학논총」제31집, 숭실대학교 법학
연구소, 2014.1.

김선정, "변액유니버셜보험계약에 있어서 설명의무와 적합성원칙에 대한 재
론－대법원 2013.6.13. 선고 2010다34159 판결－,"「금융법연구」제10권
제2호(통권 제20호), 한국금융법학회, 2013.12.

김성태, "증권관련 집단소송법에 있어서 대표당사자에 대한 연구－2009가합
8829 증권관련 집단소송 사건을 중심으로－,"「법학논총」제24집, 숭실대
학교 법학연구소, 2010.7.

김영주, "금융투자업자의 적합성 원칙 준수의무와 민사책임－일본 최고재판
소 2005.7.14. 판결(最高裁 平成17年 7月 14日)을 중심으로－,"「기업법
연구」제24권 제4호(통권 제43호), 한국기업법학회, 2010.12.

김용재, "KIKO 사건의 주요 쟁점에 관한 법리적 재검토,"「저스티스」통권
140호, 한국법학원, 2014.2.

_____, "스노우볼 계약과 고객보호 의무에 관한 소고,"「증권법연구」제13
권 제3호, 한국증권법학회, 2012.

_____, "투자중개ㆍ매매업자의 주의의무에 관한 연구,"「증권법연구」제14
권 제3호, 한국증권법학회, 2013.

김정렬, "한국과 일본의 이슬람금융 도입에 관한 비교 연구,"「대한경영학회
지」제24권 제2호(통권 85호), 대한경영학회, 2014.4.

김종국, "설명의무의 법적 지위,"「경희법학」제42권 제2호, 경희대 법학연

구소, 2007.

김종호, "보험상품의 불완전판매에 대한 법적 규제방안,"「법학연구」제23권 제1호, 충남대학교 법학연구소, 2012.6.

김주영, "증권관련 집단소송법제 개선방안," 경제적 약자보호를 위한 소송제도 개선방안에 관한 세미나 발표자료, 이종걸 의원/국회 경제민주화포럼 공동주최, 2015.6.4.

김진우, "약관의 편입통제,"「동북아법연구」제8권 제3호, 전북대 동북아법연구소, 2015.

김창희, "주가연계증권 연계 불공정거래행위—상환평가일에 이루어진 기초자산 대량매각행위의 위법성을 중심으로—,"「저스티스」통권 제137호, 한국법학원, 2013.8.

김홍기, "자본시장법상 파생상품 연계 불공정거래행위에 관한 연구,"「법조」제58권 제9호(통권 제636호), 법조협회, 2009.9.

대법원, 대법원, 4건의 다양한 사안을 통해 KIKO 소송에 관한 심리·판단의 기준 제시, 2013.9.26.자 보도자료.

대외경제정책연구원, "이슬람 금융의 개요 및 일반 금융과의 비교," 2015.4.

류혁선, "파생상품의 법적 개념에 관한 소고,"「증권법연구」제12권 제1호, 한국증권법학회, 2011.

맹수석, "변액보험 관련 판례와 소비자보호의 법리,"「금융소비자연구」제3권 제1호, 한국금융소비자학회, 2013.8.

박선종, "금융투자상품 거래시 주문착오와 손해배상에 관한 연구,"「증권법연구」제15권 제3호(통권 제34호), 한국증권법학회, 2014.

_____, "전자거래시 착오에 관한 연구—금융투자상품의 장내거래를 중심으로—,"「증권법연구」제14권 제3호(통권 제31호), 한국증권법학회, 2013.

_____, "최근 판례를 통하여 본 금융투자상품의 설명의무—설명의무의 구체적 인정기준을 중심으로—,"「증권법연구」제14권 제1호, 한국증권법학회, 2013.4.

_____, "KIKO계약의 구조에 관한 연구―민법 제104조 및 제109조와의 관계를 중심으로―,"「민사법학」제66호, 한국민사법학회, 2014.3.

박영규, "의사의 설명의무위반에 따른 손해배상―판례의 비판적 연구―,"「일감법학」제31호, 건국대학교 법학연구소, 2015.6.

박임출, "FX 마진거래 규제의 법적 과제,"「상사판례연구」제24집 제4권, 한국상사판례학회, 2011.

_____, "자본시장법 제178조의 '부정거래'에 관한 연구―대법원 2011.10. 27. 선고 2011도8109판결을 중심으로―,"「증권법연구」제14권 제2호, 한국증권법학회, 2013.

박철우, "통화옵션 가격결정모형을 둘러싼 KIKO 소송에서의 주요 쟁점 연구," 경제학석사학위논문, 연세대 경제대학원, 2010.8.

_____, "파생상품거래의 규제에 관한 연구," 법학석사학위논문, 고려대학교, 2010.8.

박철호, "장외소매외환거래 제도개선에 관한 연구,"「한국증권학회지」제40권 1호, 한국증권학회, 2011.

백태승, "키코(KIKO)계약과 사정변경의 원칙,"「고시계」제54권 제7호(통권 629호), 고시계사, 2009.7.

사동천, "키코(KIKO) 사건에서의 사정변경의 원칙,"「법학논총」제31집 제2호, 한양대학교 법학연구소, 2014.6.

성희활, "자본시장법상 연계 불공정거래의 규제현황과 개선방향―주가연계증권(ELS) 연계거래를 중심으로―,"「금융법연구」제6권 제2호, 한국금융법학회, 2009.12.

손경환·최성규, "국제계약상 사정변경의 원칙,"「국제거래법연구」제23집 제1호, 국제거래법학회, 2014.7.

손승호·양동철, "이슬람 금융에서 샤리아위험의 이해와 국내참여자를 위한 시사점,"「국제지역연구」제16권 제1호, 한국외국어대학교 국제지역연구센터, 2012.4.

손영화, "증권법상 적합성원칙의 보험상품의 판매·권유에 대한 적용,"「증권법연구」 제8권 제1호, 한국증권법학회, 2007.

_____, "증권집단소송제도의 개선방안에 관한 고찰,"「상사판례연구」 제24집 제4권, 한국상사법학회, 2011.12.

손태우, "샤리아(이슬람법)의 법원에 관한 연구,"「법학연구」 제54권 제1호 (통권 75호), 부산대학교, 2013.2.

손태우·김홍배·김분태·정희진, "이슬람금융상품의 국내도입을 위한 이슬람은행에 관한 연구,"「법학연구」 제54권 제2호(통권 76호), 부산대학교, 2013.5.

손태우·김홍배·홍문영, "이슬람 금융에서의 샤리아위원회에 대한 연구,"「한국중동학회논총」 제35권 제1호, 한국중동학회, 2014.6.

송호신, "보험약관의 교부·설명의무,"「법학연구」 제37집, 한국법학회, 2010.2.

신현윤, "파생금융상품 거래시 고객에 대한 설명·조언의무―독일 연방대법원 판결(BGH, Urt. v. 22. 3. 2001 – XI ZR 33/20)을 중심으로,"「상사판례연구」 제24집 제2권, 한국상사판례학회, 2011.6.

안수현, "최근 일본의 이슬람금융 활성화를 위한 법제 정비와 국내 시사점,"「법학연구」 제23권 제1호, 충남대학교, 2012.6.

안희재, "투자권유규제와 업무위수탁, 투자권유대행인 및 투자광고제도와의 상호관계―서울고등법원 2013나2009367판결을 중심으로,"「저스티스」 통권 제143호, 한국법학원, 2014.8.

오성근, "일본 금융상품거래법상 특정투자자제도에 관한 고찰,"「비교사법」 제17권 제2호(통권49호), 한국비교사법학회, 2010.6.

우정석·이정민, "ELW 시장의 공정성과 금융기관의 고객에 대한 신의성실 의무,"「기업법연구」 제29권 제1호(통권 제60호), 한국기업법학회, 2015.3.

윤성승, "외국의 장외파생상품 피해 관련 사례와 우리나라에 대한 시사점,"「금융법연구」 제8권 제1호, 한국금융법학회, 2011.

_____, "키코계약의 구조와 키코사건의 재조명,"「상사법연구」제32권 제4
호, 한국상사법학회, 2014.

윤승영, "헤지펀드와 관련된 불공정거래행위에 관한 고찰―미국의 사례를
중심으로―,"「증권법연구」제12권 제3호, 한국증권법학회, 2011.

이숙연, "금융투자상품 투자자보호에 관한 판례 연구,"「저스티스」통권 148
호, 한국법학원, 2015.6.

이영준, "사정변경의 원칙에 관한 연구―독일의 행위기초론을 中心으로―,"
「사법론집」제5집, 법원행정처, 1974.

이영철, "금융투자상품의 투자권유에 있어서의 설명의무,"「성균관법학」제
20권 제3호, 성균관대 법학연구소, 2008.12.

임정하, "자본시장법상 파생결합증권에 대한 연구―주식워런트증권을 중심
으로 한 파생결합증권의 법적 성질과 관련 문제점 검토―,"「한양법학」제
22권 제3집(통권 제35집), 한양법학회, 2011.8.

임철현, "키코 계약에 있어 '중대한 사정변경'에 대한 법적 보호―키코 가처
분결정들을 통해 본 '중대한 사정변경'의 의미―,"「저스티스」통권 제145
호, 한국법학원, 2014.12.

장덕조, "2010년 상법총칙·상행위법 판례의 동향과 그 연구,"「상사판례연
구」제24집 제2권, 한국상사판례학회, 2011.6.

_____, "약관설명의무와 법령에 규정된 사항,"「상사판례연구」제26집 제1
권, 한국상사판례학회, 2013.3.

정경영, "보험계약체결에서 적합성원칙,"「사법」20호, 사법발전재단, 2012.6.

정 대, "주식회사의 파생상품거래에 관한 이사의 책임에 관한 연구―일본
의 야쿠르트본사 주주대표소송 항소심 판결을 중심으로―,"「상사판례연
구」제23집 제1권, 한국상사판례학회, 2010.3.

최문희, "계약의 구조에 대한 설명의무―KIKO(키코) 사건에 관한 대법원 전
원합의체 판결을 소재로 하여―,"「상사판례연구」제27집 제1권, 한국상
사판례학회, 2014.3.

_____, "파생상품거래에서 계약의 해지와 재구조화," 「증권법연구」 제15권 제1호, 한국증권법학회, 2014.

최병욱, "KIKO 통화옵션의 헤지효과 분석," 「선물연구」 제21권 제1호, 한국 파생상품학회, 2013.2.

최승재, "고객보호의무법리에 대한 연구," 「증권법연구」 제11권 제1호, 한국 증권법학회, 2010.4.

_____, "자본시장법 제178조 제1항 제1호에 대한 연구," 「금융법연구」 제6 권 제2호, 한국금융법학회, 2009.12.

최영주, "금융투자업자의 설명의무의 범위에 관한 비판적 검토─키코통화옵 션상품 관련 판례를 중심으로─," 「상사법연구」 제32권 제1호, 한국상사 법학회, 2013.5.

최정식, "증권집단소송제도의 활성화를 위한 제안," 「법학연구」 제53집, 한 국법학회, 2014.3.

최진이, "증권관련 집단소송법의 문제점과 개선방안에 관한 연구," 「기업법 연구」 제23권 제1호(통권 제36호), 한국기업법학회, 2009.3.

한국금융투자협회, 금융투자약관 불공정성 관련 심사 의견, 불공정약관공 시, 2016.1.

_____, 장내파생상품 거래설명서, 2016.6.

한국산업은행 편집부, "2002년도 ISDA Master Agreement 해설," 「산업조사 월보」 제614호, 한국산업은행, 2007.1.

한병영, "장외파생상품거래에 있어서 금융소비자 보호의 체계," 「기업법연 구」 제24권 제3호, 한국기업법학회, 2010.9.

■ **외국문헌**

1. 단행본

加藤 新太郎 編, 「契約の無效・取消(改訂版)」, 新日本法規, 2013.

瀬瀬敦子, 「金融取引法の現代的課題」, 京都: 晃洋書房, 2013.3.

三菱東京UFJ銀行, 「デリバティブ取引のすべて - 変貌する市場への對応 -」, 東京: きんざい, 2014.

三浦章生, 「金商法・行爲規制の手引き」, 商事法務, 2013.8.

神田秀樹・新作裕之 編, 「金融商品取引法 判例百選」, 東京: 有斐閣, 2013.2.

全國證券問題研究會 編, 「證券取引被害判例セレクト 48」, 2015.2.

河本一郎, 關要 監修, 「逐條解說 證券取引法(三訂版)」, 商事法務, 2008.

後藤卷則, 「契約法講義」, 東京: 弘文堂, 2013.3.

AAOIFI, *Shari'a Standards for Islamic Financial Institutions*, 2010.

Ayoub, Sherif, *Derivatives in Islamic Finance: Examing the Market Risk Management Framework*, Edinburgh University Press, 2014.

Ayub, Muhammad, *Understanding Islamic Finance*, John Wiley & Sons, 2007.

Bank Negara Malaysia, *Shariah Resolutions in Islamic Finance*, Second Edition, October 2010.

Benjamin, Joanna, *Financial Law*, New York: Oxford University Press, 2007.

Bromberg, Alan R., and Lewis D. Lowenfels, *Bromberg & Lowenfels on Securities Fraud and Commodities Fraud*, 2nd edition, Tomson Reuters, 2010.

Castagnino, J. P., *Derivatives: The Key Principles*, 3rd edition, New York: Oxford University Press, 2009.

Eisenberg, David M., "Derivatives and Islamic Finance," Craig R. Nethercott, and David M. Eisenberg ed., *Islamic Finance—Law and Practice*, Oxford University Press, 2012.

EL-Gamal, Mahmoud A., *Islamic Finance—Law, Economics and Practice*, Cambridge University Press, 2006.

Esposito John L., ed., *The Oxford Dictionary of Islam*, Oxford University Press, 2003. *Quoted in* Hans Visser, *Islamic Finance—Principles and Practice*, Edward Elgar Publishing, 2009.

Francesca Taylor, *Mastering Derivatives Markets*, 3rd edition, Glasgow: Prentice Hall, 2007.

Haas, Jeffrey J., *Corporate Finance*, West Academic, 2014.

Hans Visser, *Islamic Finance Principles and Practice*, Edward Elgar, 2009.

Harold S. Bloomenthal, and Samuel Wolff, *Securities Law Handbook*, 2014 Edition, Thomson Reuters, 2014.

Hull, John C., *Options, Futures, and Other Derivatives*, 7th edition, Pearrson/Prentice Hall, 2009.

Humayon Dar, and Mufti Talha Ahmad Azami ed., *Global Islamic Finance Report (GIFR) 2010*, Edbiz Consulting, 2010.

ISDA, *User's Guide to the ISDA 2002 Master Agreement*, 2003 edition, New York: ISDA, 2003.

Islamic Research and Training Institute, and Islamic Fiqh Academy, *Resolutions and Recommendations of the Council of the Islamic Fiqh Academy 1985-2000*, Islamic Research and Training Institute of Islamic Development Bank, 1421H (2000).

Jacque, Laurent L., *Global Derivative Debacles—From Theory to Malpractice*, World Scientific Publishing, 2010.

Kettell, Brian, *Introduction to Islamic Banking and Finance*, John Wiley & Sons, 2001.

Mawdudi, Sayyid Abul Ala, *First Principles of Islamic Economics*, The Islamic Foundation, 2011.

Moorad Choudhry, *An Introduction to Credit Derivatives*, second edition, Elsevier, 2013.

Paul Hastings, Janofsky & Walker, LLP, *Securities Law Claims: A Practical Guide*, Oceana Publications, 2004.

Rechtschaffen, Alan N., *Capital Markets, Derivatives and the Law*, New York: Oxford University Press, 2009.

Sahih Bukhari, Mika'il al-Almany ed., M. Muhsin Khan trans., *Sahih Bukhari*, 2009. Available at: 〈http://d1.islamhouse.com/data/en/ih_books/single/en_Sahih_Al-Bukhari.pdf〉, 〈http://www.sahih-bukhari.com/Pages/Bukhari_3_35.php〉 (visited on December 4, 2016).

Sahih Muslim, Mika'il al-Almany ed., Abd-al-Hamid Siddiqui trans., *Sahih Muslim*, 2009. Available at: http://www.pdf-archive.com/2015/05/05/sahih-muslim-english-translation-1/sahih-muslim-english-translation-1.pdf〉 (visited on December 4, 2016).

Scott, Hal S., and Anna Gelpern, *International Finance: Transactions, Policy and Regulation*, 20th edition, Foundation Press. 2014.

Simon James, *The Law of Derivatives*, London: LLP, 1999.

Sunan Abu Dawud, Huda Khattab ed., Nasiruddin al-Khattab trans., *Sunan Abu Dawud*, 2008.

The Saheeh International, *The Qur'ān English Meanings*, 2004.

West Academic Publishing, *High Court Case Summaries—Securities Regulation*, 2014.

Wood, Philip R., *Law and Practice of International Finance*, University ed., London: Sweet & Maxwell, 2008.

2. 논문 및 기타자료

あおい法律事務所 homepage 〈http://aoi-law.com/article/kawase3/〉 (방문일: 2016.12.4.)

金融廳, "コメントの概要及びコメントに対する金融庁の考え方,"「金融商品

取引法制に関する政令案・内閣府令案等」に対するパブリックコメントの結果等について, 報道発表資料, 2007.7.31.

細野 敦, "金利スワップ契約における銀行の説明義務違反を認める原判決を覆した最高裁判断の背景," WLJ判例コラム, 2013年 第1号, Westlaw Japan, 2013.4.

川浜昇, "ワラント勧誘における證券會社の說明義務," 民商法雜誌, 113巻 4・5号, 東京: 有斐閣, 1996.2.

青木浩子, "ヘッジ目的の金利スワップ契約に関する銀行の説明義務: 福岡高判平23.4.27を契機に," 金融法務事情, 1944号, 金融財政事情研究会, 2012.4.

黒沼悦郎, "デリバティブ取引の投資勧誘規制," 日本取引所グループ金融商品取引法研究会研究記録, 日本取引所グループ, 金融商品取引法研究会, 2013.12.

泉總合法律事務所, "重要判例解説(9); 福岡高等裁判所平成23年4月27日判決" 〈http://www.springs-law-shinjuku.com/blog/post_51.html〉 (방문일: 2016.12.4.)

Ali Alshamrani, "A Critical Evaluation of the Regulatory Framework for the Application of Islamic Financial Derivatives in the Kingdom of Saudi Arabia," *Journal of Islamic Banking and Finance*, Vol. 2, No. 1, March 2014.

Asyraf Wajdi Dusuki, and Abdelazeem Abozaid, "Fiqh Issues in Short Selling as Implemented in the Islamic Capital Market in Malaysia," *Islamic Econ.*, Vol. 21 No. 2, 2008.

Ayub, Muhammad, "Use of Wʹad and Tawarruq for Swaps in the framework of Islamic Finance," Materials of the 8th International Conference on Islamic Economics and Finance, Faculty of Islamic Studies, December 2011.

Bank Negara Malaysia, "Shariah Governance Framework for Islamic Financial Institutions," BNM/RH/GL_012_3, Page 34-35/48. Available at: ⟨http://www.bnm.gov.my/guidelines/05_shariah/02_Shariah_Governance_Framework_20101026.pdf⟩ (visited on December 4, 2016).

BCBS-IOSCO, "Basel Committee and IOSCO issue revisions to implementation schedule of margin requirements for non-centrally cleared derivatives," Press release, March 18, 2015. ⟨https://www.iosco.org/news/pdf/IOSCONEWS373.pdf⟩ (visited on December 4, 2016).

DeLorenzo, Yusuf Talal, "The Total Returns Swap and the 'Shariah Conversion Technology' Stratagem," 2007. Available at: ⟨https://uaelaws.files.wordpress.com/2012/06/ delorenzo-copy.pdf⟩ (visited on December 4, 2016).

Ehab M. M. Injadat, "Futures and Forwards Contracts from Perspective of Islamic Law," *Journal of Economics and Political Economy*, Volume 1, Issue 2, Dec. 2014.

El-Gamal, Mahmoud, A., "A basic guide to contemporary Islamic banking and finance," 2000. Available at: ⟨http://www.nubank.com/islamic/primer.pdf⟩ (visited on December 4, 2016).

Fagerer, Richard, Michael E. Pikiel Jr., and Michael, J. T. McMillen, "The 2010 Tahawwut Master Agreement: Paving the Way for Shari'ah-Compliant Hedging" (April 25, 2012). Available at: ⟨http://dx.doi.org/10.2139/ssrn.1670118⟩ or ⟨https://papers.ssrn.com/sol3/papers.cfm?abstract_id=1670118⟩ (visited on December 4, 2016).

Financial Conduct Authority, *FCA Handbook*. Available at: ⟨https://www.handbook.fca.org.uk/instrument/2007/200741.pdf⟩ (visited on December 4, 2016).

Froom, Ilene K., "The Negative Interest Rate Protocol and the Standard CSA," Materials of Understanding the 1994 ISDA Credit Support Annex (Security Interest—New York Law) and Updates in Collateral Issues Conference, September 24, 2013.

Froom, Ilene K., Will Iwaschuk, and Ryan Patino, "Negotiating the Schedule to the ISDA 2002 Master Agreement," Materials of Understanding the ISDA Master Agreements Conference, September 23, 2013.

GanselRechtsanwälte, "BGH stärkt Anlegerschutz bei Verschweigen von Rückvergutungen durch die Bank," von 25. 6. 2009. Available at: ⟨https://www.gansel-rechtsanwaelte.de/meldungen/M686-BGH-st%E4r kt-Anlegerschutz-bei-Verschweigen-von-R%FCckverg%FCtungen-durch-die-Bank.php⟩ (besuchte am 4. Dezember 2016).

Hajian, Mohammad Mahdi, and Dr. Mohammad Issaei Tafreshi, "Gambling and Futures Contracts; Comparative Study between English and Islamic Law," Available at: ⟨http://www.academia.edu/978006/Gambling_ and_Futures_Contracts_Comparativ_Study_between_English_and_Islam ic_Law⟩ (visited on December 4, 2016).

Hassan, M. Kabir, and Rasem N. Kayed, "The Global Financial Crisis, Risk Management and Social Justice in Islamic Finance," *ISRA International Journal of Islamic Finance*, Vol. 1 Issue 1, 2009.

Ian Cuiller, David Felsenthal, and Ray Shirazi, "The 2002 ISDA Master Agreement," Materials of Understanding the ISDA Master Agreements Conference, September 23, 2013.

ISDA, "ISDA Publishes 2013 Standard Credit Support Annex (SCSA)," NEWS RELEASE, June 7, 2013. ⟨http://www2.isda.org/news/isda-publishes-2013-standard-credit-support-annex-scsa⟩ (visited on December 4, 2016).

Jobst, Andreas A., and Juan Solé, "Operative Principles of Islamic Derivatives—Towards a Coherent Theory," IMF, Working Paper, WP/12/63, 2012.

Jung, Gyung Young, "Is credit derivatives including credit default swap an insurance and thus should be regulated by insurance business act?," 「금융법연구」 제9권 제1호, 한국금융법학회, 2012.8.

Martin Forster-Jones, "The evolution of Islamic derivatives," *Islamic Finance News*, Volume 9 Issue 8, February 29, 2012.

Mohamad, Shamsher, Zulkarnain Muhamad Sori, and Mohamed Eskandar Shah, "Shariah Governance: Effectiveness of Shariah Committees in Islamic Banks in Malaysia," January 25, 2015. Available at: 〈SSRN: http://ssrn.com/abstract=2555373〉 (visited on December 4, 2016).

Morgan, Brian W., "United States v. O'Hagan: Recognition of the Misappropriation Theory," 13 *BYU J. Pub. L.* 147 (1998).

Priya Uberoi, and Nick Evans, "Profit Rate Swap," Allen & Overy. Oct., 2008. Available at: 〈http://www.allenovery.com/archive/Documents/ Legacy/ 47753.pdf〉 (visited on December 4, 2016).

Richard Tredgett, and Priya Uberoi, "Cross Currency Swap," Allen & Overy. Oct., 2008.

Roger W. Reinsch, J. Bradley Reich, and Nauzer Balsara, "Trust Your Broker?: Suitability, Modern Portfolio Theory, and Expert Witnesses," 17 *St. Thomas L. Rev.*, Winter 2004.

Shariah Advisory Council of Bank Negara Malaysia, "Resolutions of Shariah Advisory Council of Bank Negara Malaysia," BNM/RH/GL/ 012-2.

Sidney Yankson, "Derivatives in Islamic finance—A case for Profit rate swaps," *Journal of Islamic Economics, Banking and Finance*, Vol. 7 No.

1, Jan-March 2011.

Simon Fawell, and John McGrath, "Fondazione Enasarco v. Lehman Brothers S.A.: English Court Rules on Calculation of Loss under the 1992 ISDA Master Agreement," *News & Insights*, May 12, 2015. Available at: 〈http://www.sidley.com/news/05-12-2015-complex-commercial-litigation-global-finance-update〉 (visited on December 4, 2016).

Usmani, Mufti Taqii, "What Shariah Experts Say: Futures, Options and Swaps," *International Journal of Islamic Financial Services*, Vol. 1 No. 1, April-June 1999. Available at: 〈http://www.iefpedia.com/english/wp-content/uploads/2011/03/what_shariah_experts_say.pdf〉 (visited on December 4, 2016).

Zahan, Muslima, and Ron S. Kenett, "Hedging Instruments in Conventional and Islamic Finance," *EJASA:DSS*, Vol 3, Issue 1, 2012.

색 인

한글 색인

ㄱ

가라르	302, 358, 359
가장매매	190
강화된 고객보호의무	113
개별교섭	248, 262
개별 약정 우선의 원칙	256
개연성-중대성 기준	179
객관적 · 통일적 해석의 원칙	255
거래확인서	270, 274
계속적 계약	90
계약의 신성성	303
계약체결상 설명의무	138
계약체결상의 과실 책임	95
고객에게 유리한 해석의 원칙	256
고객에 대한 공정대우를 위한 개발자 및 판매자의 책임	133
고객에 대한 정보제공 단계 책임	134
고객조사의무	107, 109
고객-특화 적합성	104, 105
고객파악의무	102
고도의 가능성 기준	179
공공이익	321, 362
공동투자	301
공정대우	133
공통성	235
공통의 근본적인 관념	94
과당매매	106
과실상계	27, 95, 154

광고	164
구조화채권	70, 72, 73
국제스왑파생상품협회	268, 371
국제이슬람피끄아카데미	316, 317, 322, 330, 335, 364, 370
궁박 · 경솔 · 무경험	74, 77
권리남용의 법리	95
금리스왑	154, 162
금융경제학적 방식	198
금융공학적 구조	151, 163
금융상품거래법	137
금융상품의 판매 등에 관한 법률	137
금융상품조사의무	107, 109
금융투자상품	7
기관투자가	118, 123
기망행위	45~47
기초자산	7
기관력	238
꾸란	291, 293
끼야스	294, 295

ㄴ

내부자거래 금지	176
내부자거래 및 시세조종(시장남용)에 관한 지침	189
내용(의미)의 착오	58, 59
내재변동성	90
내재적 리스크	70, 73
누락	120
니케이주가지수옵션 거래	116, 118

ㄷ

다루라　　　　　　　　297, 298
다수성　　　　　　　　235, 244
대고객 가격　　　　　　　　54
대표당사자　　　　　　　　234
델타헤지거래　199, 202, 204~209, 213
도박　　　　　312, 358, 359, 363
동기의 착오　　　　57, 58, 60, 92

ㄹ

레이　　　　　　　　　　296
로얄 뱅크 오브 캐나다 사건　238
리바　　　　　　　　301, 354~356

ㅁ

마이너스 시장가치　　　　162
마이시르　　　　　　302, 362
마진현물환　　　　　　　33
말리키 학파　　　　　　299
매매를 유인할 목적　　　192
모나미 KIKO 사건　　　　76
모럴해저드　　　　　　304
모하메드　　　　　　　293
무라바하　　　　337, 343, 349
무위험 차익　　　　　　310
미공개중요정보　177, 178, 180, 231

ㅂ

바이 살람　　　　　　319, 320
바이 우르분　　　　　319, 327
바이 이나　　　　　　350, 368
방문판매　　　　　　　125
배리어 옵션　　　　　　81
백투백 헤지　　　　　207
법률행위설　　　　　　245
법인의 권리능력　　　　95

법학적 선호　　　　　　334
변액보험　17, 18, 21, 24, 27, 41
변액연금보험　　　　　　19
변액유니버설보험　　　　19
변액종신보험　　　　　　19
보험자 등의 설명의무　　139
본인-대리인 법리　　　　95
부당광고　　　　　163, 167
부당권유　163, 165, 167, 175
부당이득　　　　　77, 110
부속서　　　　　　269, 271
부실표시　55, 120, 122, 331
부적합투자권유금지　101, 103, 107
부정거래행위　215, 216, 218, 231
부정유용이론　　　184~186
부정한 수단, 계획 또는 기교　216,
　220, 228
분배절차　　　　　　237
불공정성 통제　　　　252
불공정한 법률행위　74, 77, 79, 97
불법원인급여　　　　　77
불예견론　　　　　　84
비우량주택담보대출　　91

ㅅ

사기　　　　　　　44, 49
사실은폐　　　　　　55
사용자책임　　　　　95
사정변경의 원칙　83, 85~88, 90, 93
사하바　　　　　　296
사회통념　　　　217, 228
살람　　　　　　　320
상품광고　　　　　125
상품선물거래위원회　34
상품설계 단계 책임　134
상품파악의무　　　103

상호성	312
상호 합의	351
샤리아	291
샤리아 리스크	290
샤리아위원회	305, 308, 309, 365, 367, 368
샤피이 학파	299
선도	12, 314, 357
선물	12, 314, 357
선택형 약관조항	248, 264
선행행위와 모순되는 거동 금지	214
설명의무	23~25, 27, 39, 95, 125, 136, 147, 153, 156, 158
설명의무와 적합성 원칙의 관계	146
설명의무의 대상	152
설명의 정도	144
세계무슬림연맹	315
소송상 화해	238
소유하지 않는 것은 매도하지 말라	315
수수료	97, 144, 161
수의조건(隨意條件)	214
수익증권	129
순나	291, 293
순니파	299
숨은 수수료	52
스왑	12, 13, 207, 318, 357
스캘퍼	221
시세고정	193
시세안정	193
시세영향정보	181
시세조종	188, 211, 231
시아파	299, 300
시장조성	193, 195
신뢰관계이론	186
신뢰이익배상책임	63
신용연계증권(CLN)	8

신의성실의 원칙	91, 93, 95
신인관계	122
신인의무	55, 186
실물자산	361
11 · 11 옵션만기일 옵션쇼크	212
씨모텍 사건	242

ㅇ

안정조작	193, 194
약관법	245
약관 설명의무	141
약관의 개념요소	247
약관의 규제에 관한 법률	245
약관의 명시 · 설명의무	253, 254
약관통제	252, 264
약관 해석의 원칙	255
FX마진거래	30, 33, 35~37, 40
역선택	304
연계시세조종	195
오버헤지	112
옵션	12, 13, 116, 317, 357
옵션가격산정	266
옵션만기일	209
옵션 이론가	151
와드	319, 334
외환증거금거래	30
용어집	270
우르분	328, 329
우르프	296, 298
워런트	48
원본손실위험	21
위장매매	189, 190
위험회피거래	203
유사FX마진거래	38
은폐된 수수료	162
은폐한 보상	158

이론가　　　　　　　　　78
이스티스라흐　　　　296, 297
이스티스하브　　　　296, 297
이스티흐산　　　　　296, 297
이슬람금융　　　267, 289, 291
이슬람 금융교육 국제센터　　306
이슬람금융기관회계및감사기구　306,
　316~318, 322, 323, 325, 330, 335,
　370
이슬람금융연구센터　　　306
이슬람 수익률 스왑　　319, 340
이슬람 통화스왑　　　337, 338
이슬람 TRS　　　　344, 345
이슬람피끄위원회　　　　315
이슬람협력기구　　　316, 364
이연부채의 교환　　　　314
이익 또는 손실의 보장·보전약정
　등의 금지　　　　　166
이익보장 약정　　　　　166
이익 – 손실 공유　　　　301
이자 지급 금지　　　　301
이즈마　　　　　　　294
이스티하드　　　　294, 296
일반금융　　　　　267, 289
일부무효의 특칙　　　　259

ㅈ

자본시장법 제48조　　　149
장내파생상품　　14, 181, 232
장내파생상품거래 약관　　250
장외파생상품　　14, 34, 113
적정성　　　　　132, 135
적정성 원칙　127, 128, 130, 132, 135
적정성 원칙의 적용 확장　　133
적합성 사기　　　　　120
적합성 원칙　23~27, 39, 41, 73, 99,

100~105, 108~118, 125, 131,
　135, 147
적합성 원칙과 설명의무의 관계
　　　　　　　　148, 151
적합성 위반 청구　　　121
적합성의 의미　　　　132
전문투자자　　　　124, 130
전자주문 착오　　　　64
정량적 적합성　　　105, 106
정보비대칭　　　　96, 290
정보평등의 이론　　　186
정보확인 및 제공의무　　101
제로 코스트 47, 48, 53, 56, 81, 97, 161
제조물책임의 법리　　　136
조건(條件)　　　　　214
조건부자본증권　　　　128
조기상환조건　　　　144
조사의무 대상　　　108, 125
조언의무　　　　　158
주가연계증권　8, 199, 201, 213,
　214, 241
주문 착오　　　　　72
주식워런트증권　　　　8
중과실　　　　　　69
중도상환조건　　199, 203~207
중도청산금　　　　　161
중요부분　　　　　58
중요부분의 착오　　　62, 72
중요사항　　　　140, 143
중요정보　　　　　178
중요한 내용　　　　142
증권　　　　　　7, 8
증권관련 집단소송　　　238
증권관련 집단소송법　229, 230, 232,
　243
증명책임의 전환　　160, 264

399

진성티이씨 사건 240
집단소송 235
집합투자증권 128

ㅊ
착오 28, 29, 57, 66, 69, 70
청산금 153
추가지급의무 8, 9, 12, 14, 15
침묵과 사기 47, 97

ㅋ
콜옵션 78, 79, 184, 328
키야르 319, 330, 331
KIKO 계약 110, 144
KIKO 소송 97, 110, 145
KIKO 통화옵션 261, 263

ㅌ
타위드흐 348, 349, 352
통정매매 189~191
통화스왑 338
통화옵션계약 115
투기 310
투자권유 99, 125, 128, 163, 172
투자일임계약 170, 174
투자자분류확인의무 101
투자자정보파악의무 101, 102
투자조언 107

ㅍ
파생결합증권 8, 14, 15, 128, 196
파생상품 6, 14, 15, 196, 231
파생상품 개발자의 책임 136
판매사후 단계 책임 134
판매자에 대한 정보제공 단계 책임 134
판매채널 선정 단계 책임 134

편입통제 252
표시 · 광고의 공정화에 관한 법률 168
표시상의 착오 58, 59
표준계약서 246
풋옵션 76, 78, 209, 211
풍문 219
풍설 219

ㅎ
하나피 학파 299
하디스 315, 356, 359
하람 359
한발리 학파 299
합리적 근거 적합성 105
합리적 조사 105
해석통제 252
해약환급금 28, 29
행위기초론 84
헤지 310
현 · 선연계 시세조종행위 209, 212
현실적인 필요성 321, 362
환 헤지 목적 111
회귀방정식 198
효율성 235
희사물 328, 355

외국어 색인

A
AAOIFI 306, 316~318, 322, 323, 325, 330, 335, 370
Al-Wujuh financing facility 352
Anlageberatung 107
anti-fraud 216
arbitrage 310

Aufklärungspflicht 158
Auswirkungen 162

B

Back to Back hedge 207
Bai' Inah, Bai al-inah 350, 368
Bankers Trust Co. 55
Bay' Salam 319, 320
Bay' Urbun 319, 327
Beratungspflicht 158

C

Center for Islamic Finance Studies 306
CFTC 34
Class Action 229
CMO 120, 124
CMS Spread Ladder Swap 162
Conduct of Business
Sourcebook(COBS) 126, 130
confirmations 270, 274
conventional finance 267, 289
Credit Support Annex(CSA) 270
customer-specific suitability 104, 105

D

darura 297, 298
Definition 270
DMA(Direct Market Access) 217, 222
doctrine of ultra vires 95
duty of care 95

E

Elemente der Formel 162
ELS 8, 199, 201, 204, 209, 213,
214, 238, 241
ELW 8, 217, 220, 224, 226

equal access theory 186

F

fair treatment 133
fictitious transaction 189, 190
fiduciary duty 55, 95, 186
fiduciary relationship 122
FINRA Rule 2111 103
forwards 12, 314, 357
fraud 96
futures 12, 314, 357

G

gharar 302, 358, 359
Gibson Greetings 55, 56

H

hadith 315, 356, 359
Hanafi 299
Hanbali 299
Haram 304, 305, 359
hedge 310
hibah 328, 355

I

ICCS 337, 338
IIFA 316, 317, 322, 330, 335, 364, 370
Ijma 294
Ijtihad 294, 296
implied volatility 90
INCEIF 306
institutional investor 118, 123
International Islamic Financial
Market(IIFM) 371
ISDA 268, 371
ISDA Master Agreement 268

Islamic finance　　　　267, 289, 291
Islamic Fiqh Council　　　　　315
Islamic Profit Swap　　　　319, 340
Istihsan　　　　　　　　296, 297
Istishab　　　　　　　　296, 297
Istislah　　　　　　　　296, 297

J
juristic preference　　　　　　334

K
Khiyar al-Shart　　　　　　　331
Khiyar　　　　　319, 330, 331
KIKO(Knock-In Knock-Out)　49, 97,
　110, 144, 145, 261, 263
Know-Your-Customer Rule　　　102
Know-Your-Product Rule　　　103

L
LIBOR　　　　　　　　　　357

M
maisir, maysir　　　　　302, 362
Maliki　　　　　　　　　　299
Markup　　　　　　　　　　120
maslaha, public interest　321, 362
Master Agreement　　　　269, 271
matched orders　　　　　189~191
misappropriation theory　184~186
misrepresentation, misrepresenting,
　misstatement 55, 96, 120, 122, 331
Murabaha　　　　337, 343, 349
Muslim World League　　　　315
mutual consent　　　　　　351
Myers factor　　　　　122, 123

N
non-disclosure　　　　　　55, 96

O
omission(non-disclosure)　95, 120
options　　12, 13, 116, 317, 331, 357

P
Parallel Salam　　　　　　　325
partnership　　　　　　　　301
PERGAS　　　　　　　　　306
practical necessity, darura　321, 362
probability-magnitude test　　179
professional client　　　　124, 130
profit−loss sharing　　　　　301
put option　　　　76, 78, 209, 211

Q
Qiyas　　　　　　　　294, 295
quantitative suitability　　105, 106
Qur'an　　　　　　　　291, 293

R
Ray　　　　　　　　　　　296
reasonable-basis suitability　　105
relationship of trust and confidence
　theory　　　　　　　　　186
riba　　　　　　　301, 354~356
Rückvergütungen　　　　　　158
Rule 10b-5　　56, 119, 184, 216, 228

S
SAC, Shariah Committee　305, 308,
　309, 365, 367, 368
Sahaba　　　　　　　　　　296
Salam　　　　　　　　320, 321

sanctity of contract 303

Schedule 269, 271

Shafii 299

Shari'ah 291

Shariah Advisory Council 307, 308

speculation 310

Standard Credit Support
Annex(SCSA) 277

Sub-prime Mortgage 91

substantially likelihood test 179

Suitability 23~27, 39, 41, 73,
99, 100~105, 108~118, 125, 131,
135, 147

suitability fraud 120

Sunnah 291, 293

swaps 12, 13, 207, 318, 357

T

Ta'widh 348, 349, 352

tort theory 95

U

underlying asset 7

unsuitability claim 121

Urf 296, 298

W

Wa'd 319, 334

Wa'd Sale Price 344~346

warrant 48

wash sales 190

Z

zero cost 47, 48, 53, 56, 81, 97, 161

박철우

순천고등학교 졸업
고려대학교 졸업(법학사)
고려대학교 일반대학원 법학석사(상법전공), 법학박사(상법전공)
연세대학교 경제대학원 경제학석사(금융공학전공)

한국산업리스 근무
한국은행 금융결제국, 법규실, 국제국 재직 중(현재)

[주요 논문]
파생상품거래의 규제에 관한 연구(고려대학교 일반대학원 법학석사학위논문, 2010)
통화옵션 가격결정모형을 둘러싼 KIKO 소송에서의 주요 쟁점 연구(연세대학교 경제대학
　　원 경제학석사학위논문, 2010)
파생상품거래와 투자자보호의 법리에 관한 연구(고려대학교 일반대학원 법학박사학위논
　　문, 2017)
전자금융 조성자로서의 한국은행의 업무수행체계 개선 방안[박철우 · 서연아 공저, 「금융
　　법연구」(한국금융법학회, 2013)]

파생상품거래와 투자자보호의 법리
　　― 국내외 법제 · 판례 및 이슬람 파생상품 분석 ―
―
2017년 5월 20일 초판 인쇄
2017년 5월 31일 초판 발행
―
저　자 박철우
발행인 이방원
발행처 세창출판사 ｜ 신고번호 제300-1990-63호
주소 서울 서대문구 경기대로 88 냉천빌딩 4층
전화 723-8660 ｜ 팩스 720-4579
이메일 edit@sechangpub.co.kr ｜ 홈페이지 http://www.sechangpub.co.kr
―
정가 34,000원
―
ISBN 978-89-8411-679-5 93360